메가처치를 넘어서

메가처치를 넘어서

신광은 지음

1판 1쇄 발행 2015. 3. 11 | **1판 2쇄 발행** 2015. 3. 27 | **발행처** 포이에마 | **발행인** 김강유 | **책임 편집** 박진희 | **책임 디자인** 지은혜 | **제작** 김주용, 박상현 | **제작처** 민언프린텍, 금성엘엔에스, 정문바인텍 | **등록번호** 제300-2006-190호 | **등록일자** 2006. 10. 16 | 서울특별시 종로구 북촌로 63-3 우편번호 110-260 | 마케팅부 02)3668-3246, 편집부 02)730-8648, 팩시밀리 02)745-4827

값은 뒤표지에 있습니다. ISBN 979-11-5809-005-0 03230 | 독자의견 전화 02)730-8648 | 이메일 masterpiece@gimmyoung.com | 좋은 독자가 좋은 책을 만듭니다. | 포이에마는 독자 여러분의 의견에 항상 귀를 기울이고 있습니다.

이 도서의 국립중앙도서관 출판시도서목록(CIP)은 서지정보유통지원시스템 홈페이지(http://seoji.nl.go.kr)와 국가자료공동목록시스템(http://www.nl.go.kr/kolisnet)에서 이용하실 수 있습니다. (CIP제어번호: CIP2015006329)

교회가
버리지 못한
맹렬한 욕망

메가처치를 넘어서

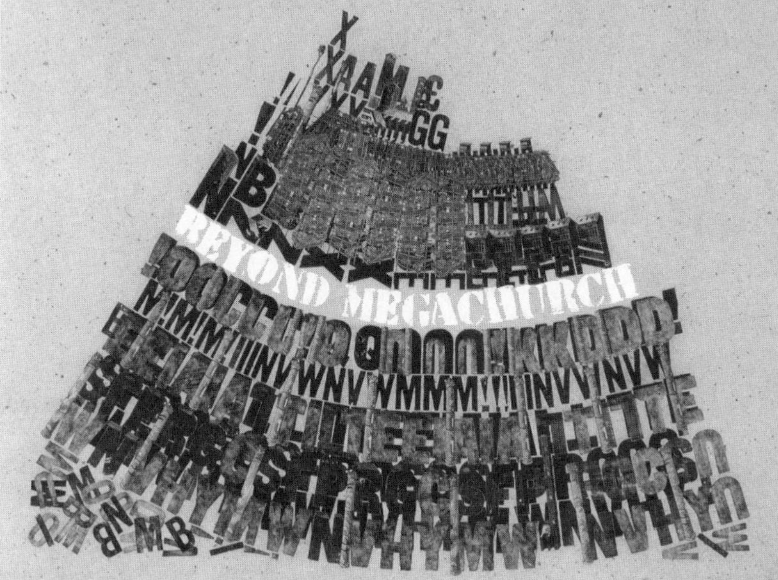

신광은 지음

포이에마
POIEMA

BEYOND MEGACHURCH

심정환 형제에게 감사하며

한국 교회를 향한 명료하고도 용기 있고, 또 충격적인 담론이다. 무비판적 우상이 되어버린 메가처치 현상이 정正이라면 신학적으로 강력한 반反의 돌을 던진 책이다. 이제 남은 일은 정과 반의 피 튀기는 싸움이다. 철저한 무너뜨림 없이는 새 창조가 없기 때문이다. 그러나 저자도 예언하듯 한국 교회의 리모델링과 재건축과 재개발에서 이익을 볼 수 없기에 철거를 완강히 거부하는 강력한 지주들, 그들에 빌붙어 있는 상당수 주민들, 이래도 좋고 저래도 좋은 대다수 주민들에 의해서 이 처절한 싸움은 철저히 무시와 외면을 당할 것이다.

그래도 돌을 던져야 한다. 우상이 무너져야 하지 않겠는가? 그러므로 용기 있는 자들이 합세하여 돌을 더 많이 던져야 한다. 물론 던지되 골리앗의 이마를 치는 정밀함이 필요하다. 오합지졸의 돌 던짐이 아니라 잘 훈련된 투수의 정곡을 치는 많은 던짐이 필요하다. 이 점에 있어 이 책은 좋은 신학적 매뉴얼이 될 것이다. 그래서 반의 프로세스가 하나님의 손에 들려 합合이 창출되어서 생명력 있고 건강하며, 지속적으로 성장이 가능하면서 때에 맞는 분립·개척을 하는, 역사와 만물을 충만케 하는 하나님의 교회들이 방방곡곡에서 나와야 한다.

그런 큰 흐름이 그 누구도 거부할 수 없는 대세가 되려면, 같은 반의 프로세스 안에서도 크고 작은 싸움이 역시 치열하게 일어나야 한다. 신광은에게 돌을 던져야 하고 펀치를 날려야 한다. 이런 점에서 맷집 좋은 신광은을 난 무척 좋아한다.

이 책을 읽으며 나에게도 도저히 피할 수 없는 무거운 책임이 있음을 새삼 느끼게 되었다. 사랑의교회 창립 때부터 나는 그곳에 있었다. 이 교회가 메가처치 현상의 표상이 되고 난파되는 과정을 몸소 겪었다. 지리한 싸움이지만 결코 포기해서는 안 될 막중한 책임감이 내게 있음을 깨달았다. 그리하여 끝내 영광의 자리에 도달하기 위해 현재의 고난에 충실할 것을 또 한번 다짐하게 되었다.

_고직한(YOUNG2080 대표)

예전에 세상 사람들이 그리스도인을 "예수쟁이"라고 비난할 때는 '우리네와는 뭔가 다른 사람들', '세상의 가치보다는 다른 가치를 추구하며 사는 사람들'이라는 긍정적 의미가 내포되어 있었습니다. 하지만 요즘 세상 사람들이 기독교를 비판할 때는 '말과 행동이 일치하지 않는 위선자들', '우리네보다 더 썩어빠진 족속들'이라는 멸시와 조롱이 가득합니다. 예수 그리스도의 십자가복음 위에 순교의 피로 세워진 한국 교회가 어느새 이토록 회복불능의 참혹한 지경까지 이르게 되었는지, 참으로 가슴 아픈 현실이 아닐 수 없습니다.

신광은 목사님은 이렇게 추락하는 한국 교회를 개혁해야 한다는 목소리를 꾸준히 내고 있는 분입니다. 이전에 출판했던《메가처치 논박》이라는 책에서도 그는 본격적으로 교회의 '크기' 문제에 천착하며 교회가 생명력을 잃게 된 가장 큰 요인으로 '메가처치 현상'을 비판한 바 있습니다. 그리고 거의 모든 한국 교회들이 그런 메가처치 현상에 매몰되어 나아갈 방향을 잃고 있다고 지적했습니다. 그 책은 한국 교회 안에서 적지 않은 논란을 불러왔고, 한국 교회의 천박한 성공주의와 욕망을 반성하는 계기를 제공해주었습니다.

그런데 저자는 이번에《메가처치 논박》의 후속편과도 같은《메가처치를 넘어서》를 세상에 내놓았습니다. 이 책은 저자가 이전에 한국 교회들을 향해 마치 선전포고라도 하듯 쏟아냈던 메가처치 현상에 대한 비판들을, 좀 더 체계적이고 학문적으로 접근해서 저자의 논지에 대한 교회론적 이론의 기초를 다진 것이라고 할 수 있습니다. 저자는 이 책에서 왜 메가처치 현상이 한국 교회에서 그토록 급속하게 팽창하고 있는지 그 원인을 다각도로 분석했고, 가장 근본적인 원인으로 '교회론적 개인주의'를 지목했습니다. 그리고 그 개인주의가 초래한 부정적 현상들을 극복할 수 있는 대안으로 교회의 '공교회성'과 '공동체성' 회복을 요청했습니다. 나아가 저자는 바르멘 선언을 모델로 삼아 한국 교회를 향해 '반反메가처치 선언'을 제안했습니다.

이 책은 또 다시 독자들에게 많은 토론거리를 제공하게 될 것이고, 한국 그리스도인들의 자기비판과 반성을 긍정적으로 이끌어낼 것이라 생각합니다. 그래서 저자의 기대처럼 이 책이 한국 교회들의 '메가처치화化'라는 거대한 흐름을 막아내거나 아니면 적어도 그것을 완화시키는 데 기여할 수 있기를 바랍니다. 한국 교회가 "진리의 기둥과 터"(딤전 3:15)로서 제 정체성을 회복하기를 바라는 모든 이들에게《메가처치를 넘어서》의 일독을 권합니다.

_김용복(침례신학대학교 교수)

오늘날 대부분의 교회는 메가처치를 지향하는 메가처치 현상 속에 있다는 저자의 분석은, 불행히도 그의 전작《메가처치 논박》에 이어 유효하다. 이 현상이 사회적 원인이 있는 사회적 현상이지만, 근본적으로 신학적 문제라는 지적 역시 정확하며, 이와 연관한 저자의 신학적 분석은 탁월하다. 결국 공교회성과 공동체성의 회복과 이를 가능케 하는 신학적 선언의 필요성에 대한 저자의 당연한 대안은 우리에게 진짜 신앙을 요청한다. 진리는 살아내기 전까지 진리가 아니기 때문이다. 이제 우리 시대에 필요한 것은 저자가 설파한 성서적 신학의 기반 위에 세워지는 실험적이고 모험적인 신앙 공동체이다. 균형 있는 신학적 반성과 치열한 진리의 적용만이 메가처치 바이러스에 감염된 우리 교회의 대안을 만들어낼 것이다.

_김형국(나들목 대표목사, 하나복 DNA네트워크 대표)

20세기에 들어와서 세계 도처에 2천 명 이상이 모이는 대형교회들이 속속 등장하였고 이를 메가처치로 명명하게 되었다. 2001년 통계에 의하면 세계 50대 대형교회에 들어간 한국의 대형교회가 24곳이나 된다고 한다.

도시화와 인구 집중, 용이한 기동성, 마이크와 영상 매체의 출현 그리고 무엇보다도 카리스마적 설교자의 등장 등 여러 요인으로 인해 메가처치가 등장하여 나름대로 독특한 사역과 선교적 공헌을 한 것도 부정할 수 없다.

그러나 대형할인 매장이 주변의 상권을 흡수하듯이 메가처치 역시 주변의 소형교회를 흡수하여 교회의 양극화를 초래한다는 비판을 면치 못할 것이다. 한국교회살리기운동본부는 교인 50명 미만의 교회가 전체 한국 교회의 60% 이상이라고 말한다. 실천신학대학원대학교가 목회자 430명을 대상으로 설문조사(2009년 5월)한 결과 응답자의 91.4%가 이러한 교회 양극화 현상에 대해 '문제가 있다'고 지적했다.

저자는 이러한 메가처치 현상의 신학적 원인이 교회론적 개인주의와 개교회 중심주의라고 분석하고 교회의 공교회성과 공동체성의 회복을 그 대안으로 제시한다. 개교회들이 생존과 성장을 위한 무한 경쟁에 돌입하게 되면 이웃에 대한 관심이나 공동체에 대한 관심을 상실하게 된다는 것이다. 그리하여 교회는 개별 교회의 유지와 확장을 최고의 우선순위로 삼게 되고 이것이야말로 메가처치 현상이 빚어내는 교회 본연의 모습에서 벗어난 일탈이라고 주장한다.

한국 교회는 그 규모의 대소를 불문하고 이러한 교회론적 개인주의에 매몰되어 있다고 저자는 경고한다. 한국 교회의 근본 모순을 교회론적 개인주의로 분석한 탁견에 박수를 보내며 한국 교회를 염려하는 모든 이들에게 일독을 권한다.

_허호익(한국조직신학회 회장, 대전신학대 교수)

모든 책이 그러하겠지만 이 책 역시 출판되어 나오기까지 많은 분들의 도움이 있었다. 그 도움들은 일일이 열거할 수도 없을 정도로 많다.

박사학위 논문을 쓸 수 있도록 도움을 준 아내에게 고맙다는 말을 가장 먼저 해야 할 것 같다. 게으름 탓에 박사과정에 들어간 뒤 10년을 넘기고서야 비로소 논문을 쓰고 졸업하게 되었다. 그 긴 과정 동안 묵묵히 참아주고, 눈물로 기도해주고, 때로는 엄한(?) 권면으로 기어이 논문을 쓸 수 있도록 도움을 준 아내에게 감사한다. 더불어 연구하는 아빠를 위해서 늘 응원하고, 격려해준 딸과 아침과 저녁으로 아들을 위해서 기도해주시는 어머니에게도 감사의 마음을 전한다.

또한 박사과정에 들어오도록 이끌어주신 많은 분들께도 고마운 마음을 전해야 한다. 신학 석사과정을 마치고 목회에만 전념하겠노라며 학문의 길을 접고자 했던 적이 있었다. 그때 내가 목회와 학문을 병행할 수 있도록 도와주신 분들은 침례신학대학교 배국원 총장님과 석종준 목사님, 김기현 목사님이다. 선생님과 학문의 선배님들께도 감사하지 않을 수 없다. 물론 학문과 목회의 길을 병행하는 것이 쉽지는 않았다. 그러나 이제와 돌아보니 그렇게 하는 것이 하나님의 뜻이었음을 깨닫는다. 하나님의 은총과 섭리에 감사드리지 않을 수 없다.

이 글을 완성하는 데도 우여곡절이 많았다. 그런 긴 과정 동안 지도해주신 김용복 교수님은 더디게 써내려간 졸고를 세심하게 살펴주셨다. 윤원준 교수님 역시 내 글의 부족한 점을 날카롭게 지적해주시고, 특히 메가처치 현상의 배후에 작동하는 '교회론적 개인주의'에 더 초점을 집중하도록 조언해주셨다. 남병두 교수님과 근광현 교수님, 목원대학교의 이선희 교수님과 대전신학대학교의 허호익 교수님도 많은 도움을 주셨다. 특히 허호익 교수님은 이 글을 토대로 2015년 신진학자 학술발표회에서 발표할 수 있는 기회를 주셨다.

김형국 목사님과 고직한 선교사님께도 감사드린다. 특히 고직한 선교사님은 필자가 한 때 사랑의교회 청년부에서 간사로 1년간 섬긴 적이 있는데, 그때부터 큰 배움을 입었던 분이다. 선교사님은 이번 책을 출판하는 데 진심으로 축하하고 축복해주셨다.

이 책에서 메가처치 현상을 강도 높게 비판하기는 했지만 사실 나 역시도 메가처치를 출석한 적이 있고, 한국의 대표적인 메가처치인 사랑의교회에서 사역도 했던 사람이다. 나 자신이 메가처치의 신자였으며 사역자였기에, 메가처치 현상에 대한 비판은 나 자신에 대한 반성도 포함되어 있다. 이 책에서 부득불 메가처치 목회자들에 대해서 언급할 때에도 그분들에 대한 개인적인 유감을 표현한 것은 아니다. 《천하무적 아르뱅주의》에서도 의도치 않게 복음주의 4인방 목사님들에 대해서 비판한 바 있고, 이 책에서도 원치 않게 유사한 형태의 비판적인 평가를 하게 되었다. 하지만 개인적으로 4인방 목사님들에 대해서 마음 깊이 존경하고 있음을 분명히 밝히고 싶다.

나는 젊은 시절 4인방 목사님들로부터 헤아릴 수 없이 많은 영향을 받았다. 모태교인이었던 내가 인격적으로 주님을 만나고, 제자 훈련을 받았던 곳은 서울침례교회 대학부였다. 서울침례교회는 4인방 중 한 분이신 이동원 목사님이 큰 부흥을 일으킨 곳이다. 해서 그곳 대학부는 이동원 목사님의 가르침과 영성이 오랫동안 남아 있었는데, 내가 바로 그 교회에서 10여 년간 대학시절을 보내면서 배우고 훈련받았다.

사랑의교회에서 1년간 청년부 간사로 섬기던 때에도 매주 옥한흠 목사님의 설교에 깊은 감명과 은혜를 받으며 보냈다. 아직도 생생하게 기억나는 것이 있다. 당시 나는 아내와 교제하던 중이었고, 결혼에 대한 두려움과 확신의 부족 때문에 크게 흔들릴 때였다. 그러던 어느 주일에 들었던 옥한흠 목사님의 설교를 통해서 결혼에 대한 하나님의 약속을 붙잡을 수 있었다. 그리고 그 덕분에 아내와 결혼을 하기로 결심했던 기억이 있다. 비록 가까이서 뵀던 건 아니지만 옥 목사님의 청교도적 자기 검열과 절제, 도덕성, 한 영혼에 대한 열심, 몸을 돌보지 않는 성실함을 보면서 얼마나 큰 도전을 받았는지 모른다. 또한 온누리교회의 다양한 목회 프로그램과 각종 세미나 등에서 또 얼마나 풍성한 배움이 있었는지, 홍정길 목사님의 겸손과 리더십에 또 얼마나 고개 숙이며 존경했는지 모른다.

이처럼 4인방의 가르침과 설교는 내 신학의 일부를 형성하고 있으며,

지금의 '나'라는 존재로부터 그분들의 영향력을 분리할 수 없다. 4인방 목사님뿐만 아니라 메가처치 목사님들의 열심과 영성에 비하면 나는 그분들의 신들메도 감당키 어려운 자다. 이 지면을 빌어 그분들의 가르침과 모범에 감사를 드리고 싶다.

그럼에도 불구하고 부득이하게 4인방 목사님들과 메가처치 목사님들을 비판하는 이유는 그분들이 한국 교회에서 차지하는 영향력 때문이다. 나는 4인방 목사님이나 메가처치 목사님들의 개인적 차원과 역할 모델로서의 차원을 분리해야 한다고 생각한다. 내가 문제 삼고자 하는 부분은 후자이지 자연인으로서나 혹은 개별 목회자로서 그분들의 인격이나 자질이 아니다.

그분들은 한국 교회의 역사 속에서 자의반 타의반으로 한국 교회를 특정 방향으로 이끄는 선도주자의 역할을 감당했으며, 그들로 인해 한국 교회의 중요한 방향성이 정해지게 되었다. 그런데 그렇게 노정된 한국 교회의 방향성에 문제가 조금씩 드러나고 있다. 또 그 방향을 교정하지 않으면 한국 교회는 재앙에 가까운 비극을 면키 어렵다는 염려가 점차 현실화되고 있다. 이런 상황에서 한국 교회의 방향성에 대한 비판적 고찰은 불가피하다. 그리고 이를 위해서는 역할 모델에 대한 비판 역시 피해갈 수 없다. 나는 그분들 개인의 도덕성에 대한 검증이나 인신공격이 아니라 역할 모델 노릇을 자처해왔던 그분들의 한계에 대한 정직한 돌아봄을 주장하고 있는 것이다. 이는 한국 교회의 근본적이고 참된 자기 반성을 위해서 반드시 해야 하는 작업이라고 생각한다. 책에서 제기되는 몇몇 메가처치와 메가처치 목회자들에 대한 실명 비판은 이러한 맥락에서 이해해주시기를 독자 여러분들께 부탁드린다.

또한 열음터 식구들에게 감사드리고 싶다. 열음터 식구들은 목회자로서 한없이 부족한 나를 도와주고, 나의 부족함을 책망하는 대신 이해해주고, 자신들의 힘과 지혜를 보태서 내가 목회를 행복하게 할 수 있도록 도와주는 하나님의 귀한 선물이다. 우리 집 식구들과 현우네, 소은이네, 최근에 출석하기 시작한 원이네, 그리고 기둥 같은 장 선생님, 홍 전도사님, 현우와 정임이 남매에게 감사드린다. 특히 홍현욱 전도사님은 메가처치 현상 속에서 지역교회들이 동질화되는 원리를 이종격투기의 역사를 통해서 논증할 수 있다는 사실을 가르쳐주었다.

바쁘신 중에도 설익은 원고를 읽어주시고 귀한 코멘트를 아끼지 않으신 분들께도 감사드리고 싶다. 신상주 목사님, 김용재 형제님, 김원미 자매님, S 누님, 정우향 교수님, 홍유경 자매님께 감사드린다. 또한 부족한 원고를 출판해주신 포이에마의 김도완 대표님과 정성스럽게 편집 작업을 해주신 박진희 자매님께도 감사드린다. 마지막으로 오랜 시간 동안 물심양면으로 지원과 후원과 격려를 아끼지 않았던 심정환 형제에게도 감사드린다.

2015년 2월 열음터에서

신광은

차례

추천의 글 6

감사의 말 11

프롤로그 20

1부 메가처치와 메가처치 현상 25

1. 메가처치란? 28

메가처치 = 대형교회? | 메가처치 새로운 특성

2. 메가처치 현상이란? 37

1950년대, 수면 위로 떠오르다 | 지구 곳곳에서 등장하다 | 개신교에서만 두드러지다 | 독립된 개별 교회가 비옥한 토양이다 | 메가처치 현상은 어떻게 확산되고 굳어지는가

2부 메가처치 현상 분석 57

1. 메가처치 현상의 구조적 이해 60

2. 메가처치 현상의 구조 분석 63

내적 팽창력의 축적 | 외적 억제력의 약화

3부 한국 교회와 메가처치 현상 95

1. 한국 개신교회가 거목으로 성장하기까지 98

기독교 불모지에 안착하다 | 조선인들의 희망이 되다 |
폭발적으로 꾸준히 성장하다

2. 팝콘 모델과 한국의 메가처치 현상 103

내적 팽창력의 축적 | 외적 억제력의 약화

3. 한국 메가처치 약사略史 117

1세대(1950-1960년대): 중심지형 메가처치 | 2세대(1960-1970년대): 강북형 메가처치 | 3세대(1980-1990년대): 강남형 메가처치 | 4세대(1990년대-현재): 신자유주의형 메가처치

4부 메가처치 현상의 신학적 원인 139

1. 가톨릭교회와 메가처치 현상 142

가톨릭교회에는 메가처치 현상이 있는가 | 교구제와 메가처치 현상

2. 아나뱁티스트 교회와 메가처치 현상 150

아나뱁티스트 교회의 크기 | 아나뱁티스트의 교회관과 메가처치 현상

3. 메가처치 현상의 특성 '경쟁 질서' 160

모든 교회에 대한·모든 교회의 투쟁 | 교회 분열과 개별교회 중심주의

4. 메가처치 현상의 특성 '소외 공간' 167

익명성 | 추상성 | 상품화

5. 메가처치 현상의 교회론적 원인 180

5부 메가처치 현상과 교회론적 개인주의 183

1. 근대 개인주의의 역사 186

창조와 타락 | 유럽의 개인주의 전통 | 소유적 개인주의와 미국적 개인주의

2. 기독교 신학과 기독교적 개인주의 199

기독교 전통과 개인주의 | 종교개혁과 기독교적 개인주의 | 기독교적 개인주의의 세속화 |교회론적 개인주의

6부 대안적 교회론의 모색 213

1. 근본적 대안의 기본 방향 216

2. 디트리히 본회퍼의 관계적 교회론 222

본회퍼의 교회론적 문제의식 | 창조와 타락 | 예수 그리스도 | 교회

3. 관계적 삼위일체적 교회론 239

공동체로서의 하나님 | '하나'와 '다수'의 변증법 | 사회적 삼위일체론

7부 공교회성의 회복 261

1. '다수'를 강조하는 교회 264

회중주의 교회론과 교회론적 개인주의 | 한국 교회와 개교회 중심주의 | 보이지 않는 교회론 | 교회의 윤리적 패배

2. '하나'를 강조하는 교회 280

가톨릭은 공교회적인가 | 교권제도와 지배 체제

3. '하나'와 '다수'의 균형 289

교회의 표지와 공교회성 | 지역교회의 재발견 | 공교회성의 재발견 | 공교회적 실천

8부 공동체성의 회복 331

1. '다수'의 공동체 334

개신교 칭의론과 교회론적 개인주의 | 월마트 처치 | 이익사회

2. '하나'의 공동체 350

제도적 교회론 | 권위주의적 공동체 | 가족주의적 교회상

3. 공동체적 교회론 359

개인의 자유에 대한 존중 | 공동체성의 재발견 | 칭의의 재발견 | 서로, 함께 | 그리스도의 몸 | 규모에 대한 제한

에필로그 392

주 405

메가처치를 정밀하게 진단하다

20세기 중반 이후 기독교 역사상 유례없는 종교사회 현상이 나타났다. 바로 메가처치 현상megachurch phenomenon이다. 이 현상은 매우 강력하게 우리 시선을 붙들고 있는데, 그 이유는 무엇보다 현상 자체가 거대해서 눈에 잘 띄기 때문이다. 갑자기 출현했지만, 광범위하게 퍼져나갔으며, 그 위세가 대단해 이 현상에서 자유로운 교회나 신자를 찾아보기 어려울 정도이다.

메가처치 현상은 더 이상 무시하거나 간과할 수 없는 종교사회학적 실재로 부상했고, 이제는 모종의 평가를 내려야 할 시기에 이르렀다. 메가처치 현상이 많은 교회에서 여러 문제를 일으키고 있기 때문에 신학적 비평이 절실하게 필요한 시점이다. 그 과제를 수행하고자 이 책을 썼다. 따라서 이 책에서는 메가처치와 종교사회 현상인 메가처치 현상을 함께 소개하고 설명한다. 이를 위해서는 먼저, 메가처치와 메가처치 현상을 구분해야 한다. 그다음, 후자인 메가처치 현상에 주로 초점을 맞추어 신학적 비평을 진행해나가겠다.

먼저, 메가처치는 주일 평균 2천 명 이상이 출석하는 교회를 말한다.[1] 한국 교회에서 메가처치가 차지하는 비중은 약 1.7% 정도에 불과하다.[2] 나머지 98.3%는 비非메가처치non-megachurch인 셈이다. 메가처치의 수는 그렇게 많지 않다. 하지만 몇 안 되는 이 숫자만으로 광범위하게 퍼져 있는 메가처치 현상을 설명하기는 어렵다. 메가처치 현상은 소수의 메가처치 안에서만 포착되지 않는다. 비메가처치들에서도 관찰되며, 심지어 교회 밖 세속 영역에서도 발견되는 매우 포괄적이고 광범위한 종교사회 현상이다. 이 종교사회 현상을 굳이 메가처치 현상이라고 부르는 이유는, 그 배후와 중심에 메가처치가 있기 때문이다. 그래서 소수인 메가처치와 광범위하게 관찰되는 메가처치 현상을 구별해야 한다.

더불어 메가처치 현상을 단순히 한 가지 종교사회 현상이 아니라 병리적 징후라고 전제하고 접근하고자 한다.[3] 나는 메가처치 현상을 가치중립적으로만 다루지 않았다. 물론 이런 부정적 전제는 많은 논란을 일으킬 수 있다. 이 논란은 현재진행형이며 완전히 합의된 결론 역시 도출되지 않았다. 따라서 이 책의 주장은 메가처치 현상을 놓고 벌어지는 논쟁의 한 입장이라고 이해해도 좋다.

물론 메가처치나 메가처치 현상이 지닌 긍정적인 면도 있다. 무엇보다 메가처치는 20세기 중반 이후, 세속화의 거센 물결과 현대 사회의 급변하는 사회문화적 요구에 발 빠르게 응답하여 적응해온 교회다. 현대인의 영적·종교적 욕구를 수용하고, 포스트모던 시대에 복음을 효과적으로 전파했다는 평가도 받는다.[4] 이런 장점이 있지만, 메가처치나 메가처치 현상은 신약성서에서는 찾아보기 어려운 교회상을 구현하려고 애쓴다. 이는 신약성서가 보여주는 교회의 원형과 본질에서 이탈하는 것이다. 이 관점을 바탕으로 메가처치와 메가처치 현상이 어떻게 교회의 본질에서 이탈하고 있는지를 설명할 것이다.[5]

메가처치 현상은 거의 모든 교회가 너나없이 메가처치가 되려는 거대한 흐름이다. 메가처치를 본받아야 할 모범으로 여기고 따른다. 바로 이 점에서 메가처치 현상은 교회론적 현상이다. 따라서 이 현상을 종교사회학 차원을 넘어서 교회론 차원에서 고찰하는 일은 꼭 필요하다. 더불어 이 현상을 연구 대상으로만 떼어놓고 탐구할 수 없으며, 가치 판단이 개입하지 않을 수 없다. 이 때문에 조직신학적 고찰 역시 필수이다. 메가처치 현상을 교회론과 조직신학을 바탕으로 비판적으로 고찰함으로써 메가처치 현상이 왜 병리적 징후인지를 따져볼 것이다.

그렇다면 메가처치 현상을 치료하는 방안은 무엇일까. 다시 한 번 강조하지만 이 책이 제시하는 대안은 메가처치가 아니라 메가처치 현상에 대한 대안이다. 메가처치 현상이 거대한 흐름이므로 대안 역시 기존 흐름이 지향하는 바를 비판하는 동시에 새로운 지향점을 제시해 다른 흐름을 끌어내야 한다. 따라서 메가처치 하나하나를 정밀하게 치료하는 방법이나 이를 위한 실용 매뉴얼을 제시하는 것은 이 책의 목적과는 어긋난다.

요약하면 이 책의 목적은 세 가지이다. 첫째, 우리 주변에서 발견하는 종교사회 현상인 메가처치 현상을 설명하고 교회에서 일어나는 이 현상을 더 잘 이해하도록 도우려 한다. 둘째, 메가처치 현상 배후에 존재하는 조직신학적 문제와 오류들을 지적하고 이 현상이 병리적 징후임을 알리고자 한다. 셋째, 이 병리적 징후를 치료할 수 있는 기본 방향과 방안을 제안하고자 한다.

본론에 들어가기 앞서 이 책의 출판 과정을 간단하게 밝힌다. 이 책은 박사학위(침례신학대학교 Ph.D.) 연구논문인 "Megachurch 현상에 대한 교회론적 고찰"을 수정해 출판한 것이다. 이 책의 기본 문제의식은 2009년에 출간한《메가처치 논박》에서 이어진다. 이 책을 읽는 독자 중에《메가처치 논박》과 유사한 논지를 발견하는 사람이 있을지도 모른다. 하지만《메가처치 논박》을 내놓은 이후 꾸준히 연구한 결과들 역시 알 수 있을 것이다.

우선 메가처치 현상에 대한 사회학 자료와 통계 자료를 추가했는데 미국 하트포드연구소Hartford Institute가 축적한 자료들을 주로 활용했다. 하트포드연구소는 오래전부터 메가처치 현상을 연구해왔는데, 이를 정리해 매년 "오늘의 메가처치Megachurches Today"라는 보고서를 발표하고 있다.[6] 그 보고서와 연구 자료들을 이 책의 기초 자료로 삼았다. 아울러 하트포드연구소에서 메가처치 현상을 왕성하게 연구하고 있는 스콧 튜마Scott Thumma, 데이브 트래비스Dave Travis, 워렌 버드Warren Bird, 엘리자베스 레프만Elizabeth J. Leppman의 논문과 저서도 빈번하게 활용했음을 밝힌다. 물론 이들 연구가 미국 메가처치 현상에 대한 분석이므로 아쉽기는 하지만, 메가처치 현상과 관련한 국내 통계 자료가 빈약하고, 메가처치 현상이 전 지구적 현상이기 때문에 이들 연구를 통해 메가처치 현상 전반을 이해하는 데 효과적일 것이라고 판단했다.

더불어《메가처치 논박》출판 이후 연구해온 내용들,《한국 교회, 개혁의 길을 묻다》에서 내가 맡아 쓴 "메가처치 현상, 어떻게 치유할 것인가?"[7], 〈개혁신앙〉에 쓴 "대형교회 집중화 현상의 문제점과 원인"[8], 〈뉴스앤조이〉에 기고한 다수의 글[9]도 이 책의 자료로 사용되었음을 밝힌다.

이와 함께 "변화하는 세계 종교 지형The Changing World Religion Map" 프로젝트[10]에서 나와 마이클 비긴Michael Begin 박사가 공저한 논문, "신성한 야망과 글로벌 몽상Sacred Ambitions, Global Dreams"도 이 책에 적지 않은 기여를 했다.[11] 나와 비긴 교수는 이 프로젝트에서 한국 교회의 메가처치 현상을 분석했는데, 그 내용을 박사학위 논문에는 포함하지 않았지만 이 책 4부에 추가했다. 스탠리 브런Stanley Brunn 교수의 허락 하에 기고했던 논문이 본 연구에 상당 부분 기여했음을 또한 밝힌다.

1부

메가처치와 메가처치 현상

메 가 처 치 를   넘 어 서

메가처치는 무엇이며, 메가처치 현상이란 또 무엇인가? 본격적인 연구를 위해서 가장 먼저 해야 할 일은 메가처치와 메가처치 현상을 구분하는 것이다. 교회 대형화 문제를 연구하거나 비판하는 이들은 소수의 메가처치에서 일어나는 현상을 다루거나, 그중에서도 문제가 많은 일부 메가처치로 제한해 논의하는 경향이 있다. 따라서 특정 메가처치나 그 목회자들의 도덕적 · 신학적 문제들에 주목하고 이를 비판한다. 하지만 이는 메가처치와 메가처치 현상을 구분하지 않는 데서 오는 오류이다. 메가처치와 메가처치 현상은 구분해서 이해해야 한다.

먼저 메가처치란 특정 규모에 도달한 개별 지역교회를 가리킨다. 이런 메가처치는 그렇지 못한 교회들에 비해 극소수이다. 반면, 메가처치 현상이란 메가처치를 중심으로 광범위하게 발생하는 종교사회적 역학 관계를 총괄해 가리키는 말이다. 메가처치 현상은 소수의 메가처치들을 넘어서 대다수 기독교 신자와 교회, 일반 사회에 이르기까지 광범위하게 그 영향력을 미치고 있다.

메가처치 현상은 자석이 영향력을 미치는 일종의 자기장이라 할 수 있다. 자석이 철가루를 잡아끌어 특정한 패턴으로 정렬시키듯 메가처치는 여러 영역에 강력한 영향력을 행사한다. 그 결과, 전체 교회가 메가처치를 중심으로 특정 패턴을 만들면서 모두 한 지점을 향하도록 이끌린다. 낱낱의 교회들이 포섭되는 광범위한 영향력이 메가처치 현상의 실체이다. 자석과 자기장이 다르듯 메가처치와 메가처치 현상은 구별해 파악해야 한다. 이 둘을 구별할 때 현재 한국 교회가 처한 현실을 올바르게 통찰하고, 여러 문제점을 정확히 진단해 그 대안까지 찾아낼 가능성이 생긴다.

1
메가처치란?

메가처치 = 대형교회?

메가처치는 그리스어로 '크다' 또는 '백만'이라는 뜻의 메가mega와 영어로 교회를 뜻하는 처치church의 합성어이다. 한마디로 '대단히 큰 교회'라는 뜻이다. 메가처치라는 말이 영어권에서 출현해 빈번하게 사용되고 있지만, 엄밀하게 학문적으로 정의된 용어는 아니다. 다만 통상적으로 교인이 2천 명 이상 주일예배에 출석하는 교회를 가리킨다.[1] 여기서 중요한 것은 출석인원이지, 재적이나 등록인원이 아니다. 교회 전통과 신학에 따라 출석교인보다 등록교인이 많은 교회도 있고, 반대로 등록교인보다 출석교인이 많은 곳도 있다. 이런 차이 때문에 메가처치인지 아닌지는 우선 출석교인을 기준으로 한다.[2]

주목할 사실은 메가처치라는 용어가 생겨난 지 얼마 되지 않았다는 점이다. 메가처치라는 용어는 대략 1970-1980년대쯤 미국에서 생겨난 신조어이다.[3] 왜 이 용어가 생겼을까? 과거에도 '큰 교회'를 뜻하는 '빅처치big church'나 '대형교회'를 뜻하는 '라지 처치large church'라는 용어가 있었다. 그럼에도 메가처치라는 신조어가 새로 등장하고 광범위하게 쓰이는 이유는 무엇일까? 어떤 용어나 개념이 새로 생기는 이유는 해당 용어나 개념이 아니고서는 표현할 수 없는 새로운 현상이나 대상이 출현했기 때문이다. 20세기 후반에 메가처치라는 용어가 등장한 것은 바로 그 어간에 메가처치라는 용어significant로밖에 표현할 수 없는 대상signifié이 출현했다는 말이다.

볼프강 짐존Wolfgang Simson은 4세기까지 초대교회는 주로 가정에서 모였기 때문에 수십 명 단위로 존재했다고 말한다. 교회사가 앨런 크라이더Alan Kreider는 이 당시 교회는 문자 그대로 '가정교회'였으며, "신자들은 부유하지 않았지만 자신들의 주택 제일 큰 방에서 모였고 참석 인원은 15명에서 20명을 크게 넘지 않는 수준이었다"고 했다.[4] 이런 현실은 가정교회라는 교회상을 구성했다. 이 교회상은 거의 300년간 유지되었다.

그러다가 4세기 콘스탄티누스 황제 이후 기독교는 '성당-회당 시스템'을 개발했다. 이는 교회가 더 이상 가정이 아니라 건물을 중심으로 모이는 교회라는 새로운 형태를 개발했음을 뜻한다. 이로 인해 출현한 새로운 교회상이 바로 성당-회당 중심 교회라는 이미지이다. 이 교회상은 4세기부터 오늘날까지 이어지는데,[5] 한 건물에 모이는 교인 숫자는 대략 200명 내외였다. 하워드 스나이더Howard Sneider도 역사적으로 활력 있는 공동체는 50-300명 선이었다고 말한다.[6]

짐존은 대다수 교회가 100명에서 300명 사이, 평균 200명 정도에서 성장이 둔화되고 결국 멈춘다는 점을 통계에 근거해 지적한다. 왜 200-300명 선에서 교회는 성장을 멈출까? 짐존은 문화적·사회학적·건축학적 · 구조적 이유가 존재한다고 설명한다.[7] 즉 여러 요인이 교회가 200-300명을 넘지 못하도록 막는 장벽으로 작동했다는 말이다. 4세기부터 20세기까지 거의 1,700년 동안 교회는 200명 내외가 모이는 성당-회당의 이미지로, 혹은 종교적 건물에 모이는 회중congregation의 이미지로 그려졌다. 이 때문에 영어권에서는 지역교회를 회중congregation과 동의어로 쓴다.

교회가 이런 이미지로 굳어졌기 때문에 기독교인들은 그 이상 커지지 않는 교회를 문제 삼지 않았다. 교회는 으레 그 정도 크기를 유지하는 것이 옳다는 고정관념까지 생겨났다. 그러다 보니 200명이라는 마지노선을 돌파해야 할 장벽으로 상정하지 않았고, 또 그 돌파를 온 교인이 집중해야 할 목표로 보지도 않았다. 사실 전통 교회에는 온 교인이 집중해야 할 목표라는 것이 딱히 없었다. 온 교회가 중점을 두고 지켜온 행사는 종말까지 영원히 순환되는 교회력을 매년 따르는 것이 전부였다. 개인의 경우, 마르틴 루터Martin Luther가 그랬듯이 성화나 하나님과의 온전한 연합을 열정적으로 추구하기도 했지만 교회는 특별히 목적 지향적이지 않았다. 그러다 보니 교인 200명이라는 교회 성장의 장벽을 문제 삼을 까닭이 없었다.

큰 교회와 작은 교회를 나누는 선 역시 200명이 모이는 회중교회였다. 그보다 큰 교회와 그보다 작은 교회, 그러니까 상대적으로 큰 교회와 그에 비해 작은 교회를 가리키는 말이었다. 짐존의 말대로라면, 오랫동안 교회의 평균 규모는 약 100명 정도였기에 200명만 넘어도 굉장히 큰 교회라 여겼으며 100명이 안 되는 교회는 작은 교회라고 보았을 것이다. 뒤에서 보겠지만 20세기 이전에도 수천 명이 모이는 대형교회는 있었다. 하지만 극히 예외적인 경우로, 모든 교회가 반드시 따라야 할 모범으로 여겨지지도 않았다. 매우 특이하게 큰 교회였을 뿐이다.

그러나 20세기 중반 이후, 새로운 교회가 출현하기 시작했다. 200명을 훌쩍 넘어서는 교회가 다수 등장했다. 아니, 200명 정도가 아니라 전에는 상상할 수 없을 정도로 엄청나게 큰 교회가 연달아 일어났다. 앞서 메가처치라고 명명했던 교회들인데, 주일 평균 출석인원이 2천 명이 훌쩍 넘는 엄청난 규모였다. 이런 거대 교회들은 전통적 교회 이미지, 200명 정도가 모이는 회중교회와는 상당히 달랐다. 메가처치는 단순히 큰 교회가 아니라 전통적 기준에서는 '지나치게 큰too big' 교회였다. 이렇게 과도하게 큰 교회가 등장하자 오랫동안 유지해온 교회상이 변하기 시작했다. 이렇게 기존에 없던 새로운 교회 이미지를 명명하기 위해 메가처치라는 용어가 새로 만들어진 것은 아닐까. 1970년 전후로 교회사에 기록할 만한 중요한 교회상이 정말 새로이 출현했는지는 향후 역사가들에 의해 정리될 것이다. 중요한 것은 바로 그 어간에 메가처치라는 용어가 새로 등장했으며, 그 용어를 사용해 소통할 수밖에 없는 교회적 현실이 도래했다는 사실이다.

메가처치라는 새로운 교회상은 200명이라는 숫자도 달리 생각하게 만들었다. 과거에는 교회가 200명 선에 머물러도 문제 삼지 않았다. 그런데 새로운 교회상이 출현하자 200명은 돌파해야 할 장벽으로 변했다. 칼 조지Carl George는 성장을 가로막는 다양한 규모의 장벽이 존재하는데, 가장 중요한 장벽 중 하나가 200명 장벽이라고 했다. 교회와 목회자는 200명 장벽을 과감히 돌파해서 메가처치로 성장하는 길을 모색해야 한다고 그는 주장했다.[8] 빌 설리번Bill Sullivan도 같은 맥락에서 《출석교인

200명 돌파를 위한 작은 교회 성장 전략》이라는 책을 썼으며,[9] 한국의 유명한 교회 성장학자 명성훈도 비슷한 맥락에서 《장년출석 300명 돌파의 원리와 전략》이라는 책을 썼다.[10]

사실, 메가처치는 200명 돌파로 만족하지 않는다. 20세기 중반에 출현한 메가처치는 성장을 가로막는 모든 장벽을 무너뜨리고자 노력하면서 무제한 성장을 추구한다. 메가처치라는 교회상은 교회가 200-300명 선을 넘어서 지속적으로 성장하는 것이 옳다는 교회론적 이념을 일반화했다. 따라서 출석인원 200-300명 선은 교회가 받아들여야 하는 숙명이 아니라, 교회를 부당하게 속박하는 족쇄이며, 끊어내고 돌파하고 넘어서야 하는 공략 대상으로 여겨진다.

다시 말하지만, 이런 인식 전환은 비교적 최근에, 즉 1950년대를 넘어서면서 가능해진 일이다. 스콧 튜마가 지적했듯이 오늘날 존재하는 대다수 메가처치는 1955년 이후에 세워진 교회이다.[11] 그나마 메가처치가 본격적으로 가시권에 들어오기 시작한 때는 1970년대 이후이다. 그렇다면 교회상의 변동과 200명 선을 돌파해야 할 장벽으로 본 시기는 1970년대 이후가 된다. 이는 최근 들어 중요한 교회적 현실이 출현했으며, 메가처치라는 용어의 출현과 관련이 깊고, 전통적 교회상과 매우 다른 새로운 교회상이 기독교 세계에 틈입해 들어왔음을 의미한다.

메가처치에는 단순히 '큰 교회'가 아니라 '지나치게 큰 교회'라는 의미가 담겨 있다. 따라서 메가처치를 논의할 때 "큰 교회도 있을 수 있고 작은 교회도 있을 수 있다"라고 말하는 것은 이런 교회적 현실을 간과한 오류이다. 메가처치는 전에도 있었던 교회가 아니라 완전히 새로운 교회이며, 큰 교회나 작은 교회 같은 용어로 상대화할 수 있는 교회가 아니다. "교회가 단순히 크다는 이유만으로 비난을 받는 것은 옳지 않다"라는 주장은 새로운 교회적 현실을 충분히 반영하지 못한 주장이다. 교회가 크다고 해서 무조건 옳다거나 반대로 문제라고 생각하는 것은 잘못이다. 하지만 메가처치는 단순히 '큰' 교회라서가 아니라 '지나치게 큰' 교회라서 문제인 것이다.[12] 큰 교회, 혹은 대형교회라는 말 대신 메가처치라는 용어를 굳이 고집하는 이유는 이러한 새로운 교회적 현실을 반영하고자 하는 문제의식 때문이다.

따라서 메가처치를 논의할 때, '큰 교회-작은 교회' 도식으로 다뤄서는 안 된다. 굳이 말하자면 이 도식은 새로운 교회상이 출현하기 이전인 '성당-회당 시스템' 때나 가능한 표현이지 새로운 교회적 현실인 메가처치 현상을 논하기에는 시대착오적이다.[13] 새로이 출현한 교회상과 교회적 현실을 평가하기 위해서는 그에 맞는 언어와 개념이 필요하다. 따라서 메가처치는 '큰 교회-작은 교회'의 도식을 넘어선 제3의 교회상이다.

메가처치의 새로운 특성

새로운 교회상은 무엇보다 교회 규모에 중대한 변화가 생겼음을 함축한다. 메가처치라는 용어는 신학, 교파, 전통이 아니라 규모와 관련이 깊다. 따라서 교파나 신학 전통에 상관없이 주일예배 출석인원이 2천 명이 넘으면 통상 메가처치로 분류한다. 그렇다고 2천이라는 숫자가 절대 기준은 아니다. 예배 출석인원을 2천 명이라고 정확히 헤아리는 교회는 거의 없으며 메가처치는 그럴 필요도 느끼지 못한다. 따라서 1,999명까지는 메가처치가 아니며 2천 명부터 메가처치라고 말하기는 어렵다.

2천이라는 숫자에 무슨 초월적 특성이 있어서 메가처치인지 아닌지를 가르는 기준이 된 것은 아니다. 2천 명 이상이 주일예배에 출석하는 교회가 새로운 교회적 특성을 보이기 때문이다. 다시 말해, 교회 규모가 그 이상 커지면 질적 변화가 눈에 띄게 일어나기 때문이다. 양적 증가가 질적 변화를 초래한다는 '양질전환의 원리'[14]와도 상통한다. 규모가 커지면서 일어나는 교회의 질적 변화에는 조직 구조, 리더십 유형, 프로그램, 예배 형태 등 총체적이고 포괄적인 교회적 변화가 모두 포함된다.[15] 교회가 커지면 전통 교회에서는 보기 힘들었던 새로운 특성이 여러 면에서 두드러진다. 따라서 메가처치는 주일예배 출석인원 2천 명 이상이라는 숫자만이 아니라 그 숫자 때문에 발생하는 새로운 교회적 특성을 포괄한다.

그러기에 메가처치는 전통적으로 말하는 단순히 큰 교회가 아니다. 메가처치가 출현하기 이전에 큰 교회는 규모만 컸을 뿐 다른 교회들과 특성은 유사했다. 고만고만한 교회 중에서 상대적으로 좀 더 큰 교회였을 뿐이었다. 하지만 메가처치는 임계점을 넘어서면서 생겨난 질적 변화를 특징으로 보유한 새로운 형태의 교회이다. 이런 교회는 성당-회당 시스템에서는 존재하지 않았다.

메가처치로 인해 파생된 교회적 특성들은 대단히 강력해서 교파나 신학 전통이 만들어내는 교회적 특성보다도 더 두드러져 보인다. 때문에 교파나 신학 전통이 다른 교회들이 메가처치라는 공통점 때문에 같은 특성을 공유하는 일이 벌어진다. 이 현상이 더욱 강화되고 확산되는 이유는 많은 메가처치가 교파 배경이나 신학 전통을 강조하지 않기 때문이다. 이는 메가처치들이 더 많은 신자를 확보하려는 전략 중 하나인데, 현대 기독교 교인들은 교파 배경이나 신학 전통보다는 개별 교회 자체의 특성에 따라 교회를 선택하는 경향을 보이기 때문이다. 이런 이유로 메가처치들은 초교파 교회인 경우가 많고, 특정 교파에 속한 교회일지라도 교파적 특성을 약화한다.[16] 따라서 메가처치는 대체로 탈교파적post-denominational 교회로 불린다. 이것이 메가처치의 첫 번째 중요한 특성이다.

메가처치의 두 번째 특성은 실용주의를 중시한다는 점이다. 메가처치들은 교파 신학에 대한 충성도가 낮다. 다시 말해 교리 교육이나 신학 논쟁 등에 대한 관심도가 낮다. 대신 대단히 실용주의적이다.[17] 이 역시 잠재적 교인들이 고리타분한 교리 논쟁보다는 신앙이 자신의 삶에 어떤 좋은 영향을 미치는지에 더 많은 관심을 두면서 생겨난 현상이다. 메가처치는 대체로 탈신학적이며 실용주의적 교회라고 할 수 있다.

셋째로, 메가처치들은 영혼 구원과 세계선교를 강조하는 복음주의적 교회이다. 두 가지는 물론 전통 교회에서도 쉽게 발견되는 특징이다. 하지만 전통 교회에서는 복음전도와 함께 다른 여러 면을 더불어 강조한다. 하지만 대다수 메가처치는 일차적으로 복음주의적 특성을 보여준다. 복음주의evangelicalism는 매우 복잡한 용어이며, 복음주의 신학을 놓고는 더 깊은 논쟁이 가능하다. 이 부분은 이 책의 목적과 범위를 넘어서기 때문에, 여기서는 메가처치들이 신학적으로 복음주의를 표방하는 경우가 많으며, 복음전도를 우선시한다는 점만 밝힌다.[18]

이밖에도 메가처치들은 다양한 특성을 공유한다. 그 공통점은 메시지, 건축 양식, 사역 프로그램 등 여러 면에서 발견된다. 더불어 이들은 스스로를 '일반 교회'와 다르다고 홍보하고, 전통적이기보다는 현대적 교회이기를 원하며, 중앙집권적 리더십을 행사한다는 점에서도 비슷하다. 심지어 메가처치에 출석하는 교인들 사이에서도 상당한 공통점을 발견할 수 있다.[19] 예배 스타일이 현대적이며, 전문적인 퍼포먼스를 잘 활용한다는 점도 주목할 만한 메가처치의 특징이다. 다양하고 체계적인 목회 프로그램이 백화점 식으로 진열되고, 교인들이 그런 프로그램에 적극 참여하는 분위기 역시 그 특징이다. 방대한 자원봉사자 참여 구조를 활용하지만, 반대로 큰 규모로 인한 익명성과 그 익명성을 즐기는 방관자들도 존재한다. 이 모두가 메가처치의 특징이다. 이러한 특징들을 갖는 거대한 규모의 교회들이 바로 이 책이 주목하는 메가처치이다.

2
메가처치 현상이란?

그렇다면 메가처치 현상은 무엇을 말하는가? 스콧 튜마에 따르면 메가처치는 단순히 비범하게 성장한 개별 교회나, 놀라운 성장을 거둔 종교적 기업이 아니다. 메가처치가 중요한 이유는 집단적 사회 현상이기 때문이다.[20]

가령 어느 지역에 70명 남짓한 교회와 10만 명이 모이는 메가처치가 이웃하고 있다고 상상해보자. 두 교회가 미치는 사회적 반향이 다르다는 점은 따로 설명하지 않아도 알 수 있다. 70명이 모이는 교회는 그런 교회가 있는지조차 모르는 사람이 태반일 것이다. 하지만 10만 명이 모이는 교회는 예배 때마다 몰려드는 신자와 차량으로 일대가 마비될 것이며, 거대한 상권이 형성될 것이다. 선거철만 되면 여러 정치인이 방문하며, 교회에서 무슨 사건이라도 일어나면 매체나 사람들 입에 오르내릴 것이다. 때문에 이런 교회가 선포하는 메시지나 기획한 행사들이 강력한 사회적 파장을 만들어내리라는 점은 쉽게 예상할 수 있다. 이런 특성 때문에 메가처치는 단순히 개별 교회가 아니라 사회적 현상으로 보고 접근해야 한다. 특히 이런 메가처치가 여럿일 때, 비메가처치들이 메가처치를 모방하려고 애쓸 때, 사회적 파장과 영향력은 더욱 극적으로 증가한다. 메가처치를 중심으로 한 광범위한 종교사회적 영향력이 바로 메가처치 현상을 만들어낸다.

오늘날 메가처치 현상은 주변에서 흔히 찾을 수 있다. 그런데 메가처치 현상을 공론장에 올려 논의하기는 쉽지 않다. 무엇보다 메가처치 현상에 대한 관점이 서로 다르기 때문이다. 따라서 메가처치 현상을 생산적으로 논의하려면 반드시 그 현상에 대한 합의된 이해가 필요하다. 이를 위해 본격적 논의에 앞서 메가처치 현상이 무엇인지를 밝히고 간략한 설명을 덧붙이려 한다.[21]

1950년대, 수면 위로 떠오르다

메가처치 현상이란 비교적 최근인 20세기 중반 이후에 출현한 종교사회 현상이다. 새들백 교회 릭 워렌Rick Warren 목사는 한 컨퍼런스에서 메가처치는 역사상 늘 존재했으며, 예루살렘 교회는 새들백 교회보다 5배나 컸다고 주장했다.[22] 조지 팔웰George Falwell도 예루살렘 교회의 교인 수를 25,000명 이상으로 추정했다.[23] 이런 주장이 의도하는 바는 메가처치 현상은 새로운 것이 아니며, 신약 시대부터 지금까지 이어져왔기 때문에 그리 놀랄 일도 아니며 문제 될 것도 없다는 것이다.

이 같은 주장은 메가처치 현상에 대한 대표적 오해이다. 이들 주장과는 달리, 앞에서도 밝혔듯이 메가처치 현상은 최근 들어 갑자기 출현한 현상이다. 스콧 튜마와 데이브 트래비스의 연구가 잘 보여주는 대로 메가처치 현상은 기껏해야 1950년대 이후에 출현한 현상이다.[24]

물론 릭 워렌의 말대로 주일예배 출석 인원이 2천 명이 넘는 교회는 교회사를 통틀어 드물기는 해도 간간이 있었다. 예컨대, 1900년에 이미 미국에는 10여 개 메가처치가 존재했다.[25] 19세기 메가처치 목록에는 차템가 교회Chatham Street Chapel, 플리머스 교회Plymouth Church, 메트로폴리탄 장막교회Metropolitan Tabernacle 등이 포함돼 있었고, 이들 교회에는 매주 2천 명에서 6천 명이 모였다는 기록이 있다.[26]

역사를 더 거슬러 올라가 18세기 1차 대각성 운동 때 조지 휫필드George Whitefield는 1753년 글래스고우 고별 설교에서 2만 명 가까운 청중을 모았다는 기록이 있다. 더 올라가면 아마 칼뱅의 기록에서 최초의 메가처치를 찾을 수 있을지도 모른다. 그는 말년에 프랑스 선교에 많은 관심을 기울여 큰 결실을 거두었는데, 베르주라크Bergerac 지역에서는 4-5천 명 앞에서 설교했으며, 몽펠리에Montpelier 지역에서는 5-6천 명에게 설교하기도 했다.[27] 가톨릭교회까지 포함한다면 그보다 훨씬 전부터 대도시 대성당들은 수천 명을 수용할 수 있었다. 한국만 하더라도 평양 대부흥운동이 한창일 때 장대현교회에 1,500명이 한 번에 모였다는 기록이 있다.[28]

일단 가톨릭교회는 논외로 하자. 개신교회의 초대형 집회나 교회들은 매우 오래전부터 있었지만 대개 일시적이고 예외적인 경우여서, 오늘날처럼 사회 현상으로 자리 잡지는 못했다. 이 점이 과거의 메가처치와 오늘날 메가처치의 중요한 차이이다. 과거의 메가처치는 잠깐 나타났다가 사라진 극히 예외적인 '사건event'이었다면 오늘날 메가처치는 광범위한 사회적 영향력을 미치는 '현상phenomenon'이 되었다.

이런 현상은 1950년대가 넘어서면서 비로소 뚜렷이 나타났다. 미국에서는 1900년에 10여 개였던 메가처치가 1970년이 되자 약 50개로 늘어났다.[29] 70년 동안 약 5배 증가한 셈이다. 메가처치 역사에서 1970년대는 특히 주목할 만한 시기이다. 이때부터 메가처치가 그야말로 폭발적으로 증가했기 때문이다. 이 같은 사실은 존 번John Vaughan이나 제리 팔웰Jerry Falwell, 엘머 타운스Elmer Towns의 연구에서도 확인된다.[30] 1970년 이후 미국의 메가처치 증가 추세는 그야말로 극적인데, 1970년대에 50개 정도이던 미국의 메가처치는 2013년 현재 1,661개까지 늘어난 것으로 추산된다.[31] 43년 동안 33배나 성장했는데 이 성장 곡선은 한국 교회의 상황과 거의 일치한다. 한국에도 거의 1천여 개에 달하는 메가처치가 있는 것으로 추정된다.

이처럼 초대형교회가 극적으로 성장한 현상은 2천 년 가까운 기독교 역사에서 극히 이례적이다. 이렇게 메가처치가 극적으로 증가하자 더 이상 이것을 예외적 경우가 아닌 일반적 교회 형태로 인식하기 시작했다. 예외적 사건이 일반적 현상이 되면서 메가처치가 표준적이고 일반적인 교회로 자리매김하기 시작했다. 여기에는 교회 성장학 같은 신학적·이론적 정당화 작업도 동원되었다. 시간이 지나면서 메가처치는 점점 비메가처치들의 역할 모델 노릇을 하기 시작했고 비메가처치들은 메가처치를 모방하기 시작했다. 메가처치는 일반적인 교회라는 지위를 얻는 데서 그치지 않고 모범적이고 본받을 만한 교회로까지 올라섰다. 이런 모방은 메가처치 현상을 더 광범위하게 확대하는 역할을 했다. 1970년대 이후 메가처치가 폭발적으로 증가했지만 전체 교회 수에 비하면 여전히 소수에 불과하다. 하지만 비메가처치들이 메가처치를 모방하기 시작하면서 메가처치의 영향력은 메가처치를 넘어서 비메가처치에까지 미치게 되었다. 그러면서 바야흐로 거대한 종교사회적 역동이 출현하게 된 것이다. 이것이 바로 이 책이 문제 삼는 메가처치 현상이다.

지구 곳곳에서 등장하다

더욱 중요한 것은 이런 메가처치가 지역을 초월해 도시는 물론 농촌에도 나타나고 있다는 사실이다. 또한 개신교회의 거의 모든 교파에서 나타나고 있다.[32] 나아가 메가처치는 한국과 미국뿐 아니라 전 세계 어디에서나 찾아볼 수 있다. 워렌 버드의 연구에 따르면 메가처치 현상은 북미, 남미, 아시아, 오세아니아, 아프리카, 유럽 등 거의 모든 지역에서 나타나고 있는 전 지구적 현상이다.[33]

메가처치 현상을 세계적 현상으로 바라보는 시각은 대단히 중요하다. 메가처치 현상의 원인을 진단하고 대안을 제시할 때, 메가처치를 국내 현상으로 보느냐, 세계적 현상으로 보느냐에 따라 전혀 다른 결론을 도출할 수 있다. 가령 메가처치 현상의 기원을 1950년대 심령부흥회 운동이나 1960년대 개발 독재를 모방한 기독교 운동으로 보면, 시기적으로는 1950-1960년대 이후 일어났고, 공간적으로는 한국이라는 제한된 곳에서 발생한 현상이라고 볼 수 있다.

물론 메가처치 현상은 특히 한국에서 크게 위력을 떨치고 있다. 메가처치 현상의 주요 연구자인 스콧 튜마도 한국을 메가처치 현상의 '기준점ground zero'이라고 부를 정도이다.[34] 메가처치가 처음 출현한 미국이 아니라 한국을 메가처치 현상의 기준점으로 보는 이유는 그만큼 메가처치 현상이 한국에서 강하게 나타나고 있음을 의미한다. 이는 한국 교회가 성장의 정점에 있었던 1993년 통계를 보더라도 쉽게 확인할 수 있다. 당시 전 세계 50대 교회 중 23개가, 세계 10대 교회 중 5개가 한국에 있었다.[35] 2000년 통계에 따르면, 1만 명 이상 모이는 교회가 14개, 1천 명 이상 모이는 교회가 약 1천 군데에 달한다.[36] 세계 최대 교회, 세계 최대 장로교회, 세계 최대 감리교회가 모두 한국에 있다.

전체 교회에서 차지하는 비중 역시 한국의 메가처치가 단연 세계 최고이다. 미국은 전체 교회 중 약 0.5%가 메가처치라면 한국은 거의 1.7%가 메가처치이다.[37] 미국의 최대 교회인 조엘 오스틴Joel Austine 목사의 레이크우드 교회Lakewood Community Church에 출석하는 교인이 43,000명 정도인데,[38] 한국의 여의도순복음교회는 재적인원이 80만 명을 넘는다. 이처럼 밀도나 규모 면에서 미국보다 한국에서 메가처치 현상이 훨씬 더 강하게 나타나고 있다. 한마디로 한국 교회는 메가처치 현상의 최전선이다.

그렇다고 메가처치를 한국이나 미국만의 현상으로 국한할 수는 없다. 메가처치 현상은 전 지구에서 일어나고 있는 세계적 현상이다. 이것이 맞다면 메가처치 현상의 근본 원인을 한국이나 미국 같은 특정 지역에 국한해 찾아서는 안 된다. 즉 한국의 메가처치 현상을 분석할 때, 전 세계적 메가처치 현상에서 한국 역시 예외가 아니라는 점을 먼저 고려해야 한다. 그다음에 한국의 메가처치 현상의 독특성을 찾아가는 방식으로 탐구해야 한다. 즉 메가처치 현상은 보편적 측면과 특수적 측면이 모두 존재한다는 관점에서 접근해야 한다.

메가처치 현상을 해결하는 방안을 찾는 과정 역시 이러해야 한다. 우선은 메가처치 현상에 대한 보편적 차원의 처방전을 모색한 다음, 한국의 특수성을 고려해 좀 더 구체적인 대안을 찾아가야 한다. 따라서 메가처치 현상을 제대로 이해하려면 다음 질문을 가장 먼저 던져야 한다. 역사상 전례를 찾기 어려운 현상이 왜 20세기 중반 이후 전 세계적으로 갑자기 출현했는가?

개신교에서만 두드러지다

메가처치 현상의 또 다른 중요한 특징은 유독 개신교에서만 나타난다는 점이다. 메가처치 현상을 개신교만의 현상으로 국한하는 것은 다소 논란의 여지가 있다. 왜냐하면 2차 세계대전 이후 세계의 거의 모든 종교가 하나같이 커지고 있기 때문이다. 대형화는 모든 분야에 걸친 전반적 추세이다. 거대 도시의 출현과 함께 교육 시설, 극장, 기업, 쇼핑몰, 놀이공원 등이 대형화하는 흐름은 20세기에 나타난 뚜렷한 사회 현상이다. 특히 가상공간에서 네티즌들의 자유로운 선택에 의해 네이버나 구글 같은 초대형 네트워크 허브network hub가 생겨나는 것만 보아도 대형화는 현대 사회의 일반적 현상이라고 할 수 있다.[39] 종교 시설의 대형화 현상도 이런 관점에서 이해할 수 있다. 실제로 세계 곳곳에서 모스크, 불교 사찰, 힌두교 사원, 가톨릭 성당 등의 대형화 추세가 보고되고 있다.[40]

그럼에도 개신교의 메가처치 현상에 필적할 만한 현상을 다른 종교에서 찾기란 쉽지 않다. 하트포드연구소를 비롯한 많은 메가처치 연구자들이 개신교에 국한해 메가처치 현상을 파악하는 이유도 이 때문이다.[41] 2010년 미국 종교 인구조사에 의하면, 2010년 가톨릭 신자의 숫자는 58,928,987명이고 본당 숫자는 20,589개이다.[42] 각 본당의 평균 신자 수는 2,862명이다. 실제로 미국에서 신자 2천 명이 모이는 개신교회는 1,600여 개이지만 가톨릭교회는 그보다 2배 가까이 많은 3천 개에 달한다. 그럼에도 불구하고 가톨릭교회에서는 개신교회에서 나타나는 메가처치 현상을 찾아보기 어렵다. 하트포드연구소는 이 차이를 다음과 같이 설명한다.

> 그들[가톨릭교회] 대부분은 강력한 카리스마를 가진 담임목사가 없으며, 여러 명의 부목사, 다수의 간사, 수백에서 수천 명의 자원봉사자에게 사명을 부여하는 교인으로서의 자부심, 여러 지역 심지어 교구를 초월해 많은 사람들을 끌어들이는 흡입력, 평신도가 운영하는 수많은 프로그램과 잘 조직된 사역들, 높은 수준의 헌신, 교회에서 이루어지는 주중 활동, 현대적 예배 스타일, 뛰어난 음향 시스템과 빔 프로젝터 및 영상 시스템, 서점이나 커피숍 같은 부대시설, 40,000-120,000평에 달하는 넓은 교회 부지, 이밖에도 여러 메가처치의 특성들이 보이지 않는다.[43]

이 때문에 가톨릭교회는 2천 명 이상이 모인다 하더라도 개신교회에서 발견되는 종교사회적 역동 현상이 생기지 않는다. 하지만 개신교회는 메가처치가 등장하면서 전에 찾아보기 힘들었던 종교사회적 역동을 경험하고 있다. 이런 이유로 메가처치 현상은 개신교적 현상이라고 불린다. 이 책의 초점 역시 개신교적 현상에 맞추어져 있다. 여기서 파생되는 질문은 이것이다. 왜 가톨릭교회에서는 존재하지 않는 메가처치 현상이 개신교회에서는 나타나는가? 여기에는 신학적, 특히 교회론적 원인이 있다. (이는 4부에서 더 자세히 다룰 것이다.)

독립된 개별 교회가 비옥한 토양이다

앞의 질문에서 메가처치 현상의 다음 특징이 이어진다. 왜 메가처치 현상은 개신교회에서만 유독 강력한 힘을 발휘할까? 그 이유는 메가처치 현상이 모든 교회가 개별 교회로 존재하는 개교회 중심주의church individualism[44]를 배경으로 하기 때문이다. 가톨릭교회의 본당은 교구 내에 존재하는 모임 장소일 뿐 이를 독립된 교회로 보지는 않는다. 가톨릭교회는 오직 하나의 가톨릭교회만 존재한다고 믿는다. 하지만 개신교회는 사실상 지역교회가 독립적으로 예배, 행정, 재정 등 모든 분야에서 결정권을 가지며, 이를 하나의 교회로 본다. 20세기 이후 교단의 구속력이 약해지면서 더욱 두드러진 현상이다. 메가처치 현상은 개신교회 내 거의 모든 교파에 걸쳐 광범위하게 나타나는데, 이 추세를 추동하는 주체는 연합 기구나 교단 총회가 아니라 바로 개별 지역교회이다.

앞에서 메가처치는 대체로 교파와 무관하거나 특정 교파에 속했더라도 교파의 특성을 강조하지 않는 탈교파적 교회라고 규정한 바 있다. 이런 상황이다 보니 전체 교회의 성장 여부를 교파보다는 개별 교회의 성장을 기준으로 측정하는 경향이 생겼다. 과거 교파 교회의 역사와 비교하면 상당히 새로운 현상이다. 18-19세기 교파 교회를 연구하는 역사가들은 교회 성장을 대체로 교파 성장이라는 관점에서 기술했다.[45] 그래서 18세기 이후 교회 역사를 침례교와 감리교가 비약적으로 성장하고, 장로교와 회중교회가 감소했다는 방식으로 기술한다. 하지만 메가처치 현상이 일반화되면서 교회 성장은 교파보다는 개별 교회의 성장에 초점이 맞추어져 거론된다.[46] 왜냐하면 대다수 메가처치는 기능적으로 무교파적 독립교회이기 때문이다.[47] 따라서 이제 교회 성장의 주체는 개별 지역교회가 되었다.

개별 교회가 다른 교회들과 성장 경쟁을 하고, 그 경쟁에서 생존한 교회가 바로 소수의 메가처치들이다. 중요한 것은 경쟁에서 승리한 소수 교회만이 아니라 거의 모든 교회가 그 경쟁에 참여한다는 사실이다. 이 때 메가처치 현상은 경쟁에서 이긴 몇몇 메가처치뿐만 아니라 경쟁에 뛰어든 모든 개별 교회로 퍼져나간다.

메가처치 현상은 어떻게 확산되고 굳어지는가

이렇듯 메가처치 현상은 소수의 메가처치뿐만 아니라 그 밖의 대다수 비메가처치를 포괄하는 거대한 종교사회적 역동 현상이다. 그렇다면 이 현상은 구체적으로 어떤 양상을 띠고 나타나는가?

이동하는 신자, 따라잡으려는 교회

메가처치가 전체 교회와 사회 질서에 미치는 광범위한 영향력을 살펴보려면, 가장 먼저 메가처치의 높은 교인 점유율을 고려해야 한다. 메가처치는 극소수에 불과하지만 교회당 교인 수는 다른 교회에 비해 훨씬 높다. 따라서 전체 교회의 교인 수에서 차지하는 비중이 교회 수에서 차지하는 비중에 비해 상대적으로 높다. 미국 교회의 전체 교인 중 약 15%가, 규모로 상위 1%에 해당하는 대형교회에 출석하고 있다.[48] 교인 예닐곱 명 중 한 명은 1%에 해당하는 대형교회에 다니는 셈이다. 이처럼 높은 점유율은 메가처치의 영향력이 얼마나 강력한지를 가늠케 한다.

메가처치의 영향력은 교인 점유율이 높다는 데서만 기인하지 않는다. 메가처치에 출석하지 않는 비메가처치 교인도 속으로는 메가처치를 선호한다. 이런 선호도는 비메가처치에 출석하는 교인이 장차 메가처치 교인이 될 확률을 높인다. 메가처치에 대한 선호도를 고려하면 메가처치의 교인 점유율은 점점 더 높아질 가능성이 높다.

이 같은 사실은 교인들이 중소형교회를 기피하고[49] 메가처치로 수평이동하는 현상으로 확인할 수 있다. 미국 메가처치 교인 중 약 72%가 수평이동한 교인이다.[50] 한국의 교인 중에서도 교회를 한 번 이상 옮긴 신자는 76.5%에 달한다. 교회성장연구소에 따르면 한국 교회 교인들의 수평이동 경로는 다음과 같다.

> 한국 교회의 수평이동 교인들은 소형교회와 미자립교회에서 가장 많이 옮겨 나갔으며, 중대형교회와 초대형교회로 가장 많이 옮겨 들어간 것으로 나타났다. 교인의 수평이동 현상으로 인해 작은 교회는 더욱 작아지고, 큰 교회는 더욱 커져가는 양극화 현상이 심화되고 있으며, 이에 따라 개척교회나 미자립교회는 정책적인 지원이 더욱 절실히 요구됨을 알 수 있다.[51]

메가처치들이 인지도 높은 기업 브랜드처럼 상징적 영향력을 지닌다는 사실 또한 수평이동 현상을 통해 알 수 있다.[52] 상징적 영향력은 교인들을 소형교회에서 메가처치로 이동하게 부추기고 이로써 거대한 흐름을 만들어낸다. 메가처치의 상징적 영향력과 이를 따라 움직이는 신자들의 거대한 흐름은 메가처치 현상이 만들어내는 종교사회적 역동의 또 다른 측면이다.

메가처치의 높은 교인 점유율과 상징적 영향력이 교인과 교회 사이에서 발생하는 역동 현상이라면, 교회들 사이에서 이 현상은 더 강하게 나타나고 더욱 확대 재생산된다.

모방하고 경쟁하는 교회, 무너지는 신학과 교회 생태계

메가처치의 상징적 영향력은 신자만이 아니라 교회 사이에서도 힘을 발휘한다. 비메가처치는 상징적 영향력을 지니고자 메가처치를 역할모델로 삼고 모방한다. 그 결과 절대 다수인 비메가처치들이 소수의 메가처치를 지향하는 거대한 모방 운동이 일어나고, 그러면서 점점 스스로를 잠재적 메가처치로 포지셔닝한다. 주보에 그려 넣은 메가처치 예배당 투시도와 무리한 건축 계획, 교회 전면에 내건 전도 목표와 이를 위한 대규모 전도대회와 집중 전도훈련 등은 중소형 교회가 스스로를 잠재적 메가처치로 포지셔닝하고 있다는 증거이다. 이런 모방행위는 메가처치의 상징적 영향력을 더욱 극대화하는 한편, 비메가처치가 메가처치 DNA를 스스로 자기 안에 이식하는 과정이다. 나아가 메가처치 현상에 휩쓸린 모든 교회들은 '좀 더 큰' 교회를 만들려는 흐름에 뛰어들게 된다. 작은 교회는 중형교회를, 중형교회는 메가처치를, 메가처치는 더 큰 메가처치를 일관되게 지향하고 있다.[53] 이런 지향성이 누구나 감지할 수 있는 흐름을 창조해내고 있다.

모든 교회가 성장을 추구하면 경쟁은 피하기 어렵다. 시장이 한정돼 있기 때문이다. 가령, 한국에서는 인구 5천만 명이 성장할 수 있는 최대치다. 타종교인과 무종교인을 빼면 그 범위는 더욱 줄어든다. 결국 모든 교회가 다 같이 무한 성장할 수는 없다. 일부 교회는 성장하겠지만 그 밖의 교회는 정체되거나 줄어들 수밖에 없다. 메가처치와 비메가처치 가리지 않고 모든 교회가 이 경쟁에 뛰어들고 있다. 모든 교회가 다른 모든 교회와 경쟁한다. 그러다 보니 현대 교회는 지속적으로 성장하지 않으면 도태할 수밖에 없는 딜레마에 빠져 있다.[54] 이 경쟁이라는 역동 현상이 메가처치 현상의 가장 중요한 측면 중 하나이다.

경쟁이 심화되자 한국 교회는 새로운 국면에 돌입한다. 그중 하나는 모든 교회의 동질화다. 경쟁과 교회 동질화는 어떤 상관관계가 있을까? 이는 이종격투기 역사에서 확인할 수 있다. 본래 이종격투기는 서로 다른 격투기끼리 겨루어 우월한 격투기를 가려보자는 데서 시작됐다. 그런데 서로 다른 격투기 선수들이 승리만을 위해 싸우다 보니 각자의 고유한 격투기의 특징은 사라지고 이길 가능성이 높은 격투 방식만 남게 되었다. 결국 모든 선수가 자연스럽게 채택한 공통의 격투 방식이 나중에는 이종격투기라는 새로운 격투기를 만들어낸다.[55] 즉 경쟁이 격투기를 동질화하고 새로운 격투기를 탄생시킨 것이다.

홍현욱은 이와 유사한 현상이 교회 현장에서도 발생한다고 주장한다. 개별 교회가 다른 모든 교회와 끊임없이 경쟁해야 하는 상황에 내몰리자, 경쟁에서 승리하기 위한 체질로 스스로를 바꿔나갈 수밖에 없게 되었다.[56] 신학 전통이나 개교회의 특성은 폐기하고 성장에 좀 더 유리한 특성을 도입하고 개발하기에 이른다. 그 과정에서 교회는 점점 성장을 지향하는 동질화된 교회들로 함몰되고 말았다. 메가처치 현상은 거의 모든 교회를 성장 지향적 교회로 만들었다. 이는 과거에는 찾아볼 수 없었던 전혀 새로운 교회들로, 성장을 지향하고 경쟁에 적합한 형태의 교회이다.

교회 동질화는 신학의 동질화로 번져나간다. 한국 교회는 보수 신학과 진보 신학이 양대 흐름을 이루며 공존해왔다.[57] 그러다가 신복음주의의 영향을 받은 1970년대를 지나면서 보수와 진보 두 신학이 복음주의 신학으로 수렴되는 경향을 보인다.[58]

신학적 수렴 현상은 복음전도를 강조한 교파가 극적으로 성장하자 더욱 뚜렷해졌다. 보수 교파인 예수교장로회 신자는 1961년에 약 100만 명이었으나 1993년에는 약 810만 명으로 8배가 성장한다. 반면, 진보 교파인 기독교장로회 신자는 같은 기간 약 13만 명에서 32만 명으로 2.5배 성장하는데 그쳤다.[59] 이런 극명한 차이는 느리게 성장한 교파와 교회를 패배감에 빠져들게 했으며, 성장에 유리한 실용적 복음주의 신학에 경도되도록 이끌었다.

많은 한국 교회가 성장을 지향하는 실용 학문으로 복음주의 신학을 채택했기 때문에 교회 성장학이 자연스럽게 복음주의 신학의 대표 주자가 된다. 교회 성장학은 이미 1970년대에 한국 교회에 소개되었으나 그 영향력은 1980년대 이후부터 본격적으로 나타난다. 1990년대에 이르러 메가처치 현상이 더욱 심해지면서 마침내 교회 성장학은 복음주의 신학 내에서 가장 영향력 있는 신학으로 부상한다.[60] 상시 경쟁 상황에 내몰린 대부분의 한국 교회는 복음주의 신학을 자신의 신학으로 채택했으며, 이는 교회 성장학을 공통으로 선택하는 결과를 낳는다.

또 하나 두드러진 신학적 경향은 기이한 형태를 한 변종 신학의 등장이다. 교회나 목회자들이 신학을 성찰보다는 성장 지향적 실용 학문으로 더 강조하면서 나타난 결과이다.《천하무적 아르뱅주의》에서도 밝혔듯, 아르미니우스주의와 칼뱅주의라는 조화하기 어려운 구원론을 신자 확보라는 실용적 목적에 맞추어 기이하게 종합한 나머지 아르뱅주의라는 신학이 탄생한 것도 이 때문이다. 교단을 불문하고 많은 교회가 강단에서 아르뱅주의를 설교하고 가르치는데,[61] 신학의 동질화가 새로운 신학을 만들어낸 예라고 할 수 있다.

경쟁이 초래한 마지막 결과는 교회 생태계 파괴이다. 끝 모를 경쟁 아래에서 극소수 메가처치들이 이뤄낸 연이은 승리와 독점적 성장은 비메가처치들을 위축시키고, 나아가 소수 메가처치와 대다수 비메가처치 사이에 양극화를 초래한다. 이는 무한 경쟁을 부추기는 신자유주의 체제에서 중산층이 몰락하고 빈익빈 부익부가 심화되는 오늘날 경제 상황과 유사하다. 이런 양극화는 다양성을 특징으로 하는 생태계와는 정반대 방향으로 교회 질서를 재편한다.

교회 생태계 붕괴는 이미 여러 관찰자들이 지적하는 바이다. 정병선은 항구적인 경쟁 상황에 놓인 한국의 개신교회는 현재 생태계 괴멸을 경험하고 있다고 지적했고,[62] 양희송도 메가처치를 추구하고 있는 한국 교회의 전반적 흐름이 한국 교회 위기의 근본 문제라고 주장하면서 한국 교회가 하루속히 '기독교 사회' 전체를 풍성하게 하는 생태계 복원에 힘써야 한다고 주장한다.[63]

교인과 교회 사이를 기업과 소비자 관계로 바꾼 메가처치 현상은 결국 교회들 사이에 경쟁을 유발시키고 균형 잡힌 신학과 건강한 교회 생태계를 황폐하게 만들었다. 그런데 정작 가장 큰 문제는 그 이후에 벌어진다. 경쟁에서 승리한 소수 메가처치들에게 한국 개신교회의 권력이 쏠리면서 메가처치 현상이 제도화되고 공식화되었기 때문이다.

교회를 넘어 세속 사회까지 영향력을 확대하다

메가처치 현상에서 가장 주목해야 할 부분은 한국 교회의 권력 지형이 메가처치를 중심으로 재편되었다는 사실이다. 특히 1990년은 매우 중요한 시기이다. 강인철은 "수렴 혹은 헤게모니: 1990년대 이후 개신교 지형의 변화"라는 논문에서 1990년대 이후 새로운 개신교 지형이 출현했다고 주장한다.[64] 이는 김진호의 주장과도 통한다.[65] 김진호 역시 1990년대에 시발한 한국 교회의 지형 변화에 주목한다. 이들이 말하는 지형 변화는 메가처치 현상과도 관련이 깊다. 메가처치 현상이 강해지면서 교회 지형이 소수 메가처치와 대다수 비메가처치로 양분되고, 1990년을 기점으로 메가처치 쪽으로 권력 구도가 빠르게 재편된다.

메가처치에 권력이 집중되자 가장 먼저 신학교가 변했다. 김진호에 따르면 1980년대까지 한국의 교파 신학교는 양과 질에서 모두 큰 성장을 이루었다. 그러나 1990년에 한국 교회의 성장 곡선이 변곡점을 찍고 아래로 향하자 신학교 졸업생들은 과거처럼 교회 개척이 쉽지 않음을 알게 된다. 안정적인 목회 일자리마저 찾기 어려운 상황이 되자 학생들은 성찰적 이론 신학이나 인문학적 소양보다는 교회 성장학이나 목회 상담학 같은 실용적 방법론을 더 요구한다. 메가처치 현상에 휩쓸린 신학교는 점점 실용주의 학문의 지배 아래 놓이게 된다. 김진호는 이런 일련의 과정에서 "교단 신학교 교육이 황폐화"되었다고 말한다.[66]

신학 교육의 변화는 메가처치가 직간접으로 개입하자 더욱 증폭되었다. 1990년대를 지나면서 한국 교회 성장세가 꺾이고 안정적인 목회지가 줄었지만 그 와중에도 메가처치들은 꾸준히 성장했다. 신학생 입장에서는 양질의 일자리가 줄어들고 남은 몇 자리마저 메가처치가 독점하는 양상이 벌어진 것이다. 메가처치를 향한 신학교 졸업생들의 구직 쏠림 현상이 더욱 심해졌다. 일자리를 독과점한 메가처치는 당연히 신학생과 신학교에 대한 영향력을 키울 수 있었다.

더 나아가 메가처치는 재정 지원, 신학 검열, 교수직 박탈 같은 방식으로 신학교에 영향력을 행사했다. 그중 하나가 "1992년 감신대의 종교재판"인데, 김진호는 "1992년 감신대가 변선환 학장과 홍정수 교수를 파면하고 목사직과 교적을 회수한 충격적인 사건은 학문에 대한 교회의 통제가 본격화되는 신호탄이었다"라고 말한다.[67] 이러한 메가처치의 직간접적인 영향력으로 신학교는 점차 메가처치의 영향권 안으로 들어오게 된다.

신학교의 대형교회 종속은 한국 교회 전체에 재앙 같은 결과를 초래했다. 신학 교육의 목표가 변하자 진지한 성경 연구나 깊이 있는 신학, 양무리를 돌보는 헌신적 사랑이 아닌 교인을 동원하는 능력을 목회자의 최우선 자질로 거론하기 시작했다. 더불어 함량 미달 목회자 후보생을 대량 양산하는 결과도 낳았다.

신학교에 대한 입김이 세진 메가처치 목사들은 교계에도 광범위한 영향력을 행사하게 된다. 교회 성장 곡선이 꺾인 1990년대 중반 이후, 교회 양극화가 본격화하고 소수 메가처치 목사들에게 권력이 과도하게 집중되면서, 노회 내 중소교회 목사들에게 지배적 영향력을 행사하고 그 결과 노회 권력을 장악한다. 노회 권력을 장악한 메가처치 목사들은 목사 임기와 사면에 대한 주권을 무력화했고, 종신 임기를 보장받는다.[68] 또한 부교역자에 대한 절대 지배권뿐만 아니라 지성전 체제를 통해 예하 부대를 거느릴 수 있게 되었으며, 나아가 미자립교회 지원-교류 프로그램을 통해 사실상 한 교파의 유사 총회장 지위까지 획득하게 된다.[69]

그런데 이것이 전부가 아니다. 메가처치는 교계를 넘어 한국 시민사회와 정치 지형에까지 영향력을 확장한다. 이는 메가처치 목사들이 연합 기구를 결성해 그들의 자신감을 공유하면서 생겨난 시너지즘synergism 때문이다. 예컨대, 메가처치 목사들은 '성풍회', '한국기독교지도자협의회', '한국복음주의협의회', '한국기독교교역자협의회', '한국기독교시국대책협의회' 등 초교파 연합 기구를 결성해 지배적 영향력을 발휘할 근거를 마련한다. 연합 기구 중 최고 정점은 한국 개신교회의 가장 큰 연합 기구인 '한국기독교총연합'이다.[70] 이 같은 연합 기구들은 사실상 극소수 메가처치 목사들이 장악한 상태인데,[71] 이들은 교회를 넘어 정치 영역에서도 강력한 영향력을 발휘한다.

1990년대 이후 진보 성향의 기독교 시민 세력의 힘이 약해지면서 이 연합 기구들의 위력은 배가되고 있다. 김진호는 기독교 시민운동 기구가 위축된 원인으로 시대 변화에 적응하지 못한 스스로의 한계와 함께, 취약한 재정 구조를 꼽았다. 1991년 한국 정부가 경제협력개발기구OECD에 가입하면서 외국의 진보 기독교 기구들이 더 이상 한국의 진보 기독교 시민운동 기구들을 지원하지 않게 되었고, 대표적으로 한국기독교교회협의회NCCK 같은 기구들이 큰 재정난을 겪게 된다. 이 때문에 메가처치들의 재정 후원에 의존하는 정도가 심해졌고 자연스럽게 NCCK를 비롯한 진보적 기독교 시민 세력의 목소리는 점점 약해졌다.[72]

한기총 같은 연합 기구나 메가처치 목사들의 연합 기구에서는 소수의 메가처치 목사들이 기획해 한국 교회의 의제를 선점하거나 이를 주도해 원하는 방향으로 끌고 가는 일이 심심치 않게 벌어지고 있다. 심지어 소수의 메가처치 목사들이 한국의 사회적·정치적 영역에까지 절제되지 않는 영향력을 발휘함으로써 한국 사회의 보수화와 우경화에 큰 힘을 보태고 있는 실정이다.[73] 김진호에 따르면 보수적 메가처치 목사들은 한국 교회의 성장이 정체된 주요 원인을 민주화 때문이라고 보고, 정치적으로 보수화하는 것을 위기 극복 방안이라고 생각한다. 하지만 이는 희생양 만들기일 뿐이다. 이에 아랑곳하지 않고 그들은 한국 사회를 좌경용공 세력에서 구원하고, 타락한 진보 문화를 막아내고, 친기독교 정권 창출을 위해 보수 대연합을 도모하고자 최선을 다하고 있다.[74]

이처럼 메가처치 현상은 소수의 메가처치만이 아니라 대다수 비메가처치, 한국 사회 전반에까지 광범위하게 영향을 미치고 있다. 따라서 이 현상은 소수의 메가처치에서만 발견되는 교회적 특성이 아니라 이 메가처치를 정점으로 하는 거대한 종교사회적 역동 현상이다. 이 현상은 거의 모든 교회가 '좀 더 큰' 교회를 지향하는 거대한 흐름, 교회 간의 무한 경쟁과 그 경쟁이 만들어내는 교회 생태계 교란과 교회적 특성의 왜곡, 신학교와 교계에 대한 메가처치의 영향력 확대, 나아가 한국 사회의 보수화와 우경화 같은 종교사회적 영향을 포괄한다. 메가처치 현상은 종교만이 아니라 정치사회적 영역에까지 영향을 미치고 있으며 한 국가의 정책적 · 정치적 방향에도 관여하고 있다. 메가처치 현상이 한국 시민사회와 정치 지형에 미치는 영향력의 깊이와 범위는 충분히 가늠하기 어려운 지경이다.

2부

메가처치 현상 분석

메 가 처 치 를 넘 어 서

자크 엘륄Jacques Ellul은 현실이란 단순히 눈에 보이는 현상이 아니라 그 이면에 존재하는 구조와 운동의 규칙성에서 찾을 수 있다고 했다.[1] 이는 메가처치 현상에도 적용된다. 거대한 운동처럼 보이는 메가처치 현상의 이면에도 구조와 규칙성이 존재한다. 그 구조와 규칙성을 파악해야 메가처치 현상의 본질을 더 명료하게 이해할 수 있고, 이를 바탕으로 병리적 징후인 메가처치 현상의 병도 추적할 수 있게 된다. 올바른 이해와 적확한 처방을 위해 메가처치 현상의 구조 분석은 반드시 필요한 작업이다.

1
메가처치 현상의 구조적 이해

앞서 살펴봤듯이 메가처치 현상은 20세기 중반 이후 세계 곳곳에서 갑작스럽게 출현했다. 그런데 왜 로마제국이 기독교를 공인한 4세기, 종교개혁이 일어난 16세기, 대부흥운동으로 타오르던 18-19세기가 아닌, 20세기 중반에 메가처치 현상이 나타났을까? 왜 서구만이 아니라 전 세계에서 일어났을까? 왜 주로 개신교회에만 해당될까? 이 질문들에 답하기란 쉽지 않으며 그리 간단한 작업도 아니다. 하지만 메가처치 현상 이면의 내적 구조나 규칙성을 파악할 수 있다면 이 문제들이 더 쉽고 정확하게 풀리면서, 메가처치 현상 역시 명료하게 다가올 것이다.

이를 위해 모델을 하나 제시하려 한다. 이름하여 '팝콘 모델Popcorn Model'이다. 팝콘을 조리하는 과정을 상상해보자. 누군가가 옥수수 알갱이를 냄비에 넣고 열을 가한다. 처음에는 아무 일도 일어나지 않는다. 하지만 열을 계속 가하면 어느 순간 임계점을 지나고 옥수수 알갱이들이 약속이나 한 듯 일제히 폭발해 팝콘이 된다. 왜 옥수수 알갱이들은 특정 시점에 일제히 폭발하는 것일까? 옥수수 알갱이들은 폭발하기 전부터 그 속에 폭발할 가능성을 품고 있었다. 옥수수 알갱이의 외피가 터지지 않게 막고 있고, 폭발에 필요한 에너지가 외부에서 충분히 공급되지 않았을 뿐이다. 그런데 여기에 열을 계속 가하자 팽창하려는 내부의 힘이 드디어 억제하려는 외피의 힘을 뛰어넘는 임계점을 지나게 된다. 바로 그때 옥수수 알갱이들이 한꺼번에 폭발한다. 이때 지속적인 가열로 인해 옥수수 알갱이 내부에 축적되는 팽창력과 이를 막는 외피의 억제력 간에는 일종의 함수관계가 성립한다.

이 함수관계는 메가처치 현상에서도 유사하게 나타난다. 20세기 중반, 지구상에 갑자기 출현한 메가처치 현상을 팝콘을 만드는 과정에 빗대어 추론해볼 수 있다. 옥수수 낱알은 개별 교회, 팝콘은 메가처치, 낱알들이 일제히 폭발하는 시점은 메가처치 현상이 갑자기 출현한 20세기 중반에 대응한다. 이 유비 관계에서는 열을 가해 생겨나는 내부의 팽창력과 이를 막는 외피의 억제력이 각각 무엇을 가리키는지가 중요하다. 개별 교회가 내부에 축적해온 팽창력과 이를 막아온 억제력이 무엇인지를 밝히고 이 둘의 함수관계를 통해 메가처치 현상을 더 깊게 살필 수 있다.

역사적으로 교회는 그 내부에 팽창하려는 힘을 계속 축적해왔다. 특히 개신교회에서는 각 개별 교회가 내부에 이 팽창력을 쌓아왔다. 오랫동안 쌓인 개별 교회의 팽창력을 외부의 억제력이 막아왔지만, 이 대립관계는 20세기 중반에 파국을 맞이한다. 팽창력이 억제력을 추월하는 순간에 이르자 메가처치 현상이 갑작스럽게 세상에 그 모습을 드러낸 것이다.

팽창력이 억제력을 추월하는 현상은 두 방향으로 설명할 수 있다. 내적 팽창력이 극적으로 증가해 억제력을 추월하거나 외적 억제력이 점점 약해져 팽창력을 제어할 수 없게 되는 경우이다. 20세기 교회에서는 이 두 사건이 모두 발생했다. 20세기에 접어들면서 교회 내 팽창력은 극적으로 증가했지만 외부 억제력은 현저히 약화되었다. 이로써 내적 팽창력이 외적 억제력을 추월하는 사건이 발생하는데, 내적 팽창력이 증대된 과정과 외적 억제력이 약화된 경위를 하나하나 살펴보면 메가처치 현상을 심도 깊게 파악할 수 있을 것이다.

2
메가처치 현상의 구조 분석

내적 팽창력의 축적

선교라는 기독교의 뿌리

메가처치 현상이 출현하려면 먼저 교회 내부에 팽창력이 축적돼야 한다. 그 팽창력의 정체는 무엇이며, 언제, 어떻게 생겨났을까? 우선 주목할 사실은 지난 2천 년간 기독교회가 지속적으로 팽창해왔다는 점이다. 케네스 라투렛Kenneth S. Latourette은 교회 역사를 교회 팽창의 역사라고 규정했다. 그는 기독교회가 최초부터 지금까지 지속적으로 팽창해왔다고 밝히고 있다.[2] 예수의 최후 명령을 받은 사도들과 수많은 신자들은 1세기가 끝나기 전에 로마제국 대부분의 지역에 복음을 전하는 데 성공한다. 이 팽창의 역사는 1세기의 기적 같은 성공에서 시작해, 4세기 콘스탄티누스 황제의 기독교 공인, 중세 기독교 왕국의 확장, 16세기 이후 가톨릭 교회의 선교운동, 19세기 개신교회의 선교운동 등을 거쳐 오늘까지 이르고 있다. 그 결과 기독교는 세계 종교의 반열에 오를 수 있었다. 이 확장성이 메가처치 현상에까지 고스란히 이어지면서 개별 교회 내부에 축적한 팽창력에 힘을 실어주게 된다.

이런 기독교의 확장성은 유달리 선교를 강조하는 데서 기인한다. 더 정확히 말하면 온 인류를 구원하려는 하나님의 구원 의지 자체가 본성상 선교적이며, 그 구원 계획을 담은 성서 역시 본질적으로 선교적인 책이다. 이 때문에 유대-기독교는 전통적으로 선교를 강조했으며, 교회의 모든 활동과 봉사가 선교라는 관점에서 이루어져왔다.[3] 즉, 선교는 기독교의 본질적 특성에 속한다. 이 때문에 기독교의 확장성은 그 자체의 본성에서 기인한다.

선교를 중시하는 기독교의 특성은 예수의 하나님나라 비유에서도 확인할 수 있다. 예수는 하나님나라를 겨자씨나 누룩에 비유했다. 깊은 신학적 해석을 접어두더라도 예수가 가르친 하나님나라에 팽창하는 속성이 있음을 알 수 있다. 누가는 사도행전을 쓰면서 의도적으로 이 비유의 실현을 강조하기 위해 하나님나라 복음이 예루살렘과 온 유대와 사마리아와 땅끝까지 확장돼나갔다는 점을 부각했다.

그런데 이 문제는 늘 논쟁의 대상이다. 과연 성서가 계시한 기독교의 본질적 특성인 선교가 기독교의 제국주의적 팽창을 의미하는가? 이 논쟁은 대단히 중요하지만 여기서는 깊게 다루지 않겠다. 다만 지난 2천년간 기독교가 팽창해왔다는 역사적 사실에서 개별 교회는 팽창력을 이미 그 내부에 지니고 있다고 추론할 수 있으며, 그 팽창력은 기독교 복음 자체의 확장성과도 연관되어 있음을 지적하고자 한다.

대부흥운동과 팽창 의지

2천 년간 기독교회가 팽창한 사실만으로는 20세기 중반 갑자기 출현한 메가처치 현상을 설명하기에 다소 무리가 따른다. 가톨릭교회를 비롯한 다른 기독교회들도 똑같이 팽창하는 역사를 거쳤지만 메가처치 현상과는 거리가 멀기 때문이다. 따라서 개신교회만의 독특한 팽창의 역사를 살펴봐야 하는데, 이를 위해서는 18-19세기 대부흥운동에서 출현한 복음주의 운동을 주목해야 한다. 두 번에 걸친 거대한 대부흥운동은 오늘날 메가처치 현상이 출현하는 데 직접적으로 영향을 미치게 된다.[4]

대부흥운동이 교회 팽창 역사에 기여한 공헌 중 하나는 교회가 개종자 숫자에 큰 의미를 부여하기 시작했다는 것이다. 과거와 비교하면 대단히 새로운 관점이다. 사도들은 마태복음 28장 18-20절에 기록된 예수의 대위임령을 단순한 개종 명령으로 이해하지 않았다. 대위임령은 산상설교를 가르치고 이를 순종하는 제자를 만들라는 명령이었다.[5] 따라서 초대교회는 산상설교에 순종하는 그리스도 제자들의 모임이었으며, 로마제국과 구별되는 새로운 사회였다. 사도들은 이를 종말론적 공동체로 보았고, 선교는 사람들을 종말론적 공동체로 초대하는 방식으로 이루어졌다. 따라서 선교란 제국 한복판에 존재하는 구별된 종말론적 공동체가 하나님나라 방식으로 모여 살면서, 이교도들에게 "와 (하나님나라를) 보라"고 초대하는 행위였다. 하나님나라의 확장이란 종말론적 공동체 속으로 들어가 산상설교대로 순종하며 사는 그리스도의 제자들이 늘어난다는 의미였다.

중세 가톨릭 교인들은 하나님나라의 확장을 다른 관점으로 이해했다.

그들은 매우 실제적으로 기독교 세계, 곧 크리스텐덤Christendom[6]의 지리적 팽창을 하나님나라의 확장이라고 생각했다. 중세 교인들은 크리스텐덤이 하나님나라라고 믿었으며, 이교도의 땅과 백성들을 정복해 크리스텐덤을 확장하는 것이 하나님나라의 확장이라고 믿었다. 샤를마뉴 대제Charlemagne의 정복 전쟁과 집단 개종은 중세 선교의 대표적 예이다.[7] 이처럼 중세 교인들은 크리스텐덤의 지리적 확대를 하나님나라의 확장으로 보았다.

그런데 대부흥운동으로 촉발된 복음주의 운동은 하나님나라의 확장을 새로운 방식으로 이해했다. 국가와 교회가 분리되고, 신앙은 사유화되고, 여기에 북미라는 상황이 더해지면서 복음주의 운동가들은 더 이상 하나님나라 확장을 영토 확장으로 볼 수 없게 되었다. 대신에 그들은 개종자 수의 증가를 하나님나라 확장으로 보았다. 즉 복음주의자들은 불신자 개인에게 찾아가 복음을 소개하고 개종하게 만드는 개인전도 방식을 새로운 선교 방식으로 개발해냈다. 이는 종말론적 공동체로 초대하는 것이나 크리스텐덤의 지리적 확장과는 다른, 근대의 개인주의 사고방식을 반영한 선교였다.

개인전도 방식이 크게 유행한 데는 계몽주의의 영향도 크다. 계몽주의의 원리는 모든 사람은 해방된 자율적인 개인이라는 것이다. 계몽주의 하에서 신앙은 어느 누구의 강요가 아니라 전적으로 개인이 스스로 결정하는 문제가 된다.[8] 그래서 개인에게 다가가 개종을 설득하는 선교 방식이 널리 퍼졌다.

이런 변화에도 불구하고 크리스텐덤의 팽창이라는 오래된 관념은 여전히 남아 있었다. 중세 가톨릭 교인들이 크리스텐덤 영토의 지리적 확장을 꾀했다면, 계몽주의 시대의 복음전도자들은 개종자 숫자를 늘려가면서 크리스텐덤의 확장을 시도했다. 숫자의 증가가 면적의 확장을 대체했다. 숫자 증가는 크리스텐덤, 나아가 하나님나라 확장의 가시적이며 중요한 표지로 간주되었다. 이 때문에 부흥 운동가들은 집회 참석자들의 숫자를 강조하거나, 구도자석Anxious Seat에 앉은 회심자 숫자에 연연했다.[9] 이는 개종이라는 계몽주의적 전도 방식과 크리스텐덤 확장이라는 중세의 관념이 기이하게 결합한 것으로, 이같이 교회는 새로운 방식으로 계속 그 내부에 팽창력을 유지하고 축적해나갔다.

세계복음화운동

대부흥운동은 19세기 세계선교운동으로 이어졌다. 사실 세계선교운동은 범위만 확대되었을 뿐 대부흥운동과 크게 다르지 않다. 두 운동은 여러 공통점이 있지만 더 많은 개종자를 확보하려고 애쓴다는 점에서도 유사하다. 현대 선교의 아버지 윌리엄 캐리William Carrey의 유명한 논문, "이방인을 회심시키기 위한 수단을 사용할 기독교인의 의무에 대한 연구An Enquiry into the Obligations of Christians to Use Means for the Conversion of the Heathen"에서 볼 수 있듯 19세기 선교사들의 제1목표는 이방인 개종이었다. 이를 달성하기 위해 그리스도인은 모든 수단을 강구해야 한다는 아이디어에서 세계선교운동은 강력한 추진력을 얻었다.[10]

세계선교운동을 촉발한 또 다른 계기는 지리상의 발견이다. 1세기 초대교인들에게 땅끝은 스페인이었다. 하지만 19세기 기독교인들에게 스페인은 더 이상 땅끝이 아니었다. 그들은 지구가 둥글다는 사실을 알고 둥근 지구 위에 대륙의 형태를 그렸으며, 아직 복음이 전해지지 않은 비복음화 지역을 정확히 가려내었다. 바로 그 미전도 지역이 새로운 '땅끝'이었다. 새로운 땅끝 개념이 생겨나면서 해외로 나가 복음을 전하는 일이 당연해졌다. 이 새로운 사명을 품은 수많은 선교사들이 복음전도를 위해 땅끝으로 나아갔다. 그 결과 19세기 개신교의 세계선교운동이 일어났다.

데이비드 보쉬David Bosch가 지적했듯 19세기 선교사들을 사로잡은 강력한 성경 본문 중 하나는 마태복음 28장 18-20절의 대위임령이다. 전통적으로 이 명령은 1세기 사도들이 이미 성취했다고 간주되었다. 하지만 윌리엄 캐리는 미완의 명령이라고 주장해서 많은 사람들의 지지를 끌어냈다.[11] 19세기 개신교인들은 "너희는 가서 모든 민족을 제자로 삼으라"는 그리스도의 명령을 외국에 나가 낯선 민족을 개종하라는 명령으로 이해했고, 수많은 선교사들이 자발적으로 선교 사역에 헌신하기 시작했다.

이후 세계선교운동은 '세계복음화the evangelization of the world'라는 구체적 목표를 발견한다. 온 세계의 복음화가 대위임령의 완전한 성취라고 이해한 것이다. 이런 목표는 이후 교회들이 강력한 목적 지향성을 갖는데 일조한다. 이 구호는 흥미롭게도 샤를마뉴 대제 같은 중세 왕들이 온 세상 이교도의 땅을 정복해 기독교화christianization하려 했던 선교 사업을 떠올리게 한다. 물론 샤를마뉴는 군사력을 동원한 영토 정복을 목표로 하고 19세기 선교사들은 말로 복음을 전해 이교도의 영혼을 얻으려 했다는 점에서 차이가 있다. 하지만 지구상의 모든 이교도를 기독교의 영향력 아래 두려고 했다는 점에서는 유사하다.

세계선교운동은 세대주의적 전천년설을 주장하는 이들의 임박한 종말론과 결합하면서 다시 한 번 도약한다. 종말의 조건인 유대인의 회심과 이방인의 개종, 거기에 미국주의가 버무려지면서 19세기 이후 선교운동은 더욱 조급해지고 강력해졌다. 특히 전천년설주의자들의 재림 신앙이 복음주의적 열정과 결합하자 허드슨 테일러Hudson Taylor 같은 열정적인 선교사들이 배출된다. 이들은 대체로 "이 천국 복음이 모든 민족에게 증언되기 위하여 온 세상에 전파되리니 그제야 끝이 오리라"는 마태복음 24장 14절을 선교 본문으로 삼고 선교운동에 헌신했다.[12] 이제 세계를 복음화하는 것은 그리스도의 재림을 앞당기고 역사를 끝장내며 실제적 의미에서 하나님나라를 완성하는 거룩한 사명이 되었다. 이런 종말론적 비전은 "이 세대 안에 세계복음화를"이라는 열광주의적 표어를 만들어냈다. 우리 세대가 지나기 전에 세계선교를 달성하고, 그리스도의 재림을 우리 눈으로 직접 보자는 이 구호는 20세기 전후 수많은 개신교회를 지배했다. 복음전도와 세계선교는 이제 초월적이고 숭고한 활동이 되었고 교회의 최우선 과제로 강조되기에 이른다.[13] 그러자 모든 교회들은 매년 순환하는 교회력을 따르는 활동에서 벗어나 소위 '비전'이라는 명목 하에 뚜렷한 목적을 지향하는 직선적이고 목적 지향적인 활동에 헌신하기 시작했다.

이런 일련의 과정을 거치면서 교회는 팽창의 의지로 충만해졌다. 물론 이때의 팽창이란 개종자 숫자의 증가를 말한다. 숫자 증가에 대한 노골적인 추구는 메가처치 현상이 출현하는 데 대단히 중요하게 기여한다. 결국 메가처치 현상이란 교회 출석신자의 수를 증대하려는 노력에서 빚어진 결과물이기 때문이다. 이처럼 대부흥운동과 세계선교운동을 거치면서 개신교회 내의 팽창력은 급속하게 증가하는데, 순전히 숫자 증가를 목표로 한다는 점에서 과거와는 현저히 다른 양상으로 팽창력이 축적되기 시작했다.

교회 성장학의 출현

대부흥운동 이후 개신교회 내의 팽창 의지는 급격히 증가한다. 하지만 이것만으로 메가처치 현상의 출현이 가능한 것은 아니다. 앞에서 지적했듯이 메가처치 현상은 개별 교회를 중심으로 일어나는 현상이기 때문이다. 18-19세기 대부흥운동과 19-20세기 세계선교운동은 개신교회 내부에 팽창력을 증대했지만 개별 교회 내부의 팽창력 증대로 이어지지는 못했다. 그래서 20세기 중반까지 대다수 교회는 오늘날 기준으로 메가처치에 크게 못 미치는 규모였다. 메가처치 현상을 설명하려면 보편교회의 팽창력이 개별 교회의 팽창력으로 전환돼야 한다.

개신교회 전체 혹은 교파의 팽창력이 개별 교회의 팽창력으로 바뀌는 데는 교회 성장학이 큰 역할을 한다. 본래 교회 성장학은 이 세대 안에 세계복음화를 이루기 원했던 한 선교사의 착안에서 출발한다. 인도 선교사 도널드 맥가브란Donald McGavran은 그리스도의 지상명령을 완수하려면 좀 더 실제적인 기준이 필요하다고 생각했다. 그는 지상명령 성취는 교회 성장이라는 구체적인 기준으로 측정할 수 있다고 주장한다. 지구상에서 교회가 성장한 만큼 세계복음화는 이루어진다는 것이다. 따라서 실제 교회가 세워지고 그 교회가 수적으로 성장하는 구체적 결과가 나타나지 않는 한, 복음전도와 세계선교에 대한 교회의 투자는 낭비라고 말했다. 결국 그의 주장을 요약하면, 교회가 수적으로 늘어나는 성장이 세계선교를 완성하는 일이라는 것이다.[14]

맥가브란의 제안은 대단히 중요한 전환점을 만든다. 복음전도나 세계선교 같은 추상적 활동이 교회 성장이라는 매우 구체적 활동으로 전환되었기 때문이다. 맥가브란의 제안 덕분에 세계복음화는 사실상 교회 성장과 동의어가 되었고, 대위임령은 교회 성장 명령과 같은 말이 되었다. 하지만 처음 맥가브란이 교회 성장을 말했을 때만 해도 그는 전체 교회의 성장을 염두에 두고 하는 말이었다.

하지만 그의 교회 성장학을 이어받은 후계자들은 점차 교회 성장을 개별 교회의 성장이라는 의미로 사용하기 시작했다. 이렇게 된 데에는 탈교파주의의 부상도 한몫을 했다. 20세기 들어 교파의 힘은 지속적으로 약화되고 상대적으로 개별 교회의 힘은 점차 커져갔다. 교파의 구속력이 약해지고 개별 교회의 독립성이 강화되는 현상이 탈교파주의이다. 탈교파주의 하에서 교파나 연합 기구보다는 개별 교회가 중심이 된다. 그리하여 개별 교회 중심주의가 20세기 교회의 새로운 질서로 자리하기 시작한다. 이러한 흐름에서 맥가브란의 후계자들은 교회 성장학을 개별 교회의 성장학이라는 의미로 이해하고 전파했다.

분업이라는 관점에서는, 개별 교회의 성장을 통해 전체 교회가 성장하는 것은 당연하다. 이 논리에 기초해 개별 교회의 성장이 전체 교회가 성장하는 첩경이요, 이는 곧 세계복음화로 이어진다는 논법이 성립하게 된다. 특히 탁월한 전략가인 피터 와그너Peter Wagner가 교회 성장학을 이끌면서 개별 교회 성장은 더욱 강조되었다. 그러는 중 어느새 영혼 구원, 세계선교, 교회 성장은 곧 개별 교회의 성장이라는 등식이 성립하게 된다. 이제 18-19세기 대부흥운동에서 시작된 복음전도의 열정과 19세기 이후 강조된 세계선교에 대한 강조는 고스란히 개별 교회의 성장을 떠

받드는 장치로 작동하게 된다. 더불어 지난 2천 년간 지속되어온 교회의 팽창은 개별 교회의 팽창으로 변모한다. 이 과정을 통해 개별 교회 내부의 팽창력은 급격히 증대되었으며, 증대된 팽창력은 메가처치 현상을 가능케 한 내적 요인으로 작용한다.

카리스마적 개인의 성장 의지

개별 교회 내부에 축적된 팽창력은 담임목사의 의지에 따라 더욱 증폭되었다. 개별 교회 중심주의를 추종하는 대다수 교회에서 목사와 교회의 운명은 사실상 불가분의 관계로 결합돼 있다. 따라서 교회 내 담임목사의 영향력은 절대적이다. 뿐만 아니라 교회 성장에 따른 여러 유익은 담임목사 개인에게 고스란히 전유되기 때문에 담임목사는 다른 신자들에 비해 개교회의 성장을 가장 강력하게 희망할 수밖에 없다. 성장을 바라는 담임목사의 강렬한 열망과 의지, 능력과 자질은 자연스럽게 개별 교회 성장을 위한 동력으로 이어진다.

이는 통계에서도 확인할 수 있는데, 2005년 미국 메가처치의 83%가 현재 담임목사가 재임하는 기간에 가장 극적으로 성장했다.[15] 담임목사 개인이 교회 성장에 결정적 영향을 미친다는 뜻이다. 한국에도 비슷한 통계가 있다. 교회성장연구소가 2003년에 한국 교회의 수평이동 현상을 조사한 자료에 따르면, 수평이동 신자들의 교회 선택 조건 첫째가 담임목회자의 설교(31.6%)였다. 담임목사의 인격을 꼽은 이들도 전체 응답자 중 12.8%나 차지했으며, 담임목사의 인지도를 꼽은 이들도 3.9%에 달했다. 결국 담임목사를 보고 교회를 옮긴다고 답한 이들이 전체 응답자 중 48.3%로[16] 거의 절반에 가까운 수치이다. 담임목사가 교회 성장에서 가장 중요한 요인인 것이다.

이 때문에 담임목사와 메가처치는 보통 쌍으로 묶여서 불리고, 이 쌍은 강력한 브랜드 가치를 지닌다. 예컨대, '조용기 목사의 여의도순복음교회', '옥한흠 목사의 사랑의교회', '하용조 목사의 온누리교회', '빌 하이벨스Bill Hybels 목사의 윌로크릭 교회Willow Creek Community Church', '릭 워렌 목사의 새들백 교회' 등이 그렇다. 목사와 교회의 이름 쌍이 갖는 브랜드 가치는 담임목사와 개별 교회가 쌍을 이루어 교회 성장의 중요한 동력이 되고 있음을 반증한다. 실제로 많은 기독교인은 목사가 해야 할 가장 중요한 일로 교회 성장을 꼽는다. 교회를 성장시키지 못해 해임되는 목사들이 종종 눈에 띄는 것도 이런 인식 때문이다. 결국 메가처치 현상에서는 목사 개인의 운명이 교회 성장과 맞물려 있다고 해도 과언이 아니다. 물론 이 또한 대단히 새로운 현상이다.

목사가 교회를 성장시키려면 여러 자질이 필요한데, 그중 하나가 비전을 심어주는 능력이다.[17] 훌륭한 담임목사는 복음에 대한 열정으로 충만하고 이를 비전으로 제시할 수 있어야 한다. 그렇지만 담임목사가 노골적으로 양적 성장만 강조하면 교인들은 좋아하지는 않는다. 대신 복음전도와 세계선교라는 대의에 헌신할 때 감동을 받는다.[18] 교인들은 목사가 양적 성장만 추구하면 세속 야망으로 치부하지만, 복음전도와 세계선교에 헌신하면 하나님나라를 확장하려는 순수한 비전과 열정을 가졌다고 생각한다.[19]

교회 성장에 필요한 또 다른 자질은 설교 능력이다. 이 역시 교회 성장과 연관이 있는데, 교회 선택의 가장 중요한 조건 중 하나가 바로 설교이기 때문이다. 목사의 감동적인 설교는 가장 강력한 콘텐츠이며 교회

성장을 위한 경쟁력 있는 상품이다. 그래서 메가처치 목사들은 대부분 훌륭한 설교자들이다.[20]

또한 교회가 성장하려면 담임목사는 창조적이고 혁신적인 경영인으로 변신해야 한다. 경영능력은 메가처치 목양에 결정적으로 필요한 능력이다. 성공한 메가처치 목사들은 대개 전통적이고 관습적이기보다는 새롭고 참신하며, 도전적이고 개혁적 이미지를 지닌다. 이는 그들이 위험률이 높은 사역에 도전하기 때문이다. 사실 메가처치는 천 년 이상 지속된 성당-회당 시스템과는 매우 다른, 그 자체로 새롭고 혁신적인 교회상이다. 메가처치는 뭔가 진기하고 새롭고 거대한 첨단 교회이다. 메가처치 목사들 또한 그에 걸맞은 새로운 목회자상을 보여주는데 그들은 대담하고 모험적인 기획의 주체이다.[21] 메가처치는 목사에게 교회를 잘 경영하는 CEO가 될 것과 수천수만 명의 신자와 사역자를 관리할 리더십을 요구한다.[22] 물론 이런 메가처치 담임목사에게는 강력한 의사 결정 권한이 부여되며, 그는 막강한 권한으로 교회 전체를 효과적으로 통제하고 지배한다.

이처럼 담임목사 개인의 자질과 교회 성장이 밀접하게 연관된 상황에서 담임목사의 팽창 의지는 교회의 팽창 의지와 결합되고, 담임목사의 역량은 교회 성장이라는 구체적인 결과를 산출하는 제1원인으로 작동한다. 그에 따라 성장에 따른 유익은 대부분 담임목사에게 돌아간다. 그래서 담임목사의 의지와 욕망이 개별 교회 내부에 축적되는 팽창력을 구성하는 중요한 요인이 된다. 즉 교회가 담임목사 한 사람의 소유물인 양 사유화됨으로써 담임목사 개인의 야망과 탐욕, 성공욕, 공명심, 카리스마적 리더십 등이 고스란히 개별 교회의 팽창력으로 치환되는 것이다.

팽창하려는 군중 본성[23]

메가처치 현상을 이끄는 강력한 추진력 중에 군중심리 또한 빼놓을 수 없다. 군중심리는 충분히 성장한 교회에서 회중 규모가 점점 커질수록 더욱 강화되는 요인으로, 왜 메가처치가 성장을 멈추지 않고 거듭 배가되는지를 잘 설명해준다.

심리학자들은 오래전부터 많은 사람이 한 장소에 모였을 때 자연스럽게 생겨나는 심리 특성에 주목해왔다. 가장 먼저 군중의 심리적 특성에 주목한 사람은 구스타프 르봉Gustave Le Bon이다. 그는 인간이 군중으로 존재할 때는 개인으로 존재할 때와는 다른 새로운 심리적 특질을 가진다고 보고, 이렇게 군중 속에서 발생하는 새로운 심리적 특질에 주목했다. 군중심리의 전제는 "전체는 부분의 합보다 크다"[24]는 것으로, 사람이 많이 모이면 새로운 역동적 현상이 추가된다는 뜻이다. 군중심리는 군중의 규모가 클 때 더욱 확실하게 나타나는데, 교회가 메가처치로 성장하면 할수록 그 경향은 더욱 뚜렷해진다.

군중심리의 특징 중 하나는 기묘하게 들뜬 기분을 만들어낸다는 것이다. 이는 메가처치 예배에 참석한 사람이라면 누구나 경험하는 분위기이다. 메가처치 예배는 축제나 놀이공원 같은 뭔지 모를 고양된 흥분 상태로 뒤덮여 있다. 차분하고 처져 있기보다는 들떠 있고 고양되고 무슨 일이라도 일어날 것 같은, 기분이 상승하는 묘한 분위기를 전해준다.

이에 대한 흥미로운 연구가 있다. 워싱턴주립대학교 연구팀에 따르면 메가처치의 예배는 "초월 감각을 촉발시켜 뇌 속의 화학 성분을 바꾸고 마치 마약을 흡입했을 때처럼 '고조high' 상태를 지탱시켜 다시 그 교회로 되돌아오게 만든다"고 한다.[25] 교회 지도자나 예배 기획자들은 이 같은 사실을 잘 알기 때문에 의도적으로 이런 효과를 고려하거나 필요하면 이를 증강하는 방향으로 예배를 기획하고 설계한다. 심지어는 이런 군중심리의 특질을 성령의 역사와 혼동하기도 한다. 그러는 중에 교인들은 메가처치의 분위기에 서서히 중독된다. 이에 대해 앞의 연구는 다음과 같이 밝힌다.

> 메가처치들은 대규모 회중 전체의 고조 상태를 조성하기 위해 첨단 기술을 동원하고 호소력 있는 진행 방식을 활용한다고 코코런은 주장한다. 대형 화면에 비치는 현대적 음악, 미소, 춤, 노래와 환호, 카리스마 넘치는 설교 등이 청중에게 이런 경지의 정서를 제공한다는 것이다. 대형교회의 설교가들은 쉽고 유익하며 감정적인 설교를 통해 청중을 끌어들이는 '에너지 스타' 역을 한다.[26]

이런 군중심리를 좌우하는 가장 큰 요인은 바로 숫자이다. 르봉은 군중 속에서 개인이 개성을 잃어버리고 함몰될 때 나타나는 첫 번째 특징을 "군중을 형성하는 개인은 오직 수적 요인만을 생각한 나머지 수적인 힘을 느끼게 되고 혼자 있을 때는 억제했던 본능을 마구 발산한다"고 설명했다. 즉 사람들은 군중 속에서 숫자라는 강력한 힘을 발견하고 그 힘에 순식간에 사로잡힌다는 것이다.[27] 군중 속에서 수는 신성divinity이다. 메가처치가 들뜬 상태가 되는 이유도 바로 많은 숫자가 모여 있기 때문이다. 거대한 군중이 한 장소에 모인 상태, 그 자체가 바로 그런 들뜬 상태를 창조하는 근본 요인이다. 그리고 이것이 메가처치 예배에서 감동을 받는 중요한 이유 중 하나이다. 엘리아스 카네티Elias Canetti는 다음과 같이 말했다.

> 설교를 듣기 위해 참석한 자는 자기의 관심사가 진실로 설교 그 자체라고 믿고 있다. 그러나 만일 설교 그 자체보다는 교회에 운집한 다수의 청중이 그에게 더 큰 만족감을 주고 있다고 설명해준다면, 그는 깜짝 놀라다 못해 분노할 것이다.[28]

군중심리 효과로 만들어지는 메가처치의 들뜬 분위기는 또 다른 내적 팽창력을 제공한다. 메가처치의 들뜬 상태는 그 상태가 계속 유지되고자 하는 경향을 띤다. 그래서 메가처치는 들뜬 상태를 지속시키지 않으면 안 되는 곳이다. 메가처치 담임목사나 사역자들, 다양한 부서의 스태프들은 그 들뜬 상태를 계속 유지해야 하는 압박을 받는데, 이는 저글링과 비슷하다. 공중으로 솟구쳤다가 떨어지는 공을 다시 공중으로 띄워주고, 그러는 사이에 또 다른 공을 받고 띄워야만 하는 저글링 말이다. 이러한 메가처치의 들뜬 분위기는 일종의 중독 효과를 낳는다. 어느 메가처치 예배자는 메가처치 예배의 이런 분위기를 다음과 같이 평했다. "(메가처치의) 하나님의 사랑은 … 마치 다음 번 히트를 위해 그때까지 기다리지는 못하는 마약 같은 무엇입니다. 하나님에게서 내려오는 고조 상태를 다음 차례까지 기다릴 수 없다는 거죠."[29]

이런 이유로 메가처치는 가만히 있을 수 없다. 멈추면 쓰러지는 자전거처럼 계속 달릴 수밖에 없다. 앞으로 움직이도록 계속 닦달해야만driven 하는 교회이다. 새들백 교회 릭 워렌 목사가 자신이 목회하는 메가처치를 "목적이 이끄는 교회purpose-driven church"라고 표현한 것은 이런 면에서 적절하다. 그의 말에서도 알 수 있듯 메가처치는 가만히 있을 수 있는 교회가 아니라, 늘 뭔가에 끌려가는driven 교회이다. 워렌은 그것을 목적이 이끄는 교회라고 했지만, 동시에 메가처치는 목표가 이끄는goal-driven 교회요, 성장이 이끄는growth-driven 교회요, 성공이 이끄는success-driven 교회이며, 절정감이 이끄는pitch-driven 교회이다.

메가처치가 계속 무언가에 매진할 수밖에 없는 교회라는 사실에서 메가처치가 그토록 성장에 매달리는 이유를 알 수 있다. 메가처치는 이미 충분히 큰 교회이지만 성장에 굶주린 듯 더 큰 성장을 추구한다. 많은 메가처치가 이런 성장 추구에 하나님나라의 확장이나 지상 명령의 완수, 영혼 구원을 위한 복음 전파 같은 명분을 갖다 붙이지만, 사실 메가처치는 성장을 추구할 수밖에 없는 교회이다.

이 같은 사실은 메가처치 현상을 대표하는 로버트 슐러Robert Schuller 목사의 교회 성장학에서도 찾아볼 수 있다. 로버트 슐러는 교회가 이미 충분히 커졌다고 생각하거나 성장 한계를 정해 여기까지만 성장해야 한다고 생각하는 것은 중국의 전족纏足과 같다고 말한다. 커가는 아이의 발을 더 이상 크지 못하게 묶어버리는 잔인한 풍속처럼 교회의 적당한 크기를 가정하는 것 역시 성장하는 교회에 속박을 가하는 어리석고 잔인한 짓이라고 주장한다. 그러면서 이렇게 강조한다. "교회가 성장을 멈출 때 교회는 죽기 시작할 것입니다."[30]

메가처치는 성장과 소멸 중 하나를 선택해야 하는 곤란한 상황에 놓일 수밖에 없다는 로버트 슐러의 주장은 군중심리학의 통찰과 일치한다. 카네티는 군중심리의 가장 중요한 특징을 성장의 충동이라고 했다. "군중은 생겨나는 그 순간부터 더 많은 사람들이 가세하길 바란다. 성장하려는 욕구, 이것이야말로 군중의 가장 중요한 특성이다."[31] 그리고 성장을 멈추면 군중은 와해된다고 말한다. "성장을 멈추는 그 순간부터 열린 군중은 와해된다."[32] 그렇다면 군중은 어디까지 성장하고 싶어 하는가? 카네티는 다음과 같이 주장한다.

> 맨 처음 종교는 세력이 닿는 범위의 인간을 하나도 놓치지 않고 모조리 획득하려고 애쓴다. 갓 시작된 종교가 염두에 두는 군중은 보편적인 군중이다. 영혼 하나하나를 소홀히 하지 않으며 모든 영혼을 다 소유하려 한다.[33]

이런 군중의 팽창 충동이 성장하는 교회의 내부에도 존재한다. 군중심리는 군중 규모가 클수록 강화되는 경향이 있기 때문에 군중심리를 메가처치 현상을 촉발한 최초의 계기로 보기는 어렵다. 그러나 군중심리는 교회가 성장하면 할수록 성장의 속도를 가속화하는 데 기여하는, 부차적이지만 중요한 요인이다.

기독교역사를 되짚어보며 살펴본 여러 요인이 현재 교회의 내적 팽창력을 증대하고 강화하고 축적하는 데 기여해왔다. 결국 메가처치 현상에 휩쓸린 비메가처치들은 메가처치를 모방하려는 마음에서 성장을 추구하고, 메가처치는 계속 성장하지 않을 수 없기 때문에 성장을 추구한다. 모든 교회가 성장하려는 의지로 충만해 있다. 이것이 개별 교회 내부에 축적된 내적 팽창력이다.

외적 억제력의 약화

앞서 살펴보았듯 교회 내 팽창력은 기독교 역사를 굽이굽이 돌면서 여러 요인에 힘을 얻어가며 꾸준히 축적돼왔다. 그렇다면 외적 억제력은 어떤 요인들로 인해 약화되고 결국 해체되었을까?

인구 증가와 밀집[34]

교회 팽창을 막는 첫 번째 장벽은 인구였다. 메가처치 현상을 막은 인구 관련 장벽은 두 가지로 나뉜다. 과거에는 세계 인구 자체가 희박했고, 그나마 밀집해 살지도 않았다. 그 같은 상황에서는 교인들이 대규모로 매주 모이는 메가처치가 근본적으로 존재하기 어려웠다. 메가처치 현상이 가능하려면 이런 인구 장벽이 먼저 해결돼야 했다.

먼저, 인구의 희소성은 메가처치의 출현을 막는 가장 중요한 요인이었다. 메가처치가 등장하려면 최소 2천 명 이상이 매주 한 장소에 운집해야 하는데, 19세기까지는 전 세계적으로 인구가 희소한 탓에 이 같은 일이 일어날 수 없었다. 19세기 이후 일어난 인구폭발 현상이 이 빗장을 제거한다. 학자들의 추론에 따르면, 산업혁명이 본격화되기 전인 1750년대 세계 인구가 약 7억 7천만 명 정도였다고 한다. 등락이 있기는 했지만 선사시대부터 그때까지 세계 인구는 완만한 증가세를 보이고 있었다. 하지만 7억 7천만 명이던 세계 인구는 2백 년 뒤에 25억 명으로 폭증한다.[35] 2011년 10월 31일에 지구는 드디어 70억 명이 함께 사는 행성이 되었다. 250년 동안 인구가 거의 10배 증가한 셈이다.

인구 증가와 관련해 또 하나 주목해야 할 사건은 베이비붐baby boom

현상이다. 제2차 세계대전 이후 국제적인 경기 호조와 함께 출산율이 극적으로 증가했는데 이를 통상 베이비붐이라고 한다. 제2차 세계대전 이후부터 1965년 사이에 태어난 베이비붐 세대는 급속히 늘어난 인구수와 더불어 강한 소비 성향이 특징이었다. 강한 소비 성향을 지닌 인구가 급격하게 쏟아져 들어오는 현상은 1950년대 이후에 전 세계 거의 모든 지역에서 나타난다. 베이비붐 세대의 출현은 메가처치를 태동시킨 중요한 인구학적 요인으로 꼽힌다.[36] 베이비붐 세대가 메가처치의 교인이라고 할 정도이다.

이처럼 양적으로 세계 인구가 폭발적으로 증가하고 질적으로도 소비 성향이 강한 세대가 출현하면서 메가처치 현상을 가로막은 중요한 억제력 하나가 붕괴되었다.

인구 증가만큼 인구 집중 또한 중요하다. 다양한 요인에 의해 세계 인구는 특정 지역으로 모여들기 시작했다. 도시화가 급속하게 이루어진 것이다. 과거에는 대다수 인구가 농촌 같은 비도시 지역에 살았지만 19세기를 전후로 수많은 인구가 도시로 유입된다. 이런 급격한 유입은 도시 폭발urban sprawl로까지 이어진다. 1800년대까지 도시 인구는 세계 인구의 10%를 넘지 않았지만 2011년에는 52.1%가 도시에 살고 있으며,[37] 2014년 현재 한국의 도시화 비율은 91%에 달한다.[38] 더불어 상상조차 불가능했던 거대도시까지 출현하여, 2011년에는 1천만 명 이상이 거주하는 거대도시metropolis가 전 세계 22곳에 이른다.[39]

폭발적 인구 증가가 인구 집중과 맞물리면서 인구 밀도가 경이적으로 증가한다. 잔에 물이 넘치듯 사람들로 넘치는 도시 공간이 탄생하고, 서로 전혀 모르는 거대한 무리, 많은 수의 사람이라는 사실 외에는 아무 특성도 없는 듯한 소위 '대중mass'이 출현한다. 자신의 유일한 무기인 숫자로 자신의 권리를 주장하는 대중으로 도시는 점령되었다. 빈 장소는 사라지고,[40] 백화점, 극장, 터미널, 거리 등 모든 곳이 사람들로 넘쳐나기 시작했다. 그리고 그 많은 사람들이 교회로 몰려왔다. 이것이 바로 메가처치이다.

메가처치 현상이 인구 밀집 지역인 도시에서 주로 발생한다는 점은 메가처치 현상을 이해하는 중요한 열쇠이다. 쉽게 관찰되는 사실 중 하나는 메가처치 현상이 도시의 생애 주기나 구조 변동과 깊은 관련을 맺고 있다는 점이다. 한국 최초의 메가처치들은 서울 사대문 안의 구도심에 자리하고 있었다. 1960년대 강북 지역이 개발되면서 강북에 메가처치가 출현하고, 1970년대 강남 개발과 함께 강남에 메가처치가 등장한다. 이후 일산, 분당 등 교외 지역이 개발되자 미국과 비슷하게 교외 지역으로 메가처치가 확산되었다.[41] 간단히 말하자면, 메가처치 현상은 도시적 현상인데, 도시라는 공간이 인구 제한이 해제된 공간이기 때문이다. 이 때문에 일부 교회 성장학자는 메가처치를 가리켜 거대도시에서 복음전도라는 책임을 지고, 일종의 선교 센터로 역할을 감당하는 교회라고 주장하기도 한다.[42]

현대 기술과 인간 능력의 확대[43]

마샬 맥루한Herbert Marshal McLuhan은 기술을 "인간이 지닌 재능의 심리적 또는 물리적 확장"으로 보았다.[44] 바퀴는 발의 확장, 책은 눈의 확장, 옷은 피부의 확장, 전자회로는 중추신경계의 확장이다.[45] 즉, 기술은 인간이 심리적·물리적 한계를 극복하도록 돕고 마침내 인간을 확장시키는 도구이다. 이런 점에서 메가처치는 인간의 물리적 한계를 기술의 도움으로 극복한 교회라고 할 수 있다.

제1차 대각성운동을 주도했던 조지 휫필드는 최대 3만 명 정도의 인파를 끌어모았다.[46] 분명 적은 수는 아니지만, 휫필드가 모을 수 있는 최대 인원은 그 정도였다. 빌리 그레이엄Billy Graham은 1973년 서울 여의도 광장에 112만 명을 끌어 모았다. 어떻게 이런 일이 가능했을까? 빌리 그레이엄은 조지 휫필드에게는 없었던 현대 음향 시설을 동원할 수 있었다. 목소리를 전자적으로 증폭할 수 있는 음향 시설 덕분에 40배나 많은 청중에게 자신의 메시지를 한 번에 전달할 수 있었다. 맥루한 식으로 말하면, 인간 성대의 확장 격인 이런 음향시설에 힘입어 수만에서 수십만 명의 메가처치 청중은 목사의 설교를 편안하고 정확하게 들을 수 있다.

스크린에 투사된 담임목사의 거대한 이미지도 마찬가지이다. 조엘 오스틴 목사의 레이크우드 교회는 현재 미국에서 가장 큰 교회이다.[47] 농구장을 개조한 16,000석 규모의 거대한 건물에서 예배를 드리면서 설교하는 담임목사의 얼굴을 제대로 보기란 어렵다. 이때 필요한 것이 담임목사의 얼굴을 확장한 초대형 이미지이다. 메가처치 예배당에 운집한 수만 명의 교인들은 자신의 눈을 확장해주는 기술의 도움이 없었다면 담임목사의 미소조차 제대로 분간하기 어려웠을 것이다.

지하철이나 버스 같은 대중교통이나 자가용과 교회 차량이 없었다면 오늘날 메가처치가 출현할 수 있었을까? 최소한 지금과는 완전히 다른 모습이었을 것이다. 오늘날 같은 메가처치가 가능하려면 반드시 교통수단이 필요하다. 다양한 이동수단으로 손쉽게 모였다가 순식간에 흩어지는 교회가 바로 메가처치이다. 스캇 튜마가 지적했듯이 메가처치는 고도의 이동성을 가진 교인들이 모이는 교회이다.[48] 이처럼 기술은 발을 확장시켜 신자들이 쉽게 메가처치에 접근할 수 있게 해준다.

또한 시청각 신호의 원격 전송 기술은 예배 공간을 비약적으로 확장했다. 대다수 메가처치는 본당에서 드리는 예배 실황을 부속실이나 지성전으로 원격 중계한다. 이제 메가처치 신자들은 본당이 아닌 다른 장소에서도 예배에 참석할 수 있게 되었다. 나아가 텔레비전이나 인터넷을 통해 예배를 전송함으로써 시간 제약도 사라졌다. 메가처치 교인이나 잠재 교인들은 예배 시간에 얽매이지 않고 메가처치의 설교를 들을 수 있다. 기술을 통해 공간과 시간의 제한을 뛰어넘자 메가처치의 형성을 가로막은 외적 제한 역시 약화되었다.

메가처치를 가능케 하는 기술은 하드웨어만이 아니다.[49] 메가처치는 무형의 소프트웨어 기술까지 적극 활용한다. 메가처치가 제공하는 교회상은 고도로 기능적인 기술-교회techno-church 이미지이다. 이를테면, 메가처치의 예배는 잘 연출된 공연과 유사하다. 전문적으로 훈련된 찬양팀, 영상팀, 인터넷팀 등은 메가처치의 예배와 다양한 활동이 원활하게 운영되도록 여러 가지 기술을 지원한다.

기술은 복음전도에도 활용된다. 설문 조사를 통해 잠재 교인에게 다가가는 시도는 메가처치들이 선호하는 전도 방식이다. 새들백 교회 릭 워렌 목사는 라디오 방송국이 목표 청취자를 선별하는 방식을 사용해 교회가 주력할 목표 전도 대상자를 선별하고 이를 바탕으로 전도 전략을 세운 바 있다. 이를 위해 지역별·인구분포별·문화적·영적 분류 작업을 통해 전도 대상자를 모델링했으며, 그렇게 해서 나온 가상의 캐릭터를 '새들백 샘Saddleback Sam'이라고 명명했다.[50] 목표 대중을 추적하는 방식은 정확히 현대의 기술을 반영한 작업과 동일하다. 이 같은 기술은 인간의 정신 능력을 극적으로 확장한 것이며, 메가처치는 이를 적극 활용하여 계속 확장하고 발전하고 있다.

이처럼 기술은 인간의 신체와 정신을 제한하는 경계를 허문다. 교회는 인간의 신체와 정신 능력을 확장해주는 이 기술들을 적극 수용해 시간과 공간, 문화와 그 밖의 다양한 한계를 극복하고 메가처치로 마침내 성장한다. 즉 개별 교회를 특정한 규모에 묶어둔 장벽은 현대 기술의 도움으로 크게 낮아졌고, 더 이상 외적 억제력으로 작용하지 않게 되었다.

교구 해체

가톨릭교회에도 2천 명이 넘는 본당이 상당히 많지만[51] 메가처치 현상이 일어나지 않는 이유는 교구제라는 제도적 한계 때문이다. 교구제를 이해하려면 가톨릭교회의 교회론을 먼저 이해해야 한다. 가톨릭교회는 오직 하나의 가톨릭교회만 존재하며, 그 하나의 가톨릭교회가 지역마다 본당이라는 형태로 현존한다고 믿는다.

현대인에게 익숙한 유비를 들어 설명하자면 전 세계 맥도날드 McDonald 체인점과 비슷하다. 맥도날드 체인점은 겉으로는 분리돼 있지만 본사의 일사불란한 지휘와 통제 가운데 자본과 정보가 자유롭게 이동하는 하나의 회사이다. 본사는 전 세계 모든 지역을 특정 단위로 구획하고 그 구역에 체인점을 하나씩 둔다. 이런 맥도날드 세계McWorld와 유사하게 가톨릭교회는 세계를 지역으로 분할해 각 지역에 본당을 세운다. 이때 분할된 지역의 단위를 교구*dioecesis*라고 한다.

교구제는 오랫동안 이어져 내려온 제도인데, 이미 종교개혁 때부터 허물어질 기미가 보이기 시작했다. 종교개혁 이후 영국이나 독일처럼 국가 단위로 분할된 국가 교회가 존재했고, 한동안 국가 교회들은 자체적으로 교구제를 유지했다. 그러다가 북미 지역에 교파주의denominationalism가 출현하면서 교구제는 본격적으로 허물어지기 시작한다.[52] 미국에 최초로 정착한 기독교 교파들도 정착한 지역을 중심으로 독점적으로 선교 활동을 하면서 소규모로나마 교구제를 시행했다.[53] 하지만 각 교파가 독립적으로 교구를 획정하면서 통일된 교구제는 붕괴되었으며 그조차 곧 무너져 내렸다.

한편, 18-19세기 대부흥운동은 교구제 붕괴를 가속한 또 다른 원인이었다. 1차 대부흥운동의 지도자 존 웨슬리John Wesley는 본래 성공회 사제였다. 성공회는 교구제를 엄격하게 운영했는데, 웨슬리를 통해 들불처럼 일어난 부흥 운동이 전통적인 교구제 질서를 교란했다. 웨슬리가 부흥 운동을 이끌기 위해서 자신의 교구를 벗어나 영국 일대를 여행하는 것은 교구제를 위협하는 행동이었다. 이를 못마땅하게 여긴 브리스톨Bristol 주교가 웨슬리의 전도여행이 교구제 질서를 어지럽힌다고 비판하자, 웨슬리는 "전 세계가 나의 교구입니다"라고 대꾸했다.[54] 그가 내뱉은 이 한 마디는 교구제의 목을 내리치는 일격이었다.

사실 교구제는 대부흥운동 시절, 부흥 운동을 질투하는 기성 교회 지도자들이 부흥 운동을 막는 수단으로 활용한 측면이 많다. 찰스 시므온 Charles Simeon 같은 부흥 운동가들은 가급적 기존 교회 질서인 교구제를 지키려 노력했으나, 기존 교회들은 그들을 멸시하고 일부 좌석을 폐쇄하거나 방문을 거부하는 등 완고한 태도를 보였다. 그런데 부흥 운동의 여파로 복음을 듣기 원하는 사람들이 늘어나자 결국 시므온은 이웃 교구

에 있는 헛간을 빌려 설교를 하는 등 변칙적 방법으로 교구제를 파괴하는 행동을 할 수밖에 없었다.[55]

부흥 운동이 절정에 달하면서 고안된 야외 천막 집회는 교구제를 더욱 무력화하는 상징으로 부상했다. 당시 교구제 하에서는 목사나 사제는 교구 내 본당의 강단에서만 설교할 수 있었다. 따라서 강단에 서지 않으면 누구라도 설교할 수 없었다. 하지만 부흥 운동가들은 벌판 아무 곳에서나 우뚝 서서 수많은 청중을 향해 열정적으로 복음을 선포했다. 야외 집회는 교구제에 대한 저항이며 조롱이었다. 기성 교파는 이를 억제할 수 있는 수단을 찾지 못했다. 물론 부흥 운동가 중에는 교구제가 유린되는 사태를 우려하는 이들도 있었으나[56] 이미 그 흐름을 돌이키기에는 역부족이었다.

20세기에 들어서면서 개신교회는 개별 교회 중심으로 돌아선다. 그에 따라 교구도 개별 교회가 임의로 구획하고 획정하게 되었다. 결국 모든 교회가 그들만의 자체 교구를 갖고, 어느 교회도 다른 교회의 교구를 인정하지 않게 되었다. 이로써 개별 교회 사이의 질서를 유지해주었던 교구제는 완전히 해체되고, 오늘날 대다수 개신교회에서 교구는 사실상 구역과 동의어가 되었다. 교구제의 해체는 교구를 넘어선 교회의 성장과 확장을 가능케 했으며, 이것은 개별 교회의 성장을 가로막은 또 다른 중요한 장애물을 제거했음을 뜻한다.

심리적 장벽 해제

마지막으로 한 가지 더 언급할 것은 개별 교회의 무한 성장을 제어했던 심리적 잠금장치이다. 1648년에 작성된 케임브리지 강령Cambridge

Platform 중 "교회 규율에 관한 강령"만 보더라도 회중은 한 장소에 편안하게 모일 수 있을 만큼의 수를 넘어서는 안 된다고 규정하고 있다.[57] 비록 영향력이 큰 강령은 아니었지만 교회 확장에 대한 거부감을 표시한 한 예라고 할 수 있다.

한국만 해도 전통적으로 교회가 지나치게 커지는 것에 상당히 거부감이 많았다. 1982년 조사에 따르면, 한국 그리스도인의 약 70%는 교인수가 5백 명 이하인 교회가 바람직하다고 응답했으며, 1천 명 이상인 교회를 바람직하다고 답한 사람은 9.5%밖에 되지 않았다.[58] 한국의 메가처치 1세대라고 할 수 있는 영락교회도 창립 31년째인 1976년에 이미 재적 21,046명, 출석 11,322명에 달하는 세계 최대 장로교회로 성장해 있었다.[59] 하지만 그해 개최한 선교신학 강연회에서 성장을 비판하는 목소리가 상당한 반향을 얻었다. 교회의 거대화로 친교가 깨지고 사랑의 공동체성이 약화되었다는 비판이었다.[60] 이처럼 교회 대형화에 대한 심한 거부감은 교회 대형화를 막는 중요한 장벽으로 작용했다.

흥미로운 것은 자본주의가 출현할 때에도 이와 유사한 장애물이 있었다는 사실이다. 자본주의가 출현하려면 사람들이 무한정한 화폐 증식을 위해 헌신해야 한다. 하지만 막스 베버Max Weber에 따르면, 전통 사회에서는 화폐의 무한 증식에 대한 거부감이 상당히 강해서 자본주의의 출현을 방해했다고 한다.[61] 그의 주장에 따르면, 그 거부감이라는 장벽을 뚫어낼 만한 강력한 추진력을 찾아내지 못했다면 자본주의는 탄생하기 어려웠을 것이다. 그런데 흥미롭게도 이때 자본주의가 찾아낸 추진력이 칼뱅의 예정론이었다. 베버에 따르면, 자신의 영혼 구원에 대한 강렬한 열망이 청교도 윤리를 만들어냈으며, 이 청교도 윤리가 자본주의의 출현

을 막은 심리적 장벽을 허물었다고 주장한다.[62]

베버는 이런 이유로 청교도 윤리와 자본주의 정신 간에 상당한 공통분모가 존재한다고 보았다. 예컨대, 당시 여러 종파가 혼합돼 있는 지역의 자본가, 경영자, 숙련 노동자, 근대적 상인들 다수는 프로테스탄트들protestants이었다.[63] 때문에 프로테스탄트들은 자신의 신앙과 자본주의를 다른 누구보다 거부감 없이 연결할 수 있었다. 청교도들은 근면한 노동과 절약, 이를 통한 부의 축적은 신실한 신자의 표지이자 구원받은 증거라고 보았다. 또한 개신교인들은 시장의 자기 조절 장치라고 할 수 있는 '보이지 않는 손'을 하나님의 섭리라고 믿을 준비가 되어 있었다. 성실하게 노력하는 이들에게는 합당한 보상이 돌아가고 게으르고 나태한 자에게는 징벌이 돌아가는 자본주의의 원리는 영락없이 하나님의 정의로운 심판의 칼날로 보였다.

이런 베버의 주장은 메가처치 현상 출현에도 상당히 중요하다. 왜냐하면 메가처치 현상이란 시장 자본주의의 원리를 거부감 없이 받아들이지 않고서는 생겨나기 어려운 현상이기 때문이다. 뒤에서 자세히 논하겠지만, 메가처치 현상은 교회가 시장상황에 위치하게 되었고 시장 질서를 자신의 질서로 받아들였음을 의미한다. 시장 질서를 받아들이면서 교회는 무한 성장에 대한 거부감도 떨쳐버릴 수 있게 되었다.

'시장상황market situation'이란 사회학자 피터 버거Peter Berger가 제안한 개념인데, 그는 종교개혁 이후 서유럽에서 일어난 종교 선택의 자유를 예의주시했다. 중세 가톨릭교회 체제 내에서 종교는 숙명이었다. 하지만 1555년 아우구스부르크 종교회의에서 국가 지도자가 가톨릭과 루터파 중 하나를 자국의 종교로 선택할 수 있다는 '신앙 속지주의 원칙cuis regio, eius religio'이 선포되고, 종교전쟁 이후 1648년 베스트팔렌에서는 가톨릭, 루터파, 칼뱅파 중 하나를 선택할 수 있다는 원칙이 재천명되면서 "전에는 숙명적이던 것이 선택의 문제"가 되었다.[64] 버거는 교회가 더 분열되면서 선택권이 점점 더 확대되고, 교파주의와 같은 다원주의가 생겨났다고 본다.[65] 결국 교파뿐만 아니라 모든 종교와 사상, 주의, 주장 등이 시장에서 상품으로 진열되는 시장상황이 출현하게 되었다고 주장했다.[66]

그러나 시장상황에 놓인 종교나 사상 중에서 유독 개신교회가 시장질서를 자신의 것으로 적극 수용하고 노골적으로 활용했다. 로드니 스타크Rodney Stark와 로저 핑크Roger Finke는 개신교회의 시장 적응 과정을 1776년부터 2005년까지 약 230년의 미국 교회사를 표본으로 삼아 종교경제religious economy라는 개념으로 서술하면서 잘 보여준다. 그들은 개신교 교파주의가 수요-공급 원리가 작동하는 시장 원리를 어떤 식으로 수용하고 적용했는지를 보여준다. 그들에 따르면, 교파주의 아래에서 미국 시민들은 교파나 교회를 선택할 때 지불해야 할 '비용'과 얻게 되는 '보상'을 고려해 특정 교파를 선택하는 법을 배우게 되었다고 했다.[67] 교회가 시장 원리를 적극적으로 받아들이자 교파나 개별 교회의 성공은 칭송 대상이 되었다.

개신교회의 시장 원리에 대한 관용은 경영학도 어렵지 않게 교회 안으로 들어오게 만든다. 교회 성장학은 사실상 신학의 옷을 입은 경영학이라 해도 과언이 아니다. 실제로 교회 성장학자들이 피터 드러커의 경영학을 적극 참조하고 도입한 것은 잘 알려진 사실이다. 드러커는 경영학의 원리가 기업 영역에서만이 아니라 삶의 모든 영역에 적용될 수 있으며 또 그래야 한다고 주장했다.[68] 이 관점에서 그는 전통적으로 비영리단체라고 여겨지는 학교와 병원, 교회까지도 경영학의 원리를 적용해야 한다고 주장했다. 비영리단체라도 자기 단체의 목적과 사명을 완수할 수 있는 지도력이나 경영 방식을 효과적으로 개발해야 한다는 것이다.[69]

시장 질서와 경영 원리를 교회가 수용하자 메가처치가 가능해졌고 그것이 모범적이고 건강한 교회라는 정당화의 논리도 생겼다. 이를 통해 교회 대형화에 대한 전통적인 거부감은 점차 약화되었다. 만일 하나님이 세계복음화를 원하신다면, 만일 교회 성장이 세계복음화의 첩경이라면, 또 만일 교회 성장이 필연적으로 교회 대형화를 초래한다면, 교회 대형화에 대한 거부감은 비합리적 정서에 불과하며, 그리스도의 대위임령에 대한 불충으로 낙인 찍히고 마는 것이다.

교회 성장학은 교회가 경영 원리를 적극 수용해야 한다고 가르쳤다. 조지 바나George Barnar 같은 교회 성장학자는 "마케팅 관점을 발전시키는 것이야말로 얼마 남지 않은 금세기 동안 이 나라의 영적 건강 회복을 위해 교회가 시급히 노력해야 할 일"이라고 주장했다.[70] 리처드 라이징Richard Reising도 《교회마케팅 101》에서 "참된 마케팅은 받아들여야 할 대상이다"라고 했다.[71] 이렇게 해서 경영학을 적극적으로 도입한 교회는 점차 모범적인 교회로 자리매김하게 된다. 예컨대, 옥성호는 피터 드러커의 경영학 이론을 비롯한 마케팅 원리들을 적극 수용한 교회로, 릭 워렌의 새들백 교회와 빌 하이벨스의 윌로크릭 교회를 꼽았는데,[72] 잘 알려진 대로 이 두 교회는 최근 가장 모범적인 교회로 꼽히고 있는 메가처치이다.

시장 자본주의의 원리는 개신교회를 더욱 잠식해 들어가서, 마침내 교회는 신자유주의 체제마저 받아들이게 된다. 신자유주의 체제란

1970년대 이후 출현한 경제체제로 상품과 투자, 생산과 기술 등이 국경의 제약 없이 자유롭게 이동하는 경제체제이다.[73] 신자유주의 체제가 강조하는 것은 규제 없는 무한한 자유인데, 여기서 자유란 이윤을 무한정 추구할 수 있는 자유를 가리킨다. 이러한 자유를 막는 모든 규제나 장벽 등은 철폐해야 한다고 주장한다. 실제로 신자유주의는 1970년대까지 유지해온 브레튼 우즈Bretton Woods 체제[74]가 막을 내리면서 등장한다. 이후 신자유주의는 규제나 장벽, 보호 대신 모든 것을 시장 원리에 맡기라고 주문하면서 극단적 시장주의를 노골화하고 있다.

신자유주의 체제를 한마디로 성장을 가로막는 모든 장벽의 철폐라고 한다면, 신자유주의 체제 내를 받아들인 교회 역시 성장을 가로막는 모든 장벽을 철폐하고자 한다. 개인은 교회를 선택할 무한한 자유를 얻고, 교회는 이들을 유인하여 자신의 교인으로 삼을 수 있는 무한한 자유를 부여받는다. 상품과 자본이 국경을 넘어 자유롭게 이동하듯 오늘날 교회는 교인들이 교구나 교적부 등 어떠한 경계도 개의치 않고 자유롭게 교회를 수평이동하고 있다.

신자유주의의 영향으로 교회도 점차 신자유주의적으로 변화하는데 이 경향은 1990년대 이후에 더욱 뚜렷해진다. 무한 성장의 추구, 유력 메가처치가 지교회를 세워 문어발식으로 확장하는 맥도날드화McDonaldization, 소비자 중심 교회, 긍정적 사고방식과 자기 개발 운동의 흥행, 극단적 양극화, 개인과 핵가족 등 신자유주의적 공동체성의 강조, 내적 치유와 회복의 강조, 경제적·정치적 신념의 보수화 등이 변화의 내용이다.[75] 신자유주의 시대의 교회는 이러한 변신을 '무죄'라고 선고하고, 모든 결정은 시장에 맡겨야 한다는 시장 근본주의[76]를 굳게 믿고 있다. 더불어 교회 성장을 저해하는 모든 규제와 장벽, 거부감은 마땅히 무너져야 한다고 주장한다. 이러한 심리 장벽이 제거되면서 개별 교회의 팽창을 막는 마지막 중요한 억제력은 급격히 약화되었다.

지금까지의 논의를 정리해보자. 20세기 중반에 전 세계적으로 메가처치 현상이 갑작스럽게 출현한 이유는 팝콘 모델로 설명할 수 있다. 여러 역사적 국면을 거치면서 개별 교회들은 그 내부에 팽창력을 꾸준히 축적한 반면, 개별 교회의 과도한 팽창을 막는 외적 억제력은 꾸준히 약화되었다. 그 결과 내적 팽창력이 외적 억제력을 초과하는 순간이 다가왔고, 그때 약속이라도 한 듯 여러 곳에서 일제히 메가처치 현상이 나타났다. 메가처치 현상은 내적 팽창력의 축적과 외적 억제력의 약화라는 현상이 이중으로 겹치면서 가능해졌다. 바꿔 말하면 첫째, 과거와는 달리 20세기 개별 교회들은 한계 이상의 성장을 원하게 되었고, 둘째, 그런 바람을 잠재울 통제 장치가 해제되면서 메가처치 현상이 출현했다고 요약할 수 있다. 전자는 욕망의 증가를 의미하고, 후자는 자유의 증가를 의미한다. 메가처치 현상은 개별 교회가 지닌 팽창 욕망의 증가와, 이 욕망을 제한하는 제동 장치의 약화로 개별 교회의 자유가 증가하면서 세계 곳곳에 만개했다.

BEYOND MEGACHURCH

3부

한국 교회와 메가처치 현상[1]

메가처치를 넘어서

1970년대 이후, 미국을 비롯해 남미, 아시아 등지에서 갑자기 출현한 메가처치 현상을 팝콘 모델을 통해 살펴보았다. 한국도 예외는 아니다. 전 지구적으로 발생한 메가처치 현상의 일반적 특성에 기초해 한국의 특수한 상황을 고려하면, 한국의 메가처치 현상을 제대로 파악할 수가 있다.

한국의 메가처치 현상을 다룰 때 중요한 질문은 "왜 유독 한국 교회에 메가처치 현상이 이토록 맹렬하게 일어나는가"이다. 메가처치 현상은 미국에서 먼저 시작되었지만, 오히려 한국 교회가 메가처치 현상의 '기준점'이 되고 있다. 그 명성에 걸맞게 한국 교회의 메가처치 현상은 타의 추종을 불허할 정도로 맹위를 떨치고 있다.[2] 도대체 그 이유는 무엇일까? 3부에서는 메가처치 현상이 유독 한국 교회에서 강하게 나타나는 이유와 한국 교회에서 메가처치 현상이 발전해온 역사적 과정을 간단하게 살펴보려 한다.

1
한국 개신교회가 거목으로 성장하기까지

기독교 불모지에 안착하다

한국 교회에서 메가처치 현상이 지금처럼 강력하게 자리 잡은 이유를 추적하려면 개신교회의 성공적 유입부터 살펴봐야 한다. 기독교, 특히 개신교가 한국에 처음 들어올 때 큰 행운이 겹쳤음을 역사를 통해 알 수 있다. 기독교가 본격적으로 전해지기 시작한 19세기 말까지 한국은 기독교와는 크게 상관없는 지역이었다. 고대에는 네스토리우스 선교사가 세운 중국의 경교와 접촉했으리라 추측되고, 임진왜란 이후에는 일본과 중국을 통해 가톨릭교회과 닿은 것으로 보인다. 18세기 말부터는 조선 실학자들 사이에 '서학Western Learning'이라는 이름으로 가톨릭을 수용하려는 움직임이 나타난다.[3] 하지만 조선 내부의 강력한 반발에 막혀 큰 성공을 거두지는 못했다. 그런데 기독교를 향한 반감과 적대적 환경은 19세기 말에 크게 바뀐다. 바로 이 변화의 시기에 개신교회는 큰 어려움 없이, 도리어 환영을 받으며 조선에 들어온다. 개신교회 입장에서는

1880년대를 실로 행운의 시기라 할 만하다.

이때 일어난 일을 간단히 살펴보자. 1873년, 쇄국정책을 펴던 흥선 대원군이 물러나자 조선은 빠르게 개화의 길로 들어선다. 1876년 일본, 1882년 미국과 조약을 체결한 조선은 일본과 미국, 유럽 등에 수신사를 파견해 서구 문물을 배워 오게 했다. 이렇게 1880년을 지나면서 기독교에 대한 조선의 태도는 완전히 뒤바뀐다. 1884년에 고종은 맥클레이R. S. Maclay 목사를 통해 미국 감리교단 선교부에 의료와 교육 사업을 허용하는데, 이로써 의료선교사 호레이스 알렌Horace N. Allen이 그해 조선에 들어오게 된다.[4]

때마침 그즈음 중국과 일본도 기독교를 수용해 조선에 기독교를 전수하는 관문 역할을 한다. 중국은 1884년 아편전쟁 패배 이후 문호를 개방하고 중국 선교를 허용한다. 중국은 서방 9개국에게 조계지를 내주고, 이 지역을 중심으로 선교사들이 왕성한 선교활동을 벌인 결과, 1889년에는 선교사 1,296명에 의해 중국 내 37,287명의 세례 신자가 생겨난다.[5] 일본도 1853년 페리M. C. Perry 제독의 개항 요구와 메이지유신 이후 기독교 선교가 가능해진다. 1890년이 되면 300개 교회에 42,000명의 개신교 신자가 생겨난다.[6] 두 나라에서 선교가 성공적으로 이루어지면서 기독교에 폐쇄적이었던 조선에 기독교를 전하는 커다란 두 관문 역시 제 역할을 할 수 있게 되었다. 이 같은 여건들이 겹치면서 1880년을 전후로 개신교회는 조선에 성공적으로 진입하게 된다.

조선인들의 희망이 되다

18세기 조선은 가톨릭교회를 조선 문물을 어지럽히는 사교邪敎로 생각했지만, 19세기 말 조선은 개신교회를 조선을 구원할 신문물로 여겼다. 개신교회를 환영하는 조선의 반응은 놀라울 정도였다. 이 때문에 한국 개신교는 조선인들이 자발적으로 요구해 들어오게 되었고, 성서 역시 선교사보다 앞서 번역돼 조선에 들어왔다.[7] 다음 두 가지 특징에서 조선 민중이 개신교회를 얼마나 열렬히 환영했는지를 단적으로 알 수 있다.

정치 측면에서, 19세기 말 김옥균을 비롯한 개화파는 일본의 개화를 앞당긴 기독교를 자신들의 정치 세력 확장, 교화 수단, 개화 방편으로 활용하려 했다. 개화파뿐만 아니라, 김구, 안창호, 이승훈 같은 민족운동가와 독립운동가도 기독교를 통해 민족해방의 길을 모색하고자 했다.[8] 외세의 침입으로 정국이 불안해지자 기독교에 대한 희망은 더욱 커졌다.

사회문화 측면에서는, 구한말 조선은 사회 체제와 전통적 가치관이 급격하게 붕괴하면서 심각한 아노미 현상을 겪고 있었다. 이 혼돈 속에서 조선인들은 정신적·영적 필요를 채워줄 대안 종교를 찾고 있었다. 더불어 조선 민중의 악습, 신분 차별, 여성 차별, 미신, 관료 착취 등을 타파하고 개혁을 이끌어낼 선구적 정신이 필요했다.[9] 당시 조선의 지식인과 민중은 부패한 불교나 힘을 잃은 성리학으로는 그 필요를 채울 수 없다고 생각했다.[10] 그래서 기존 종교가 아닌 다른 대안을 찾았는데, 이 때문에 19세기 말 동학東學을 비롯한 신흥종교가 우후죽순 생겨나기도 했다. 이러한 영적 결핍 상태에 지친 19세기 조선 민중은 기독교에도 눈길을 돌리기 시작했다.

기독교를 받아들이려는 수용성이 크게 높아진 바로 그때에 개신교회가 소개된 것이다. 1880년을 전후로 조선 지식인들은 일본에 유학하면서 기독교를 접했고, 서북 지역 상인 출신의 신흥계급은 만주 선교사들을 통해 기독교를 만났다. 기독교를 접한 조선인의 반응은 실로 폭발적이었다. 10년도 안 돼 중국과 일본에서 한글 성서가 출간되었으며, 여러 교리서가 한국어로 번역돼 조선 땅에 들어왔다. 더불어 수많은 권서인, 매서인, 전도부인이 성경과 기독교 문서를 전국 방방곡곡에 자발적으로 뿌리고 다녔다.[11] 일본에서 개종한 이수정은 조선인의 영적 필요를 미국 선교부에 알려 선교사를 파견하게 했다. 이처럼 개신교회는 조선인들에게 뜨거운 환영을 받으며 조선에 입성했다.

폭발적으로 꾸준히 성장하다

한국에 성공적으로 유입된 개신교회는 역사상 유례없는 놀라운 성공을 거둔다. 시기마다 다소 부침은 있지만 한국에 소개된 이후부터 1990년대 중반까지 일관된 모습이었다. 1879년 중국 영구 지역에서 최초의 개신교 세례신자 4명이 나온 이후, 1888년까지 조선에 38명의 신자가 생겼고, 1900년에 이르러서는 17,466명의 개신교인이 생겨났다. 자치, 자양, 자전이라는 삼자三自 원리를 강조한 네비우스 선교정책은 한국 교회를 보다 역동적이고 자립적인 교회로 만들었다.

1907년에 일어난 평양 대부흥운동은 불에 기름을 끼얹듯 한국 교회의 성장을 더욱 촉발한다. 곧이어 1909-1910년에 '백만인 구령운동'

이 일어나는데 이를 주목할 필요가 있다. 이 운동은 한국 교회가 태생적으로 성장 지향적이고 복음주의적이라는 단초를 제공한다. 그 덕에 1910년에 이르자 거의 20만 명에 육박하는 신자가 탄생한다.[12] 1960년이 되기 전에 한국 개신교인은 100만 명에 달했으며, 1985년에는 약 650만 명에 이른다. 1995년에 한국 교회는 최고 정점을 찍는데, 그때 신자 수는 약 870만 명이었다.[13] 실로 경이로운 성장이다. 한국에서 메가처치 현상이 유달리 맹위를 떨치는 이유 역시 개신교의 성공적 유입과 잇따른 대성공과 깊이 연관돼 있다.

2
팝콘 모델과 한국의 메가처치 현상

앞서 소개한 팝콘 모델은 한국의 독특한 메가처치 현상을 설명하는 데도 유용하다. 1960년대 이후, 한국 교회에 처음 출현한 메가처치 현상이 세계에서 유래를 찾을 수 없을 정도로 위세를 떨치는 이유도 내적 팽창력 축적과 외적 억제력 약화라는 이중 조합으로 설명할 수 있다.

내적 팽창력의 축적

성장을 지향하는 복음주의 편에 서다

한국 교회의 역사는 그리 길지 않다. 그럼에도 메가처치 현상이 강하게 나타나는 이유는 한국 개신교회가 태생적으로 성장 지향적이고, 복음주의적이라는 사실과 연관된다. 한국 교회가 애초부터 복음주의로 기운 이유는 한국에 온 선교사들이 주로 대각성운동과 세계선교 운동의 결과로 선교에 헌신한 이들이었기 때문이다.[14] 이들은 처음부터 조선에 복음주의 교회를 세우려 했다.[15] 이들이 이식한 복음주의 성향은 한국 개신교회의 태생적 특성으로 자리 잡았으며, 일찍부터 성장 지향적 면모를 갖추게 했다. 한국 개신교회 역사에서 빈번하게 등장하는 부흥 운동은 한국 교회의 복음주의적 특성을 잘 보여주는 예이다.

1907년 평양 대부흥운동과 1909-1910년 백만인 구령운동 등은 한국 교회가 자발적으로 개발해낸 복음주의 운동의 첫 형태이다. 부흥 운동은 해방 이후에는 교회 재건 운동으로, 다시 1950년대 이후 심령부흥회 운동으로 이어진다. 기도원 운동과 결합해 나타났던 심령대부흥운동은 1954년 나운몽이 용문산 기도원을 세운 후 시작된 이후, 1980년대까지 한국 교회에 꾸준히 영향력을 미쳤다. 심령대부흥운동은 시한부 종말론과 결합해 다양한 형태로 진화하며 맹렬한 위세를 떨쳤는데, 박태선, 문선명 등 이단 종파도 이 흐름에서 파생했다.

심령대부흥운동이 중요한 이유는 다른 나라에서는 비슷한 사례를 찾아보기 어려운, 대단히 한국적인 운동이기 때문이다. 특히 심령대부흥운동은 강북형 메가처치의 급성장과 역동성의 중요 동력을 제공한다. 심령대부흥운동은 복음주의 운동이라고 딱 꼬집어 규정하기 어려울 정도로 다면적이고 복잡한 양상을 띠지만, 개별 교회의 내부 팽창력을 극적으로 증폭해 메가처치를 가능케 한 중요한 원인임은 분명하다. 이 운동은 오늘날까지도 중요한 목회 방법론으로 이어지고 있으며, 교회 성장을 위한 에너지로 응용되고 있다.

이후 한국 교회의 부흥 운동은 1960년대 민족복음화운동, 1970년대 CCC가 주최한 EXPLO74 같은 대중전도 부흥 운동으로 이어졌다.[16] 대중전도 집회는 1-2차 대부흥운동의 야외천막집회를 연상케 했으며, 심령대부흥운동보다는 덜 열광적이었지만 한국 개신교인들에게 자신감을 심어주기에는 충분했다. 광대한 공간에 입추의 여지없이 운집한 기독교 군중은 모든 인간을 남김없이 포섭하려는 강력한 군중심리에 사로잡혔다. 교회 내부가 아닌 열린 광장에서 이루어졌지만 그 강렬한 팽창력은 손실 없이 고스란히 교회의 팽창력으로 축적되었다.

앞서 언급했듯 한국 교회가 성장하는 동안 중요 교단의 신학은 복음주의 신학으로 수렴되었다. 이는 한국 장로교와 감리교의 역사를 보면 알 수 있다. 초기 교세는 감리교가 우세했지만 금세 장로교가 역전한다.[17] 학자들은 장로교가 감리교보다 신학적으로 보수적이며, 전도를 더 강조하는 복음주의 특성을 지녔기 때문이라고 말한다.[18] 열세에 있던 감리교는 1990년대를 지나면서 진보 성향을 뒤로하고 복음주의 교회로 탈바꿈해 교회 성장에 매진한다.[19] 대표적 진보 교파인 기독교장로회도 교회 성장에서 늘 열세를 면치 못했던 탓에 점점 양적 성장을 위한 복음 전도에 뛰어든다.[20] 이처럼 한국 교회는 태생부터 성장 지향적 복음주의 교회였으며, 시간이 갈수록 더욱 복음주의 특성이 강화되었다. 이런 특성들은 한국 교회 내부에 팽창력을 축적할 수 있는 근거가 되었다.

분열하는 교파와 경쟁하는 교회들

짧은 기간 빠르게 성장한 한국 교회의 이면에는 교파 분열이 있다. 이 성장의 씨앗이 더욱 한국 교회의 성장 지향적 특성을 부추기게 된다. 한국에 처음 들어온 개신교 선교사들은 한국 교회가 교파 분열이라는 윤리적 패배에 물들지 않기를 바랐다. 그들은 조선에 '하나의' 복음주의적 교회를 세우기 원했다. 그러나 교파를 초월해 하나의 교회를 세우려는 시도는 실패하고 만다.[21] 선교사들은 한반도를 교파별로 분할해 선교하는 정책을 통해, 교파끼리 무분별하게 선교로 경쟁하는 일을 막으려 했다. 이 정책은 어느 정도 성공을 거두었으나 향후 거대한 교회 분열의 씨앗이 된다.

한국 개신교회는 국교가 없는 상황에서 들어왔으며 처음부터 다른 종교와의 경쟁은 불가피했다. 하지만 한국 교회는 타종교뿐만 아니라 교단끼리의 경쟁도 서슴지 않았다. 해방 이후 미국 선교부 및 신규 선교부의 유입, 신흥 교단 설립 등은 이러한 경쟁에 불을 댕겼다. 경쟁이 격화된 만큼 한국의 개신교회는 빠르게 분열되었다. 장로교회는 1952년, 1953년, 1959년, 1979년에 4차례 나뉘었고, 감리교회, 성결교회, 오순절교회 등도 분열되었다. 통계에 따르면, 2007년을 기준으로 한국에는 장로교회 157개 교파, 감리교회 11개 교파, 성결교회 4개 교파, 침례교회 2개 교파, 오순절교회 10개 교파가 있다.[22]

교회 분열은 분열한 교파들이 스스로 살아남기 위해 더욱 치열하게 경쟁해야 하는 상황을 조성했다. 성장 경쟁이 격화되자 교단 구속력은 약해졌고, 개별 교회의 협력과 연합은 뒷전으로 밀렸다. 오직 개별 교회의 생존과 번영만이 중요해졌다. 분열과 경쟁을 반복하면서 모든 교단과 개별 교회는 스스로 생존하고 알아서 길을 헤쳐 나가야 하는 상황에 내몰렸다. 이런 절박한 상황에서는 개별 교회 중심주의가 당연하게 받아들여졌으며, 이는 각 교회가 팽창 의지를 강화하는 데 중요한 원인으로 작용한다.

한국의 가족주의와 성장 경쟁

개별 교회 중심주의는 가족주의와 결합해 개신교회의 팽창 의지를 더욱 증폭한다. 가족주의는 가족을 강조하는 유교의 영향으로 나타났으며, 국가國家라는 한자가 말해주듯 국가 역시 하나의 가족으로 본다. 왕은 아버지이며 왕후는 어머니이고 백성은 자녀이다. 이렇듯 유교사회에서 가족은 사회 기본 단위일 뿐 아니라 국가나 기업 영역에까지 확대 적용된다. 한국 교회는 이 원리를 교회 안으로 고스란히 들여왔다. 한국 교회와 가족주의의 결합은 교회 세습에서 분명하게 드러난다. 담임목사는 교회를 개인 소유물로 간주하고 자녀에게 상속할 수 있다고 간주한다. 가족주의와 결합한 한국 교회의 전형적 사례이다.

한국의 가족주의는 한국 특유의 우리주의we-ness라는 집단 이기주의와 맞물려 나타난다. 한국인은 한 울타리 안의 내부인은 '우리we'로, 외부인은 '남other'으로 구분해 인식하는 경향이 있다. 우리주의와 가족주의는 특유의 상호 의존 공동체성을 만들어낸다. 한국 교회가 초기에 성공적으로 토착화할 수 있었던 이유도 지역사회에서 서로 의존할 수 있는 확대가족 역할을 수행했기 때문이다. 특히 개별 교회의 자율성을 강조한 네비우스 선교정책은 한국 교회가 한국의 가족주의와 결합하는 데 적지 않게 기여했다.

그런데 한국 교회의 가족주의적 특성은 근대화 시기로 접어들면서 새로운 위력을 발휘한다. 1960-1970년대 급격한 산업화 과정에서 유교 전통은 빠르게 붕괴한다. 한 가족이나 다름없던 농촌 마을은 대규모 이농으로 공동화되었고 대가족 역시 핵가족으로 해체되었다. 농촌에서 도시로 이주한 수많은 사람들은 새로운 가족 공동체가 절실하게 필요했다.

이들은 교회에서 새로운 가족을 발견했으며, 교회는 가족 없는 사회에 가족을, 아버지 없는 사회에 아버지를 제공했다. 교회는 익명 공간인 도시가 잃어버린 소속감을 회복해주었다. 가족주의적 한국 교회는 고향을 등진 이들에게 유사 가족이라는 매우 중요한 장을 제공했다.

반면, 부작용도 만만치 않았다. 한국의 가족주의는 개별 교회를 공교회의 한 가지branch보다는 우주 공간에 유일하게 떠 있는 '우리 교회'로 보게 만들었다. 교회라는 한 가족에서 목사님은 아버지이고 사모님은 어머니이며, 우리는 목사님의 자녀들인 셈이다. 특히 가족주의가 배타적 우리주의와 결합하자 개별 교회 중심주의는 더욱 강화되었다. 결국 신자들은 이웃 교회를 동반자가 아닌 남, 경쟁자, 심지어 적으로 간주하기 시작했다. 핵가족이 된 가족이 자기 가족의 안녕과 복지에만 관심을 쏟듯이 핵교회가 된 교회는 자기 교회의 성장과 번영에만 관심을 두었다. 한국 교회 신자들은 마침내 자기 교회의 성장만을 위해 헌신하게 되었다.[23]

가족주의는 한국 교회 지도자들의 카리스마적 리더십에도 적용된다. 한국 교회에서 목사는 일종의 '아버지'로서 가부장적 권위를 가진다. 담임목사에게 충성하고 헌신하는 이면에는 아버지의 권위에 순종하는 유교의 정서와 윤리가 깔려 있다. 목사는 교인과 대등한 존재가 아니라 가장의 권위를 지니고 교회를 책임지는 존재이다. 목사는 한 가정의 가장처럼 '듬직한' 존재로 보이며, 강력한 권위와 범접할 수 없는 카리스마를 소유하고, 교회의 대소사를 홀로 책임지고, 교회의 안녕과 번영, 성장과 성공을 일구어내는 역할을 감당해야 한다. 교회 신자들은 암묵적으로 담임목사가 교회 성장을 책임지는 존재라는 데 동의하고, 그의 지휘와 통제에 따른다. 대다수 한국 교회는 신자의 이런 동의와 추종을 훌륭한 신앙이라며 받든다. 이로써 거의 모든 한국 교회는 1인 지도자와 그를 추종하는 다수의 평신도로 재편되는데, 담임목사가 성장이라는 목표를 제시하면 이를 달성하기 위해 전체 성도가 놀라운 집중력과 역동성을 발휘하는 구조가 천편일률적으로 나타난다. 이런 구조와 집중력은 고스란히 개별 교회의 팽창력으로 축적된다.

여기서 담임목사의 팽창 의지를 빼놓을 수 없다. 한국 교회 목사들의 성장 지향성은 타의 추종을 불허할 만큼 강렬하다. 팽창 의지는 본래 개인의 야망과 탐욕에 기인하지만, 여기에도 한국 사회 특유의 가족주의가 작동한다. 보란 듯이 교회를 키워 뭇사람의 칭송을 받으려는 공명심이 자리 잡고 있다. 그 이면에는 동양의 명예-수치 문화가 도사리고 있다. 뿐만 아니라 입신양명하여 부모의 이름을 드러냄으로 효孝를 완성한다는 유교 정서도 진하게 자리 잡고 있다.[24] 이런 동양 문화의 특성이 사회 압력으로 작용해 목사로 하여금 성장을 더욱 강렬하게 지향하게 만드는 결과를 낳고 있다.[25]

외적 억제력의 약화

공교롭게도 한국 교회 내부에 팽창력이 축적되는 동안, 외부 억제력은 빠르게 붕괴되었다. 이는 한국 사회가 지난 150년간 경험한 충격적 사건들과 맞물린다. 한국 사회가 연쇄적으로 경험한 네 사건은, 19세기 말 외세에 의한 강제적 개화, 35년간의 일제 식민통치, 한국전쟁, 1960년부터 시작된 급격한 산업화이다. 이 연쇄 사건으로 인한 충격파는 한국인들을 아노미 상황에 밀어 넣었고, 좀처럼 변하려 하지 않았던 "고요한 아침의 나라"의 빗장을 강제로 열어젖혔다. 아노미 상황이 닥치자 무엇이든 가능해지는 환경이 조성되었고, 한국 사회 특유의 빠른 변화와 역동성 역시 바로 이를 바탕으로 자라났다. 이는 결국 한국 사회를 무엇이든 그릴 수 있는 백지처럼 만들었다. 큰 제약 없이 극단적으로 빠르게 변하는 한국 사회는 교회 성장에 제동을 걸 만한 외부의 장벽까지 해체하기에 이른다.

인구학적 빗장 제거

급속한 인구 증가와 집중으로 외적 억제력에 균열이 시작된다. 인구 증가와 도시 집중은 근대사회의 중요한 특징이다. 한국에서는 1960-1980년대에 인구 폭발과 집중이 일어난다. 20세기 들어 꾸준히 증가한 한국 인구는 1960년대에 폭발적으로 증가하는데,[26] 이때 증가한 인구가 대체로 우리나라의 베이비붐 세대에 속한다. 베이비붐 세대의 등장은 메가처치에 출석할 수 있는 잠재적 신자 수가 크게 늘어났다는 점에서 중요하다.

같은 시기에 인구 집중과 도시화도 이루어졌다.[27] 1960년대부터 시작된 산업화로 도시화가 급격하게 이루어지는데, 1980년에는 한국인의 약 80%, 2010년에는 약 90%가 도시에 살게 되었다.[28] 인구의 극적 증가와 급속한 도시화로 대규모 인구가 특정 지역에 밀집했다. 1930년대에는 10만 명 이상 사는 도시가 네 군데에 불과했지만, 2010년에는 100만 명 이상 사는 도시가 아홉 군데나 된다.[29] 특히 한국은 세계에서 가장 인구 밀도가 높은 나라이며[30] 전체 인구의 30-40%가 사는 서울시는 세계에서 여섯 번째로 인구밀도가 높은 도시이다. 한국의 높은 인구밀도와 도시 인구 과밀 현상은 한국 교회의 메가처치 현상의 밀도와 강도가 높은 이유를 설명해준다.

인구라는 요인 때문에 한국의 메가처치 현상은 도시에서 강하게 나타난다. 메가처치 현상이 서울-경기 수도권과 부산 등의 대도시를 따라 출현하는 이유도 그 때문이다. 메가처치 현상은 신도시 개발과도 긴밀하게 연관되는데, 1960년대에 '강북형' 메가처치가, 그중에서도 여의도순복음교회가 탄생한 것은 급격한 도시화와 강북 지역 개발 때문에 가능했으며,[31] 1980년대의 '강남형' 메가처치도 1970년대부터 시작된 강남 지역 도시 개발로 인해 생겨날 수 있었다.[32] 교세가 미미하던 침례교회가 1970년대부터 가파르게 성장한 데도 농촌 중심에서 도시 중심으로 전도 방식을 바꾼 영향이 컸다.[33] 인구 증가와 집중은 한국 교회의 기적 같은 성장과 맞물려 교회가 암묵적으로 생각했던 최대 교인 수 장벽을 뚫어내었으며, 이는 곧 메가처치가 출현하는 토양이 되었다.

한국 근대화와 첨단 기술 활용

한국 교회의 메가처치 현상은 현대 기술을 전폭적으로 수용하면서 더욱 증폭된다. 사실 조선 시대부터 한국인들은 기독교와 서양 기술 문물을 동일시했다. 17-18세기 조선인들은 세계지도, 망원경, 자명종, 천문학 서적 등의 형태로 처음 기독교를 접했으며,[34] 19세기 말 조선의 지식인들도 기독교를 조선 자주화를 도울 서구 문물로 이해했다. 선교사들도 병원과 학교를 설립하고 신문 발행을 지원하는 등 한국인의 계몽과 근대화를 도왔다.[35] 또한 국내 최초의 방송국 CBS와 극동방송 같은 라디오

방송국, 기독교 출판사들도 한국의 방송과 출판계를 선도했다.[36] 이처럼 기독교는 애초부터 근대화의 수단이었으며, 문명화를 앞당기는 역할을 감당했다. 이런 경향은 현대 기술을 거침없이 수용하고 활용하는 현재의 한국 교회에까지 전해져 내려오고 있다.

여기서 빼놓을 수 없는 중요한 전환점이 1970년대에 발생한다. 메가처치 현상과 현대 기술의 수용에서 빌리 그레이엄의 EXPLO74 집회 같은 대규모 전도 집회는 매우 중요하다. 한국 개신교인들은 이러한 집회에서 한계를 뛰어넘는 성장이 가능하며 그것이 성령의 역사라고 확신하게 되었다.[37] 그러면서 성령의 역사가 더욱 원활하게 임하려면 신기하고 놀라운 첨단 기술과 고가의 장비가 필요하다는 사실도 깨달았다. 초대형 전도 집회는 1980-1990년대를 넘어서면서 CCM 콘서트, 경배와 찬양, 선교대회, 연합 수련회 등의 형태로 변형돼 이어진다. 참석자들은 현장에 동원된 놀라운 장비와 기술을 목격하고, 그 효과를 직접 경험하게 된다. 오래지 않아 각 교회는 예배 때마다 대규모 집회를 기획하고 열게 되고, 이를 위해 고성능 음향 시스템이나 시청각 장비를 구비해야 했다. 한국 교회는 교회 성장과 영혼 구원을 위해, 나아가 하나님나라 확장을 위해 이를 적극 수용했으며, 은근히 과시하기까지 했다. 첨단 장비와 기술을 적극 수용한 한국 교회는 메가처치의 길로 달려 나갈 채비를 갖추게 된다.

교통수단의 발달도 간과할 수 없다. 버스와 지하철 같은 대중교통 발달, 교회 차량 운영, 1980년대부터 시작된 '마이카 붐' 등으로 교인들은 이동의 제약에서 자유로워졌다. 높아진 이동성, 대도시의 높은 인구밀도, 과도하게 많은 교회, 이 셋이 결합하자 전통적 의미의 지역교회local church는 자취를 감추기 시작했다. 오늘날 대다수 한국 교회는 광역도시 전체를 교구로 삼는다. 이 때문에 동일한 광역도시 전체를 그 안에 속한 모든 교회가 이중 삼중으로 겹쳐 구획을 나누고 자신들만의 교구를 정한다. 교구가 구역화되면서 교구제는 완전히 무너졌다. 이런 교회를 더 이상 지역교회라고 부를 수 있을지 의문이다. 차라리 초지역교회translocal church[38]라고 해야 어울릴 듯하다.

1990년대에 도입돼 지금은 보편화된 케이블 TV, 위성 TV, 인터넷도 새로운 형태의 메가처치를 탄생시켰다. 더 이상 주일 예배를 위해 교회 본당을 찾을 필요가 없어졌다. 부속 건물이나 '지성전'의 대형 스크린에 투사된 화면을 보면서 공간을 초월해 예배를 드릴 수 있게 되었다. 나아가 인터넷이나 TV 방송을 통한 예배도 가능해졌다. 기술의 도움으로 시간과 공간의 장벽을 뛰어넘는 메가처치마저 등장한 것이다.

개발독재 정부의 성장주의 모방

마지막으로 지적할 것은 개발독재 시대 때 한국 교회가 국가에게서 배운 경제성장 제일주의이다. 조선은 '선비'로 불리는 학자들의 나라였으며, 시장이 발달하지 않았고, 상인들은 최하층 계급에 속했다. 이 같은 사회가 시장 권한을 극대화하는 자본주의로 이행하기란 쉽지 않았다. 전통적 한국인들은 상인 정신으로 충만한 자본주의에 상당한 거부감을 표시했다. 이런 한국인이, 또 한국 교회가 자본주의를 수용한 데에는 그만한 이유가 있었다.

그중 하나는 구한말부터 한국전쟁 때까지 겪은 지난한 고통과 빈곤이다. 특히 한국전쟁과 그로 인한 가난은 생존을 위해서라면 무엇이든 하게 만들었다. 한국인의 이런 절박함은 산업화와 경제성장을 끌고 나가는 중요한 동력이 되었다. "우리도 한번 잘 살아보세"라는 구호에 한국인이 그토록 열렬히 반응한 이유도 그 때문이다. 산업화 시기에 만들어진 신화들, 산업 영웅들의 '죽기 아니면 까무러치기' 식의 모험담이나 대우그룹 김우중 같은 지독한 일벌레 이야기[39]도 바로 이런 배경에서 이해할 수 있다.

한국 개신교회도 누구 못지않게 자본주의 정신을 적극 수용했는데, 여기에는 분단이 만들어낸 트라우마가 큰 역할을 한다. 해방 이후, 삼팔선 북쪽 김일성 체제는 종교를 "인민의 아편"이라며 노골적으로 박해했고, 토지 개혁을 실시해 교회와 신자들의 재산을 상당 부분 몰수했다. 이를 계기로 북한의 기독교 신자들은 급격히 반공 쪽으로 기운다. 해방 이후 북한 기독교 신자의 35-50%가 대거 월남한 것도 이 때문이다. 뼈아픈 경험을 뒤로하고 월남한 신자들은 반공의 첨병으로 변신했고, 동시에 자본주의 국가인 미국을 지지하는 강력한 세력으로 등장한다. 그들의 친미 성향은 한국전쟁에 참전하고 원조를 아끼지 않은 미국에 대한 감사와 결합해 더욱 강해진다. 반공-친미 성향이 강해진 한국 교회가 미국식 자본주의를 우호적으로 수용한 것은 정해진 수순이었다. 이렇게 깊어진 한국 교회의 이데올로기적 편향성은 비슷한 성향의 정부와 결합하는 매개체 노릇을 했다.[40] 친미 · 친자본주의 · 친정부 성향을 강하게 띠게 된 한국 교회는 1960년대 이후 정부가 강력하게 추진한 근대화 · 산업화 프로젝트를 적극 추종하고 수용하고 내면화하는 데까지 나아간다.

한국의 산업화는 1960년부터 20여 년 만에 놀라울 정도로 빠르게 이루어졌다. 가난을 벗어나려는 한국인의 절박한 심정을 동력으로 삼은 박정희 정부는 경제성장과 개발 지상주의를 극단까지 밀어붙였다. 그 결과, 1961년 83달러에 불과했던 1인당 국민총생산이 1981년에는 1,696달러가 되었다.[41] 1962년부터 20년 동안의 연평균 경제성장률은 무려 8.3%에 이르렀다. 한국인들은 기적 같은 경제성장에 열광했다. 그런데 이런 압축적 경제성장은 빠른 속도만큼이나 일탈적 면모도 낳는다. 한국의 경제성장은 정부 주도형 명령경제로 경제성장률만 높이려는 성장 제일주의였으며, 기술혁신이나 경영혁신 같은 질적 성장보다는 부동산, 자본 등의 확대만을 꾀하는 양적 성장이었다.[42] 아울러 경제성장이라면 수단과 방법을 가리지 않는 비도덕적 열정도 압축 성장의 부작용으로 나타났다. 이를 종합하면, 한국 자본주의는 다분히 일탈적 자본주의라고 할 수 있다.

한국 교회는 박정희 정부의 성장 제일주의와 개발 지상주의를 묻지도 따지지도 않고 전폭으로 수용했다. 그 결과, 국가와 교회는 자본주의적 가치와 성장주의라는 이념을 공유하는 동반자가 된다. 한국의 경제성장률이 정점인 때와 교회 성장률이 정점인 때가 겹친다는 사실만 봐도 둘의 연관성을 알 수 있다.[43] 한국 교회는 단순히 정부의 성장주의를 찬동하는 데서 멈추지 않고 성장주의 이념을 신학화하는 작업까지 나아간다. 가령, 세계 최대 교회를 일군 조용기의 신학은 소위 "오중 복음과 삼중 축복"으로 요약할 수 있는데, 이 사상의 핵심은 다름 아닌 경제성장-빈곤 극복과 상통한다.

때마침 국내에 소개된 교회 성장학은 한국 교회가 성장주의를 내면화하고 신학화하는 데 크게 일조한다. 한국에 유입된 교회 성장학은 선교 전략보다는 개별 교회의 성장 방법론을 크게 부각했다. 이렇게 굽어진 교회 성장학에 깔린 전제는 교회 목표를 '성장'에 두고 목표 달성을 위해 가장 효율적인 수단을 강구하라는 것이었다. 이 지침에 따라 한국 교회는 성장을 위해 모든 수단을 수용하고자 노력했으며, 경영학 이론과 마케팅 기법까지도 기꺼이 수용했다.

이렇게 한국 교회가 개발독재 시대의 성장 지상주의를 내면화하다 보니, 한국 경제가 지닌 일탈적 자본주의의 특징까지도 답습하게 된다. 목회자 중심의 권위주의적 교회 운영, 교회 성장만을 추구하는 성장 제일주의, 교인 수와 헌금 증가 같은 양적 성장 치중 등은 개발독재 시대를 통과하며 교회가 자기도 모르게 배운 것들이다. 여기에 교회 성장을 위해 수단과 방법을 가리지 않는 비도덕적 열정까지도 많이 닮았다. 한국 교회는 국가로부터 성장 지상주의를 배워 교회에 적극 이식함으로 성장에 대한 거부감을 상당 부분 약화시켰으며, 결국 교회 성장을 아무런 제약 없이 떳떳하게 추구할 수 있었다.

3
한국 메가처치 약사略史

한국의 메가처치는 해방 이후 본격적으로 등장한다. 그때부터 지금까지 메가처치가 흘러온 역사는 크게 네 시기로 나눌 수 있다. 각 세대를 대표하는 교회를 하나씩 소개하면서 한국 메가처치의 역사를 간략하게 살펴보려 한다.

1세대(1950-1960년대): 중심지형 메가처치

중심지형 메가처치의 특징

메가처치 1세대는 해방 이후 본격 등장한 메가처치들인데, 김진호가 '월남자형' 메가처치라고 일컫는 교회들이다.[44] 여기에 서울 구도심에 자리 잡은 전통적 교회 새문안교회, 정동제일교회, 영동교회 등을 포함해 메가처치 1세대라고 칭하고 싶다. 1세대 메가처치들은 대개 서울 중심지에 자리하고 있기 때문에 중심지형 메가처치이기도 하다.

중심지형 메가처치는 크게 두 부류인데, 하나는 19세기 말 한국 선교가 시작되면서 세워진 전통적 교회이고,[45] 다른 하나는 영락교회처럼 해방과 한국전쟁을 거치면서 월남한 이들이 세운 월남자형 교회이다. 둘은 상당한 차이가 있지만, 서울 구도심에 자리한 유서 깊은 교회라는 점에서는 유사하다. 이들 교회는 매우 이른 시기에 메가처치로 성장해 많은 사람을 끌어 모았는데, 그중에서도 영락교회의 성장은 독보적이었다. 개척한 지 5년도 안 된 1950년에 출석교인이 3천 명을 넘었다.[46] 새문안교회도 1957년에 재적교인 1,280명의 준準메가처치로 성장한다.[47]

역사성과 상징성을 기반으로 한 이 교회들은 서울 도심이라는 뛰어난 접근성, 월남자와 이농민의 유입까지 더해 메가처치로 성장한다.[48] 1세대 메가처치는 당시에는 상상하기 어려운 크기까지 교회를 성장시켜 메가처치의 가능성을 보여준 선구자였다. 하지만 이는 극히 이례적인 경우였으며 메가처치 현상으로는 확대되지 않아서, 이들의 성장을 본받아야겠다는 교회는 찾아보기 어려운 시기였다.

영락교회

영락교회가 자리한 서울시 중구 저동 2가는 조선 시대 수도를 방어했던 성곽 안에 자리 잡은, 서울에서 가장 오래된 구시가 지역이다. 때문에 주변에는 조선 시대의 여러 궁궐과 오래된 건물이 있고, 대표적 가톨릭 성당인 명동성당과 한국에서 가장 오래된 개신교회들도 이웃하고 있다.

영락교회는 1945년 12월 2일, 한경직 목사와 북한을 탈출한 교인 27명이 설립했다.[49] 북한을 탈출한 서북 지역 신자들이 모여들면서 1년 만에 1,400명에 육박하는 준메가처치가 되었다. 예배 공간이 마땅치 않아 천막에서 예배를 드리던 교인들은 1950년 6월에 거대한 고딕식 예배당을 건축해 오늘에 이르고 있다.[50]

한경직의 영락교회는 한국을 대표하는 교회로 교계는 물론이고 정부에도 적지 않은 영향을 끼쳤다. 특별히 영락교회는 월남한 북한 교인들이 주축을 이룬 교회로서 반공 운동에 앞장섰으며, 5.16 쿠데타를 지지하기도 했다. 하지만 한일 국교정상화를 비판하면서 정부에 부담을 주기도 했다. 영락교회를 개척한 한경직은 1973년에 은퇴했고, 후임 목회자 몇 명이 뒤를 이어 영락교회를 담임해오고 있다. 1980년대에는 후임 목회자들이 불미스러운 일에 연루돼 어려움을 겪기도 했지만 현재 약 6만 명이 모이는 세계에서 가장 큰 장로교회로 성장했다.

영락교회는 '친미 반공'의 이데올로기적 편향성이 유달리 강한 교회이다. 영락교회를 개척한 신자들은 대다수가 종교 박해를 피해 월남한 북한 주민이었기 때문에 북한 정부와 공산주의에 적대적이었고 자유민주주의와 자본주의 체제를 옹호했다.[51] 덕분에 영락교회는 한국 정부뿐만 아니라 미국 정부에게서도 적지 않은 지원을 받았다. 영락교회의 이러한 이념 성향은 오늘날까지도 한국 주류 교회에 막대한 영향을 미치고 있다.

영락교회가 급성장한 데는 한경직의 리더십을 빼놓을 수 없다. 한경직은 1992년에 템플턴상Templeton Prize을 받은 인물로 영적으로나 도덕적으로 탁월한 지도자였다. 한경직는 일부 부패한 메가처치 목사들과는 달리 탐욕이나 야망에 사로잡히지 않았다. 소박하고 서민적이면서도 도덕적이고 지성적이었다. 그의 이러한 리더십 때문에 월남 교인들이 세운 교회였지만 남한 교인들도 대거 몰려들었다.

영락교회는 평신도 자발 운동인 '기독 면려 운동'으로 유명한데, 이를 통해 신학 연구, 훈련, 사회 행동 등을 주도해나갔다.[52] 고아들을 돌보는 '보린원'을 설립해 다양한 사회복지 사업에도 참여했는데, 이후 보린원은 한국 교회가 벌인 사회봉사 활동의 대명사가 되었다. 그 밖에도 여러 학교를 설립하고 교육 사업을 후원함으로써 사회적 책임을 감당하고자 노력했다. 반면, 정치적으로는 대체로 소극적이고 보수적이었다.

영락교회는 민족복음화에 가장 앞장선 교회 중 하나였다. 하지만 한경직과 영락교회의 복음전도 활동은 개별 교회의 성장보다는 기독교를 통해 한국인을 개조하고, 결국에는 국가를 개조하려는 성격이 강했다.[53] 때문에 영락교회만의 성장을 바라고 복음주의 운동을 기획하지 않았다. 사실 메가처치로 성장한 것도 우연한 결과였지 의도한 것은 아니었다고 할 수 있다. 해방 이후, 월남자들이 갑작스레 몰려들면서 메가처치로 커진 것이다.

영락교회의 성장 과정은 이후 출현한 메가처치와는 상당한 차이를 보이며, 확실히 성장 지향적 요소가 덜했다. 그 예로 영락교회는 여러 지교회를 개척했지만 빠른 시일 내에 독립시켜 '멀티사이트 처치multi-site church'를 도모하지 않았다. 그렇다고 애써 메가처치의 길을 거부하지도 않았다. 규모가 커지면서 여러 병리적 현상이 나타났지만, 예배 실황중계, 건물과 시설 확충, 전산화 등 메가처치의 전형적인 모습도 갖추어나갔다. 메가처치화를 추구하지도, 애써 거부하지도 않는 양상은 1세대 메가처치의 특징이었다.

2세대(1960-1970년대): 강북형 메가처치

강북형 메가처치의 특징

한국의 메가처치 2세대는 1950-1960년대에 출현했으며, 구민정이 '강북형' 메가처치라고 부르는 교회들이다. 산업화 시기에 인구가 서울로 몰리자 포화 상태에 이른 서울 구도심은 강북 지역으로 확장되었고, 그곳에 메가처치도 잇따라 나타났다. 이들 교회는 대개 한강 북쪽에 자리했기 때문에 강북형 메가처치라 불린다. 하지만 강북형 메가처치는 서울 강북 지역만이 아니라 전국적으로 발견되는 교회의 한 유형을 가리킨다.[54]

이들은 같은 시기에 경제 성장을 위해 전 국민을 동원했던 한국 정부와 여러모로 닮았다. 권위주의 리더십, 중앙집권 구조, 성장을 위해 교인을 동원하는 공격적 복음주의, 감시와 통제의 소그룹 조직, 경제적 성공에 대한 약속 등이 두드러진 특징이다.[55] 이를 대표하는 교회는 광림교회와 세계에서 가장 큰 교회로 성장한 조용기 목사의 여의도순복음교회이다.

이 시기부터 교회 성장을 본격적으로 추구하는 움직임이 한국 교회에 나타난다. 앞서 살펴보았듯 중심지형 메가처치는 교회 성장을 최우선 목표로 삼고 몸집을 키웠다기보다는 의도하지 않은 여러 요인으로 규모가 커졌다. 반면, 강북형 메가처치들은 성장을 향한 강한 목표 의식을 드러냈다. 이를 바탕으로 놀랍게 성장하는 교회가 실제로 등장하자 모방하려는 움직임까지 서서히 나타났다. 메가처치 현상이 비로소 그 모습을 드러내기 시작한 것이다.

여의도순복음교회

여의도순복음교회가 자리한 여의도는 강남도, 강북도 아니다. 하지만 이 교회는 맨 처음 강북 지역인 대조동에서 시작되었다. 그 후 서대문으로 옮겼다가 다시 지금의 여의도로 이주했다. 흙먼지 날리는 황량한 벌판이었던 여의도는 1970년대 초 개발이 시작되었다. 1973년, 개발 초기에 여의도로 옮겨온 교회는 성장을 거듭해 오늘날의 여의도순복음교회가 되었다.

여의도순복음교회의 역사는 크게 4기로 구분한다.[56] 제1기는 1958년 5월 18일, 조용기를 포함한 다섯 명이 최자실의 집에서 예배를 드리면서 시작된 개척기이다. 개척 1년 만에 대조동 깨밭에 어설프게 지은 교회당으로 옮긴다. 제2기는 교회 이름을 '순복음중앙교회'로 개명한 시기이다. 조용기와 최자실의 목회는 놀라울 정도로 큰 성공을 거두어 1961년에 교인수가 8백 명을 넘어서서 더 이상 대조동 교회당에서 모일 수 없게 되었다. 그래서 1962년에 충정로의 새 건물로 옮기면서 교회 이름을 순복음중앙교회로 바꾼다. 제3기는 1972년에 교인수가 1만 명을 넘어서자 1973년에 여의도로 이전한 시기이며, 이때 교회명은 다시 '여의도순복음교회'로 바뀐다. 제4기는 1982년 이후부터 현재까지이며, 이 기간에 여의도순복음교회는 교회 성장 운동을 주도하며 한국을 넘어 전 세계에까지 영향력을 확장한다. 여의도순복음교회는 2007년 현재 재적교인이 76만 5,301명인 세계 최대의 교회로 성장했다.[57]

여의도순복음교회가 중요한 이유는 지구상에 메가처치 현상이 출현했음을 알리는 신호탄 역할을 했기 때문이다. 과거에도 상당히 큰 교회는 있었지만, 여의도순복음교회처럼 일상적 수준을 훌쩍 뛰어넘는 비범한 성장을 보인 교회는 없었다. 엘리아데Mircea Eliade에 따르면, 평범함들 중에 비범함이 존재하면, 사람들은 그 비범함에서 일종의 초자연적 신성함을 감지한다고 한다. 이때 그 비범함을 통해 신성함이 드러나는 것을 가리켜 역현hierophany 현상이라고 한다.[58] 군계일학처럼 우뚝 선 여의도순복음교회가 바로 그 역현 현상을 우리 앞에 선보였다. 그래서 여의도순복음교회는 그 존재만으로 종교현상학적 의미가 있다. 신자와 비신자를 막론하고 전 세계인들은 여의도순복음교회의 어마어마한 성장에 놀라고 감탄하면서 신의 능력을 찬미했다. 여의도순복음교회는 개별 교회의 성장을 막는 장애물이 더 이상 존재하지 않는 시대가 왔음을 알렸고, 무한히 열린 성장 가능성을 만천하에 보여주었다. 이로써 교회 성장에 관해서는 한국 교회뿐 아니라 세계 교회의 역할 모델로 자리매김하게 된다.

여의도순복음교회는 미국의 오순절운동과 한국의 영성을 잘 조화했다. 미국의 오순절운동은 1900년대 캔자스 주 토페카Topeka를 중심으로 시작돼 전 세계로 번져나갔다. 1950년대에는 한국에도 상륙한 이 운동에 조용기는 큰 영향을 받았다. 그는 한국의 토착 영성 운동에도 조예가 깊었는데, 이는 유명한 부흥사였던 장모 최자실 목사에게서 영향을 받았기 때문이다. 덕분에 여의도순복음교회는 한국 민중의 토착적 영성과 미국 오순절운동의 영성을 결합해 교회성장의 자양분으로 삼을 수 있었다.

여의도순복음교회는 토착 영성의 본산지인 기도원을 제도 교회 안으로 끌어들였다.[59] 종파sect 운동을 제도 교회 안에 끌어들이는 데 성공했다고 할 만하다. 여의도순복음교회가 서울 한복판에 있는 본당과 서울 외곽 숲속에 자리한 오산리기도원이라는 두 구심점을 중심으로 운영되는 데서도 이를 확인할 수 있다. 기도원 영성이 결합하자 예배 스타일은 열광적 기도, 신유, 방언, 뜨거운 찬송을 강조했으며, 이전 교회들에 비해 덜 형식적이며 역동적이고 참여적인 축제 성격을 띠었다. 이 같은 예배 스타일은 빠르게 전파되어 1970년대에 크게 성장한 '강북형' 메가처치의 전형을 이룬다.

여의도순복음교회의 초창기 교인들은 대개 시골 출신의 도시 빈민이었다. 가난하고 병들고 전쟁의 아픈 상처를 지닌 이들에게 조용기는 "오중 복음과 삼중 축복"을 전파했다. 조용기의 설교는 예수 믿으면 죄를 용서받고 천국에 들어갈 뿐만 아니라, 현세에서도 병이 낫고 부자가 되고 모든 일이 형통하게 잘 풀린다고 강조했다. 이 설교는 케네스 해긴 Kenneth Hagin의 번영신학과 노먼 빈센트 필Norman Vincent의 '적극적 사고방식positive thinking'과도 잘 조화를 이루어 상처 입은 무산대중the Havenots에게 큰 호소력을 발휘한다.

여의도순복음교회의 특징 중 하나는 조용기 목사의 카리스마적 리더십이다. 이는 '강북형' 메가처치의 공통점이지만, 특히 여의도순복음교회는 조용기 목사와 따로 떼놓고 상상하기 어렵다. 그는 하나님의 뜻을 대언하고 병을 고치고 귀신을 축출하는 영적 권위를 지녔다고 인정받았으며, 이를 바탕으로 교회의 절대 지지를 얻는다. 은퇴 후에도 그의 권위는 놀라울 정도로 견고하다. 여기에 초거대 기업을 운영하는 CEO 자질 역시 그의 특징이다. 이렇게 그의 종교적 능력과 경영 역량이 여의도순복음교회를 오늘날의 위치로 견인한 결정적 요인이 분명하다.

여의도순복음교회는 매주 찾아오는 수많은 구도자를 교회에 정착시키는 역량 또한 뛰어나다. 여기에는 그물망처럼 짜인 내부 조직이 힘을 발휘한다. 2008년, 여의도순복음교회는 서울시 행정구역을 반영해 35개 대교구, 312개 소교구로 구성돼 있으며, 가장 하부 조직인 구역은 가장 많을 때는 4만 3,330개까지 이른다.[60] 이 구역 조직은 소규모 공동체를 이루어 친교와 상담, 교육을 담당하며 최근 유행하고 있는 셀그룹cell group 운동의 교과서처럼 인용된다.

여의도순복음교회는 지성전을 여러 곳에 개척해 한 교회처럼 운영하는 멀티사이트 처치로 발전한다. 여의도 본당과 인근 부속 건물을 총동원해도 예배 인원을 수용할 수 없었던 탓에 지성전 체제로의 발전은 자연스럽게 이루어졌다. 예배 실황은 위성으로 중계하는 방식을 택했는데, 2008년 지성전 수는 21개에 달한다.[61] 이밖에도 신문사, 대학, 출판사, 자체 방송국, 선교센터, 사회복지센터 등을 소유하고 있으며, 문어발처럼 뻗어나간 방계 조직들에서 수많은 목회자와 직원이 활동하는 세계 최대의 메가처치로 발전했다.

여의도순복음교회를 비롯한 강북형 메가처치는 일약 동경의 대상으로 부상했고 여러 교회들이 메가처치를 지향하게 만드는 데 기여했다. 그러나 다수 교회와 신자들은 여의도순복음교회를 비롯한 강북형 메가처치들이 보여주는 비합리적 리더십과 교회 운영, 과도한 성장주의에 비판의 목소리를 높였다. 여기에 전통적 교회상에 익숙했던 당시만 해도 한국 교회 신자들은 과도하게 큰 교회에 상당한 거부감을 표시했다.[62] 이런 이유들로, 이 시기부터 한국 교회에 메가처치 현상이 나타나기 했지만, 광범위하게 퍼져나가지는 못했다.

3세대(1980-1990년대): 강남형 메가처치

강남형 메가처치의 특징

메가처치 3세대는 구민정이 '강남형' 메가처치로 일컫는 교회들이다. 한강 이남 지역인 강남은 원래 논밭이었지만 인구 과밀화 해소 대책으로 1970년대부터 개발되었다. 개발이 본격화되고 인구 유입이 대거 이루어진 1980년대에는 새로운 형태의 메가처치들이 이곳에 등장한다. 사랑의교회, 소망교회, 온누리교회 등이 강남형 메가처치를 대표하는 교회이다. 강남형 메가처치도 강북형 메가처치처럼 유사한 교회 유형을 하나로 묶어 부르는 용어이며, 따라서 잇따라 개발된 강동 지역과 분당 지역 등에서도 찾아볼 수 있다.[63]

강남형의 교인은 중산층 이상이라는 점에서 강북형과는 다르다. 또한 강남형은 정정훈이 지적했듯 후기-포디즘post-Fordism을 내면화한 교회로서 수준 높은 목회 프로그램을 다양하게 제공하며,[64] 김진호가 지적했듯 보다 침착하고, 지성적이고, 세련된 예배 분위기를 조성해 고학력자들도 편안하고 쾌적하게 예배를 드릴 수 있게 배려한다.[65] 강북형과 마찬가지로 강남형도 치유를 강조하지만 신체보다는 심리 치유를 강조한다. 아울러 강남형도 지도자를 중시하지만 그보다는 시스템 구축과 작동을 더 중요시한다. 양적 성장만을 강조하는 강북형에 비판적 자세를 취하며 양적 성장과 질적 성장을 균형 있게 강조한다는 점도 강남형 메가처치의 특징이다. 이 때문에 상대적으로 더 건강한 교회라는 이미지를 창조해 뭇교회의 모범 교회로 자리매김하는 데 성공한다. 이로써 메가처치에 대한 거부감을 약화하고 본격적인 메가처치 현상을 확산하는 디딤

돌 역할을 한다.

강남형이 강북형에 비해 합리적이고 지성적이고 덜 열광적이라는 점을 내세워 차별화하는 데는 성공했지만 이 사실만으로 강남형을 더 건강한 교회라고 단정하기는 어렵다. 강북형이 저학력 빈곤층에게 위로와 치유를 제공했다면, 강남형은 고학력 중산층에게 위안과 번영을 약속했다는 점에서 큰 차이는 없다. 한국의 강남형 메가처치는 맥가브란이 말하는 동질집단의 원리[66]를 매우 잘 적용해 성장한 교회이며, 중산층이라는 계층적 동질성은 이 유형의 메가처치가 지니는 중요한 특성이다.[67]

온누리교회

서울시 용산구 서빙고동에 자리한 온누리교회는 한강 북쪽에 있기 때문에 엄밀히 따지면 강남형 메가처치라고 하기 어렵다. 하지만 공유하는 여러 특성 때문에 사랑의교회, 소망교회 등과 함께 제3세대 메가처치의 대표 교회로 꼽힌다.

하용조 목사는 건강상의 이유로 한때 영국에 머물면서 그곳에서 새로운 교회 개척을 구상했고, 그 결과 온누리교회가 탄생한다.[68] 귀국 후 하용조 목사는 성경공부를 했던 성도들과 함께 1985년 10월 6일에 창립예배를 드린다. 이후 온누리교회는 기존 교회와의 차별화에 많은 노력을 기울였다. 온누리교회 설립 이념에도 차별화에 대한 의지는 잘 나타나 있다. 하용조 목사는 온누리교회가 '또 하나의 교회another church'가 아니라 '바로 그 교회the very church'가 되기를 원했다.[69] 온누리교회는 처음부터 사도행전에 나타난 최초의 교회이자 가장 건강하고 온전한 예루살렘 교회를 뒤따르기 원한다고 선언했다. 이런 설립 이념 위에 세워진 온누리교회는 양적 성장보다는 예수 그리스도의 지상명령에 순종하는 삶을 더 강조했다. 질적 성장과 양적 성장을 동시에 추구하려는 노력은 성공을 거두었고 2세대 메가처치와는 또 다른 메가처치를 탄생시켰다.

온누리교회는 개척 3년 만에 1,194명이 모이는 교회로 성장했고, 1994년에 '2,000/10,000 비전'을 선포하며 2기로 접어든다. 사람에 따라서는 하용조가 성령운동을 본격적으로 시작한 1992년을 2기의 시작으로 보기도 한다. 이때부터 온누리교회는 여의도순복음교회의 조용기와 유사하게 성령 체험과 성령의 은사를 강조한다.[70] 일부 학자들은 이런 하용조를 오순절운동 지도자로 보기도 한다.[71] 하지만 두 사람은 유사점만큼이나 차이점도 뚜렷한데, 하용조는 조용기에 비해 덜 열광적이고 덜 강제적이지만 더 세련된 방식으로, 즉 청년층과 지식인층이 거부감을 덜 느끼는 방식으로 성령운동을 이끌었다.

온누리교회는 성령체험을 강조한 지 만 2년이 되는 해인 1994년에 '2,000/10,000 비전'을 선포한다. 해외선교사 2천 명, 사역자 1만 명 배출이 목표였는데, 당시 출석교인이 7,929명이었던 점을 감안하면 실로 대담하고 야심찬 움직임이었다. 이를 계기로 1994년 이후부터 온누리교회의 성장 속도는 두 배로 빨라져서 1996년 12월에는 교인 수 1만 명을 돌파한다.[72] '2,000/10,000 비전'은 단순히 교인 수가 늘어나는 데서 만족하지 말고 교인들 스스로 재능과 관심에 따라 다양한 사역에 역동적으로 참여하도록 촉구한다. 메가처치의 특징인 강력한 목적 지향성이 이 비전에서 잘 드러나고 있다.

온누리교회 3기는 'ACTS 29' 비전[73]을 선포한 2003년에 시작된다. 이 비전의 요지는 선교지에 선교사가 아니라 교회를 파송하겠다는 것이다.

이 비전을 따라 온누리교회는 2010년까지 국내 8개, 전 세계 25개 지교회를 세웠다. 한마디로 여의도순복음교회보다 훨씬 더 광범위한 영역에 지교회를 세운 멀티사이트 처치라 할 수 있다. 지교회들은 9개 인공위성을 통해 송출되는 CGNTV와 인터넷 방송, Acts 29 비전빌리지 등을 통해 완벽하게 네트워킹 되면서 사실상 하나의 교회처럼 움직인다.[74] 2011년에 하용조 목사가 세상을 떠난 후, 이재훈 목사가 그 뒤를 이으면서, 온누리교회는 제4기에 접어든다.

여의도순복음교회의 두 중심축이 지역교회와 기도원이라면 온누리교회의 두 축은 지역교회와 파라처치parachurch 곧 선교단체[75]였다. 여의도순복음교회의 또 다른 주축이 오산리기도원이라면, 온누리교회의 또 다른 주축은 두란노사역센터인 셈이다. 두란노사역센터는 온누리교회보다 더 오랜 역사를 자랑하는데, 출판, 성경학교, 아버지-어머니 학교, QT 운동, 일대일 사역, 세계선교 같은 활동을 전문적으로 추진해나가고 있다.[76]

온누리교회는 어느 교회보다 해외선교와 복음전도를 강조했다. 이는 하용조가 학생선교단체인 CCC 출신인 탓이 크다. 조용기가 미국과 한국의 오순절운동을 교회 안으로 들고 왔듯이, 하용조는 CCC 스타일의 복음주의 활동과 해외선교에 대한 열정을 교회 안으로 들고 왔다. 온누리교회의 1994년과 2003년 비전 모두 선교와 맥이 닿아 있다. 이 비전을 성취하고자 온누리교회는 2010년까지 해외선교사 1,235명을 파송했으며, 교구 공동체들은 15개 미전도종족을 입양했다.[77] '2004년 예루살렘 평화행진,' 아프가니스탄 선교를 위한 '동서문화개발교류회ECC' 설립, 일본과 대만에서 큰 반향을 불러온 '러브 소나타Love Sonata'도 온누리교회의 지향점을 여실히 보여준다.

이토록 강렬한 선교에 대한 열정은 온누리교회 성장의 중요한 추진력으로 전환되었다. 개별 교회 성장보다 세계선교를 강조하는 태도는 훨씬 더 순수한 열정으로 비쳤으며, 많은 사람들에게 호소력 있게 다가가 감명을 주었다. 여기에 성령체험을 강조하는 설교가 더해졌다. 하용조는 1992년부터 성령운동을 본격적으로 시작해 여러 차례 성령 집회를 열었고, 특별히 1994년부터 시작한 특별새벽부흥집회를 통해 교인들을 자극하고 강력하게 동기부여하는 데 성공했다.[78]

2세대 메가처치에 비해 상대적으로 교회 성장이 어려웠던 시기에 온누리교회는 빠르게 성장했다. 여러 요인이 있겠지만 전도 대상자들에 맞춤한 다양한 프로그램도 빼놓을 수 없다. 이런 성공은 소비자 필요에 맞춘 신상품을 개발해 매출을 극대화하는 기업에서 쉽게 찾아볼 수 있는 것이다. 이 때문에 정정훈은 강남형 메가처치의 특징을 다품종 소량생산의 포스트-포디즘에 비유하는데,[79] 온누리교회가 그 대표적 예이다. 고객의 취향과 욕구를 충족하는 새로운 목회 프로그램 개발에서만큼은 놀라울 정도로 창조적이고 혁신적인 모습을 보인 교회였다.

온누리교회의 혁신성을 잘 보여주는 예가 '경배와 찬양'이다. 기존의 단조로운 독일 코랄풍German Choral style 찬송가를 혁신한 새로운 찬양을 도입해 예배를 역동적으로 변화시켰다. 드럼, 신디사이저, 전자기타 등으로 무장한 밴드와 여러 보컬을 일사분란하게 아우르는 카리스마 넘치는 인도자가 앞에 서고, 그를 따라 다함께 찬양하는 음악 예배에 많은 젊은이들이 몰려들었다. 이 흐름은 온누리교회를 넘어 전국의 교회로 퍼져나갔으며 온누리 스타일을 본뜬 밴드와 워십팀이 교회마다 등장해 예배 형식과 분위기를 바꾸어나갔다.

또한 온누리교회는 미국 윌로크릭 교회의 구도자 예배Seeker Services를 한국 실정에 맞게 변형해 기독교에 관심이 덜한 층을 공략했다. 전도 대상자를 다양하게 세분화해 그에 맞춘 전도축제를 기획하는 참신함도 보였다. 세대별·성별·직업별로 세분해 축제를 기획했으며, 장애인, 비그리스도인 배우자, 군인, 외국인 노동자를 위한 전도축제도 만들었다.[80] 전도축제뿐만 아니라, 자녀 교육, 리더십, 내적 치유, 가정사역, 성령축제, 성경대학, 각종 양육 프로그램 등 고객의 필요에 맞춘 프로그램을 끊임없이 개발해냈다.

여기서 간과할 수 없는 것이 온누리교회의 조직이다. 온누리교회는 예배, 교구, 양육, 사역이라는 네 분야를 철저하게 시스템화했다. 이상훈은 온누리교회의 이런 시스템이 교회 성장에 큰 기여를 했다고 파악하고, 이 목회 전략을 '건강 목회시스템 111 전략'이라고 칭했다.[81] 고도의 조직력은 분초 단위로 세밀하게 짜인 예배 큐시트, 교구 공동체-다락방-순으로 세분화된 교구 시스템, 새가족반에서 지도자반에 이르는 양육 시스템, 재능과 관심에 따라 배치되는 사역 시스템 등 거의 모든 영역에서 나타난다. 이처럼 교회는 거대하고 대단히 효율적인 기계처럼 돌아가게끔 빈틈없이 짜이고, 담임목사 없이도 자율적으로 기능할 수 있는 데까지 나아간다.

하용조는 1980년대 이후 한국 개신교회를 대표하는 4인 중 한 사람으로 꼽힌다. '4인방'으로 일컫는 이들 모두가 3세대 메가처치를 일궈냈으며, 1980년대 이후 한국 교회의 모범적 지도자로 여겨진다. 이들은 실제로 복음주의적 열정, 도덕성, 합리적이고 지성적인 목회 스타일, 깊은 영성으로 모범을 보였으며, 많은 목회자 후보생과 기성 교회 목회자들에게 큰 도전을 주었다. 그런데 중요한 점은 그들이 한결같이 메가처치를 지향했고 결국 다 같이 메가처치가 되었다는 것이다. 이들이 일군 3세대 메가처치는 질적 성장과 양적 성장이 모두 가능하다는 사례를 보여주며 건강하고 모범적 교회로 여겨졌다. 이 같은 인식은 대형교회에 대한 고질적 거부감을 크게 완화했으며 결국에는 메가처치를 본받아야 할 모범 교회로까지 올려놓게 된다. 3세대 메가처치와 함께 바야흐로 한국 교회에는 메가처치 현상이 불어닥치기 시작했다.

4세대(1990년대-현재): 신자유주의형 메가처치

신자유주의형 메가처치의 특징

4세대 메가처치에 대해서는 다소 논란의 여지가 있는데, 3세대와 4세대가 명확히 구분되지 않기 때문이다. 전반적인 특성도 확실하게 차이가 나지 않아서 4세대 메가처치라고 따로 이름 붙이기가 쉽지 않다. 다만 강인철과 김진호가 한국 교회 역사에서 1990년대를 중요한 기점으로 본다는 점[82]과 한국 사회에 불어닥친 신자유주의 물결이 교회 질서에도 상당 부분 영향을 미쳤다는 점을 고려하면, 1990년대 중반 전후로 새로운 메가처치가 등장했다고 추론할 수 있다. 나는 이를 신자유주의형 메가처치라고 명명한다.

일단 4세대 메가처치는 앞 세대와 달리 특정 지역에 편중해 나타난다고 말하기 어렵다. 3세대부터 메가처치 현상이 광범위하게 나타났기 때문에 4세대 메가처치는 특정 지역에 한정해 이름을 붙이기 어렵다. 메가처치 현상이 나타나는 어디서나 발견되는 교회가 4세대 메가처치이다. 4세대 메가처치는 지역이 아니라 한층 격화된 경쟁을 특징으로 한다. 그리고 이 경쟁은 한국 교회의 쇠퇴와 맞물린다. 지난 130년간 한국 교회는 꾸준히 성장했다. 하지만 이 성장곡선은 1995년을 기점으로 꺾였다. 한국 교회의 신자 수는 줄어드는 반면, 신학교가 배출하는 예비 목회자 수는 줄지 않았다. 2000년에 비해 2007년에 교회 수가 도리어 21.78% 더 늘었다는 통계도 있다.[83] 그러다 보니 생존경쟁은 더욱 격화되고 있다. 여기에 무한 경쟁을 내세우는 신자유주의 풍조까지 교회에 영향을 미치고 있다. 한마디로 4세대 메가처치는 극단적으로 격화된 경쟁이라는 환경에서 살아남은 교회라고 말할 수 있다.

사랑의교회

3세대와 4세대가 명확하게 구분되지 않는 모호한 상황에서 사랑의교회는 주목할 만한 행보를 보였다. 옥한흠 목사가 개척한 사랑의교회는 3세대 메가처치를 대표하는 교회였지만, 현재 담임목사인 오정현 목사가 이끄는 사랑의교회는 4세대 메가처치의 전형을 보여주면서 3세대와 4세대의 경계선을 뚜렷하게 그려내고 있다.

사랑의교회는 1978년 7월 28일에 9명이 모여 예배를 드리면서 처음 출발한다.[84] 옥한흠 역시 하용조와 마찬가지로 '또 하나의' 교회가 아니라 '바로 그' 교회를 세우기 원했다. 그가 품은 궁극적인 꿈은 한국 교회를 갱신하는 것이었다. 이를 위해 신학적으로는 올바른 교회론을 정립하고 그 신학에 기초해 건강하고 모범적 교회를 세워 한국 교회를 변화시키고 싶어 했다. 또 그는 한국 교회의 개혁은 모든 평신도가 사역자라는 16세기 루터의 전 신자 제사장주의Allgemeines Priestertum와 20세기 헨드릭 크래머Hendrick Kraemer의 평신도 신학Theology of the Laity을 교회에 적용함으로 이루어질 수 있다고 믿었다. 설교만 듣는 수동적 평신도를 깨워서 역동적 사역자로 세우기 원했고, 이를 위해 선교단체에서 배운 제자 훈련을 도입했다.

그의 노력은 교회 성장으로 결실을 맺어, 개척 4년 만에 출석교인이 1천 명을 넘었고, 10년차에 7,480명, 20년차에 17,490명이 출석하는 메가처치가 되었다.[85] 사랑의교회의 성장은 질적 성장과 균형을 이루었다는 점에서 모범적 교회 성장 사례로 널리 알려진다. 수많은 목회자들이 옥한흠의 목회 철학과 제자 훈련 방법을 배우기 위해 칼CAL, Called to Awaken the Laity 세미나에 모여든다.[86] 옥한흠과 사랑의교회는 교단을 초월해 수많은 목회자들에게 지대한 영향을 끼쳤다. 여기까지가 3세대 메가처치였던 사랑의교회의 모습이다.

사랑의교회가 설립된 지 26년이 지난 2004년, 옥한흠이 은퇴한 자리에 LA 사랑의교회를 담임하던 오정현 목사가 들어온다. 그가 후임으로 오면서 사랑의교회는 급격하게 변한다. 그 이유 중 하나는 그가 기존 제자 훈련에 성령운동을 결합하려 했기 때문이다. 이런 시도는 양적 성장을 우선 고려했다고 볼 수 있다. 실제 그 의도는 들어맞았는데 2002년에 비해 2005년에 출석교인이 두 배나 늘어난다.[87] 이후 오정현은 더 적극적으로 양적 성장을 추구하는데, 이는 옥한흠의 방향과는 사뭇 달랐다. 옥한흠은 여러 차례 밝히기를, 자신은 메가처치를 지향하지 않으며, 사랑의교회가 다른 메가처치 중 하나로 불리는 것을 두려워한다고 했다.[88]

하지만 오정현은 더 성장할 수 있는 기회를 포기하려고 하지 않았다.

대표적 예가 2009년 발표한 교회당 신축 계획이다. 오정현은 본당이 예배 출석인원을 감당하기에는 너무 좁아서 약간 떨어진 곳에 새로운 교회 건물을 건축하겠다고 발표한다. 문제는 2,100억 원이 넘는 건축비였다. 천문학적 액수를 들여 짓겠다는 거대한 교회 조감도를 본 많은 사람들은 사랑의교회가 그 정체성을 잃었다며 크게 실망했다. 웅장한 교회 건물은 보다 큰 영향력과 보다 많은 신자 수를 최우선 고려했음을 잘 보여주었다. 이런 점에서 확실히 오정현의 사랑의교회와 옥한흠의 사랑의교회는 다른 길을 노정하고 있다.

사랑의교회 신축 계획은 성장을 향한 강력한 의지를 보여주었다. 새 교회가 들어설 곳은 교통 요충지였으며, 서초역 일부 출입구를 없애고 새 교회 쪽으로 새로운 출입구를 내서 유동인구의 동선까지 조정했다.[89] 오래전 도시계획이 이루어진 신축 현장 주변에는 이미 많은 중소 교회가 자리를 잡고 있었다. 사랑의교회 이전 후, 분명 주변 교회 교인들의 이동이 있었다. 기존 예배당도 그대로 사용할 계획으로 알려져 있는데 그렇게 되면 사랑의교회는 새로 지은 예배당과 옛 예배당을 위성으로 연결하는 멀티사이트 처치가 될 것이다. 이 두 예배당이 쌍끌이로 흡수할 사랑의교회의 흡인력은 얼마나 클지, 얼마나 많은 이웃 교회 신자들을 끌어들일지는 아무도 알 수 없다. 황영익은 사랑의교회를 찾는 인근 지역 신자가 2만 명 증가할 경우, 인근 1천 개 교회에서 교인이 평균 20명씩 사랑의교회로 수평이동할 것이 분명하며, 신축 예배당의 직간접적 영향력이 광범위하게 나타날 것으로 추정했다.[90] 이 때문에 사랑의교회 신축 계획을 반대하고 비판하는 목소리가 많았지만, 사랑의교회는 끝

내 신축 계획 의지를 굽히지 않았다.

현대 개신교회에는 사랑의교회의 신축 계획을 강제로 저지할 수 있는 수단이 없다. 설령 있다 해도 강제 저지가 바람직한지는 생각해봐야 할 일이다. 어느 교회가 무한 성장을 꾀한다 해도 이를 막을 수 있는 길은 없다. 사랑의교회에는 무한 성장을 꾀할 자유가 있으며, 누구도 그 자유를 함부로 침해할 수 없다. 사랑의교회가 자발적으로 자신의 자유를 포기하고 이웃 교회들을 배려해 신축 계획을 철회했더라면 큰 반향을 불러일으켰을 것이다. 하지만 사랑의교회는 그렇게 하지 않고 자신의 자유를 사용했다. 결국 건물을 새로 지었고, 예상대로 많은 신자가 몰리고 있다. 숱한 반대를 무릅쓰고 기어이 추구하는 바를 이루어냈다. 다른 교회들을 고려하지 않고 오로지 자기 교회의 성장과 유지를 최우선으로 고려하는 것, 이것이 바로 4세대 메가처치의 특징이다.

4세대 메가처치는 극한 경쟁에서 살아남은 교회이다. 한국 교회의 성장곡선이 정점을 찍고 내리막길을 걷는 지금, 교회 간 경쟁은 더욱 치열해져서 특히 중형급 교회들은 메가처치로 도약하거나 아니면 신자들을 뺏기고 소형교회로 추락하거나 하는 갈림길에 서 있다. 토머스 홉스 Thomas Hobbs 식으로 말하면 "모든 교회에 대한 모든 교회의 투쟁the war of all churches against all churches" 상황이라고 할 만하다. 이런 극심한 경쟁에서 수단 방법을 가리지 않고 기어이 메가처치의 자리를 획득하거나 유지하는 교회, 이것이 4세대 메가처치이다.

메가처치 4세대가 한국 사회가 신자유주의 체제 속으로 급속하게 빨려 들어간 때와 맞물려 있다는 점이 중요하다. 1998년 IMF 구제금융 이후 한국 사회가 적극 수용한 신자유주의는 경쟁을 막는 모든 장애 요소를 제거하고 무한 경쟁이 가능한 사회를 지향하는 경제 체제이다. 이는 4세대 메가처치와 많은 부분 일치한다. 오늘날 한국 교회는 경쟁을 막는 모든 방해 요소가 제거되어 무한 경쟁이 가능해졌다. 교인의 수평이동을 전폭 허용하고, 교회는 고객 유치를 위해 원스톱 서비스를 제공하는 문화센터나 복지센터로 다양하게 변신하고 있다. 그 결과, 한국 교회는 점차 극소수 메가처치와 소형교회로 양극화되고 있다. 이 역시 4세대 메가처치 특징이라고 할 수 있다.

4부

메가처치 현상의 신학적 원인

사회학은 과학을 추구하는 학문이기에 최대한 가치중립적 진술을 지향하지만, 신학은 가치중립적 진술을 넘어선다. 물론 신학도 하나의 학문으로서 테올로기아*theologia*인 이상 객관성을 배제하지는 않는다. 하지만 신학은 하나님의 계시를 원천으로 하는 학문이기에 그 자체로 규범적 특성을 가진다. 계시는 자신을 기준으로 진리와 비진리를 판단하기 때문이다. 특히 종교개혁의 오랜 전통은 성서를 중심으로 진리 여부를 판단해왔다.[1] 때문에 성서 계시를 바탕으로 하는 신학적 탐구는 성서 이외의 다른 진리의 원천에 대해 "아니오Nein!"[2]라고 거부하는 규범적 태도를 지닐 수밖에 없다. 이것은 바르멘 선언Barmer Theologische Erklärung 제1항의 요지이기도 하다.[3] 따라서 메가처치 현상을 신학적으로 성찰한다는 것은 메가처치 현상에 대해 규범적 진술을 시도하겠다는 것이다.

하지만 신학에도 여러 분야가 있기에, 그중 무엇을 바탕으로 성찰할지가 문제로 남는다. 실천신학으로 메가처치 현상에 접근하는 시도가 종종 있었는데, 교회 성장학이 대표적 사례이다. 이때 메가처치 현상은 목회 기술과 방법론을 추출하거나 적용하는 대상이 된다. 하지만 메가처치 현상은 무엇보다 교회적 현상이다. 따라서 조직신학, 특히 교회론으로 성찰하는 작업이 마땅할 뿐만 아니라 우선 이루어져야 한다.

메가처치 현상을 교회론으로 접근한다는 것은 메가처치 현상이 과연 성서가 계시한 교회에 부합하는지, 성서적 교회상과 조화를 이루는지를 탐구한다는 뜻이다. 앞서 언급했듯이 메가처치 현상은 메가처치를 모방해야 할 기준으로 설정하기 때문에 신학적 현상이며 교회론적 현상이다. 따라서 메가처치 현상을 교회론에 입각해 고찰하는 작업은 꼭 필요한 일이다. 4부에서는 특히 메가처치 현상이 발생한 신학적 원인을 하나하나 추적한다.

1부에서 메가처치 현상은 개신교회 내에서 제한적으로 발생하고 있다고 밝혔다. 메가처치 현상은 가톨릭교회, 정교회, 성공회 같은 감독교회 체제에서는 쉽게 발견할 수 없다. 더불어 그 반대편 전통인 아나뱁티스트 교회에서도 찾아보기 어렵다. 개신교 이외의 교회들은 한계를 넘어서는 성장을 원하지 않았으며, 가능하지도 않다. 이와 달리 개신교회는 무한 성장을 추구했고, 이를 막는 제동장치도 하나씩 해제해왔다. 이것이 과연 우연한 결과일까. 그보다는 오히려 그러한 현상의 배후에서 신학적이고 교회론적 원인이 호응한 결과일 가능성이 대단히 높다. 4부에서는 개신교 밖 교회들과의 비교를 통해 메가처치 현상과 교회론이 어떻게 맞물려 있는지, 성서가 계시한 기준에 비추어 문제점은 없는지를 살펴본다.

1
가톨릭교회와 메가처치 현상

가톨릭교회에는 메가처치 현상이 있는가

메가처치 현상은 감독교회 체제 내에서, 특히 가톨릭교회에서는 찾아보기 어렵다. 물론, 앞에서 언급했듯 가톨릭교회에도 주간 출석신자가 2천 명이 넘는 본당이 꽤 많다. 메가처치를 가르는 통상적 기준을 적용하면 가톨릭교회에도 메가처치가 꽤 많은 셈이다. 최근 한국 가톨릭교회의 급성장은 개별 본당의 비대화를 촉진했다.[4] 이 때문에 가톨릭 내부에서는 가톨릭교회의 성장을 반기기도 하지만 본당의 대형화에 대한 비판과 자성의 목소리도 적지 않다.

2011년에 수원 대리구청에서 개최된 〈사회교리주간 토론회〉에서는 가톨릭교회의 대형화, 중산층화, 세속주의화에 대한 비판이 이어졌다.[5] 박동호는 가톨릭 본당의 대형화를 비판하면서 인격적 만남을 어렵게 하고 있다고 지적했다. 가톨릭교회에서 오래전부터 본당 대형화 문제를 풀기 위해 소그룹 운동 비슷한 '소공동체' 운동을 전개했지만 역부족이라는 것이다. 특히 그가 "교회의 대형화 문제는 근본적으로 교회란 무엇이며, 그 교회를 작동하게 하는 원리가 무엇인지부터, 곧 교회의 정체성부터 정돈해야 할 필요성을 제기한다"[6]며 던진 뼈아픈 질책은 메가처치 현상에 대한 이 책의 문제의식과도 맥을 같이한다.

그럼에도 가톨릭교회에는 개신교회에서 발견되는 메가처치 현상을 찾아보기 어렵다.[7] 수천 명이 출석하는 대형 본당이 분명 존재하지만 개신교회의 메가처치 현상과는 본질상 다르다. 간단히 말해 가톨릭교회에는 메가처치가 있을 뿐, 메가처치 현상은 존재하지 않는다. 메가처치 현상은 단순히 지역교회의 비대화를 넘어선다. 지역교회 비대화가 메가처치 현상과 긴밀하게 연결돼 있지만, 그 현상의 본질적 특성은 아니다. 그렇다면 메가처치 현상의 본질적 특성은 무엇일까? 메가처치 현상은 수많은 특징을 보인다. 아리스토텔레스의 말을 빌리자면 메가처치 현상도 다른 사물들처럼 "현상들의 덧없는 다발"이다.[8] 메가처치 현상의 여러 특성 중에는 정확히 메가처치 현상, 바로 그것이라고 할 만한 본질적 특성도 있고, 굳이 메가처치 현상이라고 할 수 없는 부가적이고 비본질적 특성도 함께 존재한다.[9]

가톨릭교회에 메가처치 현상이 존재하지 않는 이유는 메가처치를 적극적으로 지향하는 움직임이 없기 때문이다. 메가처치 현상은 단순히 개교회의 비대화가 아니라, 메가처치를 적극적으로 추구하려는 움직임이다. 이러한 방향성에는 개교회의 비범한 규모를 높이 평가하는 전제가 깔려 있다. 작은 교회에 비해 거대한 교회, 즉 메가처치가 우월하다는 평가가 전제되자 비범한 규모를 추구하려는 흐름이 자연스레 파생돼 나온 것이다.

가톨릭교회에서는 개별 본당의 비범한 규모에 높은 가치를 두지 않는다. 간단히 말해, 가톨릭교회에서는 개별 본당이 이웃 교구 신자들까지 끌어들여 수만 명을 출석시킬 수도 없거니와 만약 가능하더라도 초대형 본당에 큰 가치를 부여하지 않는다. 가장 오래된 성당, 가장 아름다운 성당이라는 수식어는 있어도, 가장 많은 신자가 출석한다는 의미에서 세계 최대 성당, 아시아 최대 성당, 한국 최대 성당이라는 수식어로 개별 본당이 회자되거나 칭송을 받는 경우는 드물다.

성장 한계에서도 개신교회와 가톨릭교회는 큰 차이가 있다. 가톨릭교회에서 개별 본당의 비대화는 그 자체로는 큰 의미가 없다. 가톨릭교회에서 개별 본당의 성장은 전체 가톨릭교회 체제 속으로 흡수된다. 본당이 성장했다 하더라도 그 영향력이 타 교구까지 넘어가 광범위하게 확대되지 않으며, 자신의 교구 내에서만 효력을 미친다. 그 영향력도 너무 커져서 개별 본당이나 교구가 과도하게 성장하면 분할한다. 분할이라는 방식으로 개별 본당이나 교구의 과도한 성장을 억제한다. 가톨릭교회 역시 전체 가톨릭교회의 성장을 바라기는 하지만 개별 본당의 비대화를 추구하지는 않는다. 이 때문에 가톨릭교회 본당들의 규모는 특정한 선을 넘기 어렵다.

성장에 따른 유익이 개교회 지도자에게 돌아가지 않는 점도 개신교회와 다르다. 본당 신부 입장에서는 자신이 사목하는 본당이 위축되기보다는 성장하는 편이 나을 수 있다. 하지만 본당 성장이 가져다주는 수익이 그에게 전유되지는 않는다. 즉 사례비가 오르거나 사회적 명성이 향상되거나 정치적 영향력이 확대되는 등의 유익이 본당 신부 개인에게 귀결되지 않는다. 또 가톨릭교회는 본당의 사목 과제를 주임 신부 1인에게만 부과하지 않는다. 여러 보좌 신부가 함께 담당하기 때문에 주임 신부의 본당 장악력은 크지 않다. 잘 알려진 사실이지만 본당 신부는 주교나 교회의 명령에 따라 언제라도 사목지를 옮겨야 하는 처지이다. 이처럼 본당과 신부는 엄격하게 분리돼 있다. 이 때문에 신부가 본당을 사유화할 수도 없거니와 그럴 필요도 없다. 사제 편에서 보면 본당의 성장은 사목의 과제만 늘릴 뿐 그다지 반가운 일이 아닐 수도 있다. 이런 이유로 본당 신부는 본당의 비대화를 적극적으로 추구할 하등의 이유가 없다. 더불어 그는 본당의 성장을 유도하기 위해 적극적으로 프로그램을 기획하거나 신자를 동원할 수단을 강구하지 않는다. 이 때문에 본당이 성장했다 하더라도 의도한 결과라기보다는 우연한 결과일 때가 많다.

그런데 이처럼 가톨릭교회에서는 찾아보기 힘든 '보상compensation'이라는 기제가 개신교회에서는 작동한다. 개교회의 성장에 따른 유익을 고스란히 담임목사가 전유할 수 있다. 교회 성장은 목회자의 사례비 증가, 사회적 명성 증대, 정치적 영향력 확대 등을 의미한다.[10] 이는 순수한 동기를 지닌 목회자도 마찬가지이다. 어떤 목회자가 적극적으로 교회 성장을 의도하지 않았는데, 그의 인격과 설교 때문에 교회가 성장했다고 가정해보자. 그렇다 하더라도 성장으로 발생하는 유익은 대부분 목회자에게 돌아간다. 이것이 개신교 메가처치 현상의 역동성을 설명할 수 있는 근본 원인 중 하나이다.

규모가 개교회의 교회적 특성에 미치는 영향도 따져봐야 한다. 가톨릭교회에도 본당 규모가 커지면서 신자간의 인격적 만남이 약해지는 현상이 분명 존재한다. 그러나 개신교회처럼 개별 본당의 성장이 신부의 사목 스타일이나 예배 스타일에 영향을 미치는 경우는 드물다. 본당의 신자가 늘었다고 신부의 사목 스타일이 CEO형으로 변한다거나, 본당을 체육관이나 극장식으로 신축한다거나, 본당 내부를 각종 첨단 설비로 채운다거나, 평신자 자원봉사 조직을 방대하게 꾸린다거나, 신자의 다양한 필요를 채우기 위해 수많은 프로그램을 만들어내지는 않는다. 이는 가톨릭교회 전체가 성체 봉헌과 영성체를 중심으로 미사를 드리기 때문이며, 따라서 본당 규모가 본당 공동체의 예배, 건축, 사목 스타일에 미치는 효과는 매우 제한적이다. 하지만 개신교에서는 개교회가 성장하면 교회의 특성에 많은 변화가 생긴다. 당장 담임목사의 목회 스타일을 CEO형으로 바꿀 것을 주문한다.[11] 더불어 수많은 자원봉사자 그룹, 지역을 초월한 광범위한 흡입력, 체계적이고 조직적인 평신도 소그룹, 다양한 프로그램, 거대한 예배당, 첨단 설비, 다양한 부대시설 건설 등이 뒤따른다.[12] 개교회의 규모가 교회 변화에 직간접적으로 영향을 미치는데, 이는 가톨릭교회에서는 찾아보기 어려운 일들이다.

더불어 생각해볼 문제는 본당 간의 경쟁인데, 가톨릭교회에서는 극히 미미하거나 아예 존재하지 않는다. 본당들은 교구제 안에서 분할 받은 본당구의 영혼들만 책임지면 된다. 본당끼리 신자를 유치하기 위해 경쟁하는 일은 거의 없다. 이 문제는 후에 더 자세히 다루겠다.

이상의 가톨릭교회와의 비교를 통해 요약하면, 메가처치 현상의 본질적 특성은 개교회의 규모에 어떤 가치를 부여하는가, 개교회가 대형화를 적극적으로 추구하는가, 개교회의 규모가 교회 안팎으로 어떤 의미와 영향력을 가지는가 하는 것이다. 이 관점에서는, 가톨릭교회 본당의 대형화는 개신교회의 메가처치 현상과는 근본적으로 다르며, 따라서 가톨릭교회에서는 메가처치 현상을 찾아보기 힘들다.

교구제와 메가처치 현상

여기서는 가톨릭교회의 교구제를 따로 떼어내 더 자세히 살펴보려고 한다. 교구제는 교회론과 밀접한 관련이 있으며, 메가처치 현상이 어떤 교회론적 결핍에서 비롯되었는지를 파악하는 데도 도움을 준다. 교구의 사전적 의미는 "보편(세계) 교회를 지역적으로 구분하는 하나의 기본 단위"이다.[13] 교구제의 기원은 초대교회까지 거슬러 올라간다. 초대교회는 그리스도 한 분의 통치 아래 소아시아와 유럽의 교회들이 형제자매 관계로 묶여 있었으며, 교회들은 그들이 속한 각 지역의 이름으로 불렸다.[14] 교구제가 본격적으로 정착한 시기는 4세기에 교회와 로마제국이 결합하면서부터다. 교구를 가리키는 용어 디오에케시스*dioecesis*도 로마제국의 행정단위였다. 로마제국은 방대한 영토를 디오에케시스 단위로 구분하고, 황제의 대리자인 비카리우스vicarius가 통치하도록 했다.[15] 콘스탄티누스 황제가 기독교를 공인한 이후, 교회는 제국에서 많은 것을 받아들이는데, 그중 하나가 바로 로마의 행정구역이었다. 교회는 로마식 행정구역을 바탕으로 교구제를 완성하고 더욱 정교하게 발전시켰다.

한 교구는 보통 주교가 관할하는데, 교구에는 대주교가 관할하는 대교구와 일반 주교가 관할하는 교구가 있다. 몇몇 교구는 대주교 영도 하의 관구로 묶이며, 다시 그 위로 주교회의가 자리한다. 맨 위에는 로마교회의 주교인 교황이 자리한다. 반대로, 교구 아래로는 목구(대목구와 지목구), 그 아래로 본당, 그 아래로는 아직 본당의 지위를 얻지 못한 본당 예하의 공소가 있다. 이런 일련의 피라미드 체계를 가리켜 교구제라고 한다. 2013년 통계에 따르면, 한국에는 3개의 관구가 있고, 그 아래로 총

15개의 교구가 있다.[16]

가톨릭교회의 모든 본당은 성장을 위해 다른 본당과 경쟁하지 않는다. 각 교구나 대교구마다 수십에서 수백 개씩 본당이 있으나 이들이 서로 경쟁하는 일은 불가능하다. 교구 내 모든 본당과 공소는 기본적으로 교구 주교 한 사람의 통치를 받기 때문이다. 뿐만 아니라, 각 본당은 자신의 구역인 본당구parish 내의 신자만 받을 수 있다. 물론 다른 본당구의 신자들이 이웃 본당에 출석하는 경우도 있기는 하다. 하지만 중요한 성사는 자신이 속한 교구의 본당에서만 받을 수 있다. 이처럼 가톨릭교회의 교구제는 신자의 수평이동을 원천적으로 막고 있기 때문에 본당에서 신자를 유치하기 위해 다른 본당과 경쟁하는 일은 일어나지 않는다.

중요한 것은 가톨릭교회의 교구제가 지닌 교회론적 의미이다. 가톨릭교회는 세계 교회가 하나의 교회라는 통일성과 공교회성을 굳게 붙들고 있다. 가톨릭교회는 교회의 통일성과 공교회성을 수호하기 위해 교황을 최고 정점으로 한 피라미드 형태의 단일한 교권주의 체계를 확립하고 있다. 그래서 가톨릭교회는 교회의 통일성 유지를 위해서라도 교황 제도가 꼭 필요하며, 이를 참 교회의 표지라고 본다. 그들에게 참 교회란 "베드로의 직임을 그 중심으로 하는 사도적 계승 속에서 살아 있는 교회"이다.[17] 베드로는 예수에게 교도권을 위임 받은 기독교 왕국의 초대 황제이며, 그를 계승하는 모든 로마의 주교, 곧 교황은 가톨릭교회의 역대 황제들이다. 간단히 말해, 가톨릭교회는 황제 한 명의 통치를 받는 거대한 제국에 비유할 수 있다.

교황뿐 아니라 주교도 교회의 통일성에 중요한 의미를 지닌다. 사실 교황도 로마 교구의 주교로서 여러 주교 중 한 명이다. 주교는 한 지역교회의 최고 수장이다. 가톨릭교회의 지역교회 단위는 개신교회와 다소 차이가 있다. 개신교회에서 지역교회라 하면 1인의 담임목사가 목양하는 회중을 말한다. 그러나 가톨릭교회는 교구 내 모든 교회, 또는 대도시 단위의 교회 모두를 지역교회로 보는 경향이 있다. 신약성서에서도 대도시 단위로 지역교회를 부르는 경우를 볼 수 있는데,[18] 가톨릭교회에서도 지역교회를 도시 단위 교회로 생각하는 것이다. 예컨대, 로마 교회란 로마에 있는 성 베드로 성당만이 아니라 로마라는 도시 교구 내의 모든 본당과 예배 처소를 일컫는다. 바로 그 대도시 단위의 교구를 담당하는 성직자가 주교인 것이다.

교구 내 모든 개별 본당은 주교를 중심으로 하나의 통일된 지역교회를 이룬다. 이 지역교회 공동체는 여러 다른 교구의 지역교회와 교제 *communio ecclesiarum*를 나눈다. 이를 통해 전 세계에 흩어져 있는 가톨릭교회는 주교들의 교제에 참여한다. 개별 본당이 연합해 주교의 통치를 받듯, 주교들이 연합해 교황의 통치를 받는다. 따라서 주교는 자신이 통치하는 여러 본당을 전체 가톨릭교회와 연결하는 고리 역할을 한다. 주교는 교회의 통일을 유지하는 중요한 연결고리이다. 주교를 통해 가톨릭교회는 지역교회에 현현하며, 주교를 통해 지역교회는 가톨릭교회에 속하게 된다.[19] 이 같은 교회론이 교구제를 운영하는 원리가 되고, 이렇게 형성된 교구제가 메가처치 현상을 제어하는 강력한 브레이크 장치가 된다.

2
아나뱁티스트 교회와 메가처치 현상

앞서 말했듯, 가톨릭교회를 비롯한 정교회, 성공회 같은 고교회high church에서는 메가처치 현상이 나타나기 어렵다. 교회의 통일성을 강조하고, 감독 또는 주교의 권위 아래 일사불란하게 움직이는 교구제 때문이다. 그러면 교회 정치체제 측면에서 감독교회가 아닌, 오히려 정반대편에 서 있는 회중교회는 어떨까. 회중교회이지만 메가처치 현상에서 비껴가 있는 교회가 바로 아나뱁티스트 교회이다.

아나뱁티스트 교회는 회중적 독립교회Congregational-Independency의 전통에 서 있다. 이들을 독립교회라 부르는 이유는 개교회가 독자적으로 예배와 행정을 책임져야 한다고 믿기 때문이다.[20] 개교회가 다른 교회의 지배와 통제에서 자유로우며 완전히 독립해 있다는 점에서 개교회의 자율성을 강조하는 개교회주의autonomy of the local church를 취한다. 이들은 교황처럼 지역교회를 초월하는 초교회적 권위를 인정하지 않는다. 물론 개교회끼리 연합체나 협의체를 형성하지만 어디까지나 협력과 교제를 위해서이지 지배와 통제가 목적은 아니다. 또한 세계 교회를 통일된 하나의 교권체제에 묶으려 하지 않는다. 이들 중에는 가톨릭교회와 유사하게 교구제를 시행하는 교회도 있지만 교구제를 강조하지 않는 교회도 많다. 이 같은 특징에도 불구하고 아나뱁티스트 교회에서는 메가처치 현상을 찾아보기 어렵다. 이런 사실은 메가처치 현상을 이해하는 또 다른 시각을 열어준다.

아나뱁티스트 교회의 크기

아나뱁티스트 교회는 감독교회나 개신교회에 비해 규모가 크지는 않지만 독자적 신학과 전통을 유지해온 교회이다. 최근에는 많이 달라졌지만, 아직도 아나뱁티스트에 대한 오해가 많다. 아나뱁티스트는 유아 세례를 반대하고, 신앙을 고백하고 결단하는 성인의 재침례ana-baptism를 주장해서 붙은 이름으로, 흔히 종교개혁 좌파the left wing of reformation나 근원적 종교개혁가들radical reformers로도 불린다.

잘 알려진 대로 종교개혁은 마르틴 루터, 장 칼뱅, 울리히 츠빙글리Ulrich Zwingli 세 사람을 중심으로 일어난다. 그러나 관료 후원적 종교개혁이라는 점에서 한계가 있었다.[21] 한편, 종교개혁의 거센 불길에 맞불을 놓으며 탄생한 종교개혁이 가톨릭교회의 반동종교개혁counter reformation이다. 그리고 개신교회와 가톨릭교회의 종교개혁과는 또 다른 제3의 종교개혁 운동이 바로 아나뱁티스트 운동, 근원적 종교개혁이다.

아나뱁티스트 운동은 유럽 각지에서 자발적으로 일어났는데 이들의 개혁은 사제나 신학자들이 아닌 무산대중에 의해 촉발되었다. 소수의 지도자가 이끄는 조직적 운동이 아닌 익명의 신자들이 대거 참여해 일어난 자발적 운동이었으며, 단순한 개혁이 아닌 신약시대의 사도적 교회로 돌아가자는 운동이었다. 근원으로*ad fontes* 돌아가자는 이들의 주장은 가톨릭교회뿐만 아니라 종교개혁 진영에서도 감당하기 어려울 정도로 급진적이고 근원적이었다.[22]

자발성이 폭발하면서 출현했기 때문에 근원적 종교개혁 초기에는 다소 혼란스러웠다. 초기의 근원적 종교개혁 운동에는 성령주의자나 이성주의자 등이 많이 포함되어 안팎으로 적지 않은 혼란을 주었다.[23] 하지만 곧 성서적 아나뱁티스트biblical anabaptist가 모습을 드러내기 시작했고 이들을 중심으로 정돈된 형태를 갖추어나갔다. 성서적 아나뱁티스트들은 직통 계시가 아닌 성서의 계시를 강조했으며, 유아세례와 국가교회를 거부하고, 제자도를 강조하고, 평화주의 노선을 택했다. 그래서 종종 평화주의자pacifists로 불린다.

아나뱁티스트의 후예는 메노 시몬스Menno Simons를 따르는 메노나이트Mennonite, 야콥 후터Jacob Hutter를 따르는 후터라이트Hutterite, 야콥 암만Jakob Amman을 따르는 아미쉬Amish 등이 대표적이다. 이들 외에도 침례교회Baptist의 일부 전통, 퀘이커교회Quakers, 그리스도의 교회Church of Christ, 크리스천 교회Christian Church, 그리스도 안에서의 형제들 교회Brethren in Christ Church 등이 아나뱁티스트에게 간접적으로 영향을 받은 교회들이다.[24] 어떤 이들은 브루더호프 공동체Bruderhof community까지 여기에 포함하기도 한다.

주목할 것은 이들 아나뱁티스트 교회가, 특히 아나뱁티스트 전통을 이어오는 메노나이트, 후터라이트, 아미쉬 교회가 메가처치 현상과는 거리가 멀다는 점이다. 메가처치 현상이 교단을 불문하고 전 세계 개신교회에 광풍처럼 몰아닥치는 상황에서 개신교회와 상당히 가까운 전통을 지닌 아나뱁티스트 교회가 이 현상에서 멀찍이 떨어져 있다는 점은 호기심을 유발한다. 무엇이 이들을 메가처치 현상에서 멀어지게 만들었을까?

먼저 아미쉬 공동체를 살펴보자. 아미쉬 공동체의 기본 단위는 가족이다. 아미쉬의 가족은 보통 자녀를 다섯 명 이상 둔 대가족이며, 이웃은 대개 일가친척이다. 이들은 특정 지역에 모여 살면서 농업과 수공업으로 생계를 이어간다. 정착지라고 불리는 광대한 거주지는 산이나 하천을 경계로 작은 단위인 교구로 분할되는데, 보통 25-40여 가구가 한 교구를 형성한다. 가구당 가족 수를 5인이라고 하면, 한 교구 내 신자 수는 125-200명이 된다. 상당히 넓은 농토를 공유하는 교구 공동체는 예배만 드리는 신앙 공동체가 아니라 가족 공동체인 동시에 함께 농사를 짓고 삶을 나누는 생활 공동체이다. 특히 이들은 현대 기술에 반감을 표시하며 극히 제한된 방식으로만 현대 기술을 수용한다.

교구마다 지역교회가 하나씩 있지만 이들이 생각하는 교회는 건물이나 조직이 아니라 사람들이기 때문에 따로 예배당에 가지는 않는다. 예배는 보통 가정집에서 격주로 드리는데, 교구 신자들의 가정을 돌아가면서 드린다. 한 교구마다 대체로 장로 2-3명, 집사 1명이 교회 공동체를 섬기며, 2-3개 교구마다 감독이 1명 있어 교회를 지도한다.

교구 1개로 이루어진 신규 정착지도 있지만, 165개 교구와 28,000명의 신자로 이루어진 랭커스터Lancaster 정착지 같은 곳도 있다.[25] 28,000명이 165개 교구를 이루면, 교구당 평균 신자 수는 170여 명이다. 원한다면 얼마든지 메가처치 형태로 모일 수 있는 숫자이지만, 이들은 지역교회 규모를 200명이 넘지 않는 선에서 조정한다. 이들이 지역교회 신자 수를 제한하는 이유 중 하나는 모임 공간이 가정집이기 때문이다. 한 교회의 크기가 한 가정에서 모일 수 있는 수준을 넘어서는 안 된다고 믿는 듯하다. 메가처치 현상이 아미쉬 공동체를 뚫고 들어가기 어려운 이유 중 하나가 여기에 있다.

후터라이트는 주로 농사를 짓고 자급자족을 꾀하는 생활 공동체를 지향한다는 점에서 아미쉬와 비슷하다. 하지만 사유재산을 인정하지 않는 공산사회라는 점에서 아미쉬나 메노나이트와 다소 차이가 있다.[26] 또한 아미쉬에 비해 현대 기술을 상대적으로 유연하게 수용한다는 점에서도 차이가 있다.

아미쉬의 교구에 준하는 공동체를 후터라이트는 브루더호프bruderhof 또는 콜로니colony라고 부른다. 각 콜로니는 거대한 한 가족으로 땅, 숲, 연못, 방앗간을 소유하며, 농사, 목축, 수공업으로 생계를 꾸려 나간다. 캐나다 후터라이트는 각 콜로니를 50-200명으로 구성하는데, '가정 총무Diner Der Notdurt' 1인이 각 콜로니를 관리한다. 이들은 콜로니가 150명을 넘어서는 것을 피하는데, 콜로니 식구나 너무 많으면 '모든' 구성원에게 일거리를 줄 수 없어서 공동체 내에 일하지 않는 사람들이 생기기 때문이다.[27] 그래서 각 콜로니는 식구 수가 100명에 도달하면 그때부터 분가 수순을 밟는다.[28] 모두가 함께 노동에 참여해야 한다는 원리가 공동체 크기를 결정하는 중요한 원리가 되는 셈이다.

한 콜로니가 한 지역교회임을 감안하면 지역교회는 자연스럽게 150명을 넘지 않는 선에서 억제된다. 이들은 지역교회의 무한 성장을 추구하지 않으며 도리어 회피한다. 이런 특성 때문에 후터라이트 내에서도 메가처치 현상은 찾아보기 어렵다.

한편, 메노나이트는 두 공동체와 달리 생활 공동체를 적극적으로 지향하지 않는다. 따로 모여 사는 분리된 거주지를 추구하지 않고, 엄격한 교구제도 시행하지 않는다. 각 지역교회의 규모에도 분명한 상한선을 설정하지 않는다. 보통은 도심이나 농촌에 교회당을 세우고 예배를 드리는데, 외형상 개신교회와 비슷한 형태를 띤다. 그래서 이례적이지만 복음주의 성향이 강한 교회가 나타나기도 하고, 흑인 교회 중에는 메가처치에 준하는 규모의 교회가 나오기도 한다. 하지만 전반적으로, 메노나이트 교회에서도 개신교회 정도의 메가처치 현상은 찾기 어렵다.

미국 메노나이트 교파 중 하나인 미국 메노나이트 협회Mennonite Church USA의 예를 살펴보자. M. C. USA의 자료에 따르면, 미국에는 21개 M. C. USA 컨퍼런스가 있다. USA 컨퍼런스란 미국의 1-3개 주를 한 단위로 하는 교회 연합회를 말한다. 이들 중 1개 컨퍼런스를 제외한 20개 컨퍼런스가 웹사이트에 교회와 신자 수를 게시하고 있는데, 이 자료에 따르면 총 20개 컨퍼런스에 속한 교회는 894개이고 교인은 94,029명이다. 이 통계만으로 추산하면 교회당 평균 신자 수는 105명이다.[29] 물론 이 평균 숫자가 개교회의 실제 규모를 반영한다고 보기는 어렵지만, 메노나이트 교회에서도 메가처치 현상을 찾아보기 어렵기는 마찬가지이다.

아나뱁티스트의 교회관과 메가처치 현상

이처럼 아나뱁티스트 교회에는 메가처치 현상이 전혀 나타나지 않거나 나타나더라도 개신교회에 비해 현저하게 미약하다는 사실을 알 수 있다. 왜 아나뱁티스트 교회에서는 메가처치 현상이 그렇게 강하게 나타나지 않을까? 더구나 아나뱁티스트 교회는 감독이 통제하지 않고 개교회에 자유를 주는 체제임에도 메가처치 현상이 두드러지지 않는 이유는 무엇일까?

그중 한 요인은 그들의 교회론과 관련이 있다. 그들의 교회론에서 먼저 주목할 것은 중생을 대단히 강조한다는 점이다. 그들에게 교회란 참 신자들의 모임이다. '신자의 교회believer's church'가 그들의 교회관이다. 참 신자가 되려면 자발적으로 신앙을 고백하고, 예수를 따르기로 결단해야 하며, 진정한 중생의 체험이 있어야 한다.[30] 이 때문에 명목상 신자로 교회가 채워지는 것을 극히 경계한다. 그들이 굳이 유아세례를 부정하고 성인의 재침례를 강조한 것도 거듭난 신자와 명목상 신자를 구분하기 위해서였다.[31] 많은 아나뱁티스트 교회는 자발적으로 재침례교회의 신앙에 동의하고 공동체 언약에 헌신한 신자만을 교회의 정회원으로 간주한다.

그 때문에 아나뱁티스트들이 생각하는 선교나 전도는 출석 교인 수의 증가와는 크게 상관이 없다. 참된 선교는 고백적 신자이자 신실한 제자가 증가하면서 이루어지며,[32] 신실한 제자는 참된 중생을 경험한 자라야 한다.[33] 출석교인 증가를 극단적으로 강조하는 개신교회와는 다른 방향으로 이들 교회를 이끌었다. 명목상 신자의 증가에 무관심한 그들의 태도는 메가처치 현상의 주요 동력인 교인 증가에 대한 열정을 누그러뜨렸고, 메가처치로 커지려는 충동을 억제하는 제동장치로 작동한다.

'가시적 교회'라는 그들의 교회상도 메가처치 현상을 억제하는 요인이다. 아나뱁티스트 교회는 종교개혁자들이 주장한 '보이지 않는 교회'를 비판적으로 본다.[34] 지상 교회가 거룩해야 한다는 그리스도의 가르침을 가벼이 여기는 일종의 핑계가 될 수 있기 때문이다. 그들은 보이는 교회, 특정 지역에 모이는 구체적이고 가시적인 공동체를 강조한다.[35] 복음을 말이 아니라 삶으로 드러내면서 신앙을 확증한다는 그들의 구원관은 가시적 교회를 강조하기에 이른다. 이들이 말하는 가시적 교회는 교회 건물이나 장엄한 교회 의식, 운집한 회중이 아니다. 진정한 가시적 교회란 세상과 뚜렷하게 구별된, 복음을 눈으로 볼 수 있도록 현전하는 신자들의 모임을 말한다.

그렇다면 세상과 구별된 교회의 뚜렷한 표지는 무엇일까? 후터라이트는 이를 재산의 공동소유라고 보았다. 이들은 사도행전 2장과 4장에 나오는 예루살렘 교회의 재산 나눔과 공동 관리가 복음의 실천이며, 탐심이 지배하는 세상과 구별되는 가장 중요한 증거라고 보았다.[36] 다른 아나뱁티스트들도 후터라이트만큼 공동소유를 강조하지는 않았지만, 구제와 나눔을 통해 실질적 형제애를 나누는 공동체를 이루어야 한다는 데는 모두 공감했다.[37]

교회를 형제애를 나누는 공동체로 본다는 것은 확대된 가족으로 생각한다는 것이다. 물론 교회를 한 가족으로 여기는 개념은 생소하지 않다. 교회를 가족이라고 부르는 메가처치도 더러 있지만 구호에 그치는 경우가 많다. 아나뱁티스트에게 가족이란 실제 가족을 뜻한다. 일가친척으로 구성된 아미쉬와 후터라이트뿐만 아니라 혈연관계가 덜 긴밀한 메노나이트 교회도 비슷하다. 그들은 교회를 확대가족으로 보고, 교회 규모도 확대가족의 성격을 잃지 않는 선에서 제한하는 경향을 보인다.[38] 이들이 이렇게 하는 이유는 "너희는 다 형제니라"(마 23:8)라고 했던 예수 그리스도의 가르침을 온전히 지키기 위해서이다.[39] 이처럼 아나뱁티스트는 단순히 많은 수가 모인 군중이 아니라 형제자매 관계를 실제로 맺는 가족 공동체를 지향한다.

특히 아미쉬 공동체가 현대 문명을 받아들이는 방식은 대단히 흥미롭다. 언뜻 보면 아미쉬 사람들은 현대 문명을 철저하게 거부하는 듯하다. 옷, 집, 마차 등 18-19세기 서구 개척시대 사람들과 겉모습이 비슷하다. 그러나 조금 자세히 들여다보면 문명의 이기를 완전히 거부하지 않는다는 사실을 알 수 있다. 옷에 단추를 하나 달 때도 대단히 까다롭게 따지지만 자동차를 몰고 다니기도 한다. 또한 교회마다 기술 문명을 받아들이는 정도가 조금씩 다르다.

이처럼 외부인의 눈에는 일관성이 없어 보일 때가 있지만, 현대 문명에 대한 그들의 태도와 관점은 분명하며 한결같다. 그 일관성의 핵심은 공동체성 유지라는 최고 목적에 부합하느냐이다. 이를 기준으로 현대 문명을 선택적으로 받아들인다. 그들이 컴퓨터, 전화, 텔레비전, 자동차, 세탁기, 냉장고 같은 문명의 이기를 받아들일 때는 반드시 공동체 회의를 열어 문명의 이기가 가져다줄 편리함과 공동체성에 미칠 영향을 곰곰이 따진다. 이렇듯 깊은 숙의를 거치는 이유는 아무리 편리한 현대 문물도 공동체성을 약화한다면 허용할 수 없다는 것이다. 그들에게 가장 중요한 가치는 공동체성을 유지하는 것이기에, 수천수만 명이 모이고 온갖 첨단 장비와 설비로 가득 찬 메가처치를 결코 부러워하거나 환영하지 않는다. 그들은 자신들의 교회관을 따라 자연스럽게 메가처치의 길을 피하게 되었던 것이다.

3
메가처치 현상의 특성 '경쟁 질서'

앞서 보았듯 비교교회론적 관점에서 보면 메가처치 현상의 본질적 특성을 더 잘 파악할 수 있다. 가톨릭교회와 비교했을 때 드러난 메가처치 현상의 특이점은 교회들을 치열한 경쟁 속으로 몰아넣었다는 것이다. 여기서 경쟁은 물론 지역교회 간의 경쟁이다.

모든 교회에 대한 모든 교회의 투쟁

토머스 홉스는 인간의 자연적 상태를 "만인에 대한 만인의 전쟁"이라고 했다.[40] 홉스가 보았을 때, 투쟁과 전쟁이 일어나는 이유는 자연 상태의 인간이 근본적으로 이기적이고 서로 갈등하는 존재이기 때문이다. 사람 속에 있는 경쟁competition, 불신diffidence, 공명심glory, 이 셋이 인간을 경쟁하게 만든다. "모두를 위압하는 공통의 권력이 존재하지 않는 곳에서는" 언제나 전쟁 상태가 될 수밖에 없다.[41] 그래서 "인간은 다른 인간에

대해서 늑대homo homini lupus"이다.[42]

모든 개인을 초월하는 초개인적 권력이 없다면 인간의 삶은 항구적이고도 끝없는 욕망이 충돌하면서 발생하는 경쟁과 투쟁 때문에 공멸에 이를 것이다. "끊임없는 공포와 생사의 갈림길에서 인간의 삶은 고독하고, 가난하고, 험악하고, 잔인하고, 그리고 짧다."[43] 공멸 위기에 놓인 인간은 서로의 탐욕을 억누르고 전쟁을 제어하는 노력을 하는데 그때 이성이 중요한 역할을 한다. 이성은 공동 생존과 이익을 위해 욕망의 충돌을 조율하고 합의로 이끄는 역할을 한다.[44] 여기서 등장하는 것이 공동선common wealth이며, 이것이 제도의 형태를 띠면 바로 리바이어던, 곧 국가가 된다.[45]

문제는 인간에 대한 홉스의 이해가 개신교 메가처치 현상에서도 유효하다는 사실이다. 홉스의 진단대로 교회들은 본성상 이기적이고 경쟁적인 것처럼 보인다. 개인을 경쟁으로 이끈 세 가지 원인도 교회에 그대로 존재한다. 교회들은 경쟁, 불신, 공명심 때문에 다른 교회들과 경쟁하기를 서슴지 않는다. 인간이 모든 자연물에 대한 자신의 권리를 주장하듯이 교회는 모든 신자에 대한 자신의 권리를 주장한다. 교회를 성장시키려는 무한한 욕망이 교회와 신자, 목회자의 영혼 속에 들끓고 있다. 이 같은 경쟁 속에서 "교회는 다른 교회에 대해서 늑대"가 되고 있다.

모든 교회에 대한 모든 교회의 전쟁은 과장이 아니다. 2012년 서울 성북구의 한 교회는 예배에 참석하면 시급 5천 원을 주겠다는 구인 광고를 올린 바 있으며, 서울 노원구의 또 다른 교회는 '소개팅 전도'를 해서 비난을 샀다. 새신자에게 냄비와 가방 같은 경품을 주겠다는 전단을 배포한 교회까지 등장했다.[46] 이 모든 일이 소위 복음전도라는 미명 하에 벌어지고 있다. 더욱 충격적인 일도 있었다. 2011년 9월 서울 강북의 A교회 인근에서 B교회 신도들이 전도지를 배포하다가 A교회 신도들에게 폭행을 당하고 A교회로 끌려간 일이 발생했다. 끌려간 B교회 신도들은 A교회 신도 백여 명에 둘러싸여 폭언과 욕설을 듣고 폭행을 당했다.[47]

하지만 다소 극단적인 이런 사례들은 대체로 비메가처치들 사이에서 일어난다. 메가처치들은 이런 방식이 아니라, 세련되지만 더 강력한 방식으로 성장 투쟁을 해나간다. 앞서도 언급한 오정현의 사랑의교회는 많은 만류에도 불구하고 2,100억 원이 넘는 거대한 교회당을 기어이 완공했다. 황영익은 그 영향력은 사실상 '블랙홀'처럼 지역교회를 초토화할 것이라고 추측했다.[48]

한국 개신교회의 상황은 말 그대로 '전쟁' 상황이다. 윌리엄 채드윅William Chadwick의 표현을 빌리자면 이 전쟁은 양을 도둑질하는sheep stealing 전쟁이다. 양 도둑질이라는 고발은 미국 교회도 성장 경쟁에 병적으로 물들었음을 단적으로 보여준다.[49] 메가처치 현상은 바로 그 전쟁의 결과물이다. 주목해야 할 것은 전쟁 상황 자체이지, 전쟁에서 승리한 소수 메가처치가 아니다. 절대 다수의 비메가처치들도 전쟁에 참여하고 있다는 사실을 잊어서는 안 된다. 메가처치 현상이 병리적 징후인 이유도 전체 교회가 이 전쟁에 참여하고 있기 때문이다.

끝을 알 수 없는 욕망이 초래하는 교회 간의 양 도둑질과 성장 투쟁은 결국 모든 교회를 파국으로 이끌고 있다. 홉스는 공멸을 초래하는 파국적 투쟁을 조정하기 위해 이성이 작동하고, 그 결과 공동선을 추구하여 결국 국가가 탄생한다고 말했다.[50] 그렇다면 메가처치 현상이라는 파국 상황을 조정하는 초교회 중재 기구는 과연 나타날까? 태생적으로 개신교회는 교회 통일을 강조하는 가톨릭교회를 박차고 나왔으며, WCC에 대한 불신도 크다. 지금도 여러 산적한 이유들로 홉스의 '국가'에 해당하는 중재 기구를 만들지 못하고 있으며, 앞으로도 출현하기는 어려워 보인다. 교회는 공멸 가능성을 목전에 두고도 신앙적 분별은커녕 합리적 이성조차 제대로 사용하지 못하는 형편이다.

교회 분열과 개별교회 중심주의

가톨릭교회는 개별 본당 간의 경쟁을 원천적으로 차단하는 교구제로 통일성을 유지하는데, 개신교회는 분열돼 있다. 개신교 분열 역사는 종교개혁까지 거슬러 올라간다. 개신교 분열의 역사가 종교개혁에서 출발했다 하더라도 이후 발생한 교회 분열의 모든 책임을 종교개혁 탓으로 돌릴 수는 없다. 종교개혁으로 인한 교회 분열은 개신교회만이 아니라 가톨릭교회에서도 발생하기 때문이다. 하지만 가톨릭교회는 그때의 대분열 이후로 교회의 통일성을 어느 정도 잘 유지해오고 있다. 반면, 개신교회는 종교개혁 이후로도 분열에 분열을 거듭해 오늘날에 이르고 있다. 이러한 분열이 교회 간 성장 경쟁을 가능하게 만든 역사적 원인이다.

개신교회의 분열을 어떻게 볼지는 논쟁거리이다. 그중에서, 메가처치 현상을 올바로 통찰하고 근본적 대안을 마련하려면 "교회 분열, 그것은 교회의 윤리적 패배이다"라고 말한 리처드 니버Richard Niebuhr의 용감한 자기 고백에 특히 귀를 기울여야 한다.[51] 그는 오늘날 교회의 거대한 성장을 두고 다음처럼 말했는데, 메가처치 현상에 접근하는 출발점으로 삼을 만하다.

> 그리스도교는 때때로 그 창시자의 가르침을 무시함으로써 외견상으로는 성공을 성취한 때가 있었다. 스스로를 보존하고 권력을 획득하는 데 관심을 가지고 있는 조직체로서의 교회는 때대로 국가 집단이나 경제 집단들이 십자가가 주는 교훈을 따르기에는 너무도 부적당한 집단이라는 사실을 발견하곤 했다.[52]

니버는 교회 분열의 대표적 양상으로 교파주의를 꼽는다. 우리는 교파주의가 교리 차이 때문에 발생한다고 알고 있고, 교리 차이는 신앙의 자유가 낳은 결과처럼 보인다. 교회 분열이, 특히 교파주의가 신앙의 자유에 따른 필연적 결과물이라면 긍정적으로 볼 필요도 있다. 실제로도 교회사에 등장하는 주류 교회에 대한 종파적 분열은 기독교 복음의 근원으로 돌아가도록 촉구하고 도전하는 역할을 해왔다.[53] 그러나 니버는 교파주의의 실상은 그렇지 않다고 주장한다.

> 교파주의의 죄악은 교회나 종파의 분열 그 자체 속에 놓여 있는 것이 아니다. … 교파주의의 죄악은 신흥 종파의 발생이 바람직하고 필요하다고 여겨지도록 만들어버린 상황 그 자체 속에 있다. 즉 교회가 자신을 계급적인 조직이 되도록 압력을 가하는 사회 상황을 초월하는 데 실패한 것, 교회가 자신들의 충성을 이 세상의 규범과 제도에까지 승화시키지 못하고 그리스도인의 이상에 반대되지 않는 정도에서 미약한 연관을 맺는 것에 그치고 만 것, 그리고 교회 유지와 교회 확장만을 힘써 이루어야 할 일차적인 목표

로 삼고 싶은 유혹에 굴복해버린 것 등이 교파주의의 죄악이 놓여 있는 상황들인 것이다.[54]

메가처치 현상과 관련해 주목할 부분은 니버가 지적한 교회의 실패이다. 교회 분열, 곧 교파주의의 실패는 교회가 계급이나 계층의 압력에 굴복하고, 교회 유지와 확장에만 매달려 본연의 책무를 등한히 해서라는 것이다. 후자는 특히 노치준이 말한 개별교회 중심주의[55]를 떠오르게 한다. 그는 이를 "교회가 그 목표를 설정하고 활동을 전개하며 교회 내의 인적, 물적 자원을 사용하는 데 있어서 개별 교회 내부의 문제 특별히 개별교회의 유지와 확장에 최우선권을 부여하는 태도 또는 방침"이라고 정의했다.[56] 노치준이 말한 개별교회 중심주의가 바로 니버가 비판한 교회 분열이라는 윤리적 패배였다.

하지만 교회는 분열을 통회하고 회개하는 대신 조직을 유지하고 확대하는 기회로 삼았으며, 나아가 자신의 성장과 성공으로 분열을 정당화해왔다. 교회가 성장했으니 하나님이 교회 분열을 이미 승인하신 것 아니겠느냐는 태도를 취한다. 교회 성장을 통해 교회 분열을 상쇄하려는 변명과 정당화가 교파주의를 낳고, 결국 탈교파주의와 개별교회 중심주의에까지 이른다.

실제로 교회 분열은 대개 교회 성장으로 이어졌고 이는 역사도 증명한다. 최소한 개신교회 역사에서는 교회가 통일을 추구할 때 성장이 지체되었음을 확인할 수 있다. 1916년부터 1926년까지 미국 교회 21개 교파를 대상으로 교회일치 운동에 관해 조사한 결과, 교회일치 운동을 반대한 8개 교파는 인구 증가율을 웃도는 성장을 한 반면, 교회일치 운동에 호의적인 13개 교파는 그 반대였다.[57] 이 조사 결과도 교회 분열과 교회 성장은 비례하지만 교회 일치와 교회 성장은 반비례함을 보여준다. 앞서 살펴보았듯 한국 교회의 사정도 이와 크게 다르지 않다.[58]

20세기 들어 교단 분열을 넘어 개별교회 중심주의가 등장하면서 한국 교회는 교회사에서 찾아보기 어려운 폭발적 성장을 기록한다. 개별교회 중심주의에 사로잡힌 교회가 만사를 제쳐놓고 교회 성장에 매진한 결과 이룩한 성공이었다. 노치준의 평가대로 개별교회 중심주의는 신도 확장을 교회의 가장 중요한 정책으로 삼지 않을 수 없다. 즉 한국 교회가 세상을 위한 섬김보다는 교회 유지와 확장에 그 목적을 두면서 목적 전치 현상이 발생한다. 이런 목적 전치 현상을 노치준은 다음과 같이 지적한다.

> 교회의 확장에 여념이 없는 교회들은 수단이어야 할 교회 조직 그 자체가 목적이 되어버려, 예산의 확대, 시설의 확장 등에 주로 관심을 기울이고 본래의 목적인 복음 선포, 교회 성원들을 성숙한 신도로 만드는 일, 사회적 책임까지 포함하는 넓은 의미의 하나님나라의 건설 등에 대해 무관심하거나 관심이 있어도 제대로 손을 쓰지 못하고 있다.[59]

많은 교회가 교회 생존과 유지, 확장에 온 힘을 쏟으면 교회 간의 치열한 성장 경쟁은 필연적이다. 성장 경쟁은 한국 교회의 숫자가 증가하면서 더욱 가중되고 있다.[60] 교회가 수도권을 비롯한 대도시에 집중되는 상황도 중요하다.[61] 교회가 특정 지역에 밀집하면서 교회 간 경쟁도 당연히 더 치열해졌다.

4
메가처치 현상의 특성 '소외 공간'

개별교회 중심주의에 갇힌 교회들은 교회 간 경쟁에 익숙해졌고 마침내 서로의 관계는 끊어졌다. 하지만 문제는 여기서 그치지 않는다. 아나뱁티스트 교회 역시 어느 정도 교회 분열에 참여했으며 개별교회 중심주의의 영향을 받았다. 그러나 공동체성을 강조한 덕에 메가처치 현상을 억제할 수 있었다. 개별교회 중심주의에 공동체성 부재가 맞물릴 때 비로소 메가처치 현상이 확산된다는 사실을 엿볼 수 있다. 공동체성은 교회 규모와 이항대립binary opposition 관계이다. 결국 메가처치 현상은 교회가 공동체성을 경시한 대가로 얻은 개별교회의 비대화로 날개를 달게 된다.

익명성

메가처치 현상은 공동체성을 경시하거나 아예 무시하면서 시작되고 이는 더욱 심해진다. 메가처치는 공동체성에 연연하지 않는 자유로운 선택자들의 임의적 집합이며, 잠시 모였다가 흩어지는 군중이다. 군중의 특징은 익명성이다. 메가처치에서 익명성은 기하급수적으로 증가한다. 메가처치는 익명성으로 충만한 교회이다. 하지만 교회는 원래 익명성을 그리 환영하지 않았다. 전통 교회의 신자들은 서로 이름이나 생활을 비교적 잘 알았다. 물론 모르는 사람이 교회에 나타나곤 했지만, 누구라도 원한다면 그와 관계를 맺을 수 있었다. 익명성은 극히 드물게 나타났으며 의지만 있으면 쉽게 제거할 수 있었다. 그런데 메가처치의 익명성은 다르다. 무제한적이며 일반적이며 의지가 있어도 없애기 힘든 압도적 현실이다. 메가처치의 익명성은 거대한 교회적 현실이다.

메가처치가 적극 수용한 익명성은 사실 현대 도시의 특성이며, 전통적 마을에서는 경험하기 어려운 것이었다. 많은 지식인들은 이 특성을 비난했다. 하지만 하비 콕스Harvey Cox는 비판가들을 열거하며 전통주의자라고 싸잡아 비난했다. T. S. 엘리엇Thomas. S. Eliot, 쇠렌 키르케고르Sören Aabye Kierkegaard, 호세 오르테가 이 가세트José Ortega y Gasset, 라이너 마리아 릴케Rainer Maria Rilke 등이 콕스가 지적한 익명성의 적들이다.[62]

콕스는 익명성의 변호인이자 찬미가이기를 자처한다. 그는 익명성이 선물한 자유와 해방을 노래한다.[63] 또한 그는 전통적 마을 공동체가 숨을 곳 없는 비익명적 공간이었음을 강조한다. 그의 말대로 전통적 마을 공동체에서는 친밀감으로 미화된 폭력이 구조적으로 고착화된 경우가 많았다. 사회 규범을 어기면 당하는 조리돌림이나 멍석말이는 비익명적 마을 공동체의 폭력성이 표출된 대표적 예이다. 하비 콕스는 전통 마을과 비교해 현대 도시는 익명성이 가능해졌고 이로서 해방과 자유가 찾아왔다고 주장한다.

하비 콕스는 현대 도시의 익명성이 관계를 선택할 수 있는 자유를 준다고 말한다. 관계를 강제하는 비익명적 마을 공동체에서는 불가능한 일이었다. 도시의 현대인은 강제된 관계에서 벗어나 자유를 만끽할 수 있다. 누구와 만날지, 얼마나 깊은 관계를 유지할지 스스로 정할 수 있다. 이 자유와 해방은 충분히 평가를 받을 만하다고 그는 주장한다. 그에 따르면, 전통주의자 지식인과 목회자는 익명성을 비난하지만 그것은 기껏해야 전통적 마을 구조를 바라는 순진한 향수가 만들어낸 마을 신학적 주장일 따름이다.[64] 하비 콕스는 지금 우리에게 필요한 것은 익명성을 환영하고 수용하는 새로운 신학, 곧 도시 신학이라고 했다.[65]

만일 메가처치의 신학이 있다면 분명 하비 콕스가 제안하는 도시 신학과 유사할 것이다. 메가처치가 갖는 특징 중 하나는 익명성이며, 메가처치는 이를 환영하고 수용하고 이용하는 교회이다. 실제로 메가처치 교인들은 전통 교회에서 경험한 강압적 관계를 회피하려고 메가처치를 찾는다. 메가처치의 일부 교인들은 교회 내의 고질적 익명성을 우려하지만 대다수는 익명성을 환영하고 누리고 선전한다. 메가처치는 부담 없는 교회라는 것이다.

그러나 성서는 익명성을 긍정적으로 보지 않는다. 성서에서 이름은 인간 실존을 담는 그릇이기에 존재 그 자체를 의미한다. 하나님이 이름을 아신다는 것은 곧 그분의 특별한 은총을 입는다는 뜻이며,[66] 나아가 존재의 구속을 의미한다. 반대로 이름이 잊히거나 지워지는 것은 은총의 상실이며 존재의 소멸을 의미한다. 이는 구약과 신약 모두에서 발견할 수 있는 생명책 유비에서도 찾을 수 있다. 하나님 앞에 놓인 생명책에 이름이 기록되는 것은 구원을 의미하지만, 이름이 지워지는 것은 구원의 소멸을 의미한다. 이런 맥락에서 모세는 하나님께 히브리 민족을 멸하지 말라고 간청할 때 차라리 "주의 기록하신 책에서 내 이름을 지워 버려주옵소서"(출 32:32)라고 요구했다.[67]

출애굽기 28장에서는 하나님이 대제사장 견대에 물릴 두 개의 호마노와 흉패에 물릴 열두 보석에 열두 지파의 이름을 두 번씩이나 새기게 하셨는데, 하나님이 이스라엘 백성을 구속하셨음을 상징한다. 요한복음에서 예수는 선한 목자는 "자기 양의 이름을 각각 불러 인도하여내느니라"(요 10:3)라고 하시면서, 양의 이름을 알고 하나씩 부른다는 것은 삯꾼이나 양 도둑과 구별되는 선한 목자의 특성이라고 말씀하셨다. 삯꾼과 양 도둑은 양의 이름을 모르지만 목자는 양의 이름을 안다. 이처럼 성서는 익명성을 부정적으로 본다.

이처럼 성서의 관점을 따르면 메가처치에서 범람하는 익명성을 결코 긍정적으로 볼 수 없다. 어떤 이는 성서가 부정적으로 언급한 익명성은 하나님과 인간의 수직 관계에만 해당된다고 강변할지 모른다. 하지만 하나님에게 발견된 인간은 이웃에 의해 재발견될 수밖에 없다.[68] 하나님에게만 발견되고 이웃에게 재발견되지 않는 그리스도인은 존재할 수 없다. 교회는 하나님과 수직 관계만 맺는 개인의 집합이 아니다. 교회에서 신자는 수평 관계와 수직 관계의 교차를 경험한다. 왜냐하면 교회는 공동체이기 때문이다.

마르틴 부버Martin Buber의 방식으로 표현하자면 익명 공간인 메가처치는 "나와 너Ich-Du"의 관계가 극도로 축소되고, "나와 그것Ich-Es"의 관계가 극도로 확대된 공간이라고 할 수 있다. 그 속에서 신자는 관계의 세계가 아닌 경험으로서의 세계와 마주한다. 물론 "모든 '너'는 '그것'이 되지 않을 수 없다는 것"이 인간의 운명일지라도 익명성이 범람하는 공간에서 사물은 관계를 압도하고 만다.[69]

추상성

익명성은 추상성을 낳는다. 추상성 역시 현대 사회에서 쉽게 볼 수 있는 특성이다. 이름으로 알려지지 않은 현대인은 구체성을 상실하기 때문에 필연적으로 추상 기호와 숫자로 표기된다. 그러면서 한 사람의 구체성과 영혼의 무한한 중량감은 약화된다. 추상화가 깊어지면서 이웃은 소멸된다. 자크 엘륄은 익명성이 관계를 파괴할 뿐만 아니라 인간을 추상적 존재로 만든다고 지적했다. 옆집 사람 '마리오Mario'는 점차 이름이 없는 '고객', '노동자', '생산자', '시민' 같은 추상적 존재로 불린다. 전화번호나 전자우편 주소, 주민등록번호, 여론조사 기관에서 집계한 시청률, 투표율, 지지율 등으로 집계된다.[70] 현대인이 추상적 존재로 현대 사회에 존재하는 예들이다. 추상적 존재인 인간은 '1'로 표기될 뿐이다.

숫자와 기호로 추상화된 인간은 문득 낯선 공간에 던져진 자신을 깨닫는다. 그 공간은 구체성을 상실한 추상 공간이다. 현대인은 인위적이고 기술적이고 추상적인 낯선 환경에 영문도 모른 채 던져진 존재이다. 현대인은 촘촘한 관계에서 자신의 필연적이고 고유한 위치를 확보한 채 이를 바탕으로 다른 이들과 상호 관계를 맺으며 살아가는 대신, 인위적이고 우연히 배치된 기계 부속품처럼 스스로를 인식한다. 물론 현대인에게도 느슨한 네트워크는 있으나 그곳에서도 자신의 고유한 자리는 발견하지 못한다. 그 자리는 언제라도 대체 가능한 임의적 위치일 뿐이다. 이 때문에 현대인은 존재의 유동성과 불안정성을 상시적으로 경험한다. 그는 뿌리 뽑힌 부초며, 고향을 떠난 객客이다.

실향민인 현대인은 사회 현상을 친숙하고 낯익은 풍경이 아니라 이질적이고 낯선 광경으로 바라본다. 사회 현상은 자신을 휘감고 흘러가는 저만치 떨어진 파노라마 영상이다. 그 영상은 화려하지만 인간 존재의 뿌리와 연결돼 있지 않기에 이물감으로 충만하다. 많은 이야기를 담고 있지만 내 이야기가 아니며, 내 삶의 일부도 아니다. 그저 이해할 수 없는 낯선 이미지들이다. 칸딘스키Wassily Kandinsky의 추상화를 대면한 관람객의 놀라움과 당혹감을 현대인에게 전해줄 뿐이다.

안톤 지더벨트Anton C. Zijderveld는 이런 사회를 추상적 사회라고 했다. 어느 사회나 추상성은 존재하지만 현대 사회가 갖는 추상성은 타의 추종을 불허한다. 추상성은 왜 유독 현대 사회에 더 만연할까? 첫째는 거리 때문이고, 둘째는 크기 때문이다. 감당할 수 없이 큰 규모와 거리감이 만들어낸 소외는 추상적 사회를 만드는 주범이다.[71] 현대 도시의 광대한 크기에서 현대인은 소외되고, 사회 현상과 자신의 삶 사이에 펼쳐진 심연을 경험하면서 현대인은 사회를 하나의 추상으로 마주한다.

메가처치는 추상적 사회에 존재하는 추상적 교회이다. 메가처치는 가늠하기 어려운 거대한 규모와 거리감으로 인해 신자들에게 하나의 광경spectacle으로 존재한다. 메가처치 교인들은 자신을 둘러싼 낯선 광경의 관객으로 전락한다. 거대한 군중이 함께 드리는 예배는 마치 영화 속 군중장면mob scene을 보는 듯하다. 설교하는 담임목사도 교인의 집안 사정까지 일일이 살피며 보살피는 목자라기보다 거대 기업의 CEO나 텔레비전 화면으로만 대하는 정치인 또는 연예인에 가깝다. 시선을 끌어당기는 초대형 스크린에 투사된 거대한 설교자의 이미지는 말씀이 육신이 된 그리스도와는 반대 방향으로 육신이 말씀이 된 설교자의 가현이다.[72]

신도들과의 관계도 추상적이기는 마찬가지이다. 영화나 텔레비전에서 낯익은 연기자를 만나듯 메가처치에서도 종종 낯익은 얼굴을 발견하지만, 그 낯익은 얼굴은 금세 총총히 멀어진다. 군중 속에서 가끔 마주치는 낯익은 인물, 그 어색한 친근감은 마치 칵테일파티cocktail party에서 세련된 눈인사를 나누는 손님들의 유사 친근감에 가깝다. 예의로 무장한, 침해할 수 없는 타인의 프라이버시 공간은 무한히 멀다.

추상적 교회에서는 교인 관계도 가벼워지고, 이웃의 존재도 중량감을 잃은 가현적 존재가 된다. 새들백 교회가 개발한 새들백 샘Saddleback Sam은 가현적 이웃의 예를 잘 보여준다. 이웃은 마케팅 기법으로 고안된 가상의 캐릭터character로 추상화된다.[73] 새들백 샘은 실존 인물이 아니지만 실존 인물보다 훨씬 큰 전도 효과를 가져다준다. 새들백 교회 교인들은 가상 인물인 새들백 샘에게 다가가려고 노력할 때 전도 효과를 경험하는데 이는 그 가상 인물이 전도 효과를 위해 고안된 기술 장치이기 때문이다.[74]

이런 추상화는 성서의 계시를 정면으로 위배한다. 가장 격렬하게 추상화를 반대하는 성서 계시는 바로 성육신이다. 예수 그리스도가 가현이 아니라 한 사람으로 오셨다는 사실, 살과 피로 된 몸이 되셨다는 사실은 모든 추상화를 거부한다. 예수가 몸으로 오신 이유는 단 한 사람과 관계를 맺기 위해서이다. 사도 요한은 말씀이신 예수가 수많은 군중이 아니라 보고 듣고 만질 수 있는 친근한 거리에서 한 사람의 친구가 되기 위해 오셨다고 말한다. "태초부터 있는 생명의 말씀에 관하여는 우리가 들은 바요 눈으로 본 바요 자세히 보고 우리의 손으로 만진 바라"(요일 1:1). 하나님의 아들이 한 사람과 친밀한 관계를 맺기 위해 오셨다는 것이 바로 복음의 핵심이다.[75]

아돌프 하르낙Adolf von Harnack은 한 영혼의 무한한 가치를 긍정하는 것이 기독교 복음의 고갱이라고 말한 바 있다.[76] 양 아흔아홉 마리를 버려두고 한 마리를 찾아 나선 목자 이야기는 한 인간이 지닌 무한한 중량감을 강조한다. 그리스도의 십자가가 의미하는 바도 동일하다. 한 인간의 영혼의 무게를 재는 하나님의 저울, 곧 십자가의 눈금자는 무한대를 가리킨다. 마르틴 부버의 말을 빌리자면 그 무한한 무게를 지는 인간을 '너'라고 말할 수 있다. 무게를 잴 수 있다면 그것은 '너'가 아니라 '그것'이다. '너'는 대체 불가능한, 영원한 존재이다. 그러므로 '너'는 신의 현현이다. 교회 공동체는 '나와 너'의 관계가 지배하는 신의 현현들이 모이는 곳이라야 한다.[77] 하지만 추상적 공간인 메가처치에서 신자는 '너'가 아닌 '그것'이 되고 만다. 메가처치에서, 영혼의 무한한 중량감을 상실한 신자는 계산 가능한 숫자 '1'일 뿐이요, 눈앞에 있는 이미지일 뿐이다.

메가처치는 '너'가 '나'에게 가하는 그 무한한 무게감을 감당할 수 없는 이들이 선호하는 교회이다. 메가처치 신자들은 자신이 숫자로 측정되고, 프로그램도 수량화되어 평가되는 것을 차라리 다행이라 여긴다. 이는 메가처치 안에서의 관계가 '나와 그것'의 관계로 완전히 대체되었음을 의미한다. 메가처치는 교인 스스로가 들고나는 흔적이 남지 않기를 바라는, 그래서 자신의 존재감이 거의 확인되지 않기를 바라는 이들의 교회이다. 때문에 메가처치는 참을 수 없는 관계의 가벼움으로 가득 찬 공간이며 신기루요, 하나의 이미지이다.

상품화

익명성에 대한 메가처치의 변명은 상투적이다. 교인 참여 프로그램이 잘 발달된 교회이며, 셀이나 목장, 구역, 연령 · 취미 · 사역별 소그룹을 통해 익명성 문제를 나름대로 보완하는 교회라는 것이다.[78] 실제로 대다수 메가처치가 소그룹을 적극적으로 활용하면서, 초기 메가처치의 단점을 보완해 점점 나아지고 있다고 할 수 있다. 초기 메가처치는 친밀감이나 공동체성의 필요에 다소 둔감한 편이었지만, 소그룹을 통해 경이로운 성장을 거둔 여의도순복음교회 사례는 대규모 집회와 소그룹의 균형이 얼마나 중요한지를 전 세계 메가처치들에게 가르쳐주었다. 메가처치는 친밀감과 공동체성을 충족하기 위해 소그룹을 활용하는 데 그치지 않고, 여러 소그룹에 이중 삼중으로 교인을 가입시켜 목양, 교육, 치유, 선교, 친교 등의 목적으로 활용한다.[79]

여기서 문제는, 신자가 교인 전체와 관계를 맺는 대신 소그룹 구성원들과만 친하게 지내는 점을 어떻게 평가하느냐 하는 것이다. 메가처치의 변론은 아마도 이럴 것이다. "어떤 신자라도 지구상 모든 신자와 관계를 맺을 수는 없다. 어떤 식으로든 제한된 수와 관계를 맺을 수밖에 없다. 그렇다면 메가처치에서 소그룹을 통해 관계를 맺는 것을 문제라고 할 수 있을까?"

물론 메가처치가 소그룹을 조직하고 그 안에서나마 참 공동체를 구현하려고 애쓰는 것은 분명 칭찬받을 만하다. 아무 노력도 하지 않는 것보다는 분명 낫다. 하지만 이런 노력은 코이노니아*koinonia*가 이루어져야 할 장소를 지역교회가 아니라 지역교회 내의 더 작은 그룹으로 제한함으로 지역교회의 중요성을 약화한다. 한마디로 지역교회는 코이노니아가 이루어지기에 너무 큰 집단이 되어버리는 것이다. 그런데 코이노니아가 이루어질 수 없을 정도로 큰 교회는 대체 무엇이란 말인가?

나아가 이런 방식의 소그룹은 교회의 코이노니아적 본성을 훼손한다. 친교가 지역교회 내 일부 그룹에서만 가능할 경우 친교는 의무가 아닌 선택 활동이 되기 쉽다. 실제로 메가처치는 신자들에게 소그룹 참여를 강제하지 않으며, 그럴 수도 없다. 친교는 신자가 선별하고 선택할 수 있다. 이는 하비 콕스가 자유와 해방의 공간으로 예찬한 익명성이 메가처치에 충만해지면서 벌어진 일이기도 하다.[80] 익명 공간인 메가처치에서는 신자가 친교의 주도권을 쥐게 된다.

익명성으로 충만한 메가처치에서는 자신이 맺을 관계를 선택할 수 있다. 먼저 신자는 교회 등록 여부, 즉 방관자로 남을지 교회에 등록할지를 결정할 수 있다. 다음으로 등록교인으로서 얼마만큼 참여할지를 결정할 수 있다. 누구와 사귀고 누구와 사귀지 않을지도 결정할 수 있다. 물론 어떤 소그룹과 프로그램에 참여할지도 정할 수 있다. 그룹 성경공부에만 참여할지, 아니면 또래 모임에 참여할지, 취미반이나 사역팀에 참여할지, 성가대나 찬양팀, 선교팀, 교사로 봉사할지, 좀 더 전문적인 기술 지원팀에 들어갈지 정할 수 있다. 물론 메가처치의 촘촘한 조직력이 신자의 소그룹 참여를 어느 정도 강요할 수는 있겠지만, 메가처치 신자는 언제라도 교회를 떠날 수 있기 때문에 그 강제에도 한계가 있다.

공동체와 거기서 만나는 형제자매는 내게 주어지는 선물이기에 코이노니아는 내가 선택할 수 있는 것이 아니다. 그들이 선물인 이유는 예수 그리스도가 참 선물이기 때문이다. 친교를 선택할 수 있다는 이야기는 예수 그리스도를 선택할 수 있다는 뜻이기도 하다. 하지만 우리가 그리스도를 선택하는 것이 아니라 그리스도가 우리를 선택하고 부르신다. 그 예수 그리스도가 매개하시고 이끄시는 이가 형제와 자매이다. 신자는 형제자매를 통해 그리스도를 본다.[81] 따라서 공동체에서 맺는 관계는 내가 선택하는 것이 아니라 하나님이 내게 선물로 주신 것이다. 신자는 코이노니아를 선택할 수 없고, 내가 만날 형제와 자매를 선택할 수 없다. "서로 사랑"은 복종해야 할 지상 계명이다.

하지만 관계를 선택할 수 있는 가능성은 친교가 복종해야 할 계명임을 망각하게 만든다. 친교를 선택할 수 있는 것인 양 착각하게 만든다. 원치 않는 관계를 피할 수 있는 길도 열어놓는다. 이런 선택 가능성은 관계를 자기중심적으로 변질시켜서, 결국 참된 코이노니아가 불가능하도록 이끈다. 참된 코이노니아는 원치 않는 관계를 받아들이는 데서 시작하기 때문이다. 이에 대해 옥스버거는 이렇게 말한다.

> 참 공동체는 여러 사람의 자아가 충돌하는 곳이다. 공동체는 용광로가 단단한 철광석을 녹여내듯 상호 대립적 의견을 조율하고 각자의 이기심을 극복하게 함으로 공공의 목표를 이루게 한다. 따라서 공동체 내에서는 자기 뜻대로 할 수 없다는 고통도 있지만, 함께 제3의 길을 찾을 수 있다는 희망도 아울러 존재한다.[82]

하지만 관계를 선택할 수 있고 코이노니아를 자기중심적으로 착각하면, 친교는 자아의 욕구를 충족하는 수단으로 변질된다. 소속감과 친밀감은 인간 본성에 자리 잡은 근본적 욕구이다. 즉 채워지지 않으면 내면에 구멍이 생기는 결핍욕구이다.[83] 메가처치는 그런 욕구를 충족해주려고 친교 그룹을 주선하고 신자들은 교회를 자신의 결핍 욕구를 충족하는 장으로 간주한다. 그러나 이런 사랑과 친교는 변질되고 왜곡된 것이다. 매슬로우의 방식으로 표현하면, 비이기적이고 욕구화되지 않는 B사랑이 이기적이고 결핍된 D사랑으로 변질된 것이다.[84]

신자의 코이노니아는 그리스도에 대한 충성과 헌신으로만 이루어질 수 있는 "불가능의 가능성"이다. 그런 점에서 코이노니아는 기적이다. 코이노니아는 형제와 자매가 단순히 인간이 아니라 그리스도가 이끄시고 매개하시는 그리스도의 현현이라는 믿음 없이는 불가능하다. 그렇기 때문에 형제자매와 맺는 관계는 내 친밀감의 욕구를 충족하기 위한 수단이 아니다.[85]

결국 메가처치가 조장하는 선택적 관계는 공동체를 소비 상품으로 만든다. 메가처치는 다양한 소그룹이나 프로그램을 만들어서 진열하고 교인들은 자신이 필요하다고 판단한 소그룹이나 프로그램을 선택한다. 이런 식의 참여는 소비자의 상품 구매와 별반 다르지 않다. 하지만 옥스버거는 이렇게 말했다.

> 참 공동체는 소비 상품이 아니다. 공동체는 서로를 진실하게 대하며 정의를 위해 공동으로 헌신하고 모두가 온전한 삶을 살 수 있도록 서로 존경하며 노력하겠다는 약속을 이행할 때 성립된다. 서로를 섬기고 그릇된 것

을 바로잡고 상처를 치유할 때 공동체가 탄생한다.[86]

메가처치가 소그룹을 조직화하는 동기에는 결국 교회의 지속적 확장을 꾀하려는 의도가 숨어 있다. 즉 고객 만족을 추구하는 기업 정신을 받아들인 메가처치가 소그룹을 통해 고객의 친밀감 욕구를 해소해주고 좀 더 많은 고객을 유치하려는 것이다. 이 때문에 메가처치의 소그룹은 지속적 성장을 가능케 하는 성장 전략이 되고, 거대한 메가처치의 하위 그룹에 속하는 조직이자 시스템의 일부가 되고 만다. 결국 소그룹은 교회의 욕구와 신자의 욕구가 만나 상호 이익과 공생을 도모하는 일종의 상품 성격을 띠게 된다.

5 메가처치 현상의 교회론적 원인

가톨릭교회와 아나뱁티스트 교회와의 비교를 통해 개신교회 메가처치 현상의 본질적 특성을 살펴보았다. 가톨릭교회와의 비교를 통해서는 메가처치 현상이 교회의 통일성을 망각함으로 시작되었으며, 교회 분열이라는 윤리적 실패가 교회 간의 살벌한 경쟁을 불러들이면서 더욱 심화되었다는 사실도 알 수 있었다. 결국 메가처치 현상은 모든 교회가 각개약진 하는 개별교회 중심주의가 낳은 산물이다. 모든 교회에 무한 성장할 수 있는 자유가 허용되자 교회 간 성장 경쟁이 필연적으로 뒤따르면서 초래된 현상이다.

한편, 아나뱁티스트 교회와의 비교를 통해서는 교회가 공동체성을 온전히 붙들지 못할 때 메가처치 현상이 심해진다는 사실을 알 수 있었다. 메가처치 현상에 매몰된 교회들은 지역교회가 한 공동체라는 사실을 망각하고 있다. 온전한 코이노니아를 이루라는 성서의 요청에 반하여, 신자에게 코이노니아에 대해 선택 가능성을 부여하면서 메가처치 현상은 제어가 불가능해졌다. 그 결과, 교회 내에 소외와 익명성, 공동체 상품화가 만연해도 당연하게 여기고, 이를 오히려 교회의 강점으로까지 생각하는 풍토가 일반화되었다.

요약하면, 첫째, 메가처치 현상은 지역교회가 이웃 교회와의 연합에 실패한 교회적 현상이다. 둘째, 메가처치 현상은 지역교회 내의 모든 신자가 한 공동체를 이루는 데 실패한 교회적 현상이다. 교회론으로 설명하면 메가처치 현상은 첫째, 교회가 공교회성을 상실함으로써, 둘째, 교회가 공동체성을 상실함으로써 나타났다고 말할 수 있다.

교회론에 근거한 이 두 가지 설명에는 공통점이 있다. 다름 아닌 개인주의이다. 가히 교회론적 개인주의ecclesiological individualism라 할 만하다. 개인주의란 개인의 자유를 최우선에 두는데, 교회론적 개인주의는 개별 교회와 교회 내 개별 신자들의 자유를 가장 먼저 고려한다. 가톨릭교회는 개별 교회의 자유를 제어해 메가처치 현상을 막았고, 아나뱁티스트 교회는 개별 신자의 자유를 제어해 이 현상을 통제했다. 반면, 개신교회는 개별 교회와 개별 신자의 자유를 제어하는 장치를 상실했고 결국 메가처치 현상을 누르지 못했다. 이처럼 메가처치 현상은 개별 교회와 개별 신자들이 자신의 원하는 바를 원하는 대로 이루면서 출현했고 번성했다. 따라서 메가처치 현상을 푸는 해법을 모색하려면 이 자유를 어떻게 다룰지를 고민해야 한다. 메가처치 현상을 보다 심도 있게 고찰하고, 근본 해법을 찾으려면 바로 교회론적 개인주의를 더 깊이 연구할 필요가 있다.

BEYOND MEGACHURCH

5부

메가처치 현상과 교회론적 개인주의

메 가 처 치 를 넘 어 서

앞서 메가처치 현상이 발생한 이유가 내적 팽창력의 축적과 외적 억제력의 약화라는 이중 조합 때문임을 밝혔다. 결국 욕망의 증가와 자유의 증가가 상승작용을 일으키는 과정이었다. 그런데 이러한 상승작용을 교회들뿐만 아니라 개별 신자(이하 개신자) 사이에서도 나타났다. 메가처치 현상이 초래한 교회 간 경쟁, 즉 교회 시장에서 개신자들도 원하는 교회를 선택하고 더 나은 목회 프로그램을 찾아 떠나는 경향이 심해졌다. 상황이 이렇게 전개되자 개신자들은 신앙생활을 점점 욕구의 충족으로 이해하기 시작했으며, 급기야 더 적극적으로 충족하기 위해 더 많은 자유를 교회에 요구하게 된다. 메가처치 현상은 개신자의 욕망과 자유의 증가가 함께 어우러지면서 더욱 확대되었다.

개교회뿐만 아니라 개신자의 욕망과 자유까지 더불어 상승하는 현상은 개인주의로 수렴한다. 메가처치 현상이 가능하려면 교회가 이 개인주의 관점을 받아들여야 했고, 또 그렇게 했다. 그 결과, 개교회 중심주의와 개신자 중심주의가 교회에 흘러넘쳤고 마침내 메가처치 현상이 출현했다. 간단히 말해 메가처치 현상은 교회론적 개인주의를 뿌리로 삼고 자라났다. 따라서 메가처치 현상의 근본 문제는 일부 메가처치와 그 교회 목사들의 도덕적 일탈과 영적 탈선이 아니라 개신교회 전체가 교회론적 개인주의를 받아들인 데 있다. 그러므로 메가처치 현상의 해법을 모색하려면 교회론적 개인주의를 먼저 살펴보아야 한다.

1
근대 개인주의의 역사

자유주의-개인주의*는 계몽주의 이전부터 존재했지만 계몽주의 시대에 광범위한 영향력을 발휘했다. 특히 종교개혁가들의 기독교 개인주의는 근대 개인주의의 발전에 큰 역할을 했다. 이처럼 근대 개인주의와 기독교적 개인주의는 불가분의 관계이며, 서로 영향을 주고받은 결과물이 교회론적 개인주의이다. 그러므로 메가처치 현상의 배후에서 작동하는 교회론적 개인주의를 정확히 알려면, 기독교 개인주의와 밀접한 관계를 맺으며 발전한 근대 자유주의-개인주의를 먼저 알아보아야 한다.

---

* "개인주의는 일반적으로 개인의 자유에 최상의 가치를 부여하는 이론"이다.[1] 이처럼 개인주의와 자유주의는 긴밀하게 연관돼 있다.[2] 하지만 이 두 용어를 구별하여 사용하기도 한다. 이 책에서는 필요에 따라 자유주의-개인주의라는 합성어를 사용했다.

유럽의 개인주의 전통

'개인주의individualism'는 프랑스 대혁명 이후, 19세기 들어 새로 등장한 용어이며, 처음에는 이기주의나 반사회적 악이라는 부정적 의미로 사용됐다. 하지만 랄프 에머슨Ralph Emerson 이후로 좀 더 긍정적 용어로 변모하다가, 마침내 "개인은 이성을 가진 독립체로서 도덕과 정의를 실현할 수 있는 개체이며 모든 규제로부터 그의 생을 자유롭게 할 수 있는 자율적 존재"라는 믿음이 일반적 동의를 얻게 된다.[3]

개인주의의 씨앗은 매우 오래전에 인류 정신에 뿌려졌다. 하지만 서구 역사에서 개인주의의 연원을 추적하기란 쉽지 않다. 서양 철학자들도 개인주의에 대해서만큼은 대체로 비판적 입장을 취했기 때문이다.[4] 오히려 상대적으로 덜 주목을 받았던 이들에게서 개인주의의 씨앗을 발견할 수 있는데, 어쩌면 당연한 일인지도 모르겠다.

개인주의의 기원은 그리스 자연철학자 데모크리토스의 원자론에까지 거슬러 올라간다. 그는 우주가 원자들로 구성돼 있다고 주장했는데, 흥미롭게도 인간 사회도 이와 유사하게 개인으로 구성돼 있다고 말했다.[5] 그에 따르면 인간은 고립된 원자처럼 개인으로 존재하며, 이기적으로 개인의 쾌락을 추구한다. 관계란 이기적 개인들이 개인의 이익을 위해 계약을 맺으면서 형성된다.[6] 원자론에 근거한 그의 개인주의는 이후 개인주의 역사에서 반복해서 나타난다.

또 다른 개인주의의 기원은 궤변론자들로 알려진 소피스트Sophist에서 찾을 수 있다. 그들은 전통을 온순하게 받아들이지 않고 모든 것을 의심했으며, 주체적으로 비판하고 재해석하고 발전시키려 했다. 그들은 상대주의자로 악명이 높았다. 그들의 상대주의는 각 개인이 서로 다른 관점과 견해를 가질 수 있다는 자유주의와 연관돼 있다.[7] 그들의 사상적 기조는 개인의 자유 보장이었다. 이처럼 소피스트는 매우 이른 시기부터 유럽 사회에 자유주의-개인주의를 소개했다.

개인주의가 좀 더 본격적으로 나타난 계기는 에피쿠로스학파의 출현이다.[8] 그들은 데모크리토스의 원자론적 개인주의를 자신들의 철학에 적용했다. 쾌락주의자인 그들은 인간을 비롯한 모든 '개별' 생명체는 자연스럽게 쾌락을 추구하고 고통을 피하려는 경향을 갖는다고 생각했다. 이들은 이런 경향을 부정할 필요가 없으며, 도리어 행복에 이르는 길로 간주하고, 나아가 삶의 목표는 쾌락의 최고 상태에 도달하는 것이어야 한다고 했다.[9] "개인에게 쾌락을 추구할 수 있는 자유를 허하라!" 이것이 그들의 선언이었다.

그들이 말하는 쾌락은 개인의 쾌락이지 공동의 쾌락이 아니다. 본회퍼는 에피쿠로스의 개인주의에 대해 이렇게 말했다. "각 개인은 그를 다른 사람과 분리하는 개인적 욕망을 통해 완성된다. 인격과 인격은 서로에게 낯설며, 평등하지 않다. 왜냐하면 각자는 최고의 욕망을 추구하면서 서로 대립하기 때문이다."[10] 그들은 세계를 개인이 욕구를 충족하려고 충돌하는 장으로 바라보았다.

이후 개인주의는 중세 크리스텐덤 세계에서 국가와 특히 교회의 권위 아래 숨죽이는 신세가 된다. 그 개인주의가 르네상스 시대 문예인들을 통해 다시 역사의 수면 위로 부상한다. 그들은 누구도 침범할 수 없는 자신만의 작품 세계를 건설하는 데 어느 정도 성공한다. 그들의 스타일과 개성에 대해 누구도 함부로 간섭하기 어려웠다. 그와 더불어 피렌체를 비롯한 여러 도시 국가의 시민들은 주체적 시민의 자의식에 눈뜨기 시작했다.[11] 뒤에서 자세히 다루겠지만 종교개혁가들의 신앙 자유 투쟁으로 개인주의는 큰 활력을 얻게 된다.

한편, 개인주의와 관련해 반드시 짚고 넘어가야 할 것이 근대 주체subject의 탄생이다. 개인주의란 개인의 주체적 판단을 누구도 간섭할 수 없다고 믿는 태도이다. 그 개인주의가 가능하려면 개인의 사유와 판단 능력이 다른 무엇보다 앞설 뿐만 아니라 우월하다는 사실을 입증해야 했다. 침범할 수 없는 자유로운 주체에 눈을 뜬 결정적 계기는 17세기 르네 데카르트René Descartes의 철학에서 비롯되었다. 데카르트는 먼저 전통에 대한 거부를 선언한다. 그는《방법서설》에서 그동안 자신이 옳다고 배운 모든 것을 포기하려는 시도를 시작한다.

> … 그러나 내가 지금까지 옳다고 생각하여 받아들인 모든 견해에 관하여는 한번 그것들을 깨끗이 버리고, 그러고 나서 좀 더 좋은 견해를 채택하거나, 혹은 전과 같은 견해라도 이성의 규준에 비추어 바로잡은 후에 다시 받아들이거나 하는 것이 제일 좋다는 것을 절실히 느꼈다.[12]

물론 그의 사고 실험은 난로가 있는 방에 틀어박혀 의식 속에서 시행하는 것이었지만[13] 그때까지 형성돼 있던 세계를 붕괴하고 있었다. 심지어 그는 자신의 감각적 지식도 의심하고, 과학적이고 수학적인 지식도 부정했다.[14] 당연히 국가와 교회의 판단도 거부했다. 오로지 자신의 판단 능력만을 의지하며 참된 지식이 가능한 근거를 찾고자 시도했다. 이러한 '방법적 회의'라는 파괴, 부정, 회의를 통해 찾아낸 불변하는 항구적 진리, 참된 지식의 기초는 "나는 생각한다. 고로 나는 존재한다cogito, ergo sum"라는 명제이다.[15] 데카르트에게 '나'란 "생각하는 주체"였으며, "모든 것을 의심하는 주체"였다.[16] 인식적 주체로서의 나만이 참된 나이며, 그것은 국가와 교회보다 앞서고, 심지어 신보다도 앞서는 세계의 기초요, 지식의 근거였다.

사유적 주체는 무엇보다 자신의 내면세계를 지배한다. 사유적 주체가 외부 세계에 지배권을 주장하는 것에는 한계가 있지만, 최소한 자신의 인식 세계만큼은 완벽하게 지배할 수 있다. 이것이 데카르트를 통해 생겨난 근대 주체의 인식론적 자신감이다.[17] 주체가 자신의 인식에 대해서 배타적이고 독점적인 지배를 선언한 것은 매우 참신한 사건이었다. 왜냐하면 과거 중세 교회는 종교재판을 통해 개인의 의식 세계를 임의로 침범했으며, 이에 대한 교회의 지배권을 주장해왔다. 하지만 데카르트의 인식 주체는 외부 권위보다 자신의 판단을 더 앞세웠다. 데카르트의 주장 이후로 근대인은 누구도 감히 타인의 내면에, 곧 사상과 양심에 지배권을 주장할 수 없다고 믿기 시작했다.

그러나 데카르트는 개인이라는 존재를 역사의 주체로 내세우지는 않았다. 이 작업은 토머스 홉스나 존 로크 같은 근대 사상가들에 의해 비로소 이루어졌다. 토머스 홉스는 시민사회가 형성되기 이전의 자연 상태를 먼저 상정하고 이론을 전개해나갔다. 그는 인류의 자연 상태를 "만인에 대한 만인의 전쟁" 상태라고 보았다. 다분히 인간 본성에 대한 비관적 관점이 투영된 것으로, 인간은 본성상 호전적이고 탐욕적이라 무한정 투쟁하다가 공멸할 수밖에 없다는 것이다.[18] 여기서 주목할 것은 그가 인간의 원초적 상태를 데모크리토스나 에피쿠로스처럼 자기 보존 욕구로 충만한 고립된 개인으로 보았다는 점이다. 인간은 홀로 고립되어 다른 모든 개인들과 투쟁하며,[19] '사회적 동물'이 아니라 본성상 서로 투쟁하는 개인이라는 것이다.[20]

에피쿠로스학파처럼 토머스 홉스도 고립된 모든 개인은 자신의 욕구를 최대화하려고 노력한다고 상정한다. 국가나 시민사회는 이기적 개인 간의 충돌하는 욕구를 조정하려는 개인들의 계약에 의해 비로소 출현한다.[21] 이는 국가가 실현하는 선이 개인이 실현하는 선보다 더욱 크고 완전하기 때문에 국가가 개인보다 앞선다고 생각했던 고전적 정치 철학을 부정하는 것이다.[22] 국가의 선이 아무리 클지라도 개인의 이익을 무시할 수 없다. 도리어 개인의 이익이 국가의 이익도 만든다. 정치 질서가 정당성을 갖는 근거와 존재 이유는 각 개인의 이해관계에 있다. 홉스의 이러한 개인주의적 관점은 이후 다수의 근대 사상가들이 동의하고 참조한다.

로크의 사상은 홉스보다는 인간에 대해 덜 비관적이다. 그는 자연 상태의 인간을 하나님이 창조한 자연 세계에 심어두신 자연법을 지키며 차별 없이 평등하고 자유로운 상태를 영위하는 존재로 보았다.[23] 고대부터 적지 않은 사상가들은 주인은 주인으로 노예는 노예로 태어났으며, 모든 인간은 평등하지 않다는 사상을 펼쳐왔다. 하지만 로크는 인간의 최초 상태는 평등했으며, 일체의 권력과 지배권은 상호적이며, 어느 누구도 다른 사람보다 더 많이 가지지 않았다고 말한다.[24] 이는 계급사회에 대한 강력한 탄핵이었다.

그는 홉스와는 달리 자연 상태의 인간이 공동사회에 속해 있다고 말한다.[25] 언뜻 보면 개인주의를 거부하는 것 같지만 사실은 그렇지 않다. 신은 자연 세계를 창조해 인간 공동사회에 공유물 형태로 선물하셨다.

그런데 신이 인간에게 허락하신 공유물은 개인이 자신의 노동을 투하해 사유재산으로 삼을 수 있다는 것이 로크가 주장한 핵심이다. 예컨대, 오크나무에 열린 도토리는 신이 만인에게 허락하신 공유물일지라도 누군가 그 나무 아래서 도토리를 주워 집으로 가져가면 정당하게 그의 사유재산이 된다는 것이다.[26] 이는 사유재산에 대한 정당성의 선언이며, 개인의 노력과 노동에 대한 정당화의 논리이다. 개인의 노동이 가치를 만들며, 노동이 사유재산의 정당한 기초라는 그의 주장은 세습으로 특권을 누려온 기득권층에 대한 날카로운 도전이었으며, 자신의 노력으로 부의 증대를 꾀하고자 했던 시민계급에 대한 지지선언이었다.

로크의 사상에서 개인주의와 사유재산의 정당화가 긴밀하게 연관되고, 여기에 이미 소유적 개인주의possessive individualism의 그림자가 드리운다. 로크에게 개인이란 사유재산을 소유할 권리를 가지는 개인인데, 바로 이 소유적 개인이 국가를 만든다. 로크에게 국가는 소유적 개인들이 자발적 계약을 통해 만든 것인데, 개인들이 국가를 결성하는 이유는 자신의 사유재산권을 누리기 위해서이다.[27]

한편, 장 자크 루소Jean-Jacques Rousseau는 홉스나 로크에 비해 자연 상태를 매우 낙관적으로 묘사한다. 그는 《에밀Émile》의 첫 문장을 이렇게 시작한다. "만물을 창조하신 하느님의 손을 떠날 때 모든 것은 선했으나 사람의 손에 옮겨지자 타락하고 말았다."[28] 그의 역사관은 최초의 황금시대로부터 점점 타락한다는, 일종의 퇴보적 역사관이다. 맨 처음 자연 상태는 자유롭고 평등했다. 하지만 곧 강자와 약자 사이에 불평등이 생겨나고, 강자가 약자를 굴복시키면서 지배 체제가 생겨났다는 것이다. 루소는 사회계약으로 부정의한 상태를 어느 정도 제어할 수 있다고 보았다. 각 개인이 서로 단결해 힘의 총화를 이룩하고, 그것으로 좀 더 자유롭고 평등한 방식으로 사회관계를 만들어낼 수 있으며, 또 그래야 한다고 말한다. 그러한 단결은 개인의 자유가 최대한 보장되는 상태의 단결이라야 하며, 사회계약을 통해 이를 구현해야 한다는 것이다.[29]

이상에서 보듯이 각 사상가들의 자연 상태와 사회계약에 대한 견해는 약간씩 차이가 있지만,[30] 그들 사상에는 공통점이 존재한다. 먼저 빈번하게 등장하는 '자연 상태'의 가설에 주목해야 한다. 토머스 홉스는 자연 상태를 만인에 대한 만인의 전쟁이라는 무정부적 상태로 가정했고,[31] 존 로크는 일체의 법규범이 존재하지 않는, 오직 신이 내린 자연법 규정만 존재하는 완전히 자유로운 상태라고 가정했으며,[32] 루소는 자유롭고 평등한 지복의 상태를 가정했다.[33] 학자마다 자연 상태에 대한 관점은 다르지만, 국가나 시민사회가 출현하기 이전에 개인으로 존재하던 상태를 상정했다는 점이 중요하다. 바꿔 말하면, 국가나 시민사회가 존재하지 않았을 때 인간은 개인으로 존재했다는 뜻이다. 한마디로 개인이 사회보다 앞선다는 것인데,[34] 이것은 개인주의의 가장 중요한 전제 중 하나이다.

더불어 개인주의자들은 인간의 원초적 상태는 자유롭고 평등한 상태이며, 인간은 욕구로 충만한 독립된 개인으로 존재하고, 사회는 개인의 결합으로 만들어지며, 개인의 결합은 개인들의 자발적 합의와 계약이라고 주장한다. 이런 개인주의 사상을 노명식은 다음 네 가지 특징으로 요약했다. "1. 사회를 개인들의 집합으로 보고 2. 원자론의 방법과 비유를 사회생활에 확대 적용하며 3. 복잡한 결합체도 원칙적으로 원자적 부분으로 분리해낼 수 있다고 생각하고 4. 정부는 기계와 같은 것"이다.[35]

소유적 개인주의와 미국적 개인주의

개인주의의 발전은 자유주의의 발전과 그 궤를 같이한다. 개인주의란 결국 개인의 자유를 중시하는 태도이기 때문이다. 근대 이후의 역사는 모든 제약을 거부하고, 점점 더 자유를 확대하는 방향으로 움직여갔다.[36] 자유의 확대 과정에서 존 스튜어트 밀John Stewart Mill의 《자유론*On Liberty*》을 그냥 지나칠 수는 없다. 그는 《자유론》에서 그 유명한 자유론의 테제를 이렇게 설명한다.

> '자유'라고 불릴 만한 가치가 있는 유일한 자유는, 우리들이 다른 사람의 행복을 빼앗으려고 하지 않는 한, 또는 행복을 얻으려는 다른 사람의 노력을 방해하지 않는 한, 우리들이 좋아하는 방식으로 우리들 자신의 행복을 추구하는 자유이다.[37]

밀의 주장과 함께 개인의 자유란 불간섭이라는 공리가 형성된다. 개인의 자유는 무한하며 그 무엇으로도 제한할 수 없다. 개인의 자유는 누구도 침해할 수 없는 불가침 영역이다. 개인의 자유를 제한할 수 있는 유일한 제한은 타인의 자유뿐이다. 따라서 개인의 자유는 타인의 자유를 침해하지 않는 한 무한히 확장할 수 있다.

이런 공리로 말미암아 소위 신성불가침의 프라이버시 영역이 생겨난다. 프라이버시란 "공공의 간섭을 전혀 받지 않고 생각하고 행동하는 개인 고유의 생활 영역"[38]으로, 프라이버시 영역 내에서 개인은 왕이고 절대주권자이다. 개인은 내면의 인식 세계를 넘어 구체적 통치 영역을 확보하는데, 이것이 프라이버시이다. 이 영역에서 개인의 정치적 · 종교적 · 경제적 판단이 이루어지므로, 어느 누구도 개인의 정치적 · 종교적 · 경제적 판단에 관여할 수 없다. 비밀투표를 실시하는 이유도 바로 프라이버시 영역을 침해할 수 없다는 현대 자유주의의 공리 때문이다. "비밀투표함은 외부의 간섭을 배제하는 사생활을 공적 영역으로 확대 적용한 것"이다.[39]

밀의 자유론은 애덤 스미스의 자유방임주의와 연결된다. 스미스는 자연 상태의 인간을 홉스와 비슷하게 이기적 욕망을 가진 존재로 보았다. 하지만 그는 인간의 이기욕을 인류의 공멸이 아니라 공공의 선을 창출하는 자원이라고 보았다. 여기서 공공의 선은 국가 부의 증대를 말한다.

어떻게 이것이 가능할까? 스미스에 따르면 이는 분업이라는 원리로 이루어지는데, "우리들이 식사를 준비할 수 있는 것은 푸주, 술집 또는 빵집의 박애심 때문이 아니라 그들 자신의 이익에 대한 그들의 관심 때문"[40]이라고 그는 말한다. 이 원리는 사회 전 영역에 적용할 수 있는데, 모든 사람이 자기 이익을 추구할 때 사회 전체가 번영한다고 그는 선언한다. 모두가 최대의 가치를 가지려고 운영하면서 오로지 자신의 이득만을 기도하지만 "보이지 않는 손an invisible hand에 이끌려 그가 전혀 의도하지 않았던 한 목적을 촉진하게 되는 것"[41]이라고 했다. 보이지 않는 손은 자유 시장을 의미한다. 이 때문에 스미스는 사회가 개인의 욕망 실현을 최대한 방임해야 한다고 주장할 수 있었다. 개인이 사회에 앞선다는 개인주의적 주장을 그는 극단적으로 개진한 것이다.

스미스의 이러한 개인주의는 시장경제와 결합된 완연한 소유적 개인주의이다. 개인주의에도 사상적 · 종교적 · 정치적 차원 등 여러 차원이 있지만, 시간이 흐를수록 경제적 차원의 개인주의가 더욱 극적으로 발전한다. 이때 경제적 차원의 개인주의를 소유적 개인주의라 할 수 있다. 스미스는 소유적 개인주의를 더욱 강조했는데, 이런 개인주의 사회에서 "모든 개인은 교환에 의해서 생활하고, 다시 말해 어느 정도까지는 상인이 되며, 따라서 사회 그 자체도 소위 하나의 상업적 사회로 성장하는 것이다"[42]라고 말했다. 그가 이상적으로 생각한 소유적 개인주의 사회에서 개인은 상인으로 존재하며, 사회는 하나의 큰 시장이 되어야 한다. 다니엘 디포Daniel Defoe의 소설 주인공인 로빈슨 크루소처럼 모든 근대인은 무인도에 고립되어 있다. 그 섬에서 무한정한 자유가 주어지고, 근대인은 그 자유를 활용해 부단한 모험과 노력, 노동으로 자신의 자산을 증식하고, 자신의 세계에 대한 지배권을 확대한다.[43] 이것이 근대의 소유적 개인주의의 한 모습이다.

소유적 개인주의를 이론으로 정착시킨 인물이 크로포드 B. 맥퍼슨Crawford B. Macpherson이다. 맥퍼슨이 보기에 가장 완성된 형태의 개인주의는 소유적 개인주의의 형태를 띠었다. 그가 볼 때 인간이 한 개인으로 존재한다는 것은, 자신의 신체에 대한 소유권을 가진 상태로 존재한다는 것이다.[44] 나아가 자기 신체에 대해 배타적 소유권을 가진 개인이 일련의 시장 관계로 얽혀서 전체 사회를 구성한다고 그는 보았다.

그는 소유적 개인주의의 명제를 일곱 가지로 정리했는데,[45] 이를 요약하면, 개인이란 재산을 지닌 소유권자이다. 개인은 자기 이익을 위해 자발적으로 타인과 맺는 관계 이외의 일체의 관계에서 자유롭다. 개인이 타인과 맺는 관계는 본질상 일종의 시장 거래 및 교환 관계이다. 국가의 역할은 개인의 소유권을 보호하고, 개인이 서로 질서 있게 교환 관계를 유지할 수 있도록 돕는 것이다. 때문에 국가는 잠정적이고 인위적인 고안물에 불과하다. 이상이 맥퍼슨의 소유적 개인주의의 대요이다.

이런 식의 소유적 개인주의가 만개한 곳이 바로 미국이다. 개인주의가 자유의 나라 미국에서 큰 인기를 얻은 것은 역사적 필연일지 모른다. 그들은 종교와 사상의 자유와 함께 재산권 보호를 위해 유럽의 권위주의에서 출애굽한 자칭 선민이었기 때문이다. 이런 이유로 미국은 세계에서 자유주의-개인주의가 가장 발달한 국가가 되었다.[46] 이처럼 미국에서 특별히 발전한 개인주의는 유럽과도 다른 양상을 띠며 미국식 개인주의로 발전했는데, 심지어 영국과도 달랐다.

미국식 개인주의는 개인주의, 물질주의, 개인주의적 노동 윤리가 결합한 소유적 개인주의 형태로 드러났다. 미국의 개인주의는 무엇보다 사유재산에 대한 옹호와 개인의 부의 축적에 대한 무제한적 기회 보장이 특징이다.

미국식 개인주의는 모두에게 부를 증식할 기회가 공평하게 주어지며, 그 결과는 전적으로 개인이 책임진다고 요약할 수 있다. 따라서 부자를 비난할 필요도 없고, 가난한 자를 사회가 책임질 필요도 없다.

특히 이런 개인주의가 청교도 윤리와 결합하면서 노동은 개인의 소명이며, 노동의 결과로 주어지는 부와 가난은 신의 섭리일 뿐 국가가 책임질 일이 아니라고 여겼다.[47] 현대 미국은 부유한 선진국이지만 복지 정책은 선진국 중 최하위 수준인데, 모든 결과를 개인의 책임으로 돌리는 미국식 개인주의가 그 바탕에 깔려 있다. 즉 미국식 개인주의가 빈곤을 가난한 자들 탓으로 돌리는 "피해자를 비난하는blaming the victim" 이론을 고안하고 지지하기 때문이다.[48]

지금까지는 고대부터 현대까지 이어져온 세속적 개인주의의 역사를 간추려보았다. 이런 개인주의의 영향을 받은 교회도 교회론적 개인주의를 탄생시키는데, 이제는 이를 살펴볼 차례이다.

2
기독교 신학과 기독교적 개인주의

하지만 교회론적 개인주의를 세속적 개인주의 맥락에서만 살펴보는 것은 옳지 못하다. 기독교 계시 자체에서도 개인주의 특성이 발견되고, 교회가 세속적 개인주의에서 일방적으로 영향을 받은 것이 아니라 교회가 세속적 개인주의에 영향을 미치기도 했기 때문이다. 따라서 교회가 세속적 개인주의의 진보에 기여한 경우까지 함께 고려해 교회론적 개인주의를 살펴봐야 한다.

기독교 전통과 개인주의

개인의 자유를 강조하는 개인주의는 성서 계시와도 상통하는 지점이 많다. 한 개인의 가치를 천하보다 귀하게 여기는 기독교 전통은 근대 인권 사상의 중요한 이론적 근거가 되었다. 성서의 인권 사상은 창세기부터 등장한다. 창세기는 인간 존재를 "하나님의 형상*imago Dei*"이라고 선언한다. 다윗은 시편 8편에서 이를 부연하면서 "사람이 무엇이기에 주께서 그를 생각하시며 인자가 무엇이기에 주께서 그를 돌보시나이까. 그를 하나님보다 조금 못하게 하시고 영화와 존귀로 관을 씌우셨나이다"(시 8:4-5)라고 노래한다. 여기서 '사람'이란 인종과 문화를 초월한 보편적 인간이자 개인이다. 다윗은 한 개인의 존엄과 권위가 하나님의 은총으로 말미암으며, 그래서 개인의 존엄이 하나님보다 "조금 못하게" 되었다고 말한다.

뿐만 아니라 인간을 자연의 통치자로 임명했다는 사상, 아담의 결정에 세계의 운명이 맡겨졌다는 점, 신과 인간의 계약 체결을 전제로 하는 성서의 '언약 사상'에서도 인간에 지고한 가치와 존엄성을 부여한 단초를 발견할 수 있다. 유사한 시기에 등장한 다른 고대 사상과 비교하면 파격적일 정도로 개인의 인권을 높이 평가하고 있는데, 여기서부터 배아胚芽적 형태의 기독교적 개인주의를 발견할 수 있다.

성서의 인권 사상은 예수 그리스도에서 절정을 이룬다. 신이 자신을 거역한 대역 죄인을 살리려고 자기 아들을 죽음에 내어준다는 신약성서의 가르침은 인권 사상의 극치라고 할 수 있다. 성서의 인권 사상은 개인에 높은 가치를 부여한다. 잃어버린 양 한 마리를 찾아 나서는 목자의 비유에서는 성서가 개인의 가치를 얼마나 높이 평가하는지를 엿볼 수 있다.[49] 더불어 예수 그리스도가 인간관계의 기본 질서를 권위주의적 지배가 아닌 형제자매의 인격적 관계로 설정한 것 역시 인격주의와 자유주의를 옹호하는 것이다. 그런데 성서의 인간 존엄 사상은 일관되게 하나님의 사랑에서 비롯된다. 이처럼 성서의 계시는 세속적 관점과는 다소 다른 방식으로 인간의 존엄과 개인의 가치와 자유를 적극적으로 옹호한다. 이것이 성서 계시에서 발견할 수 있는 기독교적 개인주의의 씨앗이다.

성서 계시를 바탕으로 하는 기독교 전통은 개인의 가치를 높이 평가해왔다. 그중에서도 기독교 신앙을 "하나님 앞에서*Coram Deo*" 단독자로 서는 것이라고 간주해온 점은 주목할 만하다. 이런 기독교적 개인주의를 심도 있게 빚어낸 인물이 고대 교부 아우구스티누스인데, 그의 기독교적 개인주의를 잘 보여주는 책이 《고백록*Confessiones*》이다. 고백confession 또는 독백monologue이라는 문학 형식은 매우 개인적이다. 고백록은 그가 홀로 신과 나눈 대화, 좀 더 정확히 말하면 "하나님 앞에서"의 독백이다. 그의 긴 독백에는 어머니 모니카, 여러 철학자와 친구들, 교부들을 비롯한 수많은 인물이 등장하지만, 독백 속에 열거된 대상일 뿐 아우구스티누스의 대화에는 끼어들지 못한다. 그들은 마치 단역 배우 같은 존재이다. 그가 대화하는 공간이 어디인지는 알 수 없으나 혼자만 있는 골방임은 분명하다. 그는 아무도 없는 곳에서 혼자 '하나님 앞에' 서 있다. 어느 누구도 침해할 수 없는 지극히 사적인 공간, 그곳이 고백이 이루어지는 공간이다.

그의 회심 이야기는 잘 알려져 있다. 회심 전 그의 내면은 로마서 7장의 바울처럼 자아와 자아의 충돌로 인해 극도의 번민으로 가득 차 있었다. 그러다가 로마서 13장을 읽고 회심했다.[50] 그에게 회심이란 마음 가장 깊은 곳에서 일어난 내적 전환이었다. 회심의 순간 그는 세상에 대한 모든 애욕을 버리고 하나님을 선택한다. 그에게 회심이란 세상 밖으로 나온 개인individu-hors-du monde이 되었음을 뜻한다.[51]

그의 신학 방법론도 대단히 개인주의적이었다. 《고백록》 10권부터 나오는 철학적이고 신학적인 성찰은 도서관이나 연구실에서 고대 문헌을 면밀하게 탐구하는 행위가 아니라 자기 자신에 대한 성찰, 특히 자신의 기억을 들여다보는 방식으로 이루어졌다. 그에게 기억이란 자신의 영혼, 곧 자기 자신이나 다름없었다.[52] 그는 기억의 방을 이곳저곳 뒤지면서 신학적 성찰을 해나갔다.

아우구스티누스에게 인간의 영혼은 기억으로 구성되며, 그 기억은 거대한 크기의 공간과도 같았다. 기억 중에는 그가 당장에 상기할 수 있는 것도 있으나 영영 떠오르지 않는 것도 있었다. 그의 기억론은 인간의 정신이 의식과 훨씬 더 큰 무의식으로 구성된다고 했던 프로이트의 정신분석학을 예고하는 듯하다. 아우구스티누스의 고백적 자아는 기억이라는 거대한 공간에 들어가 자신을 성찰할 뿐만 아니라 그 속에서 시간과 우주에 대해 사유하며, 나아가 신의 현존을 찾았다. 그는《고백록》10권 25장에서 하나님은 기억 안에 계신다고 말한다. 그리고 "하오나 주여, 당신은 내 기억 어디에 계시나이까?"[53]라고 물었다.

필립 캐리Phillip Cary는 아우구스티누스의 사유를 가리켜 "내적 자아의 발명the invention of the inner self"이라고 했다. 아우구스티누스 이전의 어느 누구도 자신의 자아를 사적인 내적 공간inner space, 또는 내면의 세계inner world로 보지 않았다고 그는 주장한다. 아우구스티누스가 자아를 울타리로 둘러싸인 내적 공간으로 간주하는 것은 단순한 유비나 은유가 아니다. 매우 실제적 의미에서 그리 말했지만, 그렇다고 해서 물리적 공간을 상정했다는 뜻은 아니다. 신과도 다르고 육체와도 구별된 내적 공간은, 어떤 것을 발견할 수도 있고 또 잃어버릴 수도 있는 실제적 공간이요 세계이다. 캐리는 개인의 내적 자아를 이렇게 바라보는 관점을 아우구스티

누스가 최초로 창조해냈다고 주장한다.[54]

아우구스티누스의 내적 자아는 근대적 주체를 발견하기 위한 중요한 발판이 되었으며, 근대적 자아 관념에 상당한 공헌을 했다고 볼 수 있다. 더불어 근대의 프라이버시 개념을 고안해내는 데에도 일조했다고 추론할 수 있다. 또한 중세 수도사들이 끊임없이 '하나님 앞에' 서서 스스로를 성찰하도록 아우구스티누스가 도왔다는 사실도 기억해야 한다. 중세의 신비주의적, 수도사적 전통은 마르틴 루터의 종교개혁 정신으로까지 연결된다.

종교개혁과 기독교적 개인주의

마르틴 루터는 기독교적 개인주의의 첨병이다. 하지만 루터의 신학을 단순하게 개인주의 신학으로 범주화해서는 안 된다. 위대한 사상가들이 그러하듯 루터의 신학도 모순과 역설적 특성으로 가득해서, 그의 사상을 한마디로 규정하기란 쉽지 않다.[55] 그는 누구보다 국가의 권위와 교회를 강조하고 개인적 신앙의 자유를 반대했지만,[56] 윤리적 선택 같은 문제에서는 놀라울 정도로 개인주의적 측면을 보인다. 이처럼 그의 모순적이고 역설적인 특성은 수많은 루터의 얼굴을 만들어낸다.[57]

그중 하나가 개인주의자 얼굴이다. 이런 개인주의적 면모는 그의 칭의론에서도 찾아볼 수 있다. 그의 칭의론은 개인의 내면에서 믿음으로 말미암아 일어나는 사건이기에 개인주의적 차원이 분명히 존재한다. 더구나 칭의론이 그의 신학에서나 개신교 신학 전체에서 차지하는 중요성을 볼 때[58] 그의 개인주의적 특성은 종교개혁 진영에 심대한 영향을 미친다.

마르틴 루터의 칭의론의 기초는 "탑의 체험"에 큰 빚을 지고 있다. 루터는 비텐베르크 대학의 탑실에서 성서를 묵상하던 중 오래된 신앙의 번민에서 벗어난다. 그는 당시의 체험에 대해 이렇게 말했다.

> 마침내 하나님의 은혜로 "복음에는 하나님의 의가 나타나서 믿음으로 믿음에 이르게 하나니 기록된 바 오직 의인은 믿음으로 말미암아 살리라 함과 같으니라"는 말씀을 밤낮으로 묵상하는 가운데, 나는 '하나님의 의'가 의인을 하나님의 선물로써, 즉 믿음으로써 살게 하는 그러한 의이며, "복음에 하나님의 의가 나타나서"라는 문장은 "의인은 믿음으로 말미암아 살리라"라고 쓰여진 것과 같이 자비로우신 하나님이 믿음에 의해 우리를 의롭게 하시는 수동적 의라는 것을 이해하기 시작하였다. 이로 인해 나는 즉시 마치 새로 태어난 것처럼, 마치 열려진 문을 통해 천국 자체로 들어간 것처럼 느끼게 되었다. 그 순간부터 성서 전체가 나에게 다른 빛으로 나타나게 되었다.[59]

루터는 그 옛날 아우구스티누스처럼 탑실에서 '하나님 앞에' 홀로 머물러 있던 중에 큰 깨달음을 얻는다. 그가 깨닫고 믿게 된 바는 순전히 한 개인이 '하나님 앞에서' 경험한 것이다. 그 어떤 외부 압력과 위협에도 결코 그 경험을 거부할 수 없었다. 그래서 그는 보름스 국회장Diet of Worms에서 황제와 자문단과 로마의 대표자들, 스페인 군대, 7명의 선제후, 영주들, 수많은 청중 앞에서 이렇게 답했다.

저의 양심은 하나님의 말씀에 사로잡혀 있습니다. 그러므로 만일 공개적이고 분명한 근거나 이유를 통해서, 또는 성서로부터의 증거를 통해서 제가 확신을 얻지 못한다면, 저는 저의 주장을 철회할 수 없으며 또 그럴 생각도 없습니다. 왜냐하면 양심에 반해서 행동하는 것은 안전하지도 못할 뿐만 아니라 현명한 일도 아니기 때문입니다.[60]

그러고는 하늘을 우러러 하나님을 바라보며 짧지만 강력한 기도를 올려드린다. "저는 여기에 서 있습니다. 달리는 어찌할 수 없습니다. 하나님이여, 저를 도와주소서! 아멘."[61] '하나님 앞에' 서게 되자 그를 둘러싼 모든 세상의 힘과 권세와 세력들로부터 초연해졌다. 그 어떤 권위와 권세도 루터의 신앙을 침범할 수 없었다. 그 신앙은 신에 대한 충성이기에 세상 정부에 대한 충성보다 훨씬 고차원적이고 숭고했다. 국가의 권위를 능가하는 신앙의 자유를 그는 주장하고 있었다. 루터의 강력한 자기 확신은 100년 뒤, 데카르트가 제시하는 근대 주체의 인식론적 자신감을 예고한다. 루터의 칭의론은 이후의 기독교적 개인주의를 추동하는 강력한 엔진으로 작동한다.

특히 루터의 칭의론에서 개인의 신앙 결단을 특히 더 강조하는 이들이 나오는데, 이들이 바로 아나뱁티스트이다. 그들은 신앙이란 개인의 자유로운 결단 없이는 불가능하다고 보았다. 그래서 유아세례를 거부하고 성인의 재침례를 시행한다. 더불어 국가의 폭력이나 위력에 의한 강제 회심도 거부했다. 국가와 교회를 철저히 구별하고, 자발적 결사체인 교회가 국가의 통제를 받을 이유가 없다고 생각했다. 아나뱁티스트의 신앙 자유에 대한 강조는 이후 양심의 자유를 강조하는 근대 자유주의-개인주의의 발전에 적지 않게 기여한다.

한편, 개신교 신학의 개인주의적 특성을 유발시킨 또 다른 요소를 칼뱅에서 찾아볼 수 있다. 이에 대해 막스 베버는 칼뱅의 예정론이 개신교 신자들을 극단적으로 고독한 영혼으로 고립시킨다고 지적한 바 있다. 칼뱅에 따르면 인간의 구원은 창세전에 이미 예정돼 있다. 그런데 칼뱅의 말대로 신자의 구원이 전적으로 하나님의 선택에 기초하고, 그 하나님의 선택은 인간의 지식으로는 닿을 수 없는 미지의 것이라면, 신자는 자신의 구원을 위해 할 수 있는 일이 아무것도 없게 된다. 모든 것이 이미 결정되어 있기 때문에, 겨우 할 수 있는 일이라고는 자신이 택한 자인지 아닌지를 아는 것뿐이다. 이 땅에서는 그 사실을 온전히 알 수 없으며, 설령 안다고 해도 자신의 운명을 바꾸지는 못한다. 성례전, 교회, 심지어 신조차 한 개인의 영혼의 운명을 바꿀 수 없다. 오직 영원 전에 정해진 신의 선택만이 그를 구원에 이르게 할 수 있을 뿐이다. 베버는 이런 예정론이 "전대미문의 내적 고립감"을 창출한다고 주장한다.[62] 극단적 고립감은 최소한 자기 영혼의 구원에 관해서는 개인주의자가 되도록 만들었다. 결국 구원은 개인의 구원이지 다른 누구의 것이 아니다. 이것은 후대로 이어져 끊임없이 개인의 구원을 점검하는 청교도적 자기 성찰과 자신의 구원을 공적으로 발표하는 간증 문학의 탄생을 촉진한다.[63]

루터의 사상은 독일 경건주의German Pietism로 이어져 더욱 발전하는데, 경건주의는 개인주의를 더욱 가속했다. 경건주의가 루터를 계승했다는 말에는 약간의 첨언이 필요하다. 앞에서도 말했듯 루터에게는 여러 얼굴이 있다. 루터는 스콜라 신학을 격렬하게 비판했지만 동시에 스콜라 신학자의 면모도 지닌 이성주의자였다.[64] 여기에 철저한 금욕으로 자기 검열을 한 수도사적 면모도 있다.[65] 스콜라 신학자와 신비적 수도사라는 양면성은 그를 따르는 이들에 의해 각각 다른 방향으로 발전한다. 루터파 정통주의Lutheran Orthodoxy는 루터의 신학에서 이성주의를 이어받고, 독일 경건주의는 진실한 회심 같은 신비적이고 주관적인 차원을 강조한다.[66]

루터의 신비주의자 면모를 계승한 경건주의자들은 루터가 영혼의 중요성을 강조했다는 사실에 주목했다. 루터는 그리스의 인간 이분법을 받아들였다. 즉 인간은 육체와 영혼으로 이루어져 있으며, 외적이고 육체적인 조건은 영혼에 어떠한 영향도 주지 못한다는 것이다. 아우구스티누스가 하나님 앞에서 자신의 영혼을 세밀하게 성찰했듯이 루터는 영혼의 영역을 신앙의 중요한 좌소라고 보았다. 영혼의 자유를 가능케 하는 것은 오로지 하나님 말씀에 반응하는 개인의 신앙뿐이며 그 밖의 어떤 외적 조건도 영혼의 자유에 도움이 되지 못한다.[67] 신자 개인의 영혼에 대한 높은 강조를 경건주의자들은 재강조해야 한다고 믿었다.

경건주의자들의 주관적, 신비주의적, 개인주의적 신앙주의는 이후 퀘이커교도의 내적 광명에 대한 강조로 이어지고,[68] 경건주의자 진젠도르프의 후예인 슐라이어마허Friedrich Daniel Ernst Schleiermacher의 절대 의존의 감정과도 연결된다.[69] 뿐만 아니라, 20세기 아돌프 하르낙의 개인주의적 하나님나라 사상까지도 이어진다.[70]

기독교적 개인주의의 세속화

루터나 칼뱅이 기독교적 개인주의를 발전시키는 데 큰 공헌을 했으나 본성상 그들의 개인주의에는 근대의 자유주의적 요소가 거의 들어 있지 않았다. 왜냐하면 그들이 가톨릭교회의 불관용과 별 차이가 없는 모습을 보였기 때문이다. 예컨대, 루터는 국가가 사상을 검증하고 이단을 가려내서 근절해야 할 책임이 있다고 강조했으며, 따라서 아나뱁티스트들을 참형에 처해야 한다고 주장했다. 칼뱅은 그보다 더 불관용적 인물이었는데, 이단자라는 명목으로 미카엘 세르베투스Michael Servetus를 처형했다.[71] 그들은 가톨릭교회를 향해 신앙의 자유를 외쳤으나 다른 이들이 신앙의 자유를 외칠 때는 칼로 대응했다. 이는 그들이 개인의 자유를 위해서가 아니라 진리의 수호를 위해 투쟁했음을 잘 보여준다.[72] 이처럼 종교개혁자들의 개인주의는 근대 자유주의-개인주의와 가깝고도 먼 거리를 유지하고 있었다.

그럼에도 종교개혁은 근대 자유주의-개인주의의 확대와 발전에 큰 공을 세운다. 주관적 확신을 강조하고 가톨릭교회의 권위를 상대적으로 위축시켰다는 것만으로도 근대 자유주의-개인주의의 출현에 혁혁한 공을 세운 셈이다. 종교개혁으로 말미암아 교회의 최고 권력이 군주에게 귀속된 일도 큰 변화였다. 가톨릭교회는 더 이상 신자의 양심을 재판하기 위해 아무 곳에나 종교재판소를 설치할 수 없게 되었다.

종교개혁이 근대 자유주의-개인주의의 발전에 공헌한 것 중에서 자연법사상도 빼놓을 수 없다. 유명론의 영향을 받은 마르틴 루터는 삼라만상 중 어느 하나도 소중하지 않은 것이 없으며, 모든 개체는 각자 그 자리에 있도록 하신 하나님의 섭리의 결과라고 생각했다. 루터의 자연법 사상은 소극적으로나마 전체보다는 개체를 강조했는데, 개교회의 중요성을 강조하는 계기가 된다. 이것은 이후 회중교회의 출현에도 도움이 된다.[73] 칼뱅의 자연법은 여기서 한 발 더 나아가 하나님의 뜻에 위배되는 권위에는 직위가 낮은 관료라 하더라도 저항권을 발동할 수 있다는 급진적 주장을 담고 있다. 칼뱅의 자연법 역시 세속적 영향력을 만들어 내는데, 그로 인해 개인의 도덕적 자율성과 가치가 정립되고, 민주주의의 출현에 중요한 토대를 마련했다.[74]

여기서 종교개혁가들의 자유정신이 근대 자유주의-개인주의의 확대에 공헌한 바를 지적하지 않을 수 없다. 종교개혁자들은 누구보다 앞서 종교의 자유를 주장했다. 물론 자신의 신앙을 수호하기 위한 주장이었지만, 이후 이것은 아나뱁티스트의 신앙 자유사상으로 발전하고, 또한 신앙의 자유 원리가 세속화되면서 점차 모든 사람의 양심의 자유권을 옹호하는 방향으로 발전한다.[75] 즉 종교개혁가들의 "신앙의 자유"라는 구호가 점차 세속화되어 "양심의 자유"라는 구호로 대체된 것이다.

여기에 결정적인 역할을 한 사람들이 바로 소시누스Socinus를 따르는 소시누스주의자들이었다. 소시누스주의자들은 좀 더 폭넓게 사상과 양심의 자유를 주장한 자들로 잘 알려져 있다. 이들의 사상은 삼위일체를 거부한 유니테리언주의unitarianism로 이단적인 것이었다. 그런데 그들은 종교를 위해 사용하는 무력을 비판했다. 이들은 신자들에게 성서 해석의 여지를 허용했으며, 따라서 자신과 신앙이 다른 이들을 박해해서는 안 된다고 주장했다.[76] 이런 관용의 자세는 아나뱁티스트의 평화주의에서도 이미 나타났으며[77] 이후 아르미니우스주의자들도 유사한 태도를 취한다.

신앙의 자유사상은 더 넓은 공감대를 얻는데, 특히 신앙의 자유를 찾아 미국으로 건너간 청교도들 중 상당수가 여기에 공감했다. 침례교도들은 국가와 교회의 분리를 주장하고 국교를 거부함으로써 미국을 다원주의 국가로 만드는 데 크게 기여했다. 1791년 발효된 수정헌법 1조를 통해 미국은 국교가 없는 국가임을 천명했으며, 사상과 종교의 자유를 헌법으로 보장하는 대중 민주주의 시대가 열렸다.[78]

교회론적 개인주의

지금까지의 설명을 통해 근대 자유주의-개인주의가 유럽의 세속적 개인주의 전통만이 아니라 기독교의 개인주의 전통과도 영향을 주고받으면서 생겨났음을 알 수 있었다. 세속적 개인주의는 데모크리토스의 원자론과 소피스트의 개인의 자유에 대한 강조까지 거슬러 올라가고, 기독교의 개인주의는 성서 계시에까지 그 기원이 닿아 있었다. 역사에서 이 둘은 서로 뗄 수 없는 관계로 얽혀 있다. 긴밀하게 연관돼 있는 르네상스와 종교개혁처럼 두 종류의 개인주의는 상호 영향을 주고받으면서 발전해왔으며, 그 역사 속에서 교회론적 개인주의를 파악할 수 있다. 따라서 개인주의를 무조건 악이라고 규정할 수는 없다.

그러나 이 책이 문제로 삼는 것은 교회가 근대 자유주의-개인주의를 무분별하게 수용하고 적용했다는 점이다. 그 결과, 교회론적 개인주의가 나타났으며, 이것이 메가처치 현상을 초래한 중요한 원인이 되었다. 근대 자유주의-개인주의의 중요한 전제를 아무런 비판 없이 받아들인 교회론적 개인주의의 특징은 무엇일까. 첫째, 개교회(혹은 개신자)를 원자적으로 고립된 존재로 본다. 둘째, 개교회(혹은 개신자)는 욕구를 극대화하려는 충동을 가진 존재이며, 그 욕구는 자연스럽고 정당하다. 셋째, 개교회(개신자)는 전적으로 자유롭고 평등하다. 넷째, 개교회(혹은 개신자)는 다른 교회(혹은 다른 신자)와 이해관계에 따라 관계를 맺거나 맺지 않을 수 있는데, 이때의 관계는 기본적으로 시장을 기초로 형성된 계약 관계이다.

교회론적 개인주의는 개교회 간의 분리와 대결과 경쟁을 초래할 뿐만 아니라 그것이 무해하다고 정당화한다. 개교회의 성장과 실패는 전적으로 그 교회의 책임에 속하기에, 성장한 교회는 성장의 유익을 독점적으로 누릴 수 있고, 성장하지 못한 교회는 교회 자신에게 원인이 있다고 주장한다. 또한 교회론적 개인주의는 교회 내 신자들의 관계가 소외, 익명성, 친교의 상품화로 왜곡되고 있음에도, 그것은 무해하며 신학적으로나 성서적으로 크게 문제되지 않는다고 주장한다. 이런 교회적 질서에 몇 가지 문제가 있다고 인정하더라도 기술적으로 해결 가능하다고 주장한다. 이렇게 교회론적 개인주의가 교회 간의 관계에서 공교회성을 약화하고, 교회 내 공동체성을 약화하고 있다. 그렇다면 이제는 교회론적 개인주의에 대한 대안을 모색해볼 때가 되었다.

BEYOND MEGACHURCH

6부

대안적 교회론의 모색

메가처치를 넘어서

최근 한국 교회 내에서 메가처치의 크고 작은 문제점이 드러나면서 메가처치 현상에 대한 비판적 관점이 서서히 공감대를 얻고 있다. 사실 메가처치 현상에 대한 비판이 그동안 아주 없지는 않았지만 피상적 차원에 머무르기 일쑤였고, 내놓는 대안 역시 근본적 치유책과는 거리가 멀었다. 메가처치 현상을 가라앉힐 대안을 서둘러 제시하기 전에, 그 대안이 어떤 방향과 성격을 지녀야 할지를 먼저 숙고해야 한다.

6부에서는 그동안 제시된 메가처치 현상의 대안들과 그 한계를 되짚어보고, 올바른 대안이 추구해야 할 방향성까지 살펴보려 한다. 앞서 메가처치 현상의 신학적 원인을 교회론적 개인주의라고 지적한 바 있다. 따라서 메가처치 현상에 대한 대안은 교회론적 개인주의를 극복하는 방향으로 제시해야 할 것이다.

1 근본적 대안의 기본 방향

메가처치 목사였던 옥한흠은 교회의 대형화를 누구보다 신랄하게 비판했다.[1] 하지만 메가처치 현상 자체를 비판하기보다는 교회 대형화를 과도하게 추구하는 개별 목사의 그릇된 동기를 주로 비판했다. 그는 한국교회 대형화 현상의 대안으로 순전한 동기로 성실하게 제자 훈련을 해야 한다고 주장했다.[2] 그는 기본적으로 올바른 교회 성장이라면 나쁘지 않다는 입장이었으며, 건강한 메가처치가 가능하다고 보았다.

그의 문제의식은 강남형 메가처치 목사 입장에서 기존 강북형 메가처치의 행태를 비판한 정도라고 할 수 있다. 그는 메가처치 현상이 어느 교회도 쉽게 벗어날 수 없는, 심지어 본인이 목회하는 사랑의교회도 예외일 수 없는 포괄적 교회 현상이라는 사실을 간과했다. 그래서 그가 개척한 사랑의교회가 메가처치 현상에 빨려 들어가는 상황을 타개하는 데 실패하고 만다. 또한 그는 메가처치 현상이 목회자 개인의 야심과 탐욕, 그릇된 동기 때문이라고 잘못 판단했다. 순수한 동기로 목회하면 문제가 해결될 줄 알았다. 하지만 메가처치 현상은 목회자 개인의 그릇된 동기로만 생겨난 것이 아니다. 그의 대안은 과녁을 벗어난 셈이다. 결국 옥한흠의 관점은 대중적 흡인력은 있지만 피상적 대안에 불과하다.

메가처치 현상의 또 다른 대안은 자발적으로 교회 성장을 억제하거나 적정 수준에서 교회를 분할하는 것이다.[3] 높은뜻숭의교회 사례[4]나 분당우리교회의 계획[5]도 비슷한 맥락이다. 대다수가 메가처치를 지향하는 마당에 터져 나온 이들의 시도는 매우 참신하며 강한 상징성이 있다. 메가처치 목사들의 이런 자발적 움직임은 분명 주목할 만하며 칭찬받을 일이다.

하지만 이 대안의 문제점은, 우선 강요할 수 없다는 것이다. 교회 성장을 억제하거나 분할하는 것은 개교회의 자율적 판단에 맡겨야지, 강제로 요구할 수단이나 근거가 없다. 또 하나, 이 대안은 메가처치를 막는 대안이지 메가처치 현상을 해결하는 대안은 아니다. 누누이 강조하지만 메가처치와 메가처치 현상은 다르다. 메가처치 현상은 소수 메가처치뿐 아니라 다수의 비메가처치까지 포괄하는 종교사회적 역동이다. 따라서 극소수 메가처치의 성장 억제나 분할 계획은 메가처치 현상을 푸는 올바른 대안이 될 수 없다.

더구나 이 대안은 결정적으로 "왜 반드시 그렇게 해야 하는가?"라는 물음에 명확한 신학적 답변이 부족하다. 오히려 목회자 개인의 문제의식에 기초한 도덕적 결단으로 이루어진 모양새다. 그러다 보니 도덕적 결단을 내린 목회자와 해당 교회는 그러지 못한 목회자와 교회보다 도덕적 우위에 서게 되고, 목회자의 인격과 설교의 브랜드 가치를 상승시켜 오히려 해당 교회에 대한 쏠림 현상을 가속화하는 역효과까지 발생한다. 메가처치 현상의 올바른 대안은 일부 목회자 개인의 도덕적 결단이 아니라, 교회론에 대한 성서적이고 신학적인 성찰을 통해 올바른 방향을 제시하고 모든 교회가 그 방향을 따르는 것이다.

작은 교회 운동도 메가처치 현상의 대안으로 주목할 만하다. 단순하고 작은 교회가 새로운 패러다임을 제공할 수 있다고 주장하는 데이브 브라우닝Dave Browning이나[6] 비슷한 논조로 '작은 교회론'을 선도하는 김진호가 눈에 띈다.[7] '교회 2.0 목회자 운동'[8]이나 "작은 교회도 있어야 합니다"라는 표어로 시작한 '작은 교회 운동 전국연합'[9]도 같은 맥락에서 작은 교회 운동을 주도하고 있다. 이 대안은 메가처치 현상 자체를 겨냥하고 있기 때문에 다른 제안보다 더 높이 평가할 만하다.

하지만 양희송은 작은 교회 자체를 지향하는 것을 경계했다. 그는 "작은 교회를 내세우는 것은 지는 싸움이 될 수 있다고 봤다. 프레임을 넘어서지 못한 채 큰 교회에 대한 단순한 반작용이 될 확률이 높다. 크기로만 따지면 논의가 굉장히 제한된다."[10] 바꿔 말하면 메가처치 현상의 대안이 '큰 교회 vs. 작은 교회'라는 틀에 갇혀 크기라는 프레임을 스스로 뒤집어쓰는 셈이 된다. 크기는 메가처치 현상이 쳐놓은 프레임이다. 메가처치가 문제이므로 메가처치를 나와 동네 작은 교회로 옮겨야 한다는 식의 반작용은 그 프레임 안에 갇히는 결과를 낳는다.

작은 교회들도 메가처치 현상에 포섭돼 있으며, 메가처치 현상의 그늘에서 확대 재생산되고 있다는 점도 간과할 수 없다. 교회 양극화가 심해지면서 극소수 거대 교회와 절대 다수인 작은 교회로 양분되고 있다. 하지만 점점 늘어가는 대다수 작은 교회마저 스스로를 잠재적 메가처치로 포지셔닝하고 격렬한 생존경쟁에서 살아남으려고 고군분투한다. 이런 상황에서 단지 크기가 작다는 이유만으로 작은 교회가 메가처치 현상의 대안이 될 수는 없다. 또한 메가처치의 대안으로 작은 교회를 찾은 신자들이 종종 함량 미달 목회자, 과도한 속박, 지나친 헌신 강요 때문에 메가처치로 돌아가거나 교회에 대한 마음이 식는 현실을 냉정하게 직시해야 한다. 작은 교회라도 메가처치 현상에 포섭돼 있는 한 메가처치의 대안이 될 수 없다.

메가처치 현상에 염증을 느낀 상당수 낙담자들이 교회를 떠나 '가나안 신자'[11]가 되는 일이 점점 늘고 있다는 사실도 기억해야 한다. 가나안 신자와 같은 탈교회 현상도 메가처치 현상의 일부라고 할 수 있다. 왜냐하면 메가처치는 공동체성 없이도 익명의 신자로 교회 안에 머물러 있는 것이 가능한 것처럼 간주했는데, 가나안 신자들은 그런 상태로 교회 안에 머물러 있는 것과 그런 상태로 교회 밖에 있는 것 사이에 아무런 차이도 없다는 사실을 깨달았기 때문이다. 메가처치가 신자의 용이한 유입을 위해서 교회와 세상의 경계를 지운 것이 도리어 부메랑이 되어 돌아왔다고 할 수 있다. 이들 중 더러는 홀로, 가족끼리, 마음 맞는 친우 두세 명끼리 모인다. 극단적인 경우 '1인 교회'라 부를 만한 기이한 교회(?)까지 생기고 있다. 이를 교회라 할 수 있을지 모르겠지만 설령 교회라 하더라도 이 역시 메가처치의 대안은 될 수 없다. 1인 교회는 공교회성과 공동체성 모두가 빠진 경우가 많기 때문이다.

결국 메가처치 현상의 올바른 대안을 찾으려면 '큰 교회 vs. 작은 교회'가 아니라 '병든 교회 vs. 건강한 교회' 프레임으로 접근해야 한다. 진정한 대안은 건강한 교회가 지향해야 할 방향을 명확히 밝혀내고, 그 방향에 맞는 건강한 교회를 구현해내는 것이다. 물론 논의 과정에서 작은 교회를 대안으로 고려할 수는 있지만, 얼마나 작은 교회가 아니라 왜 작

은 교회인지에 대한 논의가 먼저 필요하다.[12]

이외에도 교회 정관 작성, 세습 금지 법안 통과, 담임목사의 권한 제한, 투명한 재정 운영, 지성전 개척 금지, 지교회의 동일 브랜드 사용 금지 같은 대안을 제시할 수 있다. 이들 대안은 매우 실제적이지만, 강제할 수 있는 수단이나 상위 단체가 없기 때문에 실효성이 크지 않다. 강제 규정은 효과도 희박하며 율법주의의 오류에 빠져들 수도 있다. 무엇보다도, 이 대안 역시 메가처치를 억제하는 대안이지 메가처치 현상을 해결하는 대안이 아니다. 그렇다고 이런 대안 자체를 폐기하자는 말은 아니다. 근본적 대안을 추구하되 실제적 대안도 병행해야 한다. 하지만 근본적 대안이 우선이며, 메가처치가 지향하는 방향을 새롭게 재정립re-orientation하는 데서부터 시작해야 한다.

메가처치 현상의 근본적 대안으로는 메가처치 현상에 대한 철저한 진단과 비판, 자기반성이 무엇보다 우선돼야 한다. 메가처치를 지향하는 방향성에 문제가 있음을 인식하고, 그 방향성을 정당화하는 신학적 담론의 허구를 폭로함으로써, 강력한 흐름의 예봉을 꺾는 것이 올바른 대안이 첫째로 해야 할 일이다. 두 번째로는, 실제적 대안에 대한 갈증 때문에 법적 규정을 섣부르게 제시하고픈 유혹에 빠지기 쉬우나 이를 극복하고 신앙의 각성을 통해 행동으로 나아가도록 유도하는 것이다. 종교개혁자들의 말처럼 "오직 신앙*sola fide*"이다. 행동보다 신앙이 앞서야 한다. 신앙에서 행동이 나와야 한다. 그러기 위해서는 성서 계시의 가르침으로 되돌아가는 작업이 먼저 필요하다. 세 번째 할 일은 성서 계시에 기초해 올바른 방향성을 확고하게 견지하고 추구하는 것이다. 즉 메가처치를 대체할 수 있는 성서적 교회상을 재구성하고, 실제로 그런 교회들을 건설하는 것이다. 교회론적 개인주의에 물든 교회 상황을 정직하게 직면하고, 성서 계시가 가르치는 교회의 반개인주의 방향을 현실화하는 작업이 바로 성서적 교회상을 세우는 일이다.

2
디트리히 본회퍼의 관계적 교회론

성서 계시가 가르치는 교회의 반개인주의 방향은 관계론적 교회론을 재발견함으로 모색할 수 있다. 오늘날 극도로 개인주의적이고 파편화된 현대 사회에 문제의식을 느낀 여러 신학자들이 관계적 신학을 집중 연구하고 있다. 김영선의 말처럼 "오늘날 '관계'는 우리 시대의 화두가 되었다."[13] 스탠리 그렌츠Stanley J. Grenz는 신학자들이 관계를 강조하는 경향을 가리켜 '관계성의 승리the triumph of relationality'[14]라고까지 했다. 여기서는 디트리히 본회퍼의 관계적 교회론을 중심으로 교회론적 개인주의의 대안을 찾으려 한다.

본회퍼의 교회론적 문제의식

관계적 교회론은 마르틴 루터가 교회를 바라본 방식, 즉 교회를 성도의 사귐communio sanctorum 또는 신도의 사귐communio fidelium으로 보는 데서 출발해야 한다.[15] 비록 개신교 신학 전통이 교회론이 빈곤하다는 지적을 자주 받았지만, 종교개혁가들이 교회론의 출발점으로 삼은 전제는 여전히 유효하다. 교회는 사람이다!

루터의 교회론은 오래된 교회론 논쟁을 배경으로 한다. 중세에는 교회론을 놓고 두 관점이 충돌하고 있었다. 한쪽은 교회를 제도라고 생각해서 교황을 정점으로 하는 체계적이고 방대한 교권체계를 교회로 보았다. 이에 맞선 다른 한쪽은 교회를 사람이라고 여겨서 하나님의 백성들, 신실한 신자들의 회중을 교회로 보았다.[16] 요약하면, 교회를 제도로 볼지 사람으로 볼지가 논쟁의 핵심이었다.[17] 중세 가톨릭교회의 주류 교회관은 전자였으며, 후자는 중세 내내 꾸준히 등장한 개혁자들이 제기한 비주류 관점이었다.

루터와 종교개혁자들은 교회를 사람이라고 보는 비주류 교회관을 붙들었다.[18] 교회는 사람들이며 하나님의 백성들이며 신자들의 모임이며 회중이다. 특히 칭의의 신학자인 루터는 그리스도인이 되는 첩경은 믿음이라고 소리 높여 강조했다. 그에게 교회는 다른 무엇이 아닌 믿음으로 의롭게 된 사람들의 모임, 곧 '신도의 회집cogregatio fidelium'이었다.[19]

교회를 제도가 아닌 사람들로 보는 종교개혁자들의 교회관 전환은 그 자체로 심대한 의의가 있다. 하지만 교회가 단순히 사람들의 집합인가라는 또 다른 물음을 던진다. 교회는 개인들의 집합인가, 아니면 그들이 관계를 맺으며 이루는 공동체인가? 로마 가톨릭과의 전투가 시급했던 16세기 종교개혁자들은 이 질문에 천착할 수 없었다. 하지만 이는 간과할 수 없는 교회론적 문제이며, 특히 메가처치 현상이 강력한 오늘날에는 반드시 짚고 넘어가야 할 문제이다. 다시 말해 교회는 하나님의 백성

이지만, 더 나아가 하나님의 백성 공동체라야 한다.[20]

이것은 루터의 칭의론을 중요한 기반으로 삼은 개신교회가 각별히 고려해야 할 원리이다. 칭의론이 하나님과 신자의 일대일 관계에만 국한된다고 가정하면, 교회는 하나님과 일대일 관계를 맺는 개인들의 집합이 될 가능성이 높아진다. 칭의, 신과의 수직적 관계만 강조하고 형제자매와의 수평적 관계를 충분히 강조하지 않으면 교회는 사귐이 결여된 회집으로 전락할 수 있다. 메가처치 현상이 딱 그 결과로 나타난 것이다.

그렇다고 현대 교회의 개인주의적 오류를 종교개혁자들에게, 특히 칭의 신학의 대부인 루터의 책임으로 돌리자는 말은 아니다.[21] 각 시대마다 그 시대의 고유한 과업이 있고, 루터는 자기 시대의 과업을 충실히 감당했다. 다만 앞에서 지적한 대로 루터에게는 얼굴이 여럿이다. 그는 모순과 역설이 많은 신학자였다. 루터의 칭의론에는 주관적 차원과 객관적 차원이 공존하는데, 루터의 후계자를 자처한 경건주의자들은 주관적 차원을 강조했으며 따라서 그들의 교회론은 다분히 개인주의적이었다. 초기의 칼 바르트가 경건주의를 신랄하게 비판한 것도 이 때문이다. 그는 "개인의 성취, 개인의 회심, 개인의 성화, 개인의 구원, 개인의 축복을 추구하는 개인주의를 경건주의의 본질로 보았다."[22] 그는 이런 교회론적 개인주의의 도전을 심각하게 여기고 이에 저항했다.

디트리히 본회퍼 역시 교회론적 개인주의에 도전했다. 본회퍼도 바르트처럼 범람하는 개인주의를 교회에 대한 중대한 도전으로 보고 계몽주의 시대의 개인주의적 교회론을 공격한다. 흥미롭게도 그는 루터의 신학을 통해 그 일을 하기 원했다. 그의 교회관은 박사학위 논문 제목에서도 알 수 있듯이, 루터의 교회관, 곧 '성도의 교제Communio Sanctorum'를 고수하고 있다. 굳이 표현한다면 본회퍼는 루터의 신학으로, 잘못 이해된 루터를 바로잡으려 했다.

본회퍼의 교회론적 문제의식은 성서적 교회론을 회복해야 한다는 것이다. 그는 당대의 교회가 예수를 따르지 않고 값싼 은총에만 안주한다고 비판했다. 그에게 신앙은 곧 '예수 따름Nachfolge Jesu'과 분리되지 않았다. 예수 따름은 산상설교를 지킴으로 드러난다. 산상설교가 가르치는 제자도는 형제와 자매를 향한 섬김을 요구한다. 따라서 신앙은 일부 경건주의자들이 생각하듯이 "외로운 영혼과 하나님 사이에서만 발생하는" 주관적이고 개인주의적인 것이 될 수 없다.[23] 참 신앙은 필연적으로 섬김 대상인 이웃이 필요하며, 형제와 자매를 신실하게 섬기는 삶을 요청한다. 그것 없이 그리스도인의 참 신앙은 드러날 수 없다.[24] 산상설교는 섬김을 요청하며, 섬김은 형제와 자매를 필요로 하며, 이것이 본회퍼 교회론의 주축을 이룬다.

신도의 회집인 교회는 에피쿠로스학파가 주장했던 친밀감 같은 욕구를 충족하는 자아들의 집합이 될 수 없으며, 데모크리토스가 말했던 원자적 개인들의 집합이 아니다.[25] 만일 교회가 원자들의 집합이라면 더 이상 교회라고 할 수 없다. 본회퍼는 교회가 개인의 집합이라는 명제를 넘어서 하나의 공동체라는 사실을 밝히고자 했다.

> 영은 오직 교회, 공동체의 영이다. 그리고 교회가 있기 전에는 성령의 감동을 받은 개인은 존재하지 않았다. 하나님과의 교제는 오직 그리스도를 통해서만 존재한다. 그러나 그리스도는 오직 그의 공동체 안에서만 존재한다. 따라서 오직 교회 안에서만 하나님과의 교제가 존재한다. 이러한 사실

때문에 개인주의적 교회 개념은 모두 무너진다.[26]

성서적 교회론을 회복하는 데 큰 관심을 둔 본회퍼에게 참된 교회란, 개인주의에 반대하여 형제자매가 공동체를 이루는 것이었다.

창조와 타락

본회퍼는 관계적 교회론의 기초를 놓기 위해 인간의 인격을 관계적으로 정의하는 데에서 출발한다. 이는 교회론적 개인주의의 근본 전제를 겨냥한다. 모든 형태의 개인주의는 독립적이고 개별적인 인격을 상정하는데, 본회퍼는 개별 인격이라는 철학 전제를 무너뜨리기 위해 노력한다.

본회퍼에게 원자처럼 개별적으로 존재하는 인간이나 인격은 존재하지 않는다. 인간의 인격은 본성상 타자를 요청한다. 아니 타자로 말미암아 자아의 인격이 탄생한다. 그는 "개인은 '단독자'가 아니다. 오히려 개인이 될 수 있기 위해서는 필연적으로 '타자'가 존재해야 한다"[27]라고 말한다. '나'라는 인격은 '타자'로 말미암아 '나'일 수 있다. '너'가 없으면 '나'도 없다. 때문에 인격은 본성상 관계적이다. 관계는 인격의 부차적 활동 중 하나가 아니라 인격의 본성과 관련이 있다.

현대 자유주의-개인주의 전통은 인간을 하나의 개인, 곧 원자적 인격으로 가정한다. 개인은 사회보다 우선한다. 사회는 개인들이 맺는 2차적 관계의 산물이다. 이때 관계는 그 원자적 인격이 다른 원자적 인격과 맺는 관계로서 선택적이며 부차적이다.[28] 관계를 맺거나 끊는 것은 전적으로 개인의 자유로운 선택에 따르며, 그 관계는 일종의 계약 형태를 이룬다. 그러나 본회퍼는 이런 식의 인격관을 거부한다. 그에게 인격이란 독립적 원자로 표상될 수 없다. 인격은 처음부터 관계 속에서 파악된다. 사회보다 앞선 개인은 존재하지 않는다. 본회퍼에게 인격 개념은 근본적으로 관계성과 공동체성에 기초한다.[29] 즉 공동체가 개인보다 앞선다.

이렇게 보면 교회는 개인들의 집합이 될 수 없다. 전철은 본회퍼의 교회론에 대해, "모든 개체주의, 윤리적 원자론ethischer atomismus에 대한 저항"이라고 했다.[30] 처음부터 개인은 없다. 따라서 교회는 개인이 들어올 수 없는 곳이다. 교회는 그리스도로부터 부여받은 새로운 인격, 곧 관계성과 공동체성에 기초한 인격들이 모인 곳이다. 새로운 인격은 개인이 아니다. 그리스도적 인격이며, 공동체적 인격이며, 관계적 인격이며, 집단 인격이다. 때문에 교회 안에 개신자가 발붙일 곳은 없다.

본회퍼는 교회론적 기초인 인격 개념을 찾기 위해 태초까지 거슬러 올라간다. 최초의 인간에 대한 탐구에서 그의 교회론은 출발한다. 종교개혁자들처럼 근원으로 거슬러 올라가 현재 문제의 해법을 찾으려는 것이다. 간단히 말해, 개인주의는 타락 이후에 일어난 현상이며, 타락 이전의 인간 공동체에서는 전혀 발견되지 않았음을 밝히려는 것이다. 개인주의는 타락의 질서이지 창조의 질서가 아니다.

하지만 성서는 개인의 존엄과 가치와 자유를 옹호하지 않는가? 물론 그렇다. 앞에서 이를 기독교적 개인주의라고 설명했다. 성서가 개인의 무한한 가치를 옹호한다고 원자적 개인을 승인하는 것은 아니다. 개인의 존엄과 가치는 하나님이 인간에게 부여한 것이지 인간 스스로가 창조해낸 것이 아니다. 즉 신과의 관계 속에서만 개인은 존엄하고 가치가 있다. 성서에 따르면 인간은 하나님의 형상을 따라 지음 받았다. 이 하나님의 형상은 관계성을 함축한다. 하나님의 형상이란 하나님과 인간의 특별한 관계를 일컫는다.[31] 이 특별한 관계를 기초로 타인과의 관계, 자연과의 관계가 결정된다. 최초의 인간을 하나님의 형상이라고 부르는 것은 그가 관계 속에서 존재했음을 의미한다.

본회퍼는 최초의 인간이 관계 속에 있었으나 자유로웠다고 주장한다. 타락한 세상에서 관계는 구속을 의미하고, 관계의 부재는 자유를 의미한다. 그러나 타락 이전의 인간은 관계 속에서 자유로웠다. 어떻게 관계 속에서 자유로울 수 있을까? 관계는 자유의 적이 아닌가? 본회퍼가 말하는 최초의 인간이 지닌 자유는 독특하다. 자유란 독립적 개인이 누리는 무제약이나 불간섭 상태가 아니다. 사실 이러한 자유는 계몽주의자들이 추구했던 자유주의-개인주의의 기본 전제이다. 그 관점에 따르면 인간은 원자와 같은 개인으로 존재하며, 원자적 개인은 자기 고유의 침범할 수 없는 천부의 자유권을 보장받는다. 그러나 본회퍼는 이런 개인주의적 자유를 비판한다. 그가 볼 때 최초의 인간이 지닌 자유란 한계나 제약의 부재가 아니라 도리어 한계나 제약 한가운데에서 누리는 자유이다. 자유란 처음부터 타인과의 관계를 표현하기 위해 고안된 말이었다. 따라서 참된 자유는 관계 속에서 찾을 수 있다.

인간은 관계 속에 있기 때문에 당연히 타인의 자유를 보장해줄 수도, 침해할 수도 있다. 내가 타인의 자유를 침해할 수도 있고, 타인이 나의 자유를 침해할 수도 있다. 타인이 나의 자유를 결정하는 것, 이것이 인간 자유의 본질이다. 타인은 하나님이 나에게 준 한계이다. 아담과 하와는 처음부터 이 한계 가운데 탄생했다. 타인은 나의 자유의 한계이며, 그 한계는 나와 타인이 함께 짊어져야 할 짐이다. 최초의 인간은 이런 점에서 서로 짐을 져줌으로써 서로 자유케 하는 공동체였다.[32] 이것은 타인의 자유를 침해하지 않는 선에서 내가 무한한 자유를 누릴 수 있다는 밀의 자유론을 연상케 하지만 그 근본이 다르다. 자유는 나의 권리가 아니라 나의 절대적 한계인 타인이 내게 선물로 주는 것이다. 서로서로 자유를 준다. 타인이 내 앞에서 물러나고 나를 침범하지 않음으로, 나 역시 타인의 영역에서 물러남으로 서로 자유를 선물한다. 때문에 "자유로운 존재는 '타자를 위해 자유로운 존재'이다."[33]

나에게 타인이 한계인 것은 하나님의 말씀이 정한 하나님의 뜻이다. 따라서 타인이 한계이기보다는 그렇게 타인을 창조하신 하나님이 바로 나의 한계이다. 그래서 나의 존재 중심에는 하나님과 그분의 명령, 곧 말씀이 거하신다. 최초의 인간, 그 중심에는 자아가 아니라 하나님이 계셨으며, 말씀이 거했다. 본회퍼는 "하나님이 우리의 현존의 한계이며 동시에 중심이시다"[34]라고 했다. 현존의 중심이란 왕좌를 말한다. 하나님의 말씀이 인간 현존의 중심에서 왕 노릇 하고 있었으며, 인간은 그 왕의 명령에 복종했다. 자아는 자신의 한계를 명백하게 인식했기에 중심이 아니라 주변에 머물렀다. 최초의 인간은 무지 상태가 아니었으며, 하나님의 말씀에 대한 지식으로, 나아가 하나님을 경외하는 근원적 지식으로 충만해 있었다.

하지만 뱀이 새로운 지식을 소개한다. 그것은 하나님을 아는 지식이 아니라 선과 악에 대한 지식이었다.[35] 이제 자아가 심판자가 되어 선악을 판단한다. 새로운 지식은 자신의 한계를 거부하는 법을 가르쳐준다.

자아로 하여금 말씀을 몰아내고 자기 존재의 중심에 서도록 이끈다. 타인이 선물로 주는 관계적 자유는 필요 없다. 자아는 스스로 자신이 자유로울 권리를 과감히 주장한다. 이제 자유는 선물이 아니라 권리가 되며, 자유는 모든 제약에 대한 거부로 바뀌었다. 그러자 인간은 타인과 무관하게 스스로 자신의 운명을 결정하는 주권자가 되었다.[36] 인간은 자신의 중심에서 말씀도 몰아내고 하나님도 추방하고, 전적으로 자기 자신의 주권자가 되었다. 이것이 타락의 의미이다.

> 가장 먼저 일어난 일은, 바로 한가운데가 침범 당했고, 한계가 무너졌다는 것이다. 이제 인간이 한가운데 서게 되고 어떤 한계도 없이 존재한다. 그가 한가운데 서 있다는 말은 그가 자기 힘으로 산다는 것이며 더는 한가운데로부터 살지 않는다는 말이다. 한가운데 홀로 있는 존재가 바로 하나님처럼 된 존재이다.[37]

이제 인간의 존재 정중앙에는 자기 자신이 있다. 그와 함께 인간은 "타인을 우리 자신으로부터 내몰"았다.[38] 타인과의 관계는 끊어졌다. 그러자 인간은 낯선 세계에 '혼자' 존재하게 된다. 이때 비로소 개인이 탄생한다. 하지만 본성상 인간은 고독한 상태로 머물 수 없다. 인간은 관계를 맺기 원하지만, 그것은 더 이상 인격적 관계가 아니다. 자신의 한계를 타인의 영역으로 무한히 넓히고 타인의 한계를 침범함으로써 소외를 극복하려 한다. 하지만 타인도 나에 대해 똑같이 하려 하기 때문에 상호 침범이 일어난다. 상호 침범은 결국 타자를 소멸하려는 폭력으로 귀결된다. 본회퍼가 볼 때 "만인에 대한 만인의 투쟁"은 인간의 원시 상태가 아니라 타락한 인간 상태를 표현한 것이다.

타락의 질서 가운데 출현한 공동체는 근본 문제를 해결하지 못한다. "타자에 대해 자신의 몫만을 고집하는 곳에 세워진 공동체"로서는 불가능한 임무이기 때문이다. "창조주를 영화롭게 하는 것이 아니라, 타자 안에 있는 자신의 갈비뼈를 내세우며, 자기로부터 타자의 존재가 나온 것이라고 주장"하는[39] 이기적이고 자기중심적인 인격은 욕구 충족을 위해 타인과 공동체를 이용하려고만 든다.

본회퍼의 창조론과 타락론은 개인주의의 뿌리를 공격한다. 인간은 원자적으로 독립된 개인으로 존재하며, 개인은 정당하게 욕구 충족을 추구하는 주체이며, 개인은 타인의 자유를 침범하지 않는 한 전적으로 타인에게서 자유로운 존재이며, 개인이 타인과 맺는 관계는 본성상 상호 이해관계에 기초한 자발적 계약 관계라는 개인주의의 전제를 본회퍼는 싸잡아 타락의 결과라고 공격한다. 그는 개인주의를 탄핵하는 동시에 반개인주의적이고 관계적인 인간론과 교회론을 구성하고자 했다.

예수 그리스도

진정한 공동체는 단순히 사람을 모은다고 세워지지 않는다. 인격 변화가 우선이다. 타락 이전의 관계적 인격을 회복할 때 비로소 참된 공동체를 세울 수 있다. 그러나 인간은 자기 힘으로 새로운 인격을 얻을 수 없다. 타락 이전의 인격, 곧 새로운 종류의 인격이 먼저 출현해야 했다. 여기서 본회퍼는 예수 그리스도라는 새로운 종류의 인간을 등장시킨다.

정확히 말하자면, 그는 완전히 새로운 인간이라기보다는 타락 이전 아담과 하와의 모습을 한 인간이라고 할 수 있다. 그러니 대단히 오래된 인간형이기도 하다.

예수 그리스도는 어떤 인간이며, 어떤 인격인가? 그는 자기중심적인 폐쇄적 개인이 아니다. 최초의 인간인 아담과 하와가 그러했듯 타인을 위해 개방된 인간이며 집합적 인격이다. 예수 그리스도가 타인을 위한 인격이라는 말을 개인과 관련시키면 그는 "나를 위한 그리스도Christ pro me"이다. 본회퍼는 "그리스도의 인격 존재는 본질상 나와의 관련성이다. 그의 그리스도 존재는 나를 위한 존재Pro-me-Sein이다"[40]라고 말한다.

예수 그리스도는 타락한 인격을 극복하고 타락 이전의 인격으로 회복된 존재이다. 예수 그리스도가 인간과 동일한 존재로 오셨다는 성육신 교리는 그가 두 번째 아담으로 오셨다는 뜻이다. 최초의 인간으로 다시 온 예수는 자신이 자유로울 권리를 주장하지 않고 타인에게 자유를 선물하는 분이다. 예수 그리스도의 독립적 인격과 주체성에 대해 사유하는 것은 어리석은 일이다. 예수는 처음부터 독립적 개인An-Sich-Sein으로 존재하지 않기 때문이다. 예수 그리스도에 대한 올바른 사유는 오로지 나와의 관계에서만 가능하다. 그리고 그 관계는 다름 아닌 '나를 위한' 관계이다.[41]

'나를 위한' 그리스도는 이제 '너를 위한' 그리스도이다. 나를 위한 그리스도는 타인을 위한 그리스도로 나와 관계를 맺는다. 그리하여 그리스도는 타인의 자리에 선다. 그리스도는 나와 타인의 중간에서 둘을 매개한다. 따라서 어느 누구도 그리스도 없이 형제를 알 수 없다. 나에게 타인이란 그리스도와 함께 있는 타인이며, 그리스도가 대신하는 타인이다.

이런 점에서 그리스도는 타락한 세상이 알 수 없는 전혀 새로운 인간이다. 그는 신인류의 조상으로 와서 신인류를 창조한다. 교회는 그 신인류의 후손이다. 신인류인 그리스도가 이 땅에 온 자연스러운 결과는 공동체이다. 그는 단순히 공동체를 위해 행동하는 것이 아니라 공동체로서as community 행동한다.[42] 그리스도는 공동체이고 교회는 '공동체로서 존재하는 그리스도'이다.[43]

신인류의 존재 양식은 공동체일 수밖에 없다. 그리스도가 공동체적 존재이기 때문이다. 그리스도의 성육신은 필연적으로 공동체를 만들어내며, 나아가 그 공동체가 다름 아닌 그리스도이다. 본회퍼는 말한다. "승천과 재림 사이의 교회 공동체는 그리스도의 형태이다."[44] 이것이 교회 공동체를 그리스도의 몸이라고 부르는 이유이다. 교회는 실제로 그리스도의 몸이다.[45]

그리스도는 이제 타락한 나의 존재 양식을 바꾼다. 그는 나를 위해 왔을 뿐만 아니라 '내가 있어야 할 곳'에 나 대신 자리한다. 우리가 있어야 할 곳이란 하나님의 말씀, 곧 율법이 명한 나의 본 모습을 말한다. 최초의 인간의 존재 중심에 하나님의 말씀이 머물렀듯이, 이제 우리 존재의 중심에도 말씀이신 그리스도가 머물지만, 우리는 우리 중심에 와 계신 말씀을 감당할 수 없다. 우리는 율법을 성취할 수 없다. 마땅히 되어야 할 우리 모습을 우리는 만들어낼 수 없다. 그러나 그리스도가 나를 위해 율법을 성취했다. 그리스도는 마땅히 되어야 할 나의 모습이 미리 되신다. 그리고 그 모습으로 나를 이끄신다.[46] 이것이 본회퍼식 칭의론이다.

그리스도를 통해 거듭났다는 것은 내 존재의 중심 자리를 그리스도께 내어드린다는 뜻이다. 독립적 개인으로 행동하고 자신의 자유를 권리로 주장했던 타락한 삶을 회개하고, 최초의 인간의 모습으로 돌이키는 것이다. 바꿔 말하면 그리스도를 믿는다는 것은 개인으로 존재하기를 그치고, 관계적 인격을 덧입으며, 그리스도가 거하는 교회 안에서 형제자매와 관계를 맺고 동거한다는 뜻이다. 때문에 그리스도를 믿음으로 형성된 교회 공동체 내에는 자유주의-개인주의가 자리할 여지가 없다.

교회

교회는 공동체로 존재하는 그리스도로 말미암아 세워진다. 그리스도 없이는 교회가 설 수 없다. 이것은 교회가 단순히 친밀한 감정을 느끼는 공동체가 아님을 뜻한다. 본회퍼는 공동체를 둘로 구분한다. 하나는 인간끼리 친밀한 관계를 이루면서 만드는 공동체이고, 다른 하나는 그리스도께서 이루는 공동체이다. 인간적 공동체는 친밀감을 충족하기 위해 만들어진 공동체이다. 그러나 성령의 공동체는 그리스도께서 매개해서 만든 공동체이다.[47] 외형상 둘 다 친밀한 공동체로 보이지만 두 공동체의 본질에는 심대한 차이가 있다.

교회는 그리스도의 인격에서 출발한다. 그의 인격의 개방성, 곧 하나님 아버지를 향해, 타자를 향해 열려 있는 그리스도는 본성상 공동체적 인격의 소유자이다. 그는 나를 위한, 또 너를 위한 존재로 이 땅에 오셨다. 그는 자신의 죽음과 부활을 통해 새로운 인격을 창조하시고 신인류를 창조하신다. 그 인격은 그리스도적 인격이며 관계적 인격이다. 이 인격이 교회를 이룬다. 때문에 그리스도 안에서, 그리스도를 통해 교회는

설립된다.[48]

교회는 그리스도적 인격들의 모임이며, 그들의 사귐과 섬김이다. 이를 통해 교회는 지상에 현존하는 그리스도가 된다. 교회를 그리스도의 몸이라고 부르는 이유가 여기에 있다. 교회는 그리스도께서 이 땅에 계시면 하실 법한 말과 행동으로 그리스도를 지상에 현존케 해야 한다. 이런 의미에서 교회는 그리스도의 대리자이다.[49] 즉 교회는 그리스도라는 한 인격을 이룬다.

교회는 단순히 개인들의 집합이 아니다. 주머니 안에 든 원자들의 모둠이 아니다. 교회는 하나의 통일체이며 하나의 집단 인격이다. 따라서 통일과 연합과 일치는 교회의 중요한 본성 중 하나이다. "교회의 영의 일치는 하나님이 원하는 원초적 종합이다."[50] 교회의 통일은 타락 이전의 세계상과 인간상으로의 회복을 지향한다. 또한 종말에 드러날 하나님나라의 질서를 예표한다. 따라서 교회 내 신자들 간의 연합과 교회들 간의 통일은 교회의 본질과 관련해 대단히 중요하다. 이렇듯 교회의 본질을 나타내는 교회론적 규정은 교회는 하나라는 것이다. 교회는 하나이다. 그러므로 교회는 하나가 돼야 한다.

그러나 인간적 수단으로는 교회의 통일을 이룰 수 없다. 신약성서는 성령 안에서 신자들끼리 서로 통일을 이루라고 말하지 않는다. 어떤 이념이나 카리스마적 지도자나 제도에 굴복함으로 연합을 이루라고도 말하지 않는다. 교회의 일치는 '성령의 일치'를 말한다. 신약성서는 "하나의 신학, 하나의 예배, 하나의 견해, 하나의 생활방식"을 가지라고 말하지 않는다.[51] 대신 "몸도 하나요, 성령도 하나요, 주도 하나요, 믿음도 하나요, 세례[침례]도 하나요, 하나님과 아버지는 한 분이시다"(엡 4:4)라고

말한다.[52]

다시 말해 교회가 통일체라는 말은 개체성이 완전히 뭉그러뜨려져서 더 이상 타인과 교제할 필요가 없을 정도로 결합된 상태를 가리키는 것이 아니다. 개인은 여전히 따로 존재한다. 따로 존재하기에 인격적 교제가 가능하다. 성서가 가르치는 바는, "오히려 영의 일치, 영의 교제, 영의 다양성은 필연적으로 함께 속한다"는 것이다.[53] 따라서 교회가 개인의 사생활을 부정하고 개성을 말살하는 전체주의 집단일 수는 없다.

이런 점에서 본회퍼의 인격 사상은 개인의 개별 실체를 인정하면 공동체가 가능하지 않다고 보는 동양의 집단주의 사상과 구별된다.[54] 비록 인간의 인격이 본성상 개방적이며 관계적이지만 나는 타자의 한계를 넘어설 수 없다.[55] 타자는 나의 영역 저 너머에 있다. 개인은 객관적 정신의 전체 중 일정양만을 담고 있는 작은 그릇이 아니다. 개인은 전체 맥락에서 자발적으로 협력하는 자요 능동적 지체이다. 이런 점에서 인격은 개방성을 갖고, 그 개방성으로 연합을 이룬다. 그러나 동시에 인격에 폐쇄성이 없다면 인격의 개방성도 무의미해진다.[56] 인격은 폐쇄적이며 또한 개방적이다. 인격은 본성상 관계적이다. 그러나 관계적이라는 그 말 때문에 개인의 인격은 여전히 그의 것으로 남는다.

또한 교회의 통일은 전체 교회가 개별 교회를 자신의 체계 안으로 흡수해서 이루어지는 것이 아니다. 스탠리 그렌츠가 말한 대로 "보편교회는 특정한 때에 이 땅의 모든 신자들로 구성되는 교회"일 때,[57] 보편교회가 개별 교회보다 더 크다고 할 수 있을까? 본회퍼는 그럴 수 없다고 말한다. 심지어 그런 생각이 완전히 "비복음적"이라고 말한다.[58] 이는 가톨릭교회가 로마교회를 중심으로 하는 보편교회Roman Catholic에 지역교회들이 흡수됨으로써만 교회의 통일성을 이룰 수 있다고 보는 견해를 거부하는 것이다.

개별 교회가 지체로 속하는 곳은 보편교회가 아니라 그리스도이다. 개별 교회는 지체로서 그리스도의 몸 전체를 이룬다. 또 그리스도의 몸은 각각의 개별 교회 가운데 임한다. 본회퍼가 말한 대로 "그리스도의 몸은 로마와 고린도, 비텐베르크, 제네바, 스톡홀름에 있다."[59] 하지만 개별 교회가 그리스도의 몸을 이룬다는 사실로 말미암아 개별 교회는 이웃 교회와 분리되지 않는다. 이웃 교회 역시 그리스도의 몸의 다른 지체이기 때문이다. 그리스도가 자아와 타자를 매개하듯이 그리스도의 몸이 개별 교회와 이웃 교회를 매개한다. 모든 개별 교회는 온전히 그리스도의 몸이다. 그렇기 때문에 모든 개별 교회는 이웃 교회와 분리되지 않는다.

교회가 그리스도의 몸이라는 말은 교회의 정체성을 규정한다. 그리스도는 최초의 인간을 회복한 분으로 그의 전 존재를 한마디로 규정하자면 그는 남을 위한 존재이다. 그가 죄인을 대신해 '대리적 죽음'을 당하신 것도 그가 타자를 위한 존재이기 때문이다. 그렇다면 교회가 구현해야 할 교회상은 분명하다. 교회는 '타자를 위한' 존재라야 하며 '세상을 위한' 존재여야 한다. 타자를 위한 교회에 관한 본회퍼의 유명한 선언은 다음과 같다.

> 교회는 타자를 위해 현존할 때 교회가 된다. 그런 교회가 되기 위해 교회는 모든 재산을 팔아 가난한 사람들에게 주어야 한다. 목사는 전적으로 교회의 자발적인 헌금으로 살아야 하며, 경우에 따라서는 세속적 직업을 가져야 한다. 교회는 인간 공동체의 세상적 과제에 참여해야 하지만 지배

하면서가 아니라 돕고 봉사하는 방식으로 참여해야 한다. 교회는 모든 직업에 종사하는 사람들에게 그리스도와 더불어 사는 삶이 어떤 것이며, 또 '타자를 위한 존재'가 무엇을 의미하는지를 말해주어야 한다. 특히 우리의 교회는 모든 악의 근원인 교만, 권력과 오만, 그리고 환상주의라는 악덕들과 싸워야 한다.[60]

이러한 본회퍼의 교회론은 오늘날 교회 모습과는 사뭇 다르다. 오늘날 메가처치 현상의 배후에는 개교회 중심주의가 자리 잡고 있는데, 개교회 중심주의에는 교회의 유지와 확장을 최우선 과제로 간주하는 태도가 깔려 있다.[61] 본회퍼의 교회론 관점에서 그런 교회는 더 이상 교회라고 할 수 없다.

3
관계적 삼위일체적 교회론

메가처치 현상은 개교회(혹은 개신자)의 자유를 과도하게 강조하는 교회론적 개인주의를 수용한 탓에 발생했다. 메가처치 현상을 치유하려면 바로 이 자유를 어떻게 규정하고 제한할지를 고려해야 한다. 가톨릭교회의 권위를 거부한 이래로 개교회는 원하는 대로 신앙하는 법을 익혀왔다. 그러는 사이 꿀맛 같은 자유에 점차 중독되었다. 메가처치 현상은 개교회(혹은 개신자)가 그 같은 자유를 지나치게 확대한 대가이다. 선을 넘은 개신교회는 그릇된 방향으로 줄달음질하는 중이며, 전체 교회가 공멸할지 모르는 위기를 맞고 있다. 결국 메가처치 현상을 근본적으로 치유하려면 지나치게 확대된 자유를 제한할 수 있는 방법을 찾아야 한다.

하지만 현재 개신교회는 그 길을 찾지 못하고 있다. 홉스에 따르면 인간 세상은 공멸의 위기 앞에서 욕망의 충돌을 조율하고자 공통의 선, 곧 국가를 만들어 중재한다.[62] 하지만 가톨릭교회의 권위주의에 이골이 났으며, 꿀맛 같은 자유에 중독된 개신교회는 그 어떤 중재기구에도 복종하기를 거부하는 상황이다. 자유를 제한하지 않고는 메가처치 현상을 치유할 수 없는데, 자유를 제한할 주체는 없다. 이것이 개신교회의 딜레마이며 메가처치 현상의 치유가 그토록 어려운 이유이다.

하지만 개신교회가 자유를 적정선으로 제한할 중재 기구를 세우지 못하는 것 자체를 문제로 볼 수는 없다. 왜냐하면 성서 계시는 자유의 강제적 제한을 옹호하지 않기 때문이다. 성서는 일관되게 상호 복종, 즉 비강제적이고 자발적인 자유의 제한을 강조한다. 개교회가 자유를 빼앗기지 않고 스스로 자유를 제한할 때 교회론적 개인주의를 극복하고 메가처치 현상을 치유할 길이 열릴 것이다.

삼위일체론은 자발적으로 자유를 제한함으로 공동체를 이루는 원리를 보여준다. 특히 최근 떠오르고 있는 관계론적 삼위일체론은 교회론적 개인주의가 왜 균형을 잃은 관점인지를 잘 설명해주고, 자유와 자유의 제한이라는 변증법적 긴장을 수용하는 성서적인 교회론을 어떻게 구성할지도 알려준다.

공동체로서의 하나님

흔히 유대-기독교의 신관을 유일신관이라고 한다. 유대-기독교의 신관은 다른 신들을 부정할 뿐 아니라 적대시한다고 알려져 있다. 그래서 인종청소나 정복전쟁에 신학적 근거를 제공해왔다는 평가를 받는다. 하지만 유대-기독교의 유일신관이 가나안 정복전쟁, 특히 인종청소인 헤렘herem의 신학적 근거가 되었는지에는 논쟁의 여지가 있다.[63] 나는 이 문제보다 유대-기독교의 유일신관을 삼위일체 관점에서 해석할 때 성서의 하나님을 온전히 이해할 수 있다는 사실에 초점을 맞추고자 한다.

이해를 돕기 위해 유대-기독교의 유일신관과 이슬람교의 유일신관을 비교해보자. 유대-기독교의 유일신관과 이슬람교의 유일신관은 겉보기에 유사한 측면이 있다. 특히 유대-기독교의 야훼Yahweh와 이슬람의 알라Allah는 모두 우상숭배를 혐오하고 유일한 한 분께만 경배하라고 명령하는 점에서 같다. 신통기theogony적으로 봐도 두 신관은 공통 근원을 갖는다. 그러나 기독교 전통은 구약의 유일신관을 유지하면서도 이를 삼위일체적으로 해석한다. 바로 이 점이 두 신관의 결정적 차이점이다.

삼위일체Trinity는 성서의 용어가 아니다. 삼위일체라는 용어와 공식은 2-3세기 테르툴리아누스가 처음 고안한 용어이며, 신학적 완성은 4세기 갑바도기아의 교부들과 아우구스티누스의 연구에 이르러서이다. 공의회의 인준은 381년 콘스탄티노플 공의회 때 이루어진다. 그럼에도 삼위일체는 성서 계시에 뿌리를 두고 있다. 이런 이유로 교회는 오래전부터 삼위일체론을 정통 신학의 시금석으로 삼아왔다.[64] 기독교 삼위일체론에 따르면 한 분 하나님이 세 인격으로 존재하신다.

하지만 이슬람교에서는 삼위일체론을 다신론으로, 우상숭배로 간주한다. 그들이 삼위일체론을 다신론이라고 보는 데에는 삼위일체론에 대한 오해도 한몫한다. 정통 삼위일체론은 하나님이 아버지와 아들과 성령으로 존재하신다고 가르친다. 그러나 이슬람교는 삼위일체론을 알라와 예수와 마리아, 셋을 숭배하는 것으로 오해한다.[65] 그런 관점으로 보면 삼위일체론이 다신론으로 보일 만도 하다.

하지만 이슬람교가 삼위일체론을 거부한 것은 삼위일체론에 대한 오해 때문만은 아니다. 근본적으로 이슬람의 신관이 삼위일체론을 수용할 수 없기 때문인데, 이 부분이 훨씬 중요하다. 그들이 알라를 유일한 신이라고 주장하는 것은, 오직 하나라는 '단일성'과 함께 어떤 피조물보다 전적으로 탁월하다는 '초월성'을 강조하기 위해서이다. 알라는 단 하나뿐인 신이며 절대적 초월자이다.

초월성은 유대-기독교의 신관에서도 발견되지만, 성서의 하나님은 초월해 계시면서도 세상으로 내려오는 뚜렷한 움직임을 보여준다. 이슬람의 신관에서는 이런 하강 운동을 찾아보기 어렵다. 자크 엘륄은 알라의 초월성에 두 가지 요소가 있다고 지적한다. 첫 번째, 알라의 초월성은 무한한 거리를 두고 인간 세상과 분리돼 있을 뿐 아니라 항상 분리된 채로 머무른다. 높고 높은 보좌에 홀로 앉아 있는 신이 바로 알라이다. 어떤 방식으로든 지상 세계로 하강하는 일 따위는 하지 않는다.

두 번째 요소는 첫 번째 요소에서 비롯된다. 헤아릴 수 없이 높은 곳에 홀로 거하는 알라는 인간이 결코 알 수 없는 신이다. 그의 뜻도 알 수 없다. 알 수 없는 신의 뜻은 '인샬라in shā' Allāh' 속에 감추어져 있다. 그의 섭리는 완전한 신비 속에 가려져 있으며, 어느 누구도 그 뜻을 안다고 말할 수 없다. 그래서 그의 결정은 독단적이다.[66] 물론 알라의 뜻은 꾸란을 통해 계시되었으며, 마호메트 같은 선지자가 알라의 뜻을 전하기도 하지만 그 계시와 신탁은 기계적 동어반복이며, 일방적 명령의 성격을 지닌다.[67]

반면에 삼위일체 하나님은 초월적 존재이지만 세상으로 내려와 세상과 소통한다. 지극히 높으신 야훼 하나님은 인간을 구원하려고 아들을 사람 모습으로 이 땅에 보내신다. 인간은 초월적 하나님을 직접 볼 수 없지만 사람으로 오신 아들 예수 그리스도를 통해 하나님을 볼 수 있다. 영원히 감춰진 비밀이 예수 그리스도를 통해 계시된다. 그래서 하나님은 본성상 계시의 하나님이다. 아들 예수 그리스도는 인간을 사랑하기 위해, 인간과 소통하기 위해 초월을 포기한다. 이슬람의 알라가 인간이 상상할 수 있는 모든 크고, 위대하고, 높고, 영광스러운 초월적 속성을 온전히 가진 신이라면, 삼위일체 하나님은 그 모든 초월적 속성을 사랑을 위해 포기하는 신이다.[68] 삼위일체 하나님은 인간과 만나기 원하는 하나님이며, 인간과 소통하기 위해 죽음마저 불사하는 신이다. 그는 다만 높고 높은 보좌에 좌정한 초월자가 아니라 얼굴을 마주하며 보고 듣고 심지어 만질 수 있는 인격이다.

삼위일체의 하나님은 소통하는 하나님의 신학적 표현이다. 하나님은 단독자로 고독한 보좌에 홀로 앉아 영원성을 누리는 신이 아니다. 하나님은 하나님과 함께, 하나님 안에 머문다. 창세기 1장에서 인간을 창조하는 장면에서 볼 수 있듯 하나님은 처음부터 '우리We'로 존재한다. 인간을 창조할 때부터 '우리로서의 하나님'은 '서로' 대화하고 소통했다. 결국 삼위일체 하나님은 공동체로서 존재하는 신의 존재 양식이다. 하나님은 스스로가 또한 관계 속에 거하는 분이며, 인간과 소통하기 원하는 관계적 하나님이다.

최근 신학계 흐름에서 이런 접근은 더욱 강조되고 있다. 몰트만Moltman과 판넨베르크Pennenberg 같은 신학자들은 하나님을 형이상학적 실체substance로 파악하기보다는 관계성relationality 속에서 이해하자고 제안하는데, 이런 제안은 20세기 말부터 큰 호응을 얻고 있다. 최근에 관계성이 새롭게 부각하는 경향을 두고 스탠리 그렌츠는 '관계성의 승리'라고 했는데, 삼위일체론도 관계성의 맥락에서 새롭게 해석되고 있다. "하나님은 공동체적 존재이시다God is a communitive being"라고 했던 조나단 에드워즈의 경우에도 새롭게 주목할 필요가 있다.[69]

'하나'와 '다수'의 변증법

삼위일체론은 한 분 하나님이 세 인격으로 존재한다는 교리이다. 삼위일체론을 공식화하면 "하나의 실체, 세 위격una substantia, tres personae"이라고 할 수 있다.[70] 언뜻 삼위일체론 공식은 논리적으로 모순처럼 보인다. 셋이면서 동시에 하나일 수는 없기 때문이다. 따라서 "하나님은 한 분인가, 세 분인가?"라는 질문이 꼬리를 물고 나온다. 정통 삼위일체론은 삼위와 일체를 모두 강조하려고 노력했다. 그러다 보니 삼위를 강조하거나 일체를 강조하는 경향, 둘 중에 하나로 기우는 사태가 역사에서 발생하고는 했다. 그러나 신학자들은 편향된 양극단을 모두 이단으로 내쳤다. 때문에 삼위일체론의 역사에서 뚜렷한 특징을 한 가지 발견할 수 있다. 신학자들이 삼위일체 하나님을 '한 분'으로 이해하거나 '다수'로 이해하는 양극단의 오류를 피하기 위해 시계추처럼 변증법적 진자 운동을 해왔다는 것이다. 삼위일체론의 역사는 '하나'와 '다수'의 균형 유지가 얼마나 어려운지를 잘 보여준다.

'하나'에 대한 강조

삼위일체론은 기독론에서 출발한다. 예수 그리스도는 예배를 드리기에 합당한 분인가, 그렇지 않은가라는 기독론에서 점차 삼위일체론의 형태가 갖추어지기 시작했다. 이를 통해 기독론 논쟁과 삼위일체론이 불가분의 관계에 있으며, 애초에 기독교론과 삼위일체론은 신학보다는 예배의 문제였음을 알 수 있다. 삼위일체론의 근본 질문은 예배를 하나님께만 드릴 것인가, 아니면 예수 그리스도께, 나아가 삼위일체 하나님께 드릴 것인가 하는 문제에서 생겨났다.[71]

예수 그리스도도 경배를 받으시기에 합당한 분이라면, 또는 삼위 하나님 모두에게 예배를 드려야 한다면 유대교 전통과의 충돌을 피할 수 없다. 십계명의 제 1, 2계명은 하나님 이외의 그 어떤 사물이나 동물이나 인간이나 천사나 영들에게도 예배하지 말라고 엄히 경계하기 때문이다. 그런 위험성에도 불구하고 최초의 제자들은 그리스도의 십자가 죽음과 부활을 목격한 이후 다음처럼 믿기 시작했다. "하나님께서 그분의 아들인 메시아 예수를 보내셨는데 그분은 죽었다가 사흘 만에 다시 사시어 하늘에 오르시고 영광으로 다시 오시리라."[72] 이처럼 일부 음모론[73]과는 달리 매우 이른 시기부터 초대교회는 예수 그리스도를 신으로 경배해왔다.[74]

하지만 그리스도 경배와 유일신관이 어떻게 조화를 이룰 수 있을까? 이 문제는 특히 유대인 출신 그리스도인들을 큰 혼란에 빠뜨렸는데 적지 않은 유대계 그리스도인들이 예수의 신성을 부정하고 유일신관을 지키려 했다. 대표적 예가 바로 에비온Ebion이다. 유대교 전통에 충실했던 그는 어떠한 형태의 다신론도 용납할 수 없었다. 그래서 그가 취한 단순한 방식은 예수를 하나님의 특별한 은총을 입은 사람이라고 주장하는 것이었다.[75] 에비온처럼 예수를 특별한 은총을 입은 사람, 또는 침례 때 하나님의 양자로 입적된 사람이라고 주장하는 이론을 양자론Adoptionism

이라고 한다. 에비온과 비슷한 전략으로 기독론적, 삼위일체론적 모순을 해결하려는 사람은 많았다. 2세기 피혁상인 데오도토스와 동명이인인 데오도토스,[76] 3세기 사모사타의 바울Paul of Samosata 등이 여기에 속한다.[77]

이들의 주장은 한결같이 다신론에 대한 극단적 공포에서 비롯된다. 노바티아누스Novatianus는 그들의 공포를 다음처럼 표현했다. "만일 성부와 성자가 서로 다르다면, 그리고 만일 성부도 하나님이요, 그리스도도 하나님이라면, 하나님이 한 분만 계신 것이 아니라, 두 하나님이 동시에, 즉 성부와 성자가 계시되어 있다."[78] 이런 공포 때문에 그들은 다신론을 피하고 유일신론을 지키기 위해 그리스도의 신성을 격하하는 전략을 취했다.

일부 신학자들은 유일신론과 그리스도 경배를 조화하기 위해 매우 철학적인 방식을 찾아냈다. 그들은 하나의 신적 실체를 상정하고, 아버지와 아들과 성령이 그 실체의 다양한 '측면mode'이라고 설명했다. 최초의 주장은 서머나의 노에투스Noetus of Smyrna에게서 나왔다. 그는 창조주이신 아버지께서 그리스도가 되시고, 십자가에서 달리시고, 부활하셨다고 주장했다. 십자가에서 수난당한 분이 사실은 아버지였다는 주장인데, 사람들은 그의 주장을 "성부수난설patripassianism"이라고 불렀다.[79] 그의 뒤를 이은 사벨리우스Sabellius도 성부수난설을 더욱 발전시켰는데 학자들은 이들의 삼위일체론을 양태론modalism이라고 불렀다.[80] 양태론은 한마디로, 삼위란 한 실체인 하나님의 여러 측면에 불과하다는 이론이다.

이상의 두 견해는 모두 그리스도 경배를 인정하면서도 유일신론을 포기하지 않는 특징이 있다. 하지만 이들은 아버지와 아들의 구별보다는 '하나'의 신적 실체를 강조하기 때문에 이 둘을 모두 군주신론 monarchianism이라고 부른다. 그런데 두 군주신론에는 다소 차이가 있다. 에비온의 주장을 따르는 이들은 아들과 성령의 신성을 격하하여, 성부의 신성만을 홀로 높임으로 삼위일체를 피라미드 모델로 설명하려 했다. 이런 군주신론을 역동적 군주신론이라고 부른다. 반면에 사벨리우스 일파들은 아버지 한 분이 아들의 모습으로, 성령의 모습으로 모습을 바꾸어 역사하셨다고 말했는데, 이들은 삼위일체를 가면 모델로 설명하려 했다. 이들의 군주신론을 양태적 군주신론이라고 부른다.

'다수'에 대한 강조

삼위일체론의 역사에서 '하나'에 대한 강조가 압도적으로 많았다. 반면, '다수'에 대한 강조는 상대적으로 적었다. 특히 유일신론을 표방한 신학자는 많았지만 삼신론을 표방한 신학자는 거의 찾아볼 수 없다. 이는 군주신론보다 다신론에 대한 공포가 더 컸음을 말해준다. 몰트만은 신학 역사에서 삼신론은 단 한 번도 존재한 적이 없다고까지 했다.[81] 그럼에도 삼신론의 가능성은 늘 존재했다. 신학자들은 실제로 존재한 적 없는 삼신론에 화들짝 놀라며 군주신론으로 도피하곤 했다. 이 같은 도피는 현실에 없는 삼신론이 신학적 가능성으로 상존하고 있었음을 역설적으로 반증한다.

가능성으로 존재한 삼신론은 최초의 신앙고백에서 찾을 수 있다. 최초의 교회는 예수를 주와 그리스도로 고백하며 경배했는데, 이는 하나님을 성부, 성자, 성령이라는 삼원적 원형으로 보게 하거나, 최소한 아버지와 아들이라는 이원적 원형으로 보도록 만들었다.[82] 또한 마태복음

28장 19절의 대위임령을 바탕으로 초대교회는 성부, 성자, 성령의 이름으로 침례를 베풀었는데, 그 침례문구에서도, 그리고 리옹의 이레니우스Irenaeus of Lyons를 비롯한 초대교회의 "신앙의 규칙rules of faith"에서도 삼원적 신앙고백과 함께 삼신론의 가능성을 발견할 수 있다.[83] 이렇듯 초기 예배와 신앙 고백에서 삼신론의 신학적 가능성을 확인할 수 있다.

기독론이 발전하면서 등장한 로고스 기독론도 다신론의 가능성을 내포한다는 비난을 받았다. 2세기 변증가들, 특히 유스티누스Justinus는 "태초에 말씀Logos이 계셨다"라는 요한복음 1장의 기록에 근거해 그리스도는 성육신하시기 전에는 말씀, 즉 로고스로 선재하셨다는 기독론을 발전시켰다.[84] 로고스 기독론, 또는 선재하는 기독론은 자연스럽게, 성육신하기 이전에 선재했던 로고스와 하나님은 어떤 관계로 공존하셨는가라는 질문을 발생시켰다. 로고스 기독론은 성부와 로고스의 연관성을 설명해야 하는 난관에 부딪힌다. 이 신학은 자칫 성부와 로고스가 두 분으로 존재했다고 말할 위험이 있었고, 이는 곧장 성부와 성자의 이신론二神論으로 빠져든다는 비판을 면하기 어려웠다. 이 때문에 로고스 기독론은 신학자들에게 다신론의 공포를 불러일으켰고 일부 신학자들은 이에 대응해 과격한 군주신론을 더 발전시켜나간다.[85]

몇몇 신학자들은 경륜적 삼위일체론[86]에서도 삼신론의 공포를 느꼈다. 경륜적 삼위일체론은 구원 사역에 참여하는 삼위 하나님의 역할과 관계에 초점을 맞춘다. 아버지는 창조와 구원 사역을 총괄하며, 아들은 성육신해서 십자가에서 죽고 부활하는 사역을, 성령은 아들이 수행한 구원이 결실을 맺도록 하시는데, 이러한 각각의 역할로 삼위일체론을 설명한다.[87] 그런데 경륜적 삼위일체론은 삼위 간의 일체성을 충분히 규명하지 못할 경우, 자칫 삼신론의 위험에 노출될 수 있다.

4세기 갑바도기아의 세 교부도 삼신론자라는 비난을 종종 받았다. 하지만 동시에 삼위일체론을 완성한 이들이라는 찬사도 받았다. 그들이 삼신론자라고 비난받은 이유는 다른 신학자처럼 일체에서 삼위로 신학적 사유를 발전시키지 않고, 삼위에서 일체로 신학적 사유를 진행해 신학적 사유의 방향을 뒤집었기 때문이다. 그들은 다른 누구보다 먼저 삼위의 뚜렷한 구분을 주장했다.

특히 가이사랴의 대 바실리우스Basilius the Great of Caesarea는 일체에서 실체에 해당하는 그리스 단어인 '우시아*ousia*'와 삼위에서 위격에 해당하는 그리스 단어인 '휘포스타시스*hypostasis*'의 관계를 보편과 특수의 관계로 설정했다.[88] 이는 생물학에서 유類와 종種의 관계와 비슷하다. 그는 "한 개인이 인류 전체를 대변하듯 세 특수가 하나의 보편과 직결한다"고 보았다.[89] 이것은 실체를 인류에, 위격을 스미스Smith라는 개인에 대응하는 방식과 유사하다. 이런 식이라면 삼위일체론은 "스미스, 철수, 압둘, 세 사람은 모두 한 인류이다"라고 말하는 것이 돼버린다. 이런 주장은 그의 대적자들에게 삼신론이라고 비판할 실마리를 제공했다. 또한 대 바실리우스의 아들 닛사의 그레고리우스Gregorius of Nyssa는 하나님의 수는 '3'이라고 선언했는데 이는 상황을 더욱 악화시켰다.

12세기 신학자 피오레의 요아킴Joachim of Fiore도 종종 삼신론자라는 비난을 받았다. 그는 경륜적 삼위일체의 도식을 하나님의 구원 사역만이 아니라 종말론과도 연결했다. 그는 역사를 구약과 신약, 제3의 시대인 종말로 구분했다. 그리고 구약은 성부, 신약은 성자, 종말은 성령의 시대로 대응시켰다. 물론 세 시대는 명확하게 단절되지 않고 서로 중첩된다.[90] 그런데 그의 역사적 삼위일체론은 삼위의 구분은 명료한 반면, 일체성에 대한 해명은 분명치 않아, 일부에게는 삼신론으로 비쳤다.

균형의 유지

정통 교회는 군주신론과 삼신론의 위험을 모두 회피하는 방식으로 삼위일체론을 구성해갔다. 2세기의 이레니우스는 일찍부터 정통 삼위일체론을 형성하는 데 크게 기여했던 인물인데, 창조 사역에 함께 동참하신 말씀이신 성자와 성령을 삼위일체적으로 강조했다. 하지만 그는 아버지와 아들의 관계를 지성과 말이라는 유비 관계로 표현한 사실 때문에 양태론자라는 비판을 받았다.[91]

2-3세기 테르툴리아누스는 삼위일체, '실체*substantia*', '위격/인격*persona*' 같은 신학 용어를 고안해냈고, 삼위는 구별되지만 나뉘지 않고*distincti, non divisi*, 다르지만 분리되지 않는다*discreti, non separati*는 공식도 만들어냈다.[92] 그는 양태론자 프락세아스Praxeas를 비판하며 삼위의 뚜렷한 구분을 강조했다.[93] 이러한 그의 전략은 하나님은 한 분one이시지만 단일한single 분은 아니라는 표현에서도 찾아볼 수 있다. 그러나 그가 사용한 위격이라는 단어, 즉 '페르소나*persona*'는 양태론을 연상시킨다는 비판을 받았으며,[94] 세 위격의 관계에 대한 설명이 부족하다고 비판을 받았다.[95]

갑바도기아의 세 교부들[96]은 삼위의 구분에서 삼위일체론을 시작한다. 삼위에서 일체로 나아가는 전략이었다. 우선 대 바실리우스는 일체를 보편적 개념으로, 삼위를 특수적 개념으로 보자고 제안했다. 그는 삼위의 특수성을 각각 성부-아버지 되심, 성자-아들 되심, 성령-성화하는 능력으로 보았다. 주목할 것은 각 위격의 특수성을 위격의 독자적 속성이 아니라, 서로의 '관계'에서 도출했다는 사실이다. 즉 성부는 홀로 성부인 것이 아니라 아들과의 '관계에서' 아버지 되시며, 아들은 아버지와의 '관계에서' 아들 되시고, 성령은 두 분과의 '관계로부터', 그리고 신자를 거룩하게 하시는 분으로 성령이라는 것이다. 이 전략을 다른 두 교부도 비슷하게 차용한다. 현대의 관계적 삼위일체론 역시 이 전략을 모방한다.[97]

만일 하나님이 세 분이시라면 삼위의 일체성은 어떻게 담보되는가? 갑바도기아의 세 교부는 삼위의 연합을 설명하기 위해서 '페리코레시스 *perichoresis*'라는 개념을 꺼내든다. 이 개념은 닛사의 그레고리우스에 의해서 크게 발전되었는데, 한마디로 "세 위격이 서로를 완전하게 공유하며 교통"한다는 것이다.[98] 이를 통해서 세 위격은 셋이면서도 하나가 될 수 있다. 이들의 삼위일체론도 성부 중심적이라는 한계가 있기는 하지만 매우 성숙한 삼위일체론이라는 평가를 받고 있다.

서방에서 삼위일체론을 완성한 신학자는 아우구스티누스이다. 그 역시 삼위와 일체의 균형 있는 강조를 추구했다. 다만 갑바도기아 교부들과는 반대로 그는 우선 일체를 강조한 후 삼위의 구분을 강조하는 방향으로 나아갔다. 하나님은 결코 삼중적인 분이 아니다.[99] 그는 성서에서 '하나님'이라고 표기했을 때는 성부가 아니라 언제나 '삼위일체 하나님'을 의미한다고 주장했다. 예를 들어, 성경 어느 곳에서 "하나님은 선하시다"고 하면, 이 하나님은 성부가 아니라 삼위일체 하나님을 가리킨다는 것이다. 중요한 것은 삼위일체 하나님에 대한 모든 설명이나 묘사는 반드시 단수라야 한다. 왜냐하면 삼위일체 하나님은 일체이기 때문이다.

하지만 성서에서 아들이 '아버지'라고 부를 때 그 '아버지'는 성부라는 위격의 하나님이며, 아버지가 부르는 '아들' 역시 성자라는 위격의 하나님이다.[100]

아우구스티누스도 삼위는 다른 위격과의 관계성에서 자신의 특수성을 갖는다고 보았다. 그의 독특한 공헌은 '관계'라는 범주를 본질적인 것으로 규정한 데 있다. 전통적 그리스 철학에 따르면 관계라는 범주는 우연한 속성이며 비본질적이었다. 하지만 삼위의 속성이 우연이라면 결국 삼위일체론은 양태론이 되고 만다. 그래서 그는 삼위일체의 관계는 본질적 범주이며, 성부는 영원한 아버지, 성자는 영원한 아들, 성령도 영원히 성령이라고 주장했다.[101]

관계론적으로 삼위를 묘사하면 아버지는 "낳으시는begetting 분"이고, 아들은 "출생하는begotten 분"이고, 성령은 "발출하시는processing 분"이다. 아우구스티누스는 동방교회 신학과 달리 성령은 아버지에게서만이 아니라 아들에게서도*filioque* 발출하시는 분이라고 말했다. 성령은 아버지와 아들의 공동 시원을 가지며, 공동 선물*donum*로 인간에게 주어진다.[102] 그 선물로 인간은 하나님과 친교와 화해에 이른다. 또 한 가지, 그의 삼위일체론은 성령을 공동 수여자이신 아버지와 아들의 친교로 본다. 즉 아버지와 아들의 사랑, 그것이 성령이시다.[103] 하지만 이 표현에서 어쩐지 성령은 과도하게 위축된 느낌이다. 그럼에도 아우구스티누스는 '삼위'와 '일체'의 균형을 잘 유지한 성숙한 삼위일체론자로 꼽힌다.

이상에서 보듯이 신학자들은 군주신론과 다신론 사이에 난 좁은 길을 찾아서 정통 신학을 정립하려고 노력해왔다. 앞에 제시한 신학자들은 '하나'와 '다수'의 균형을 어느 정도 유지하는 데 성공한 성숙한 삼위일체론자들로 꼽힌다. 그럼에도 몰트만은 앞의 신학자들을 포함해서 정통 신학은 거의 언제나 군주신론으로 기울어왔다고 비판한다. 그래서 삼위일체 하나님은 최고의 실체나 최고의 주체로서 사유되었다고 말한다.[104]

사회적 삼위일체론

몰트만의 말대로 정통 삼위일체론이 거의 언제나 군주신론으로 기울어왔다면 진정한 삼위일체론은 어떻게 구성돼야 할까? 20세기 들어 삼위일체론은 다시금 주목을 받는데, 특히 일단의 신학자들이 관계성 맥락에서 신론과 삼위일체론을 탐구하기 시작했다. 그중에서 주목할 만한 시도는 사회적 삼위일체론Social Trinity, 또는 관계적 삼위일체론인데, 군주론적 삼위일체론에 대한 반성에서 나왔다.

'사회적social'이라는 단어가 의미하듯 사회적 삼위일체론은 삼위의 구별을 두려워하지 않는다. 그 구별이 지나치게 명확해서 삼신론이라는 비난을 들을 때가 많지만, 사회적 삼위일체론은 구별되는 삼위 하나님이 사랑으로 연합해 하나를 이룬다고 주장한다. 이 주장은 갑바도기아 교부들의 삼위일체론을 연상케 한다. 하나님이 세 인격임을 대담할 정도로 확고하게 주장하는데, 그 세 인격이 사랑 가운데 일체를 이룬다는 것이 사회적 삼위일체론의 요체이다. 위르겐 몰트만을 비롯해 레오나르도 보프Leonardo Boff 등이 주장하는 삼위일체론이다.

위르겐 몰트만의 삼위일체론

우선 위르겐 몰트만의 신학을 보자. 몰트만은 성서 계시인 하나님의 고난을 삼위일체론의 기초로 제안한다.[105] 그는 그동안 삼위일체론이 사변신학의 먹이가 돼왔다고 생각했다. 그래서 그는 성서 계시에서 삼위일체론의 기초를 찾아야 한다고 판단했다. 그는 성서 계시 중에서도 하나님의 고난, 특별히 십자가 고난 사건을 삼위일체론의 기초로 제시한다.

전통적 사변신학은 하나님을 무감동의 하나님, 고통당할 수 없는 하나님으로 묘사한다. 하지만 성서 계시는 하나님을 자발적으로 사랑의 고난을 당하는 분으로 계시한다.[106] 그러나 몰트만이 말하는 고난을 사벨리우스의 성부수난설과 혼동해서는 안 된다. 성부수난설은 성부와 십자가에 달리신 성자가 같은 분이라는 교리이지만, 몰트만이 말하는 성부의 고난은 아들과 함께 겪으시는 아버지의 고난을 가리킨다. 즉 성부와 성자를 완전히 구별하지만, 마치 자녀의 고통에 부모가 동참하듯 그렇게 아버지는 아들과 함께 하나 되어 고통당하신다. 이런 점에서 십자가 고난은 삼위일체적 고난이다.[107]

그의 삼위일체론은 삼위의 구별과 함께 동등성을 강조하면서 출발한다. 그는 전통적 삼위일체론 내에 잔존해 있는 위계 구조를 혁파한다. 전통적으로 동방교회는 성부를 첨단으로 하는 위계 구조를 선보였고, 서방교회는 성령을 성부와 성자 아래 종속시키는 경향을 보였다. 몰트만은 여기에 반대해 삼위의 완전한 구분과 함께 완전한 동등성을 힘주어 강조한다. 그는 성부를 정점으로 아들의 '출생'과 성령의 '발출'을 이해하지 않고, 역할과 사역에 따라 삼위 간의 다양한 관계가 정식화될 수 있다고 본다.

예컨대, 예수의 파송 사건에서 아버지는 성령을 통해 아들을 파송하고, 아들은 성령의 능력 가운데서 아버지로부터 오며, 성령은 인간을 아들과 아버지의 사귐 속으로 데리고 온다.[108] 십자가 사건에서 아버지는 인간을 위해 아들을 죽음으로 내어주며, 아들은 우리를 위해 당신 자신을 내어주고, 성령은 아버지와 아들을 하나 되게 하여 공동의 희생제사를 이루게 하신다.[109] 부활 사건에서 아버지는 성령을 통해 아들을 일으키고, 아들은 아버지로 말미암아 성령을 통해 계시되며, 성령은 자신을 통해 아들이 하나님의 주권의 주로 정립되게 한다.[110] 이처럼 삼위는 동등하며 하나의 사역에서 서로 다른 역할을 맡으신다.

몰트만은 삼위의 확실한 구분과 동등성을 다음과 같이 설명했다.

> 삼위일체의 통일성은 일원론적인 통일성일 수 없다. 신적인 삼위일체의 통일성은 아버지와 아들과 성령의 일치성에 있는 것이지 그들의 수적인 단일성에 있지 않다. 그것은 그들의 사귐에 있는 것이지, 단 하나의 주체의 단일성에 있지 않다.[111]

삼위가 완전히 구별되면서도 다신론이 아닌 이유는 삼위가 온전한 사귐으로 일체를 이루기 때문이다. 결국 몰트만이 강조하는 것은 '사귐'이다. 뚜렷하게 구별된 삼위의 사귐과 사랑, 이를 통한 연합과 일치가 일치성의 원리이다. 몰트만에게 삼위의 일체성은 삼위의 공동체성이다. 세 위격은 서로 주체성을 침범하지 않는다. 세 위격은 독립적이며 자유롭지만 자신의 자유를 주장하지 않는다. 자유의사로 자신의 자유를 포기하고 다른 위격에 자신을 내어준다. 세 위격이 모두 그렇게 다른 위격에 자신을 내어줌으로 세 위격은 한 인격, 하나의 실체를 이룬다.

세 위격의 이런 사귐은 인간적 수준의 사귐이 아니다. 인간도 사귀고 사랑하고 연합하지만 수사적 표현을 넘어 존재론적 일체에는 이르지 못하기 때문이다. 그래서 그는 삼위의 온전한 연합을 위해 고대 교부들, 특히 갑바도기아 교부들이 선호했던 '페리코레시스'라는 개념을 차용한다. 페리코레시스의 단초는 "나는 아버지 안에 있고 아버지는 내 안에"(요 14:10)라는 말씀에서 발견할 수 있다. 이를 통해 아버지는 아들 안에, 아들은 아버지 안에, 아들과 아버지는 성령 안에, 성령은 아버지와 아들 안에 거하신다. 삼위는 상호 내주하시며 영원한 신적인 순환 가운데 거하신다.[112] 이렇게 해서 삼위 하나님은 사회적이고 공동체적인 삼위일체의 하나님이 되신다.

레오나르도 보프의 삼위일체론

레오나르도 보프는 사회적 삼위일체론을 통해 정치신학을 구성했다는 점이 중요하다. 이미 몰트만에게서 이런 노력을 찾아볼 수 있는데, 그는 사회적 삼위일체론을 통해 성부 중심의 군주신론이나 가부장적 질서를 강력하게 반대했다. 보프는 몰트만의 시도를 더욱 발전시킨다. 보프도 몰트만과 비슷하게 삼위의 확실한 구분을 강조하면서 삼위일체론을 시작한다. 그렇게 구별된 삼위의 페리코레시스, 상호순환circuminsession, 상호내재circumincession, 상호내주co-inherence, 상호관통interpenetration 등을 강조함으로 삼위의 일체성을 확보할 수 있다고 믿었다.[113] 보프는 이런 삼위일체론의 공식을 "교제 가운데 다양성diversity-in-communion"이라고 표현했다.[114]

그 역시 몰트만처럼 전통적 삼위일체론이 자주 군주신론으로 이해된다고 보았다. 그는 그러한 이해가 기독교 군주들의 이데올로기적 장치로 오용되었다고 비판한다. 그는 삼위일체론이 단순한 사변신학이 아니라 정치신학적 성격을 지닌다고 보는데, 이는 그가 인간 사회를 하나님의 삼위일체의 그림자vestigium trinitatis라고 보기 때문이다.[115] 때문에 군주신론을 선호하는 기독교 군주들이 "하나님이 모든 법 위에 계시듯이 왕(왕자)도 법 위에 있다Deus legibus solutus est, princeps legibus slutus est"고 주장했다는 것이다.[116] 물론 군주신론적 이해는 성서적 삼위일체 신앙과 거리가 멀다. 보프의 문제의식은 왜곡된 삼위일체론이 왜곡된 정치신학을 정당화한다는 것이다.

그는 새로운 삼위일체론적 해석에 기초해 사회와 공동체를 새롭게 재구성할 수 있는 신학적 기초를 찾고자 모색한다. 그는 전통적 삼위일체론의 범주는 실체, 아니면 위격/인격이었다고 비판한다. 이러한 실체들은 모두 폐쇄적 개체를 상정한다. 이러한 철학적 범주를 차용하면 삼위일체는 폐쇄적인 세 개체의 집합이 될 수밖에 없다고 보았다. 이와 비슷한 방식으로 사회를 이해하면 사회는 원자적 개인의 총합이 될 것이다.

그는 삼위를 폐쇄적 개체로 이해하기를 거부한다. 세 위격은 각각 구별된 개성으로 존재한다. 그러나 세 위격은 자신의 개성과 권리, 자유를 주장하지 않으며, 언제나 다른 인격을 향한다. 세 위격은 다른 위격을 위해for 존재하며, 다른 위격을 통해through 존재하며, 다른 위격과 함께with 존재하며, 다른 위격 안에in 존재한다.[117] 보프가 삼위 하나님을 폐쇄적인 개별 실체로 보지 않고 서로를 향해 열린 존재로 본 것은 본회퍼의 기독론을 떠올리게 한다. 삼위는 서로를 향해 열린 방식으로 존재하며,

그러한 상호 개방이 서로를 맞이하고, 또한 서로 안에 거함으로 일체를 이룬다.

그래서 삼위일체는 "하나님의 사회the divine society"이다. 이것은 폐쇄적 개체들의 모둠이 아니다. 상호 연합으로 이루는 하나의 공동체이며, 나아가 하나의 존재이다. 보프는 사회적 삼위일체론의 세 위격의 구분, 세 위격의 평등, 세 위격의 연합을 사회 및 공동체의 구성 원리로 제시한다. 세 위격의 페리코레시스가 하나님의 공동체를 이루듯 인간의 공동체도 같은 원리로 삼위일체적 공동체를 이룰 수 있다. 사회나 공동체는 군주의 통치를 받는 왕정 체제가 아니며, 원자적 개인들의 총합도 아니다. 사회는 평등한 개인들이 자신의 권리와 자유를 주장하기보다는, 스스로 자신의 권리와 자유를 제한하고, 서로를 향해 자신을 개방하고, 타자를 자신 안에 수용함으로 이루는 공동체이다.

보프는 삼위일체적 공동체의 구성 원리에 기초해 먼저 가부장제를 공격한다. 그는 오랫동안 기독교 신학은 가부장적 신학의 영향 아래 독재적이고 지배적인 아버지상을 정당화해왔다고 보았다. 이것은 왜곡된 성부상을 투사하게 만든다. 이것은 성서의 계시가 아니다. 그렇다고 그가 하나님을 여성으로 묘사하려는 것은 아니다. 다만 그는 참다운 성부는 생명의 근원으로 남성과 여성을 초월한다는 점을 상기시킨다. 그래서 성부는 모성애적 아버지로 이해할 수 있다. 이와 비슷하게 성자를 아들로만 이해하는 것도 바람직하지 못하다고 말한다. 성자는 남성인 아들이지만 여성인 딸이기도 하다. 왜냐하면 예수는 남성만을 위해서가 아니라 모든 인류를 위해서 성육신했기 때문이다. 이렇게 그는 삼위 하나님의 남성성과 여성성을 함께 발견하는 신학적 작업이 필요하며, 그것이 참된

삼위일체론의 구성을 위한 작업이라고 주장한다.[118]

가부장적 신학을 공격한 후 그는 비가부장적 신학, 곧 사회적 삼위일체론에 기초한 사회상을 그려본다.

> 삼위일체의 모델로부터 도움을 받아서 구성된 사회는 친교, 기회의 균등, 개인과 집단의 표현이 관대하게 허용되는 그러한 공간이 될 것이다. 모든 부분에 있어서 모든 사람의 참여와 사귐으로 짜여지는 그러한 형제와 자매의 사회는, 오직 그러한 사회만이 (비록 희미하겠지만) 삼위일체의 형상image과 모양likeness을 따라 만들어졌다고 주장할 수 있을 것이다.[119]

그리고 그는 이런 사회상에 기초해 민주주의적 가치를 재발견한다. 물론 민주주의가 삼위일체적 사회 모델이라고 단정할 수는 없다. 그럼에도 삼위일체적 가르침은 민주주의의 평등주의와 공명되는 부분이 많다. 나아가 보프는 소외당하고 억압당하는 자들의 해방을 꿈꾼다. 그는 삼위일체론이 해방을 위한 에너지를 공급할 수 있다고 믿는다.[120] 몰트만과 보프의 사회적 삼위일체론은 '하나'와 '다수'의 관계를 새로운 방식으로 균형을 잡으려는 현대적 시도라 할 만하다.

이런 사회적 삼위일체론을 교회론을 구성하는 모델로도 삼을 수 있다. 하나님의 사회라고 할 수 있는 삼위일체는 신자들의 사회라고 하는 교회와 명백한 유비 관계에 있다. 그래서 자유교회의 옹호자 니젤 라이트Niegel G. Wright는 교회에 대한 단순하면서도 명쾌한 명제를 제안했다. "교회는 하나님을 반영하며, 자신의 공동체 내에서 하나님의 생명을 구체화하도록 부름 받았다. 만일 하나님이 삼위일체의 하나님으로 이해된다면, 그것은 사람의 공동체도 보이지 않는 연합 안에서 서로 안에 거해야 함을 의미하며, 이것은 즉시 교회의 형태로 제안되어야 할 것이다."[121] 이 말은 교회가 삼위일체로 존재하시는 하나님을 반영하는 것이 마땅하며, 교회론은 불가불 삼위일체론과의 유비 관계에 있을 수밖에 없다는 것이다. 이것이 삼위일체적 교회론이 가능하며 요청되는 이유이다.

사회적 삼위일체론을 모형으로 삼은 삼위일체적 교회론은 교회론적 개인주의를 극복할 수 있는 좋은 방향을 제시해준다. 교회론적 개인주의는 극단적으로 개교회의 자유를 강조하는 관점이다. '하나'와 '다수'의 변증법이라는 관점에서 봤을 때, 그것은 과도하게 '다수'를 강조한 교회론이다. 그렇게 왜곡된 교회론의 대안이 극단적으로 '하나'를 강조하는 교회론일 수는 없다. 즉 개교회의 자유를 강제로 제한하는 교회론이 교회론적 개인주의의 대안일 수 없다. 그것은 다신론의 공포 때문에 군주신론으로 도피하고자 했던 신학자들의 오류와 다를 바 없기 때문이다. 따라서 교회론적 개인주의에 대한 참된 대안은 '하나'와 '다수'를 균형 있게 강조하는 교회론을 구성하는 것이다. 공동체를 세우기 위해 개교회(혹은 개신자)의 자유를 스스로 제한하는 교회론이어야 한다. 바로 이 점에서 사회적 삼위일체론은 대안적 교회론을 구성하는 데 훌륭한 모델을 제공해준다. 이제 해야 할 일은 사회적 삼위일체론을 모델로 삼아 삼위일체적 교회론을 구성하는 일이다.

7부

공교회성의 회복

메가처치를 넘어서

메가처치 현상은 무엇보다 메가처치를 추구하려는 강력한 방향성을 갖는다. 한때 이 방향성은 지상명령 수행과 세계복음화를 위한 최상의 길로 많은 호응을 얻었다. 하지만 메가처치 현상이 심화되고 메가처치와 그 목사들의 도덕적 실패가 하나 둘 드러나면서 과연 올바른 방향성인지 의문을 제기하는 이들이 늘고 있다. 이에 오늘날 메가처치 현상에 경도된 교회들은 방향성에 혼란을 겪고 있다. 다른 말로, 한국 교회는 목표 위기를 겪고 있다.[1] 메가처치를 추구하는 게 잘못이라면 교회는 어디로 가야 하는가?

메가처치 현상은 메가처치를 모범적이고 이상적인 교회로 본다는 점에서 교회론적 현상이다. 따라서 그 대안은 당연히 교회론에 기초해야 하고, 그 대안적 교회론은 앞서 지적한 교회론적 개인주의의 대안이어야 한다. 교회론적 개인주의가 메가처치 현상의 배후에서 작동하는 논리를 제공하기 때문이다. 교회론적 개인주의는 삼위일체론 관점에서 보면, '다수'를 과도하게 강조해서 생긴 오류이다. 교회론적 개인주의를 치료하려면 '하나', 곧 교회론적 일체성을 강조해야 한다. 그러나 그 대안이 군주신론으로 치우치는 결과를 만들어내서는 안 된다. 대안적 교회론은 '하나'와 '다수'의 균형을 유지하는 교회론이어야 한다.

1
'다수'를 강조하는 교회

삼위일체론의 발전사 관점에서 보면, 메가처치 교회론은 '다수'를 강조한 결과이다. 반면, '하나'를 강조하는 교회론은 가톨릭교회 같은 감독교회에서 찾을 수 있다. 메가처치 현상에 사로잡힌 교회들이 '다수'를 강조하는 교회론을 어떤 식으로 채택하고 있는지를 먼저 살펴보자.

회중주의 교회론과 교회론적 개인주의

전통적으로 개신교회는 가톨릭교회의 권위주의적 지배 체제를 분명하게 반대하며 교권체제를 거부한다. 그러다 보니 가톨릭교회보다 개교회의 자율성을 더 많이 강조한다. 하지만 교파에 따라 자율성을 부여하는 정도는 조금씩 다르다. 중요한 것은 20세기 들어 대다수 개신교회가 교파를 가리지 않고 개교회의 자율성을 극단적으로 허용했다는 사실이다. 그 결과, 개교회 중심주의church individualism가 생겨났다. 미로슬라브 볼프Miroslav Volf는 개교회 중심주의가 난무하는 현대 교회를 가리켜 과도한 회중주의화congregationalization라고 진단했다. 흥미로운 사실은 회중주의 현상이 개신교회만이 아니라 가톨릭교회에서도 점증한다는 것이다. 그는 이에 대해, "개신교와 가톨릭교회들은 이제 점증하는 회중주의화 과정을 경험하고 있으며, 심지어 이러한 과정이 교회론적으로는 수용되지 않은 상황에서도 그러한 일이 일어난다"[2]고 했다.

바로 이 때문에 교회론적 개인주의의 책임을 회중주의 신학에 돌리는 것은 적절치 않다. 교회론적 개인주의가 교회론적으로 침례교회나 아나뱁티스트 교회의 회중주의 교회론congregationalism, 혹은 개교회주의 때문에 생겨났을까? 아나뱁티스트나 침례교 전통은 회중주의와 개교회주의를 표방한다. 특히 아나뱁티스트들은 신자들의 교회관과 가시적 교회관을 강력하게 주장하면서 우주적 교회, 곧 공교회성[3]에는 무관심하거나 심지어 부정하는 태도를 보이는데, 이런 태도는 오늘날의 교회론적 개인주의를 낳는 데 일조했으리라고 추측할 수 있다.[4]

그럼에도 그들의 교회관은 다른 방식으로 교회론적 개인주의를 억제한다. 회중주의는 신앙의 자유에 대한 굳은 확신에서 비롯되었으며,[5] 이것이 신자의 교회를 구성하는 원리이다. 참 교회는 오직 자발적으로 신앙을 고백한 참 신자들만의 교회이다. 교회는 이들 참 신자들의 지역 모임이며 가시적 공동체이다. 이런 전통이 제자도를 강조하기 용이한 구조로 교회를 구성했으며, 그렇게 편성된 교회를 통해 교회론적 개인주의를 억제했다.

회중주의 전통은 신자와 교회의 동등성을 강조한다. 교회는 "참 신자들의 연합communion of saints"으로 모두가 제사장이며 동등한 권리를 가진다. 동등한 권리는 교회 간의 관계에도 적용된다. 한 신자가 다른 신자에 대해 우월한 권위를 주장할 수 없듯이, 한 지역교회가 다른 지역교회에 대해 우월한 지위를 내세울 수 없다. 나아가 신자들의 연합인 지역교회를 지배하거나 통제하는 연합 기구도 존재할 수 없다. 각 교회는 그리스도의 통치 이외에는 다른 누구의 지시나 통제, 감독을 받지 않는다는 점에서 자율적이다. 이것이 회중주의 전통의 핵심이다.[6]

모든 지역교회의 자치와 평등을 주장하는 근거는 자유의 정신이다. 이 자유의 정신이 개교회주의와 관련 있다는 점에서 근대 개인주의-자유주의와의 연관성을 부정할 수는 없다. 하지만 회중주의 교회론이 말하는 자유는 오직 그리스도만이 교회의 주인이라는 그리스도 중심 신앙에서 유래했으며, 이는 교회가 그리스도에게만 복종하며 다른 이웃 교회나 연합 기구의 권위에 복종하지 않는다는 개교회의 자유이다. 그리스도 이외의 모든 권위에서 자유롭다는 자유교회의 정신 때문에 개교회는 자치권을 가지며, 이 점에서 모든 개교회는 동등하다. 이에 대해 침례교 신학자 스마이스John Smyth는 이렇게 말한다. "모든 참된 가시적 교회는 다른 모든 가시적 교회들과 함께 동등한 힘을 가진다."[7] 이것이 침례교회 교회관의 핵심이다.[8]

그런데 앞서 말했듯 아나뱁티스트 교회는 회중주의와 개교회주의를 취했지만 메가처치 현상이 잘 나타나지 않는다. 이는 회중주의 교회론이 곧바로 메가처치 현상을 초래하지 않는다는 사실을 잘 보여준다. 볼프가 '회중주의화 현상'이라고 지적한 현대 교회의 현상이 단순히 회중주의 교회론 때문에 생겨났다고 보기는 어렵다. 또한 앞서 언급한 대로 가톨릭교회를 비롯한 여러 현대 교회들은 회중주의 신학을 수용하지 않았지만 교회론적 개인주의의 범람으로 곤경에 처해 있다. 따라서 메가처치 현상의 배후에서 작동하는 교회론적 개인주의를 회중주의 교회론의 탓으로만 돌리기에는 무리가 따른다.

현대 교회의 상황은 과도한 회중주의보다는 볼프의 표현대로 과잉개인주의turbo-individualism에 가깝다.[9] 이 책이 비판하는 개교회 중심주의도 바로 과잉개인주의 때문이다. 개교회 중심주의라고 부르는 현대의 교회론적 개인주의는 회중주의 교회론에서 일정 부분 영향을 받은 건 맞지만, 그보다는 교회가 근대 자유주의-개인주의의 주요 전제들을 받아들인 결과로 생겨났다고 보는 것이 더 적절하다.

교회가 수용한 자유주의-개인주의의 첫 번째 전제는 교회가 원자적 개교회로 존재한다는 것이다. 개인이 사회에 앞선다는 개인주의 전제를 따라 현대의 개교회는 교단에 앞서며 일체의 공교회적 질서에 앞선다. 오늘날 개교회는 이웃 교회와의 관련성을 일체 인정하지 않으면서 원자적 독립체로 존재한다. 지역교회가 우주적 교회의 일원이라는 의식은 희박해졌다. 공교회적 질서는 보이지 않는 교회론에 의해 천상으로 투사해 버렸기에 지상의 개교회와는 아무 상관이 없다. 따라서 개교회를 포괄하는 실제적 의미의 공적 질서는 존재하지 않는다. 개교회는 오직 개교회로서만 존재한다.

개교회 중심주의는 개교회의 무한한 자유를 강조한다. 그런데 역설적으로 이런 강조가 도리어 개교회의 자유 상실을 초래한다. 거의 모든 교회가 메가처치를 지향하고, 성장하지 않으면 도태할 수밖에 없는 살벌한 생존 투쟁에 내몰리자, 교회는 교황이나 교리 대신에 자본과 권력과 탐욕에 종속되었다.[10] 메가처치 현상 속의 개교회는 성장에 떠밀리고 이끌리며growth-driven 닦달당하고 있다. 이런 교회가 과연 자유로운 교회일까? 오늘날 메가처치 현상에 매몰된 개교회는 거의 모든 자산과 권한을 담임목사 1인에 귀속한다. 지역교회가 담임목사 1인의 사유물처럼 간주되고, 나아가 담임목사의 의지에 완전히 복속함으로써 유사-인격화된다. 교회의 이런 사사화privatization 현상 역시 개교회의 자유를 위태롭게 한다. 이런 상황에 내몰린 현대 교회는 진정한 의미의 개교회주의, 곧 개교회의 자율성이 더 필요해졌다고 해도 과언이 아니다.

개인주의의 두 번째 전제를 수용한 교회는 개교회를 욕망의 주체로 간주할 뿐만 아니라 이를 정당화한다. 홉스 식으로 말하면 모든 개교회는 자신의 욕망을 최대화하고자 한다. 여기서 개교회의 욕망이란 "(자체) 교회의 유지와 확장"이다.[11] 교회론적 개인주의는 개교회를 욕망의 주체로 정당화한다. 이런 정당화는 아담 스미스가 말하는 분업의 원리에 따라 모든 개교회가 자신의 욕망을 최대화할 때 공공의 선이 성취된다는 논리로 더욱 강화되었다.[12] 물론 이때의 공공의 선이란 세계선교이다. 지상의 모든 개교회가 자기 교회의 유지와 확장에 매진할 때 분업의 원리에 의해 세계선교라는 공공의 선이 앞당겨진다는 것이다. 그렇게 해서 생겨난 결과는 홉스 식으로 말해서 모든 교회에 대한 모든 교회의 투쟁 상황이다.

개교회가 욕망의 주체라는 원리는 교회의 사사화에 의해 더욱 촉진되었다. 개교회 유지와 확장이 창출하는 이익 중 대부분은 담임목사 1인에게 전유된다. 따라서 교회의 유지와 성장은 담임목사의 욕망과 일치하게 되었다. 이처럼 교회의 사사화로 담임목사 개인의 욕망이 개교회의 욕망으로 치환됨으로써 교회는 더욱 노골적으로 욕망의 주체가 되고 있다.

교회가 수용한 개인주의의 세 번째 전제로 말미암아 신자는 상인이 되고 교회는 기업이 되고 있다. 이는 욕망의 주체가 된 현대 교회가 자신의 욕망을 극대화하는 과정에서 자연스럽게 생겨난 결과이다. 욕망이 서로 충돌하는 과정에서 자신의 욕망을 극대화하려는 정신은 본성상 상인의 정신과 다르지 않다. 아담 스미스의 말대로 모든 개인이 자신의 이익을 극대화하기 위해 타인과 관계를 맺을 때 개인은 자연스럽게 상인이 된다.[13] 따라서 교회론적 개인주의에 물든 개교회는 교회의 최대 이익에 모든 초점을 맞춤으로써 상인 정신으로 충만해진다. 이것이 현대 교회가 유사 기업이나 실제 기업이 되는 이유이다.

욕망이 서로 충돌하는 개교회들이 이웃 교회와 형성하는 질서는 시장질서일 수밖에 없다. 맥퍼슨은 소유적 개인주의하에서 "인간 사회는 일련의 시장 관계로 구성된다"고 했다.[14] 이와 비슷하게 교회론적 개인주의하에서 현대 교회는 이웃 교회와 시장 관계로 엮인다. 페르디난드 퇴니스Ferdinand Tönnies가 말한 대로 상인으로 변모한 만인은 전 국토를 매입과 판매를 위한 시장으로 간주하듯이[15] 상인이 된 개교회들도 교회적 질서를 자신의 최대 이익을 추구할 수 있는 기회의 장으로 간주한다.

시장질서가 교회를 점령하자 모든 것이 상업 관계로 변질된다. 상인이 화폐를 추구하듯, 개교회는 신자들을 추구한다. 교회론적 개인주의하에서는 좀 더 많은 사람을 끌어 모으는 것이 교회의 최대 이익이기 때문이다. 교회들이 구성한 시장질서에서 사람들은 화폐와 유사한 존재가 되었다. 실제로 교회로 모인 사람들은 헌금을 내고 교회의 화폐를 불리기 때문에 화폐의 근원지요 잠재적 화폐이다. 이 때문에 교회 매매 현장에서 신자 수가 지역과 연령과 계층에 따라 화폐로 환산되는 일은 지극히 당연해진다.[16] 물론 신자 수는 화폐로 환산되기 전에 이미 '부흥'이라는 미명하에 그 자체로 가치가 있다. 이러나저러나 신자의 축적은 최고의 가치 창출이며 이득이다.

화폐로 환산된 신자는 자본화된다. 자본주의 사회에서 기업이 사업에 뛰어들 때 반드시 초기 자본이 필요하듯, 교회 개척에도 초기 자본이 필수이다. 이때 교회 개척에 필요한 필수 자본이란 적정 숫자의 신자를 의미한다. 최소한 교회가 자립할 수 있는 수준의 신자를 확보하지 못할 때 교회 개척은 실패로 돌아간다. 적정 규모의 신자 수는 진입 장벽을 돌파할 수 있는 초기 자본이 된다.

시장 질서에 편입된 교회의 모든 목회 활동은 상품 판매와 구매 활동으로 변모한다. 이는 교회나 목회자의 악한 동기보다는 교회나 신자가 누리는 선택 가능성 때문에 생겨난 필연적 결과이다. 퇴니스는 이에 대해 다음과 같이 지적한다. "어느 한 사람의 선택의지의 영역 속에서 존재하고 있고, 따라서 다른 사람의 선택의지의 영역에로 이전될 수 있는 그 모든 것은 상품의 형태를 갖출 수 있다."[17] 교회는 목회 서비스를 생산해 진열대에 전시해놓고 신자들로 하여금 선택하게 한다. 신자는 자신의 필요에 따라 전시된 서비스를 구매한다. 이렇게 교회의 목회는 상품으로 변하고, 교회는 생산자가 되고, 신자는 소비자가 된다. 이때 신자는 교회가 추구하는 화폐이자 자본인 동시에 교회가 판매하는 상품을 구입하는 소비자가 된다. 우리네 소비사회와 꼭 들어맞는 이런 상황을 그레사케G. Greshake는 "저마다 장바구니 수레를 굴리고 돌아다니며 마음에 드는 대로 사고 싶은 것을 고르는 커다란 수퍼마켓"이 되어간다고 했다.[18]

한 걸음 더 나아가 미국식 개인주의의 전제를 수용한 교회들은 시장

질서 가운데 빚어진 결과는 개교회가 전적으로 책임져야 한다고 믿는다. 성장한 교회는 성공에 따르는 유익을 누리지만, 성장하지 못한 교회는 실패라는 결과를 책임져야 한다는 것이다. 부유한 교회와 가난한 교회에게 부나 신자의 재분배를 강요할 수 없으며 이를 중재할 공교회적 질서도 존재하지 않는다. 이런 상황을 설명할 수 있는 이론은 교회 성장에 실패한 자를 게으르고 무능한 목회자라고 공격하는 "피해자를 비난하는" 이론뿐이다.[19]

이상에서 보았듯 회중주의나 개교회주의가 현대 교회의 교회론적 개인주의를 직접 초래했다고 보기는 어렵다. 물론 그 관련성을 완전히 부정할 수는 없다. 이런 점에서 회중주의 교회론은 현대의 교회론적 개인주의를 초래한 책임이 없는지, 특히 공교회성에 대한 강조를 지나치게 약화한 잘못이 없는지 자성해봐야 한다.[20] 하지만 교회론적 개인주의는 회중주의 교회론보다는 근대 자유주의-개인주의의 전제를 교회가 무분별하게 수용해서 생겨난 결과임을 간과해서는 안 된다.

한국 교회의 개교회 중심주의

한국 교회의 상황은 좀 더 면밀히 살펴봐야 한다. 다른 어떤 나라보다 한국 교회에 개교회 중심주의가 강하게 나타나는데, 회중주의 교회론과 거의 무관하게 생겨나고 발전했다는 사실을 기억해야 한다. 최초의 한국 개신교회는 장로교회와 감리교회를 두 축으로 발전했고, 두 교회 중 어느 곳도 회중교회론을 채택하지 않았다. 그런데도 개교회 중심주의가 한국 교회에 광풍처럼 몰아닥쳤으니, 회중교회론이 아닌 다른 데서 원인을 찾아야 할 것이다.

조창연은 한국 교회의 개교회 중심주의에 영향을 미친 요인을 다음 세 가지로 꼽는다. 18세기 계몽주의적 개인주의, 19세기 산업혁명과 자본주의 문화에 따른 개인주의, 18-19세기의 낙관론적 진보사상.[21] 그는 이런 외부 요인이 한국의 가족주의와 맞물려 개교회 중심주의를 강화했다고 진단한다. 교회가 처음 생겨날 때부터 한국인들은 교회를 '우리 가족'으로 생각하는 경향이 강했고, 이런 가족주의가 점차 배타적 개교회 중심주의로 나타났다는 것이다.[22]

앞서도 언급했듯 한국 교회에 개교회 중심주의가 뿌리를 내린 결정적 계기는 19세기 말에서 20세기 초 한국 교회에 적용된 네비우스의 선교 정책이다. 많은 역사학자들은 초기 한국 교회가 성공적으로 정착하고 성장한 열쇠로 네비우스 선교정책을 꼽는다. 네비우스 정책의 중요한 골자는 자양self support, 자전self propagation, 자치self governance인데, 이들 모두가 '스스로self', 즉 자발주의와 독립의 원칙이다. 각 교회가 스스로 교회를 세우고 전도하고 치리하게 하는 것이 네비우스 정책의 골자인 것이다.[23] 이런 네비우스 선교정책 덕분에 초기 한국 교회는 해외 선교부의 부족한 지원에도 성공적으로 자립할 수 있었다.[24]

네비우스 정책의 주요 관심사는 한국에 토착 교회를 세우고 교회가 스스로 성장하는 것이었다. 해외 선교부가 지원할 여력이 부족한 상황에서 한국 교회 스스로 인적·물적 자원을 자체 조달해야 하는 형편에 처하자, 자연스럽게 교회 개척과 성장을 과도하게 강조하게 된다. 덕분에 한국 교회는 개교회 중심으로 뭉치고, 개교회 신자들의 자발적 헌신 역시 활성화되었다. 이것이 한국인의 가족주의와 결합하면서 네비우스 정책은 한국 교회가 역동적으로 움직이고 급성장한 요인이 되었다.[25]

그러나 네비우스 정책이 교회론적 개인주의를 조장한 부분이 있음을 부인하기 어렵다. 개교회의 자율성이 증가하자, 한국 개신교회의 교파 구조로는 교회를 잠식하는 교회론적 개인주의를 효과적으로 억제할 수 없게 된다.[26] 개교회가 목회자 사례비나 예배당 건축비의 상당 부분을 자체 조달했기 때문에 교단 총회의 영향력에서 더 자유로워졌다. 개교회가 스스로 전도해서 필요한 자원을 확보하고, 스스로 가르치고 다스렸기 때문에 교단 총회가 간섭할 여지는 당연히 줄어들었다. 따라서 한국 교회의 교파주의는 처음부터 미숙한 형태를 취할 수밖에 없었다.

네비우스 정책이 부추긴 개교회 중심주의는 교회 팽창주의와 긴밀하게 연관된다. 아무래도 개교회 스스로 자신의 생존을 책임지다 보니 자기 교회의 유지와 확장을 먼저 추구할 수밖에 없었다. 노치준이 지적대로 "개교회(중심)주의는 원리적으로 팽창주의적 속성을 가지고 있다. 교회 내부의 문제에 최우선권을 부여하기 때문에 자체의 힘이 강화되고, 이 강화된 힘은 전도라는 기독교 최고의 사명과 결부되면서 신도의 증가에 크게 기여했다."[27] 이런 원인들이 겹치면서 교회론적 개인주의는 한국 교회에 더욱 깊숙이 자리 잡게 된다.

보이지 않는 교회론

오늘날 교회론적 개인주의가 횡행하는 또 다른 요인은 종교개혁 신학에 있다. 종교개혁 이후, 개신교 교회론은 교회의 통일성과 공교회성을 강조하는 데 심혈을 기울이지 않았다. 그 때문에 가톨릭교회는 종교개혁자를 교리적으로 이단이며, 교회 분열을 획책한 분파주의자라고 비난했다. 개신교회는 태생부터 분열의 책임에서 자유롭지 못했지만, 개신교회에 이런 짐을 지우는 것은 부당하다. 역사적 정황은 종교개혁자들이 가톨릭교회를 떠난 게 아니라 교회 개혁을 요구하는 개혁자들을 가톨릭교회가 내쳤다고 말해주기 때문이다. 한스 큉이 말한 대로 일차 책임은 가톨릭교회에 있는 것이다.[28]

문제는 종교개혁 이후 개신교회 내부에서 일어난 연쇄 분열이다. 종교개혁자들은 대분열 이후 하나의 일치된 교회를 세우는 데 실패했다. 종교개혁이 진행되면서 종교개혁 진영은 사분오열했다. 교회의 안정성이 파괴되고 분열은 가속화되어 마침내 20세기에는 개교회 중심주의라는 핵분열까지 이른다. 이 문제에 개신교회는 책임 있는 답변을 해야 했다.

하지만 개신교 진영은 이를 변명하기에 급급했다. 분파주의라는 낙인에 대응하는 방어 논리를 개발해야 했고, 그래서 종교개혁가들은 아우구스티누스의 보이지 않는 교회론을 꺼내든다. 도나투스주의자들은 교회란 모름지기 거룩해야 하며, 배교자들을 받아들인 주류 교회에 더 이상 머무를 수 없다며 교회에서 떨어져나갔다. 그러자 아우구스티누스는 그들의 주장에 맞서 진정으로 거룩한 교회는 천상에 있는 보이지 않는 교회이며, 지상에 있는 교회는 혼합 사회corpus permixtum일 뿐이라고 주장했다.[29] 하지만 아우구스티누스의 보이지 않는 교회론은 엉뚱한 결과를 초래한다. 지상의 현실 교회가 갖추어야 할 영적 · 도덕적 면모를 회피하면서 이를 정당화하는 논리로 사용되었기 때문이다.

종교개혁자들은 이를 끌고 와서 교회의 통일성과 공교회성을 설명하는 데 적용했다. 만일 종교개혁으로 교회의 통일성과 공교회성이 훼손되었다면, 그래서 교회가 사분오열했다면 종교개혁은 잘못된 것인가? 아니다. 그럴 수 없다. 종교개혁은 정당하다. 그렇다면 교회의 통일성과 공교회성은 어떻게 되는가? 그들은 보이지 않는 교회론을 응용해 진정으로 하나인 교회, 진정한 공교회는 천상에 있는 보이지 않는 교회뿐이라고 주장했다.

루터는 교회를 믿는 자들의 모임, 즉 '신도의 회집'으로 보았다. 하지만 이 믿음이 참 믿음인지 아닌지 인간의 눈에는 보이지 않는다고 했다. 믿음은 오직 영혼에 감추어져 있기 때문이다. 교회는 육체가 아닌 '영혼들의 모임'이다.[30] 당연히 보이지 않는 영혼들의 모임인 교회가 지상에서 보일 리 없다. 천상 영혼들의 모임만이 참 신자들의 회집일 수 있다. 그 보이지 않는 교회가 참 교회요, 하나의, 거룩한, 공교회이다. 같은 맥락에서 칼뱅은 이렇게 말한다. "이런 교회의 성질 때문에 교회의 연합*ecclesiae unitatem*은 눈으로 보거나 손으로 만져볼 필요가 없다."[31] 굳이 지상에서 눈에 보이는 형태로 일치된 교회를 이룰 필요가 없다는 주장이다.

하지만 보이지 않는 교회가 참 교회이며, 천상의 교회가 통일되고 거룩하고 보편적이고 사도적이라는 주장은 현실에서는 무의미한 언술이다. 지상의 교회는 아무래도 상관없다는 말일 수 있기 때문이다. 하여 보이지 않는 교회론은 교회를 거룩하게 하고 하나 되게 하려는 노력을 침식하는 역할을 하고 만다. 즉 천상의 교회가 거룩하고 통일돼 있다고 말하면, 지상의 교회는 거룩하지 않고 분열돼도 문제될 게 없다는 결과가 도출된다. 하지만 이는 변명일 뿐이다.

칼 바르트는 보이지 않는 교회와 보이는 교회를 구분하는 것을 강하게 비판한 신학자이다. 본래 그의 교회론은 종교개혁자들의 가르침을 따라 참 교회는 비가시적이라는 입장에 서 있었다. 그런 그가 예수 그리스도의 인간성을 각성한 후 교회의 가시성을 강조하는 쪽으로 선회한다. 이후 그는 비가시적 교회론을 거세게 비판한다. "철저하게 비가시적인 교회는 결코 존재하지 않는다."[32] 심지어 그는 비가시적 교회론을 교회론적 가현설ecclesiastical Docetism이라고 규정하면서 사실상 기독론적 가현설christological Docetism이라고 거세게 비판했다.[33]

현대 교회는 바르트의 호된 비판을 새겨들어야 한다. 가시적 교회와 비가시적 교회를 구분해 메가처치 현상의 배후에서 작동하는 개교회 중심주의를 옹호한다면, 결국 교회론적 가현설과 기독론적 가현설을 지지하는 셈이다. 영원한 말씀이 사람이 되었듯 비가시적 교회는 가시적 교회를 통해 알려진다. 교회의 통일성, 공교회성, 거룩성, 사도성은 천상의 보이지 않는 참된 교회의 특성으로만 머물 수 없으며, 지금 바로 우리가 속한 가시적 교회의 특성으로 드러나야 한다.

교회의 윤리적 패배

교회는 분열돼 있다. 이는 부인할 수 없는 현실이다. 리처드 니버는 교회의 분열이 교회의 윤리적 패배라고 말했다. 개교회 중심주의를 억제하려면 교회 분열에 대한 정직한 자복에서 시작해야 한다. 교회는 그리스도가 십자가에서 죽고 부활하심으로 이 땅에 하나님나라를 임하게 하신,

그 구속 사역의 열매이다. 교회가 완전한 하나님나라는 아니지만, 역사의 마지막 때에 하나님이 땅과 하늘을 회복하심으로 도래할 하나님나라의 선취이다. 따라서 교회에서 종말론적 하나님나라의 질서를 목격할 수 있어야 한다.

하지만 교회는 늘 분열될 위기에 노출돼 있고, 실제로 분열되었다. 특히 개신교회는 교파주의라는 더욱 큰 분열의 죄를 저질렀다. 교파주의가 진리를 수호하기 위한 고육책이었다고 변명하는 경우가 많지만, 리처드 니버는 "교파주의는 그리스도교가 인간 사회의 계급적 신분 체제에 순응해버렸다는 사실을 나타낼 뿐"이라고 했다.[34] 그는 특히 근대 유럽과 미국 교회의 역사에서 교파주의가 경제 계급, 국가주의, 지역주의, 문화와 인종의 장벽을 넘지 못한 교회의 모습이라고 신랄하게 비판했다.[35] 결국 교파주의는 교회를 경제적 · 국가적 · 지역적 · 문화적 · 인종적 장벽 안에 가둠으로써 공교회성을 훼손했다.

그러나 개신교회는 교파주의가 선물한 양적 성장에 도취해 오랫동안 이 문제를 직시하지 못했다. 심지어 일부 교회 성장학자들은 인류를 여러 '동질 집단'으로 나누고, 동질 집단별로 복음을 전하면 교회를 효과적으로 성장시킬 수 있다고 주저 없이 주장했다. 교회 성장학자인 맥가브란은 "모든 국가들은 다양한 사회의 층위들이나 사회 계층들로 구성된다"라는 말로 자신의 대표 저서 《하나님의 선교 전략》을 시작한다.[36] 그는 여러 장벽 안의 동질 집단을 "하나님의 가교the bridge of God"라고 부르며 탁월한 선교 수단이라고 보았다.[37]

성장에 굶주린 교회는 맥가브란의 동질 집단 원리를 발견하고 환호했다. 교회는 동질 집단에 전도하기 위해서 노력했으며 나름 성공을 거두었다. 이는 한국 메가처치 역사에서도 확인할 수 있는 바이다. 한국 교회만의 일도 아니고, 어제 오늘의 일도 아니다. 교회는 늘 "사회 계급과 문화 집단의 특정한 욕구를 전문화하는 동질적 집단들로 기능해왔다."[38] 그러나 볼프는 동질 집단 원리는 전일성, 곧 공교회성 원리와 반대된다고 단호하게 비판한다.[39]

오늘날 교파주의마저 무너져 내리면서 그나마 교단이라는 장벽 내에서 제한된 방식으로나마 공교회성을 지켜왔던 주체가 사라져버렸다. 탈교파주의와 개교회 중심주의가 등장하면서 현대 교단은 더 이상 그 역할을 감당할 수 없게 되었다. 공교회성은 철저하게 잊혔다. 개교회 중심주의 시대에서 모든 교회는 홀로 존재한다. 공교회는 찾아보기 어렵다.

참으로 아이러니한 현상은 메가처치들이 지역교회를 넘어서 스스로 공교회가 되기를 꾀한다는 것이다. 메가처치들은 로마교회가 했듯이 광대한 지역을 교구로 나누고 교구별로 교구장을 세운 다음, 담임목사를 중심으로 이를 관리한다. 각각의 메가처치가 하나의 작은 가톨릭교회를 건설하고 있는 것이다. 특히 여러 곳에 지교회를 세우고 첨단 기술로 모교회와 연결해 광대한 교회 네트워크를 이루는 멀티사이트 처치가 생겨났는데, 국내와 해외에 총 33개 지교회를 연결해 교회 네트워크를 구축한 온누리교회의 ACTS29 프로젝트가 대표적 예이다.[40] 모교회가 지교회를 지배하는 힘은 한국 교회에서 더욱 강력하다. 그래서 한국의 메가처치들의 경우 모교회는 바티칸이 되고 지교회는 지역교회에 해당하며, 모교회 목사는 교황과 유사하게 행동한다.

이 같은 역전 현상은 무엇을 말해주는가? 개교회로 분열된 교회가 개교회 이상의 초교회를 꿈꾸고 이를 실현해나간다는 것이다. 지역교회를 넘어 초지역교회를 추구하는 태도는 스스로 공교회를 구현하려는 지역교회의 오만함이다. 공교회의 일원으로 이웃 교회와 함께 한 몸 그리스도로 연합하는 대신, 자신의 영역을 이웃 교회의 지경까지 넓히려는 것이다. 초지역교회는 이웃 교회가 그리스도의 부르심을 받은 형제 교회라는 사실을 부정하고, 그들을 무시하고 위태롭게 만들면서까지 스스로를 자기 완결체라고 주장하는 태도를 보인다.

초지역교회는 그리스도가 한 사람의 몸을 입고 특정 시대, 특정 지역에 오셨다는 성육신 원리를 알지 못한다. 그리스도가 모든 교회를 각 지역에 지역교회로 부르셨다는 소명을 거부한 채, 초지역교회 스스로 모든 지역, 모든 시대 가운데 존재하고자 한다. 초지역교회는 공교회성을 완전히 망각하고, 이웃 교회의 사역을 믿지 못하고, 자기 교회 사역만을 유일하게 참된 사역으로 여기며, 자기 교회의 확장만이 참된 선교라고 주장하는 오만한 교회이다.

2
'하나'를 강조하는 교회

앞에서는 삼위일체론의 역사 관점에서 '다수'를 지나치게 강조한 교회론의 폐해를 살펴보았다. 이제 그 대안으로 '하나'를 강조하는 교회론을 참조할 차례이다. 그 대표적 예는 로마 가톨릭교회이다. 교회론적 개인주의를 치유하기 위해 개신교회는 가톨릭교회의 교회론에서 무엇을 배울 수 있을까?

가톨릭교회는 공교회적인가

가장 먼저, 가톨릭교회가 공교회성을 유지하기 위해 쏟은 노력을 본받아야 한다. 대분열 이후 개신교회가 줄곧 분열한 반면, 가톨릭교회는 교회의 통일성과 안정성과 공교회성을 수호해왔다.

그렇다면 구체적으로 뭘 배워야 할까? 교구제 부활은 어떤가? 정교회 신학자 지지울라스Zizioulas는 교회론적 개인주의를 극복하는 대안으로

'영토적 원리'를 제안한다. 영토적 원리란 "특정 지역(도시)에는 그 지역의 모든 그리스도인들이 소속하는 단 한 교회만 허용돼야 한다"는 것이다. 하지만 볼프가 이미 지적한 대로 지리적으로나 문화적으로 다원화된 현대 사회에는 적용하기 힘든 대안이다.[41]

그렇다면 WCC 가입이 대안이 될 수 있을까? 이 문제는 다소 신중하게 접근해야 한다. 개교회 중심주의에 함몰된 한국의 개신교회는 지금보다 더 에큐메니컬 운동ecumenical movement[42]에 참여해야 한다. 교회가 좀 더 에큐메니컬한 교회가 되면 공교회성 회복에 도움이 될 것이다. 그러나 단순히 WCC라는 조직에 가입하거나 그 운동에 참여한다고 메가처치 현상이 해결되리라 기대할 수는 없다. 결국 중요한 것은 조직의 일치가 아니라 영의 일치이기 때문이다. 그래서 올바른 교회론의 정립과 신앙 회복이 더욱 중요한 것이다.

비슷한 맥락에서 어떤 이는 교파 통합이나 군소 신학교 통폐합을 제안한다.[43] 이런 시도가 성공하면 교회 분열 난맥상을 다소 완화하고, 개교회 중심주의를 어느 정도 억제할 것이다. 할 수만 있다면 이 대안을 진지하게 고민하고 실천하려는 노력도 필요하다. 하지만 제도와 조직의 일치는 한계가 분명하다.

가톨릭교회 측은 공교회성을 회복하고 교회론적 개인주의를 극복하려면 가톨릭교회로 귀순하라고 말할지도 모른다. 가톨릭교회는 "만일 서로 물고 먹으면 피차 멸망할까 조심하라"(갈 5:15)는 말씀을 연상케 하는 표현으로, 개신교회의 지속적 분열과 그로 인해 출현한 교파주의와 개교회 중심주의를 조롱하듯 비판한다.

그들은 그들이 스스로 선택한 자유의 대가를 치러야 한다. 그들은 이미 안정을 잃어버렸고, 피상적이 되었고, 실체를 상실했다. 어미와 분리된 그들은 서로 싸우게 되었다. 이러한 싸움은 어미와의 싸움만큼이나 치열했다. 그들은 자신들의 어미가 그들에게 당했던 아픔을 바로 그들의 자녀들에게서 당할 것이다. 전 가족이 분열되고 파멸되었다.[44]

가톨릭교회는 개신교회를 향해 아직도 너그러이 팔을 벌리고 있는 어미의 품으로 돌아오라고 주문한다.

그런데 가톨릭교회가 메가처치 현상에서 개신교회를 구원할 모델이 될 수 있을까? 결론부터 말하면 근본적 대안이 될 수 없다. 왜 그럴까? 첫째, 가톨릭교회를 참된 공교회라고 말할 수 없기 때문이다. 물론 가톨릭교회는 개신교회에 비해 공교회적 면을 많이 보여준다. 이름부터 가톨릭*Catholic*, 곧 공교회이다. 개신교회에 비하면 가톨릭교회는 일사분란하고 통일된 교회 조직을 잘 유지하고 있다. 가톨릭교회는 범위상 가장 넓은 지역에 산재해 있고, 숫자상 가장 많은 신자를 보유하고 있으며, 형식상 초대교회와의 역사적 연속성을 유지하고 있고, 마지막으로 가톨릭교회라는 이름도 독점하고 있다. 하지만 그것만으로 가톨릭교회를 참된 의미의 공교회라거나 사도적 교회로 볼 수는 없다.

엄밀한 의미에서 가톨릭교회도 진정한 가톨릭교회가 아니다. 가톨릭교회 역시 충분히 보편적이지 못하기 때문이다. 볼프는 가톨릭교회나 정교회 같은 감독교회들이 가톨릭적이지 않은 이유를 다음처럼 정리했다.

가톨릭교회의 통일성은, 루터가 지적한 바와 같이 교황(혹은 주교)이 "그 자신의 궁정만이 기독교 교회 전체라고 선포"하기에 전일적(공교회적-저자 주)이지 않다. 가톨릭교회의 거룩성은 죄인된 구성원들로부터*casta meretrix* 거리를 유지하면서도 결코 그 자체의 죄 용서를 위해 기도하지 않기 때문에*ecclesia sancta et immaculata* 전일적이지 않다. 가톨릭교회의 사도성은 너무나 지나치게 사도성을 유지하는 형식에 집착하고*successio apostolica*, 교회의 교의를 과거의 정형화에 묶어두고, 그러한 방식으로 정형화에 통일성을 부과하려 하기에, 전일적이지 못하다. 자유교회의 주장에 따르면, 가톨릭교회(그리고 암묵적으로 동방 정교회 역시)는 자신의 특수성을 받아들이기를 거부하기 때문에 다른 교회들의 (온전한?) 전일성을 거부한다.[45]

교회를 제도적 가톨릭교회의 테두리에 가두었기 때문에 진정한 의미의 공교회, 곧 가톨릭교회가 아니다. 단적으로 말해 가톨릭교회는 매우 광범위한 영토를 지닌 하나의 분파일 뿐이다. 따라서 가톨릭교회로 귀순하는 것은 근본 대안이 될 수 없다. 우리는 종교개혁자들의 정신을 따라서 좀 더 근본으로 돌아가서, 신약성서의 가르침에서 참된 대안을 발견해야 한다.

여기에 한 가지 덧붙이면, 가톨릭교회에 개신교회의 메가처치 현상이 나타나지는 않지만 그들 역시 교회론적 개인주의에서 완전히 자유롭지 않기에 참된 대안이 될 수 없다. 가톨릭교회 내에서도 교회론적 개인주의가 감지되고 있다는 사실에 주목해야 한다. 교황 베네딕투스 16세 Benedictus XVI가 된 조셉 라칭거Joseph Latzinger 주교는 이 현상을 다음처럼 설명한다.

> 내가 받는 인상은, '교회'라는 현실에 대한 진정한 가톨릭적 입장의 의미가, 명시적으로 표현된 거부의 과정 없이 암묵적으로 점점 소멸하고 있다는 점이다. … 말하자면 많은 점에서 고전적인 의미에서 개신교적이라고도 결코 부를 수 없었던 교회에 대한 어떤 관념이 가톨릭 사상 속에, 그리고 심지어 가톨릭 신학에까지 널리 퍼지고 있다. 현재의 많은 교회론적 사상들은 오히려 많은 점에서 북미 기독교의 '자유교회' 모델과 맞아떨어지고 있다.[46]

로핑크도 이와 비슷한 문제의식을 가지고 있었다. 그는 "(가톨릭)교회가 각자를 한 사람씩 돌보는 원호 기관이 되고, 개인의 총계를 상대로 '상품을 방매하는' 공급시설이 된 것이다"라고 했다.[47] 이런 비판이 개신교회가 아니라 현대 가톨릭교회를 향한 것이라는 사실이 사뭇 놀랍다.

더불어 가톨릭교회에는 개교회 간의 성장 경쟁이 없지만, 그들 역시 개신교회와 경쟁 관계에 있다는 점, 수천 명이 출석하는 초대형 본당으로 대형화한다는 점 등은 그들에게도 해결해야 할 문제가 많음을 보여준다. 가톨릭교회가 충분히 공교회적이지 못하고, 교회론적 개인주의로부터 자유롭지 못하고, 본당의 대형화 문제를 안고 있다는 점에서 참된 대안은 가톨릭교회로의 귀순이 아닌 다른 방식으로 이루어져야 한다.

교권제도와 지배 체제

가톨릭교회가 메가처치 현상의 대안이 아닌 더 큰 이유가 남아 있다.

그들이 교회의 일치를 교황 제도에 기초한 지배 체제를 통해 성취하기 때문이다. 가톨릭교회가 공교회성을 유지하는 전략은 모든 지역교회보다 우선하는 보편교회 또는 공교회를 상정하고, 그 공교회가 실현되는 곳을 지역교회라고 주장하는 식이다. 즉 공교회라는 하나의 통일체나 초월적 권위가 먼저 존재하고 그것이 각 지역교회를 통해 구체화된다.[48] 한마디로 공교회는 지역교회보다 상위의 교회라는 것이다.

이런 방식은 키프리아누스Cyprianus가 교회의 일치를 주장하기 위해 취했던 논증 방식이다. 그는 교회의 일치를 하나의 주교좌에서 찾을 수 있다고 주장했다.

> 주교권은 하나이며 각자는 자기에게 주어진 부분을 통해 전체에 동참하게 됩니다. 교회가 하나이지만 왕성히 성장되어 만방에 널리 퍼져나가는 것은 마치 태양이 많은 광선을 갖고 있지만 그 빛은 하나이고, 나무가 많은 가지를 갖고 있지만 견고한 뿌리에 기초를 두고 있는 그 둥지는 하나이며, 또 많은 개울물이 한 샘에서 시작되고 그 개울 수가 아무리 여럿이고 그 분출량이 아무리 많다 하더라도 원천은 하나인 이치와 같습니다.[49]

먼저 주교의 권위가 존재하고 그 다음에 교회가 존재한다. 주교의 권위는 공교회성의 표현이다. 모든 주교의 권위는 로마교회의 주교권에서 나오며, 공교회 자체와 동일시된다고 주장하기 때문이다. 즉 베드로의 수위권은 교회 일치의 원리가 되며, 또한 그것이 공교회를 구성하는 원리가 된다. "베드로에겐 수위권이 주어졌는데, 이것은 하나의 교회, 하나의 교좌가 드러나기 위함입니다."[50] 단적으로 말해, 공교회성은 베드로의 통치권으로 가능하며, 그 권위는 로마 주교좌를 통해 역대 교황에게 세습된다. 교황의 통치권은 모든 주교들을 복속시키며, 주교들의 피라미드 체계가 공교회의 구체적 표현이라는 것이다. 바로 이 공교회적 통치 질서가 각 주교를 통해 지역교회에 실현된다. 지역교회는 주교의 통치 아래 복속함으로써 공교회에 결합된다. 공교회가 먼저 존재하고, 그 공교회 속으로 지역교회가 복속한다.

결국 이런 가톨릭교회 체제는 한 황제의 통치를 받는 거대한 제국과 같다. 이런 점에서 가톨릭교회는 왕정 체제와 닮았다. 실제로 가톨릭교회는 군주적 감독제momarchial episcppate라는 정치 체제를 취한다. 이는 결국 교회 제도가 왕정 체제를 차용했음을 보여준다. 그리고 가톨릭교회는 교회의 통일을 유지하기 위해 왕정 체제를 철회할 수 없는 교회의 본질적 형식으로 본다.[51]

바로 이 점이 가톨릭교회를 대안으로 보기 어렵게 만드는 더 큰 이유이다. 가톨릭교회가 주장하는 방식의 공교회는 성서적 근거가 희박하다. 그들은 공교회가 지역교회보다 앞선다고 말하지만, 지역교회를 넘어서는 초지역교회라는 개념은 애초에 존재하지 않았다. 지역교회를 넘어서는 공교회 개념은 지역교회들이 세워지면서 나중에 고안된 것이다. 공교회가 먼저 존재하고 이를 지역교회가 실현한 것이 아니라, 먼저 지역교회가 세워지고 나중에 공교회라는 개념을 생각해낸 것이다. 또한 공교회 개념도 신약 시대에는 지역교회보다 상위에 있는 교회가 아니었다.[52] 하나의 가톨릭 체제 내에 지역교회가 귀속된다는 가톨릭 교회론은 제도적 일치를 위해 나중에 고안한 것이다.

더불어 교황의 수위권 논쟁도 신약성서의 개념에 비추어보면 낯선 것이다. 사실 교황 제도는 여러모로 예수 그리스도의 가르침과 배치된다. 모든 조직은 본성상 대표를 세우려 한다. 개신교회에도 교단에는 총회장, 노회에는 노회장, 지역교회에는 담임목사가 존재한다. 다수의 교회가 하나의 협력 조직을 잘 유지해야 할 때, 대표자를 세우려는 시도는 자연스레 등장한다. 로마 교회가 거대한 가톨릭교회 체제를 유지하기 위해 대표자로 한 사람을 세우는 것도 이런 관점에서 보면 당연하다. 하지만 교황을 베드로의 직계 제자라 하고, 가톨릭제국의 황제로 여겨 종신 임기를 보장하고, 모든 주교 위에 뛰어난 수위권과 무오류성을 부여하고, 다른 교회에 대한 지배권이 있다고 주장하는 것은 전혀 다른 문제이다. 복음서를 살펴보면 신자가 다른 형제나 자매에 대해 우월한 통치권을 주장하는 것은 도무지 불가능해 보인다.

> 예수께서 제자들을 불러다가 가라사대 이방인의 집권자들이 저희를 임의로 주관하고 그 대인들이 저희에게 권세를 부리는 줄을 너희가 알거니와 너희 중에는 그렇지 아니하니 너희 중에 누구든지 크고자 하는 자는 너희를 섬기는 자가 되고 너희 중에 누구든지 으뜸이 되고자 하는 자는 너희 종이 되어야 하리라(마 20:25-27).

가톨릭 신학자 로핑크도 신약성서 공동체의 가장 큰 특징이 아버지가 없는 형제 공동체라고 말한 바 있다. 형제자매 공동체는 섬김과 화해와 상호 복종으로만 세워지고 운영되는 공동체이다.[53] 이것이 바로 예수 그리스도가 보여준 모범이다. 예수는 스스로를 가리켜 "인자가 온 것은 섬김을 받으려 함이 아니라 도리어 섬기려 하고 자기 목숨을 많은 사람의 대속물로 주려 함이니라"(마 20:28)라고 하셨다. 그런데 모든 교회를 다스리는 통치자를 인정하는 것이 어떻게 가능할까?

결국 가톨릭교회가 보여주는 구조는 지배와 복종으로 운영되는 거대한 군주 국가이다. 과거 중세 시대에 이단을 심문하고 박해했던 가톨릭교회 역사에서 볼 수 있듯이, 가톨릭교회의 구조적 통일성은 개별 신자나 개교회의 신앙, 사상, 의지 등을 교회의 배 속에 삼켜 자신의 체제에 용해시키는 관료주의적이고 폭력적인 지배 질서로 타락하기 쉽다.[54] 나아가 타자의 독립성을 인정하지 않고, 타자를 자아의 일부로 종속시켜 통일을 이루는 제국의 질서에서 벗어나기 어렵다.[55]

군주적 감독제나 교황제는 신약성서에 나타난 사도적 교회보다는 이집트, 앗시리아, 바빌로니아 제국의 모습과 유사하다. 이것은 예언자들이 격정적으로 탄핵했던 반야훼적 질서이다.[56] 가톨릭교회는 자신들이 교회의 통일성과 공교회성을 훌륭하게 유지해왔다고 주장하지만 그에 앞서 자신들의 교회 제도가 제국의 질서와 무엇이 다른지를 밝혀야 한다. 제국의 질서에 포섭되어 교회적 일치와 공교회성을 이룬다면, 그렇게 이룬 일치와 공교회성에 무슨 유익이 있겠는가?

3
'하나'와 '다수'의 균형

삼위일체론이 발전해온 역사에 빗대어 보면, 교회론적 개인주의는 '다수'를 지나치게 강조하는 다신론의 오류에 상응하고, 가톨릭 교회론은 '하나'를 지나치게 강조하는 군주신론의 오류에 상응한다. 따라서 우리에게는 '하나'와 '다수'의 균형을 잡아주는 교회론이 필요하다. 이 교회론은 교회론적 개인주의의 대안으로, 잊어버린 공교회성을 상기시킬 것이다.

교회의 표지와 공교회성

그렇다면 대체 공교회Catholic란 무엇이고, 또 공교회성Catholicity은 무엇인가? 공교회성은 전통적으로 교회의 네 가지 표지[57]라고 알려진 것 중 하나이다. 교회의 네 가지 표지는 통일성, 거룩성, 보편성, 사도성인데, 역사가 흐르고 교회 형태가 변해도 반드시 유지해야 하는 교회의 본질

이고 표지이며 근본 구조라고 여겨왔다.[58]

개신교회에는 이 네 표지가 다소 낯선 반면, 가톨릭교회는 개신교회를 공격할 때 자주 이 표지들을 사용했다.[59] 종교개혁자들은 네 가지 표지의 대안으로 순수한 복음 선포와 올바른 성례전 시행, 이 두 가지를 참된 교회의 표지로 내세웠다. 하지만 일부 종교개혁자를 제외하고는 거의 모두가 이 네 가지 표지를 거부하지 않았다.[60]

개신교회 입장에서는 이 네 가지 표지가 덜 친숙하겠지만 그렇다고 무턱대고 거부하는 것만이 능사는 아니다. 한스 큉이 말한 대로 종교개혁가들이 내세운 두 가지 표지를 기초로 놓고 네 가지 정통 신조를 생각해보면 좋겠다.[61] 이 책에서는 이 네 가지 표지를 새롭게 재해석해 대안적 교회론을 모색하는 재료로 삼으려 한다. 그중에서도 교회의 보편성이나 공교회성에 대한 강조는 대안적 교회론을 구성하는 데 중요한 기여를 하리라 기대한다.

통일성

첫 번째 표지는 교회의 통일성이다. 모든 교회는 한 교회이고, 만일 하나가 아니라면 그것은 교회가 아니라는 신조이다. 고린도에도, 예루살렘에도, 비텐베르크와 대전에도 교회가 있지만 이들 교회는 여럿이 아니고 결국 하나의 그리스도 교회이다. 교회의 통일성은 교회의 다양성을 부정하지 않는다. 많은 다양성에도 불구하고 교회는 하나이고 하나일 수밖에 없다는 뜻이다. 이는 신약성서의 가르침에서 비롯되었다.[62]

역사에서 교회의 통일성은 끊임없이 위협을 받아왔다. 고린도교회에서 볼 수 있듯 이것은 초대교회 때부터 나타난 현상이다.[63] 1세기 말에 활동한 안디옥의 주교 이그나티우스가 쓴 일곱 편지에서도 교회 분열에 대한 위협을 감지할 수 있다. 그는 주교를 중심으로 결합하는 왕권적 감독제를 대안으로 제시했고, 그로부터 이미 원시적 가톨릭주의가 시작되었다.[64]

2-4세기에는 본격적인 분열 징후가 나타난다. "퓨리타니즘puritanism의 열광적 오명"[65]이라는 평가를 받아온 분파주의자들은 교회 개혁을 열렬히 바랐고, 주류 교회에서 떨어져 나와 더 순수한 교회를 세우려 했다. 가령, 2세기부터 4세기까지 활동했던 몬타누스Montanus, 노바티아누스Novatianus, 도나투스Donatus 같은 이들은 높은 수준의 교리적 순수성과 윤리적 실천을 유지함으로써 주류 교회에 큰 도전을 던졌다. 그러나 그들 중 일부는 그 같은 차이를 근거로 교회를 분리할 수 있다고 생각했다. 노바티아누스와 싸운 키프리아누스는 분리주의를 사탄의 간계라고 혹독하게 책망했다.[66] 이런 일은 아우구스티누스 때에도 일어났는데, 윤리적 성결과 신앙의 정절을 강조한 도나투스주의자들이 바로 그들이었다. 아우구스티누스는 분리주의자들이 성령에서 떠났으므로 사랑이 결핍된 자들이라고 비난했다.[67]

분파주의 운동에 주류 교회가 대응하면서 만들어진 신조가 교회의 통일성이다.[68] 하지만 주류 교회의 대응에는 문제가 없었을까? 주류 교회의 문제는 교회의 통일성을 교회의 제도적 통일과 동일시한 것이다. 교회가 하나인 것은 맞지만 특정 교회 제도로 통일돼야 하는 것은 아니며, 가능하지도 않다. 교회의 제도적 통일이 교회의 통일성을 담보할 수 없음은 1054년의 교회 분열에서도 드러났다. 한쪽에서는 서방의 교회 제도만이, 다른 한쪽에서는 동방의 교회 제도만이 교회의 통일성을 보장할 수 있다고 주장하면서 갈라졌다. 대분열 이후 양쪽 교회는 교회의 통일성을 유지하기 위해 상대방 교회를 부정해야만 했고, 역설적으로 분열의 골은 더욱 깊어져 교회의 통일성은 더 요원해졌다.

첫 번째 대분열 이후 약 500년이 지나 두 번째 대분열이 발생했다. 첫 번째 대분열이 제도적 분열이라면 두 번째 대분열은 신학적 분열이었으며, 그 점에서 좀 더 심각했다. 첫 번째 대분열 이후에도 커다란 두 교회가 어느 정도 외형상으로 통일성을 유지했으나, 두 번째 대분열 이후에는 더 이상 제도로 교회의 통일성을 붙들 수 없게 된다. 특히 개신교회 진영은 핵분열 수준으로 쪼개진다. 그럼에도 개신교회는 자신들의 분열을 옹호하기에 급급했다.[69]

그러나 교회는 하나이다. 따라서 교회는 하나여야 한다. 교회의 통일성이라는 신조에 비추어볼 때 교회 분열은 이유 여하를 막론하고 옳지 않다. 이 때문에 칼 바르트는 교회 분열에 묵종하는 것은 그리스도인의 바른 자세가 아니라고 강도 높게 비판했다.[70] 리처드 니버도 교회의 분열은 "교회의 윤리적 패배"라고 선언했으며,[71] 가톨릭 신학자 한스 큉도 이렇게 분열된 교회를 더 이상 어떻게 교회라고 할 수 있겠느냐고 묻는다.[72]

교회사를 훑으면서 교회 분열이 누구 책임인지를 따지는 것은 올바른 접근법이 아니다. 그 질문이 연구 주제는 될지언정,[73] 교회 분열을 통감하고 아파해야 하는 그리스도인이 던져야 할 물음은 아니다. 오히려 교회 분열의 책임을 묻기 전에 분열된 현실을 정직하게 인정하고 그 분열이 교회의 패배임을 시인해야 한다.

교회의 통일성은 결국 사랑 안에서 연합하는, 새 계명에 대한 순종만으로 가능하다. 이런 점에서 몰트만도 지적했듯이 교회의 통일성은 먼저 개교회 안에서 이루어져야 한다. 자기희생과 관용과 용서로 서로 용납하고, 특히 지역교회가 분열 위기에 처했을 때 서로 화해하고 연합해서 통일성을 이루려 할 때 전체 교회의 통일성을 향한 여정이 시작된다. 이때 지역교회의 통일성은 권위가 아니라 자유 가운데서 이루어져야 하며, 이웃 교회를 향해서도 퍼져나가야 한다. 나아가 모든 교회의 통일성까지 확장돼야 한다. 교회가 이렇게 하나로 통일될 때 비로소 교회는 화해의 복음을 전할 수 있다.[74]

메가처치 현상은 완전히 그 반대편에 서 있다. 메가처치 현상의 배후에서 작동하는 개교회 중심주의는 교회를 원자적 독립체로 상정한다. 이는 전체 교회를 개교회의 수준으로 분열할 수 있다는 관점이다. 이렇게 되면 교회 분열은 당연해지고 메가처치 현상은 가속화된다. 교회의 통일성도 요원해지고 화해의 복음 역시 설득력을 완전히 상실하게 된다. 극단적 교회 분열의 쓰디쓴 열매가 바로 메가처치 현상인 것이다. 메가처치 현상에 사로잡힌 개신교회가 그 올무에서 벗어나려면 무엇보다 교회의 통일성을 가장 먼저 진지하게 재고해야 한다.

거룩성

교회의 거룩성이란, 교회는 세상과 구별된 거룩한 공동체이며 마땅히 그래야 한다는 신조이다. 복음서, 특히 산상설교는 교회의 거룩성을 매우 분명하게 강조한다. 교회는 어둠 속의 빛이요, 맛없는 세상의 소금이요, 너무 두드러져서 쉽게 눈에 띄는 언덕 위의 도시이다. 교회는 세상과 현저하게 구별돼 안 보려야 안 볼 수 없는 가시적 공동체이다. 그들이 두

드러져 보이는 이유는 독특한 삶의 양식, 세상과는 다른 거룩한 삶의 양식 때문이다. 이는 "부름을 받아 소환된 자들"이라는 뜻인 교회*ekklesia*라는 단어와도 잘 어울린다.[75]

세상과 구별된 삶의 양식은 무엇일까? 게르하르트 로핑크는 산상설교가 구체적 모습을 띤 사회적 실재인 공동체를 요청한다고 말했다. 그는 또한 교회는 산상설교 공동체이며, 산상설교가 구별된 삶의 양식을 이끌어낸다고 했다. 산상설교가 요구하는 구체적이고 실천적인 행위는 최소한 세 가지로, 첫째, 폭력의 완전한 단념, 둘째, 무조건적 화해, 셋째, 서슴없는 신뢰이다.[76] 신자들의 이런 행위가 교회를 세상과 구별된 가시적 공동체로, 강력한 대조 사회로 만든다는 것이다.[77]

교회의 거룩성은 구원론과 긴밀하게 연결된다. 예수는 니고데모에게 "사람이 거듭나지 아니하면 하나님의 나라를 볼 수 없느니라"(요 3:3)라고 했다. 거듭남을 통한 구원이라는 예수의 가르침은 바울의 구원론적 도식, "그리스도와 함께 죽음"과 "그리스도와 함께 다시 살아남"으로 이어진다.[78] 침례 이전과 이후의 삶은 죽음과 삶, 밤과 낮만큼이나 현저히 다르고, 이 다름이 교회의 구별됨을 구성한다. 교회 밖은 죽은 자들의 세상이며, 교회 안은 그리스도와 함께 산 자들의 모임이다. 죽음과 삶의 대조는 곧 세상과 교회의 강렬한 대조이다. 베드로는 "너희는 택하신 족속이요, 왕 같은 제사장들이요, 거룩한 나라요, 그의 소유가 된 백성"(벧전 2:9)이라고 했는데, 이 역시 교회를 세상과 다른 대조 공동체로 보는 관점을 드러낸다.

기독교 공인 이전 교부들의 문헌에서도 일관되게 교회의 거룩성을 강조한다. 1세기 말 문서인 《디다케*Didache*》도, 2세기의 한 그리스도인이 불신자인 디오그네투스Diognetus에게 쓴 변증적 내용의 편지도 기독교 공동체가 세상 속에 있으나 세상과 현저하게 구별된다고 강조한다.[79] 3세기의 히폴리투스Hippolytus도 교회의 거룩성을 강조했는데, 그의 《사도전승*Traditio Apostolica*》은 입교 과정을 묘사하면서 당시 교회가 세상과의 구별을 얼마나 엄격하게 강조했는지를 잘 보여준다.[80] 교회의 엄격하고 긴 입교 과정은 대조 공동체를 유지하기 위한 방편이었다.[81]

하지만 교회는 점점 세상과의 구별을 양보하는 방향으로 움직인다. 그중 하나가, 용서받을 수 없는 중죄라고 간주했던 세 가지 중죄, 즉 살인, 간음, 배교에 대해 제2의 참회를 허용하는 방향으로 선회한 것이다.[82] 3세기의 로마 주교 칼리스투스Callistus에서 키프리아누스, 아우구스티누스로 이어지면서 교회는 제2의 참회를 완전히 허용한다.[83] 교회를 보는 관점도 거듭난 신자들의 거룩한 모임에서 점점 알곡과 가라지가 섞여 있는 '혼합 사회'로 이동한다. 특히 4세기 로마제국의 기독교 공인과 국교화 이후, 교회와 세상의 도덕적 구별은 거의 사라졌다. 만일 교회가 본성상 죄인들의 학교라면 교회 안에 죄인이 머무는 것이 이상하지는 않다. 하지만 향후 전개될 교회의 도덕적 타락은 불가피해졌다.[84]

이후 주류 교회는 도덕적 수준이 하락한 교회가 거룩성을 유지할 수 있는 방안을 찾으려 했다. 이를 위해 먼저 교회의 거룩성은 인간의 일이 아니라 하나님의 은총에 속한 일임을 부각했다.[85] 이는 성례전 신학과 연결되는데, 형식적이고 제의적인 성례전을 통해 교회의 거룩성이 유지된다고 가르쳤다. 또한 눈에 보이는 지상 교회는 혼합 사회이지만 천상의 비가시적 교회는 거룩하다는 이론도 탄생한다.[86] 더불어 교회는 거룩성을 일부 포기해서라도 제도 교회의 통일을 이루는 것이 중요하다고도 가르쳤다. 제도 교회에 얌전히 복종하는 것이 진정한 거룩이라고 선전한 것이다. 에른스트 트뢸치Ernst Troeltsch 같은 학자들은 이런 일련의 움직임을 종파에서 제도 교회로의 이동이라고 말한다.[87]

하지만 교회의 거룩성을 회복하려는 개혁의 움직임은 교회사에 끊임없이 출현한다. 교회의 거룩성은 현대 교회가 회복해야 할 가장 중요한 교회의 표지 중 하나이다. 교회의 거룩성을 회복한다는 말은 성례전을 엄격하게 시행하자는 성례전주의도 아니고, 지상 교회가 완전한 공동체가 돼야 한다는 완전주의도 아니다. 인간이 교회를 거룩하게 할 수는 없다. 교회를 거룩하게 하는 이는 하나님이시다. 하지만 교회는 거룩하다. 그렇기 때문에 교회는 거룩해야 한다.[88] 교회는 거룩하지만 또한 계속 거룩해져야 한다. 개혁파 교회의 유명한 문구, 곧 개혁교회는 "개혁된 그리고 항상 개혁되어야 할 교회*ecclesia reformata est seimer reformanda*"라는 말은 바로 교회의 거룩성을 잘 표현한 말이다.[89]

교회의 거룩성은 완전성이 아니다. 이 땅의 교회가 거룩해야 한다는 말은 최소한 세상과 달라야 한다는 말이다. 거룩성은 교회가 세상과 구별되는 대조성을 유지해야 한다는 말이다.[90] 교회의 대조성은 교회가 성령의 능력을 힘입어 성서의 가르침을 지키려 할 때 자연스럽게 생겨나는 특성이다. 최근 부상하는 선교적 교회론missional ecclesiology은 교회의 대조성이 선교의 중요한 기초임을 재조명하고 있다. 교회는 복음을 전하기 위해서라도 대조성을 유지해야 한다.[91]

교회의 거룩성 차원에서 메가처치 현상을 보면 새로운 통찰을 얻을 수 있다. 메가처치를 칭송하는 이들은 메가처치가 포스트모던 세상에 다가가는 훌륭한 기획이라고 말한다.[92] 메가처치가 현대 문화에 훌륭하게 적응했으며 대중적 성공을 거뒀다고 강조한다. 하지만 메가처치는 바로 그런 점에서 거룩성이 희박해진 교회이다. 교회가 '현대적contemporary'이라는 이름으로 첨단 기술과 대중문화 형식을 제한 없이 받아들이고, 경영학 이론과 심리학 통찰, 나아가 무한 경쟁 원리 같은 북미의 가치관을 수용함으로써 세상과 너무 비슷해져버렸다.[93] 메가처치는 자신의 성공을 선교의 확장이라고 주장하고 싶겠지만, 세상과의 대조성에 기초하지 않은 선교는 종교적 프로파간다에 불과할 수 있음을 기억해야 한다.

거룩성 차원에서 메가처치 현상을 좀 더 깊이 들여다보면, 교회와 세상의 더 근본적인 혼동이 존재한다. 메가처치 현상에서 이교적 영성이 발견되기 때문이다. 메가처치 현상에 사로잡힌 교회들은 한결같이 '좀 더 큰' 교회를 지향한다. 그렇게 해야 하나님의 영광과 위엄이 더 드러난다고 생각하는 것이 문제이다. 단기간에 다른 교회보다 비범하게 성장한 교회는 하나님의 능력이, 그리스도 복음의 기적이, 성령의 역사가 왕성하게 드러난 교회로 간주된다. 비범하게 성장한 교회의 영적·도덕적 수준과는 별개로, 오직 그 놀라운 성장을 하나님의 축복이며, 목회자와 성도의 헌신에 대한 하나님의 보상이며, 인간적 오류마저 용납해주시는 신적 인준이라고 본다. 단적으로 말하자면 이러한 태도는 크기와 신성을 혼동하는 것이다.[94]

물리적 크기에서 신성을 발견하려는 시도는 일반적 종교 현상의 하나이다. 루돌프 오토Rudolf Otto는 인간이 압도적이거나 위압적인 것majestas, 어마어마한 것das Ungeheure, 장엄함 것augustum 앞에서 누미노제의 경험das numinöse Gefühl을 한다고 말했다.[95] 이때의 감정은 대체로 크기나 양과 관련이 있다. 유사한 맥락에서 멜라네시아Melanesia 사람들은 보통 나무보다 곱절이나 과실이 많이 열리는 나무를 "마나 나무"라고 부르는데, 이 때 '마나mana'는 신성을 의미한다.[96] 마나 나무는 평범한 나무보다 단순히 열매를 많이 맺기 때문에 구별된다. 이처럼 거대하거나 엄청나게 많은 것은 인간 내면 깊은 곳에 뭔가 신성한 것과 조우했다는 느낌을 준다.

사람들이 크기나 양에서 신성을 느끼는 이유를 엘리아데는 '평범함-비범함'의 구도에서 찾았다.[97] 평범한 것에 비해 '훨씬 더' 크거나, '엄청나게 많은' 어떤 대상 앞에서 인간은 신성의 발현을 목격한다는 것이다. 종교학자들은 이때 사람들이 감지하는 모종의 '신성'이나 '신령한 힘'을 역현kratophany이라고 말한다. 신자들이 메가처치를 보고 윤리적 특성이나 종교적 순수성은 일단 제쳐두고 단순히 크다는 이유만으로 신적 능력이 임했다고 판단하는 이면에는 이와 유사한 원리가 작동한다. 예배자들이 왜소한 교회에 비해 웅장한 메가처치의 예배에서 성령의 내림來臨을 더 잘 경험한다고 느낀다면 이것은 역현 체험이다. 이런 역현 체험의 핵심에는 크고 웅장함에 대한 경외감이 자리 잡고 있다. 멜라네시아인들의 표현으로 말하자면 메가처치는 "마나 교회"라고 할 수 있다.

이런 역현은 목회자로도 옮겨간다. 메가처치 목사들은 비메가처치 목사나 평신도들에게는 없는 신령하고 비범한 힘을 지니고 있다고 여겨진다. 사람을 통해 역현이 이루어지는 것이다. 목사의 역현은 인간 숭배를 부른다. 이 경외감은 목사에게 부여된 권한과 막대한 부, 상징적 영향력, 명성에 의해 더욱 강화된다. 이 때문에 많은 메가처치 예배는 인간 숭배와 뒤섞여 드려진다.

메가처치와 비메가처치 가리지 않고 모두 큰 교회를 지향하는 메가처치 현상에는 심각한 혼합주의가 도사리고 있다. 현대 교회는 거대한 교회 규모와 성서 계시를 통해 드러난 하나님의 능력을 혼동하고 있다. 이는 자연과 계시의 혼동이다. 메가처치 현상을 치유하려면 무엇보다 먼저 교회들의 거대 교회 지향성이 성서 계시와 무관하다는 사실을 깨달아야 한다.

성서 계시에 따르면 하나님의 신성은 자연물적 특성이 아니라 성육신하시고 십자가에서 돌아가신 예수 그리스도를 통해서'만' 온전히 드러난다. 그리고 예수 그리스도를 통해 알 수 있는 것은 하나님의 거룩함은 이교적 신성함과는 정반대 방향을 지향한다는 사실이다. 정반대 방향이 대조성을 만들어내고 그 대조성이 거룩성의 핵심이다. 그래서 십자가야말로 최고의 대조성이다. 세상은 한결같이 십자가를 피하려 했지만 예수 그리스도는 십자가를 향했기 때문이다. 만일 메가처치가 거룩하기 원한다면 메가처치는 도리어 반反승리를 지향해야 하며, 세상이 힘을 추구할 때 메가처치는 무력無力을 추구해야 한다.[98] 이런 역발상이 진정한 거룩성이다.

불행히도 메가처치는 승리를 지향하고, 힘을 추구했으며, 크기와 숫자를 자랑했다. 그래서 마르바 던Marva J. Dawn은 이런 교회를 가리켜 "타락한 권세가 된 교회"라고 질타했다.[99] 세상과 근본적으로 구별되지 않는 교회가 거룩한 신자를 배출할 수는 없다. 교회는 크게 성장했지만 신자들이 거룩한 삶을 살아내지 못한 것에 대해 윌로크릭 교회의 빌 하이벨스가 "우리가 잘못했다"고 고백했듯이 메가처치들은 용기를 내 현재 자기 교회의 거룩성을 직시해야 한다.[100]

사도성

교회의 네 가지 표지 중 개신교인에게 가장 낯설고 생소한 표지가 사도성이다. 교회의 사도성은 가톨릭교회와 개신교회의 교회론이 가장 격렬하게 충돌하는 지점이기도 하다. 가톨릭교회를 비롯한 정교회와 성공회 같은 고교회는 교회의 사도성이 다른 세 가지 표지보다 우위에 있다고 믿으며 큰 의미를 부여한다.[101] 한스 큉은 이를 다음과 같이 설명한다. "교회는 사도적 교회일 때에만, 하나의 거룩하고 가톨릭적인 교회가 될 수 있다."[102] 하지만 개신교회는 교회의 사도성을 덜 강조하기 때문에 사도성에 대한 침묵이 개신교 교회론의 특징처럼 보이기도 한다.[103] 그러나 교회의 사도성은 가톨릭교회만의 전유물일 수 없으며, 개신교 관점에서 교회의 사도성을 새롭게 발견할 여지도 충분하다.

교회가 성서적이고 그리스도적이면 됐지, 굳이 사도적일 필요까지 있을까? 바울이 에베소 교회에 한 말에서 이에 대한 적절한 답변을 찾을 수 있다. "너희는 사도들과 선지자들의 터 위에 세우심을 입은 자라. 그리스도 예수께서 친히 모퉁이 돌이 되셨느니라"(엡 2:20). 교회를 건물에 비유하면, 예수 그리스도가 기초석이고 사도와 선지자가 건물의 터이다. 바울이 이렇게 말한 이유는, 복음과 교회의 비밀이 결국 사도들의 증언으로 전해졌기 때문이다. 그리스도 안에 비밀로 감춰졌던 교회가 사도들의 증언으로, 특히 예수 그리스도의 부활에 대한 증언으로 비로소 역사 속에 출현했다는 뜻이다.[104] 이것이 교회의 사도성이다. 사도성은 교회의 기원을 가리킨다. 교회는 신적 기원과 함께 인간적 기원도 가진다. 이에 대해 G. C. 베르카우어Berkouwer는 이렇게 말했다. "… '사도성'에서는 교회의 인간적 측면이 교회의 다른 속성들과는 다른 방식으로 우리의 전망 안에 들어온다는 것을 바로 알게 된다."[105]

교회의 사도성은 교회가 예수 그리스도와 연합하는 동시에 사도적 전통과도 연결돼야 한다는 말이다. 사도적 전통에서 벗어난 교회는 참 교회가 아니다. 그렇다면 교회가 사도적 전통에 연결돼 있다는 말은 무슨 뜻인가? 신약성서에는 사도적 전통이나 사도적 계승이라는 말이 명시적으로 나오지 않는다. 처음에 사도적 계승은 교회 직분의 평화로운 계승을 의미했다. 1세기 말 고린도교회는 교회 지도자들을 면직했는데, 로마의 감독 클레멘트Clement of Rome는 고린도교회에 편지를 보내 사도에게서 이어지는 교회의 직분은 평화롭게 계승돼야 하며 직분 계승 전까지는 안정적으로 보장돼야 한다고 권면했다.[106] 이때 사도적 계승이라는 말이 등장한다. 사도적 계승이 처음 등장한 이유는 직무의 평화로운 승계 때문이었다.

사도적 전통이 본격적으로 중요해진 계기는 2세기에 등장해 교회를 위협한 영지주의 때문이다. 그들은 참된 복음의 진리는 비공개 비밀이며, 자기들만이 비밀스럽게 참 복음의 진리를 간직하고 있다고 주장했다. 주류 교회 지도자인 이레네우스와 테르툴리아누스는 이에 반대하면서, 복음의 진리는 누구나 듣고 알 수 있는 공개적 복음 선포를 통해 전승된다고 주장했다. 그리고 주류 교회야말로 사도들의 전통을 잇는 교회로서 사도들이 공개적으로 선포한 복음의 진리를 간수해오고 있다고 반박했다.[107] 이 논쟁을 주도한 이레네우스에게 사도성은 진리성과 사실상 동의어였다.[108]

하지만 가톨릭교회에서는 사도적 계승을 점점 형식적 계승으로 받아들였다. 안수를 통해 후대 로마 주교에게 베드로의 수위권을 정당하게 계승하는 의미로 사도 계승을 이해했다.[109] 가톨릭교회가 말하는 사도 계승에서 사도란 모든 사도의 우두머리인 베드로를 가리키며, 계승되는 사도적 전통이란 소위 "천국 열쇠"(마 16:19)라는 것인데, 세계 교회를 통치할 수 있는 교도권을 말한다. 이런 사도적 계승은 로마교회의 수위권, 교황의 수위권, 군주적 주교제momarchial episcppate, 주교에 의한 왕권적 통치를 정당화한다. 가톨릭교회는 이런 식의 사도 계승설을 통해 로마 주교를 정점으로 하는 피라미드 체계의 군주 국가를 만들 수 있었다. 하지만 2세기 중반이 되어서야 비로소 도입된 군주적 주교제와 이를 옹호하는 사도계승설은 받아들이기 어렵다.[110]

이에 반해 개신교회는 사도적 전통을 사도들의 형식적 권위나 역사적 연속성이 아닌, 복음의 진리에서 찾는다. 루터와 칼뱅은 교회를 복음이 순수하게 선포되고 성례전이 올바르게 집행되는 곳이라고 정의했는데, 그들은 이런 복음적 교회를 사도적 교회라고 생각했다.[111] 사도적 전통의 계승 방식은 올바른 복음 전파와 그 복음의 진리에 지속적으로 복종하는 것을 통해 이루어진다.[112] 즉 사도성은 사도적 증언의 일치성에 있다는 것이다.[113] 더불어 종교개혁 신학은 전신자 제사장 원리를 통해 사도의 후계자는 교황이나 주교가 아니고 사도적 복음을 받드는 교회 전체라는 점을 새로이 부각했다.[114] 이것은 한스 큉이 말하는 교회의 사도성의 중요한 원리이기도 하다. 따라서 큉은 목회자뿐만 아니라 모든 평신도도 사도적 계승에 참여해야 한다고 말했다.[115]

이상의 종교개혁 신학은 사도성의 본래 의미를 되찾는 데 큰 역할을 한다. 그러나 아쉬운 점은 사도적 증언을 복음, 특히 설교의 교리적 순수성으로 국한한다는 것이다. 사도적 계승이란 복음과 설교, 교리의 전승만이 아니라 교회적 실천과 모범의 전승까지 포함한다. 이런 점에서 사도적 교회란 신약 교회의 가르침과 함께 그들의 실천까지 전수하고 승계하는 교회라야 한다.[116] 하여 사도적 교회란 모든 신자가 제자도를 전수받고 전승하는 교회이다.[117]

이런 관점에서 메가처치가 과연 사도적 전통을 이어받았는지는 따져볼 만하다. 메가처치가 초대교회의 가르침과 실천을 온전히 전수받고 또 전승하고 있는가? 메가처치를 두고 누가 모든 재산을 서로 공유하고 핍절한 것이 없도록 나누었던 사도 교회의 후예라고 말할 수 있을까? 개교회 중심주의에 물든 교회들을 보면서 누가 예루살렘 교회를 구제하려고 연합하여 연보했던 사도 교회를 잇는 교회라고 말할 수 있을까?

가톨릭교회는 사도의 계승이 전 신자가 아닌 로마 주교의 계승으로 이루어진다고 말한다. 메가처치는 명시적으로 이런 방식을 채택하지는 않는다. 하지만 방대한 규모로 인해 이중적 구조를 피하기 어렵다. 일부 메가처치에서 평신도의 참여를 독려하는 많은 시도가 있었지만,[118] 담임목회자로의 권력 집중,[119] 전문가 집단의 관료주의적 행정, 신자의 자발적 참여를 대체하는 시스템 원리 등으로 전 신자가 사도직을 계승한다는 교회의 사도성은 위태로워지고 있다.

공교회성

이제 네 번째 표지인 교회의 공교회성을 살펴보자. 메가처치 현상의 해법을 모색하기 위해 꼭 필요한 작업이 앞서 살펴본 교회의 통일성과 더불어 공교회성을 새롭게 이해하는 것이다. 그렇다면 공교회성이란 무슨 뜻인가? 라틴어 '카톨리쿠스*catholicus*'에는 '전체와 관련된' 또는 '일반적인'이라는 뜻이 있다.[120] 그래서 교회는 전체 교회이고, 세계 교회이고, 보편교회이며, 이런 의미에서 교회는 가톨릭교회이다. '*Ecclesia catholica*'는 가톨릭교회, 공교회, 보편교회 등 여러 단어로 번역할 수 있다. 따라서 'catholicity'도 공교회성, 가톨릭성, 보편성 등으로 다양하게 번역하는데, 종종 충만이라는 뜻의 전일성으로 번역하기도 한다.

교회의 공교회성을 살펴보려면 그 용어를 처음 사용한 사람을 먼저 찾아야 한다. 공교회성이라는 말은 성서에서 찾아보기 어려운 용어인데, 초기에 이 단어를 사용한 사람 중에 이그나티누스가 있다. 그는 이렇게 말했다.

> 예수 그리스도가 계신 곳에 가톨릭교회가 있듯이, 주교가 나타나는 곳에 공동체(교회-저자 주)가 있다Wherever the bishop shall appear, there let the multitude [of the people] also be; even as, wherever Jesus Christ is, there is the Catholic Church.[121]

이그나티누스는 예수 그리스도는 전체 가톨릭교회와 관련되고, 주교는 지역교회와 관련되는 도식을 제시한다. 이 도식을 면밀히 살펴보면 지역교회 배후에 전체 교회, 곧 보편교회가 자리 잡고 있음을 알 수 있다.[122] 이그나티누스는 로마제국 전역으로 복음이 전파되고 곳곳마다 지역교회가 세워지는 모습을 보면서, 전 세계에 펴져 있는 지역 교회를 하나로 묶어서 가톨릭교회라고 지칭한 것이다.

이후 교회 지도자들은 이 가톨릭교회가 유일한 그리스도의 교회이며, 분열될 수 없는 하나의 교회라고 주장한다. 이 때문에 교회의 통일성과 공교회성은 긴밀하게 연결된다. 그런데 몬타누스, 노바티아누스, 도나투스 같은 분파주의자들이 참 교회를 자신들만의 공동체로 국한하고 다른 교회를 거짓 교회라고 탄핵할 때, 그들은 "온 하늘 아래 퍼져 있는 가톨릭교회"를 거부한 셈이었다. 그래서 주류 교회는 그들을 '분파'라고 정죄했다.[123] 그들의 잘못은 교리나 실천보다는 온 땅에 퍼져 있는 교회를 자신만의 공동체 안에 가두려 한 것이다.

교회의 통일성이 교회가 하나인지 여럿인지의 문제라면, 공교회성은 교회의 범위를 어디까지로 볼지의 문제이다. 공교회성은 교회가 온 땅 모든 지역으로 퍼져나간다는 의미이다. 유대인과 헬라인, 흑인과 백인, 아시아인과 유럽인, 북반구와 남반구를 가리지 않고 교회는 세워져갔다. 그런데 유대인 교회와 헬라인 교회가 다른 교회일 수는 없다. 다양한 외형을 하고 있지만 교회는 모두 그리스도의 교회이다. 이것이 교회의 통일성이라는 표지에 담긴 의미이다. 만일 지상의 교회가 하나라면 그리스도의 교회는 그 어떤 지역이나 인종의 장벽에 국한되지 않고 온 땅에 퍼져 있을 수밖에 없다. 이것이 공교회성이라는 표지의 의미이다.

공교회성은 우선 교회가 지리적으로 온 땅에 두루 퍼져 있다는 뜻이다. 하지만 단순히 넓게 퍼져만 있다고 공교회성을 만족시키는 것은 아니다. 공교회성은 지리적 범위만이 아니라 시간적 범위, 즉 영속성도 포함하기 때문이다. 레렝의 벵상Vincent of Lerins은 "전체란 어디에서나 언제나 모든 사람이 믿어온 것이다*quod ubique, quod semper, quod ab obmibus creditum est*"라고 했다.[124] 이 도식으로 보면 공교회, 곧 가톨릭교회란 모든 장소*ubique*, 모든 시대*semper*, 모든 사람*omnes*의 교회라는 의미에서 전체 교회를 뜻한다.[125] 즉 초대교회 때부터 주님이 재림할 때까지 지상에 존재하는 모든 사람의 교회는 그리스도의 교회이다.

공교회성이 지닌 영속성은 교회의 본질이 무엇인가라는 질문으로 이어진다. 온 땅에 퍼져 있으며 모든 시대로 이어지는 교회는 분명 다양한 모습을 보일 것이다. 그런데 그 모든 다양한 교회가 결국 하나의 교회라고 한다면, 그들이 공유하는 고갱이, 곧 교회를 교회 되게 만드는 본질이 존재할 수밖에 없다.[126] 한스 큉은 교회의 이런 공교회성에 대해 다음과 같이 말했다. "교회는 시대 및 형태의 변화에도 불구하고 또한 모든 불완전성과 결함에도 불구하고, 모든 형태와 시간 속에서 본질적으로 동일한 교회로 남아 있어야 하고, 그렇게 되기를 원해야 한다."[127] 여기서 공교회성이란 교회의 본질을 의미한다.

그렇다면 교회의 본질은 무엇인가? 여기서 공교회성의 질적 차원을 보게 된다. 미로슬라프 볼프는 공교회성을 구원의 충만함으로 이해하자고 제안했는데, 이것이 바로 질적 차원의 공교회성이라고 할 수 있다.[128] 그래서 어떤 이는 공교회성이 구원의 충만함을 의미할 때는 전일성으로 번역한다. 볼프는 공교회성이 의미하는 구원의 충만함은 곧 구원의 종말론적 충만함이라고 말한다. "하나님의 전체 백성이 가지는 전일성은 결국 창조된 실제 전체를 위한 구원의 종말론적 충만함이 가지는 교회론적 차원이다."[129]

이러한 교회상은 에베소서 1장에서 바울이 말한 교회의 종말론적 비전과 통한다.

> 모든 통치와 권세와 능력과 주권과 이 세상뿐 아니라 오는 세상에 일컫는 모든 이름 위에 뛰어나게 하시고 또 만물을 그의 발 아래에 복종하게 하

시고 그를 만물 위에 교회의 머리로 삼으셨느니라. 교회는 그의 몸이니 만물 안에서 만물을 충만케 하시는 이의 충만함이니라(엡 1:21-23).

교회가 그리스도의 충만이라는 선언은, 그리스도가 모든 통치와 권세와 능력과 주권 위에 뛰어나게 되셨다는 선언과 맞물려 있다. 이 선언은 결국 그리스도가 모든 제한과 금지와 장벽을 넘어서는 권위자임을 의미한다. 이 땅의 모든 분리와 분열과 분할은 결국 이 세상 통치와 권세와 능력과 주권 때문에 빚어진 것이다. 국가 권세는 이 땅을 국가 단위로 분할하고,[130] 경제 권세는 인간을 계층별로 구분하고, 문화 권세는 문화별로 장벽을 쌓는다. 모든 조직의 권력 구조는 권력의 생리에 따라 자신의 조직을 타조직과 구분하며, 다시 각 조직 내 사람들을 지배자와 피지배자로 나눈다. 이처럼 세상의 권세와 능력과 주권은 한결같이 나누는 권세이다.

그런데 예수 그리스도가 모든 정사와 권세 위에 높이 되셨으니 이제는 더 이상 정사와 권세에 의한 분리와 분열과 분할은 유효하지 않다. 그리스도의 통치는 분리와 분열을 극복하고 화해와 연합을 통한 충만일 수밖에 없는 것이다. 민족, 국가, 계급, 성별, 장애와 비장애, 인종 등 모든 분열의 장벽이 그리스도의 몸 안에서 무너질 것이다. 역사의 마지막 때에 그리스도가 온 땅을 한 나라로 다스린다는 종말론적 새 창조의 비전이 공교회성이라는 표지로 구현되는 것이다. 공교회성은 그리스도가 통치할 종말론적 왕국이 샬롬의 질서이며, 그것이 교회 안에 미리 나타난다는 뜻이다.[131] 따라서 기독교의 구원은 예수 그리스도로 말미암아 모든 분리와 나눔이 사라지고[132] 그리스도 안에서 만물이 통일된다는 종말론적 샬롬의 비전을 포함한다. 교회가 선포해야 할 하나님나라 복음은 만물의 통일을 바라는 소망의 복음이다. 이런 점에서 기독교 선교는 종말론적이어야 하고 공교회적이라야 한다.[133]

바울은 예수 그리스도의 십자가 죽음으로 화해가 가능해졌다고 말한다. 예수 그리스도는 "원수된 것을 십자가로 소멸"하셨으며(엡 2:16), "하나님과 (죄인을) 화목하게" 하셨다(엡 2:16). 또한 예수 그리스도의 십자가 죽음은 유대인과 이방인 사이의 막힌 담도 허물었는데, "둘로 하나를 만드사 원수 된 것 곧 중간에 막힌 담을 자기 육체로 허"셨다(엡 2:14). 그리하여 예수 그리스도는 십자가를 통해 모든 원수 관계를 풀고 모든 막힌 담을 극복하는 신인류, 곧 "한 새 사람"을 창조했다(엡 2:15). 교회는 이 신인류의 사회이다. 따라서 교회 안에서 "유대인이나 헬라인이나 종이나 자유인이나 남자나 여자나 다 그리스도 예수 안에서 하나"이다(갈 3:28).[134]

교회는 장차 있을 만물의 화해라는 종말론적 질서가 선취되는 장이다. 교회는 모든 장벽의 극복이며, 만물의 충만이며, 종말론적 질서의 선취이다. 이와 관련해 1991년 WCC 캔버라 총회는 다음과 같은 교회론적 선언을 발표했다.

> … 성서에 따르면, 하나님의 목적은 예수 그리스도의 주권 아래 피조물을 불러 모으는 일이다. 그래서 그리스도 안에서 성령의 능력으로 모든 것이 하나님과 하나 되는 사귐 관계에 들어가는 것이다(엡 1:1). 교회는 하나님과 그리고 서로와의 관계에서 이런 사귐을 미리 맛보는 곳이다.[135]

따라서 "교회의 부름은 화해를 선포하고 치유를 제공하며, 인종·성별·연령·문화·피부색에 따른 분열을 극복하고, 온 인류가 하나님과의 사귐 관계에 들어가게 하는 일"일 수밖에 없다.[136] 교회의 친교, 곧 코이노니아는 단순한 친밀감이 아니라 종말론적 새 창조가 나타나기 위해 필연적으로 요청되는 교회적 특성이다. 그리하여 공교회성은 코이노니아와 불가분의 관계에 놓인다. 공교회성은 분열의 근거였던 인종과 성별, 연령, 문화, 피부색을 한데 엮어 다양성의 옷감으로 바꿔 입는 교회의 아름다움이다. 마치 형형색색의 아름다운 옷을 입은 여왕처럼 교회의 다양성이 통일성을 이루는 것이 공교회성이다.[137]

이런 이유로 공교회성은 교회를 세상 조직이나 단체와 구별하는 독특성이다. 세상 사귐의 특징은 목적이나 특성에 따라 어떤 이는 받아들이고 어떤 이는 외면한다. 지식 수준이든 영적 상태이든 서로 맞는 사람끼리 모인다면 그 공동체는 자연적 사귐으로 형성되는 인간적 공동체가 될 것이다. 그러나 교회는 모든 목적이나 특성을 넘어서 진실로 '남'과 만나는 영적 공동체이다. 이것이 가능한 이유는 '나'와 '남'을 연결하는 그리스도 때문이다. 이런 점에서 본회퍼는 교회는 "한 거룩한 그리스도의 공교회로 이해될 때에 비로소 건전하게 지속"된다고 강조했다.[138]

그러나 교회가 그 다양성을 교회의 아름다움으로 승화시키지 못하고 분열의 근거로 삼을 때 교회의 공교회성은 위기를 맞는다. 만일 교회가 계급 장벽을 넘지 못하고 부자와 가난한 자가 성찬을 따로 할 때[139] 그리스도의 화해 질서는 훼손되고 공교회성은 파괴된다. 인종차별이 극심하던 시절, 미국 남부에서는 흑인의 출입을 막는 백인 교회가 더러 있었다. 교회는 인종 장벽을 넘지 못하고 벽 안에 갇힌 교회가 되고 말았다. 이런 교회는 그리스도의 화해 사역을 무력화하고, 그리스도의 몸을 찢으며, 모든 다양성 너머에 존재하는 공교회를 부정하는 것이다. 이념, 성별, 계층, 문화, 언어, 민족 등 그 어떠한 장벽이라도 교회를 그 안에 가두어둘 수 없다. 이 때문에 "모든 교회에 대한 모든 교회의 투쟁" 상태로 치닫고 있는 메가처치 현상은 공교회성이 파괴된 가장 분명한 증거이다.

지역교회의 재발견

지금까지 공교회성을 중심으로 교회의 네 가지 표지에 대해서 살펴보았다. 메가처치 현상은 공교회성이 심각하게 훼손된 결과로 생겨났기 때문에 대안적 교회론은 공교회성을 회복하는 방식으로 이루어져야 한다. 공교회성 회복은 '하나'와 '다수' 간의 균형에서 실마리를 찾아야 한다. 가톨릭교회처럼 공교회성을 유지하는 것은 하나를 지나치게 강조하는 방식이다. 그렇다고 개교회 중심주의를 택한다면 다수를 지나치게 강조하게 된다. 사회적 삼위일체론에서 배운 대로 공교회성은 하나와 다수 사이의 균형을 유지하는 방식으로 달성해야 한다.

균형을 유지하는 교회론은 지역교회의 개별성에서 출발해야 한다. 사회적 삼위일체론이 삼위의 독립과 자유에서 출발하듯이 삼위일체적 교회론 역시 공교회성을 논하기 전에 지역교회의 중요성과 의미를 재발견하는 데서 시작해야 한다. 그런 다음에 공교회성을 논할 수 있다. 개교회의 성장과 유지를 위해 남용해온 자유를 어떻게 제어할지를 고민하기에 앞서 개교회의 독립과 자유를 인정하는 데서 출발해야 한다. 이런 맥락

에서 볼프는 "지역교회들은 현존하는 보편교회보다 상위의 개념"이라고 말했다.[140]

교회란 어디에 있는가? 추상적 개념이 아닌 실재하는 교회를 놓고 논의를 진행하려면 결국 지역교회를 말할 수밖에 없다. 교회는 결국 지역교회이다. 공교회를 논의할 때에도 결국 지역교회들의 관계와 연합을 말하는 것이지 추상적인 이데아로서의 공교회를 먼저 논할 수는 없다. 이런 이유로 칼 바르트는 "너무 막연하고 부담을 주는 '교회Kirche'라는 말을 피하고-전적으로 항상 그래야 하는 것은 아니지만-'개교회로서의 공동체die Gemeinde'라는 말을 가지고 어느 경우에나 일관성을 가지고 나가야 신학적으로 타당하다"고 했다.[141] 기독교를 지칭하거나 어떤 단체를 의미하는 교회가 아니라, 옆집 사람 소은이네 가족과 아랫동네 현우네 가족 등이 모인 '성도들의 교제'인 공동체가 가장 먼저 고려돼야 할 교회이다.

신앙으로 부름 받은 대상도 바로 개교회를 이룬 공동체이며, 세상에 말씀을 전하도록 부름 받은 대상 역시 개교회 공동체이며, 세상 가운데 실존하도록 명받은 대상도 개교회 공동체이다. 따라서 신학의 봉사와 기능도 바로 이 지역교회 안에서 시작된다.[142] 교회란 다른 어디가 아니라 바로 이 구체적인 사람들의 실제 모임에서 발견할 수 있다. 지역교회는 현실 교회를 경험하는 유일한 장이다. 형제와 자매들이 특정 시간에 특정 장소에서 모이는 지역교회가 아닌 다른 곳에서 교회를 경험할 수는 없다. 때문에 사실상 지역교회야말로 신자가 경험하는 유일한 교회이다. 교회의 모든 신비와 은사를 경험하는 곳도 지역교회이고, 교회의 모든 활동도 오직 지역교회를 통해 성취된다. 이 지역교회가 결국 공교회이다. 이 때문에 사도들도 지역교회와 광역 단위의 교회, 우주적 교회를 위계적으로 구분하지 않고 '교회'라는 동일한 명칭을 차별 없이 사용했다.[143]

따라서 지역교회가 공교회에서 기원하며, 공교회에 복속하며, 공교회를 위해서 존재한다는 가톨릭교회의 가르침은 인정할 수 없다.[144] 왜냐하면 이는 지역교회를 공교회 휘하에 두려는 의도가 분명하기 때문이다. 그리스도의 말씀대로 그리스도의 이름으로 모인 두세 사람이면 이미 충분히 교회이다(마 18:20). 회중은 이미 충분히 교회이기 때문에 회중을 교회로 만들어주기 위해 공교회나 교권제도가 추가로 필요하다고 주장하는 가톨릭교회의 교회론은 마땅히 거부해야 한다. 차라리 각 지역교회를 하나의 전체 교회로 보는 동방교회의 교회론이 도리어 더 성서적이다.[145] 아나뱁티스트와 침례교는 개별 지역교회의 중요성을 강조하는 전통을 대표한다.[146] 이그나티우스의 주장과 달리 설령 감독이나 주교가 없을지라도 신자 두세 사람만으로 이미 넉넉하고 충분한 교회이다.[147]

교회가 지역교회일 수밖에 없다는 말은 지역교회의 독립성과 개체성을 함축한다. 지역교회는 이미 충분한 하나의 교회이기에, 아직 교회가 덜 이루어진 '준semi교회'라고 부를 수 없으며, 그 교회보다 상위에 존재하는 '초super교회'도 없다. 모든 교회는 독립적이며 하나의 개체로 존재한다. 그러나 이것이 지역교회를 원자적 독립체로 보아야 한다는 말은 아니다. 본회퍼가 말하듯 인격은 본성상 관계적이다. 마찬가지로 개교회는 독립적이지만, 관계 속에서의 개교회이지 원자적 독립체는 아니다. 그럼에도 불구하고 삼위의 독립을 먼저 강조하듯 개교회의 독립을 먼저 강조해야 한다.

지역교회가 이미 충분한 하나의 교회라는 사실은 지역교회의 동등성을 함축한다. 지역교회의 동등성에서 지역교회의 자율성이 나온다. 모든 지역교회는 형제 관계로 동등하기 때문에 지배와 복종은 끼어들 수 없다. 따라서 지역교회는 자율적이다. 하지만 개교회의 자율성이 교회론적 개인주의를 향해서는 안 된다. 개인주의는 개인의 자율성을 절대화시킨다. 하지만 개교회의 자율성은 절대적이지 않다. 교회 간의 관계에서 동등성을 의미할 뿐, 개교회의 절대적 자율성을 가리키는 것은 아니다.

삼위는 독립적이고 또한 자유하다. 마찬가지로 개교회도 자유하다. 개교회는 그리스도 이외의 어떤 상위 기관이나 교회로부터 지배를 받지 않는다. 돈이나 권력을 매개로 한 지역교회가 다른 지역교회를 지배하고 복속하는 일은 있을 수 없다. 개교회는 세상의 통치자나 맘몬의 권세에도 지배받지 않는다. 이 점에서 개교회는 전적으로 자율적이다. 이와 관련해 루터는 이렇게 말한다. "참된 기독교, 진실한 교회는 그 머리를 땅에 두지 않는다. 땅 위에 있는 그 누구도 교회의 머리가 될 수 없다. 그것이 설령 주교나 교황이라 할지라도 말이다."[148] 하지만 개교회의 자율성은 불간섭이라는 의미의 개인주의적 자유를 의미하지는 않는다. 개교회는 세상 권세나 다른 교회의 지배를 받지 않으나 그리스도의 전적 지배를 받는다. 그래서 사실 개교회는 전혀 자유롭지 않다. 이것은 본회퍼의 주장을 떠올리게 한다. 인격의 중심에는 본래 자아가 존재하지 않고 말씀이 존재했다. 마찬가지로 개교회의 중심에는 담임목사나 개교회의 욕망이 아니라 그리스도의 의지가 존재한다. 그런 면에서만 개교회는 자유롭다.

공교회성의 재발견

사회적 삼위일체론은 삼위 하나님이 독립적이고 또 자율적이지만, 스스로의 자유로 다른 위격과 연합해 하나를 이룬다고 말한다. 마찬가지로 모든 지역교회는 독립적이고 얽매이지 않지만 이웃 교회와 연합해 궁극적으로 하나의 그리스도의 교회를 이루어야 한다. 다시 말해, 교회는 공교회성을 그 본질로 삼아야 한다. 지역교회가 독립적이고 얽매이지 않는다는 사실만큼이나 공교회성을 갖는다는 사실을 재발견해야 한다. 이것이 교회론적 개인주의를 치유할 수 있는 길이기 때문이다.

공교회성 회복은 교회가 자신의 본질을 각성하는 것에서 시작해야 한다. 교회의 본질은 인간과 자연의 종말론적 회복의 첫 열매이며, 종말론적 새 창조의 개시이다.[149] 종말론적 새 창조에 대해 니콜라스 토머스 라이트Nicholas Thomas Wright는 이렇게 말한다.

> 초기 그리스도인들에 의하면 예수님이 죽음과 부활을 통해 성취하신 일은, 하나님의 궁극적인 목적인 세상에서 모든 악을 제거하고, 정의롭고 아름답고 평화로운 새 세계를 세우시는 일을 성취하는 기호며 모델이고, 또한 그 목적이 반드시 성취되리라는 보증입니다.[150]

교회는 종말론적 새 창조를 선취하기 위해 노력해야 하는데, 이때 교회는 공교회성, 곧 자신의 본질을 회복하는 교회가 된다.[151] 어째서 그러한가? 종말론적 새 창조를 개시하는 교회가 해야 할 첫 번째 과제가 바로 자기 내부의 분리와 분열을 치유하는 것이기 때문이다. 바울은 종말론적 새 창조 질서가 담긴 교회의 형태를 이렇게 설명했다. "교회는 그의 몸이니 만물 안에서 만물을 충만케 하시는 자의 충만이니라"(엡 1:23).

여기서 만물의 충만이란 민족, 국가, 인종, 계급, 성별, 문화 등의 장벽으로 분리되고 분열된 인류가 교회 안에서 연합한다는 뜻이다. 교회는 유대인과 로마인이 원수 관계를 청산하고 하나 되는 곳, 주인 빌레몬과 노예 오네시모가 서로 형제라고 부르는 곳, 남자인 바울과 여자인 루디아가 동등하게 동역하는 곳이다. 현대적으로 표현하자면 교회는 흑인과 백인이 하나 되는 곳, 강남과 강북의 차별이 없어지는 곳, 경상도와 전라도의 지역감정이 용해되는 곳, 미국과 탈레반이, 이스라엘과 팔레스타인이, 남한과 북한이 화해하는 곳이다. 이것이 만물의 충만으로 이루어진 교회 모습이다. 이 만물의 충만은 다른 언어로 민족이 갈라진 바벨탑 사건을 되돌리는 것이다. 교회가 태어날 때 모든 언어 장벽이 허물어진 것은 교회의 이런 본질을 잘 보여주는 예시적 사건이라고 할 수 있다.

여기서 교회 분열이 기독교 선교에 기여했다는 오래된 가설을 재고해 보아야 한다. 교회 분열이 교회 성장을 상당 부분 독려한 것은 사실이다. 하지만 교회 분열은 기독교 복음이 화해의 복음이라는 사실을 가리며, 복음의 진정성을 훼손하는 더 큰 문제를 만들어냈다. 교회 분열이 복음 전도와 선교에 도리어 걸림돌이 된 것도 사실이다. 이 점에서 역사 속 교회 일치 운동이 대체로 선교 운동의 결과라는 사실은 큰 의미가 있다.[152]

예수는 산상설교에서 제자란 평화를 만드는 자라고 했다(마 5:8). 바울은 에베소서에서 교회가 전하는 복음이란 대신적對神的, 대인적對人的 원수 관계를 화해시키는 것이라고 했다. 하나님나라는 샬롬, 화해, 평화의 나라이다. 하나님나라 복음은 분열과 다툼과 전쟁이 완전히 소멸되는 평화의 나라가 곧 오리라는 희망찬 소식이다. 이 복음을 전한다는 것은 교회가 분열을 치유하고 화해하는 사역을 말과 행동으로 보여야 한다는 뜻이다. 그런데 교회가 자기들끼리 분열하면서 평화의 복음을 전할 수는 없다.[153] 교회가 먼저 자신들의 분열을 극복하고 화해하는 모습을 보일 때 비로소 온전하게 복음을 전할 수 있다.

더하여 동질 집단 단위로 선교하는 것이 지혜롭다는 선교전략 역시 다시 생각해봐야 한다. 유유상종은 지극히 자연스런 현상이기에, 이를 이용한 선교가 효과적이라는 발견이 완전히 잘못이라고만은 할 수 없다. 이런 모습은 어쩌면 인간의 연약성이며 자연적 지향이다. 그러나 동질 집단은 교회가 늘 극복해야 할 장벽이라는 사실 또한 잊어서는 안 된다. 예컨대, 3세대 강남형 메가처치는 강남 중산층 신자들의 계급적 동질성이라는 장벽을 넘어서지 못하고 있는데, 이는 교회 본질의 위기를 의미한다. 그래서 교회는 늘 자신 안에 있을지 모르는 유무형의 장벽들을 감시하고, 이를 허무는 노력을 게을리해서는 안 된다.

메가처치가 효율성을 내세워 신도 특성에 따라 부서를 세분화하고 전문화하는 행태, 가령, 연령대로 주일학교나 중고등부를 세분화하거나, 학력으로 대학부와 청년부를 가르거나, 다시 학교나 지역, 관심 분야에 따라 교회를 세분화하는 시도 역시 공교회성을 위태롭게 할 수 있다. 교회는 중산층과 부유층뿐만 아니라 빈곤층과 노숙자를 환영하는 곳이며, 온 세대가 함께 어울려 예배하는 곳이며, 식자층과 무학력자가 함께 섬기는 곳이다.

교회 내의 장벽을 허무는 행위는 이웃한 교회들 사이의 장벽을 허무는 데까지 나아가야 한다. 하지만 모든 교회의 구별을 없애고 인위적으로 통합하는 것은 곤란하다. 개교회는 독립적이고 자율적이라는 점을 항상 기억해야 한다. 사회적 삼위일체론이 삼위의 독립을 인정하는 데서부터 출발하듯이 개교회의 독립과 자유는 보장해야 한다. 하지만 동시에 개교회의 독립성이 개교회를 원자적 독립체로 승인하는 것이어서는 안 된다. 즉 공교회성은 '다수'와 '하나' 사이에서 고도의 균형을 유지하는 방식으로 이루어져야 한다.

균형의 유지를 위해 앞서 말한 관계적 교회론을 깊이 상고하는 작업이 필요하다. 본회퍼가 인격이 본성상 관계적이라고 말했듯이 관계적 인격이 모인 교회도 본성상 관계적이다. 본회퍼는 인격이 관계적이듯 그 인격의 자유도 관계적이라고 했다. 그는 자아의 자유는 자아의 권리가 아니라 타자가 자발적으로 물러서면서 주어지는 선물이라고 했다. 나에게 자유를 선물로 주는 타자에게 나 또한 스스로 물러섬으로써 타자에게 자유를 선물로 준다. 그렇게 인간은 서로를 자유롭게 하는 공동체 속에 존재하게 된다.[154] 이 때문에 인격은 관계 속에서 집합적인 방식으로 존재한다. 똑같은 방식으로 개교회의 독립과 자유를 묘사할 수 있다. 우리 교회의 독립과 자유는 이웃 교회가 선물해주는 것이며, 우리 교회도 이웃 교회에게 독립과 자유를 선물한다. 따라서 개교회는 원자적 독립체로 존재하지 않고, 서로 자유를 선물하는 공동체 가운데 관계적으로 존재하게 된다.

본회퍼는 타락한 인격이 자아의 중심에서 하나님의 말씀을 몰아내고 자아의 욕망과 의지를 내세웠다고 했다. 오늘날 개교회의 유지와 확장을 최우선적으로 고려하는 개교회 중심주의는 바로 그 타락 질서가 교회 속으로 파고든 결과이다. 그리하여 교회는 자신의 중심에 개교회의 욕망과 의지를 놓고 이웃 교회를 자신의 일부로 포섭하고 영토를 확장하려고 애쓴다. 이런 교회들의 관계는 먹고 먹히는 제국주의적 관계일 수밖에 없다. 하지만 인격이 그러하듯 교회도 관계적으로 존재한다. 이때의 관계는 시장 관계도 아니고, 경쟁 관계도 아니며, 자기중심적이고 자기확장적인 관계도 아니다. 교회가 이웃 교회와 맺는 관계는 예수 그리스도의 인격 속에 나타난 관계, 우리를 위해 죽고 부활해 새로이 회복한 그 원형적 관계를 말한다.

예수 그리스도는 '나를 위한' 존재이고, '너를 위한' 존재이다. 그분은 '타자를 위한 존재'이다. 이것이 아담의 반역 이후 상실된, 본래 인간의 원형이다. 하지만 예수 그리스도가 성육신하고 죽고 부활함으로 인간의 원형을 회복했다. 나아가 그리스도는 자신의 모범을 따르는 제자를 불러 모으시고, 그들로 신인류를 창조했다. 바로 그 신인류가 모인 곳이 교회이다. 따라서 교회는 원형적 인간들이 모여 원형적 관계를 이루는 공동체일 수밖에 없다. 이 때문에 교회는 그리스도의 존재 양식, 곧 '타자를 위한' 존재 양식을 체현하는 공동체이다. 교회는 결코 자신을 위하는 존재일 수 없다. 그러한 교회는 교회가 아니다. 본회퍼의 말대로 "교회는 타자를 위해 현존할 때 교회가 된다."[155] 선교적 관점에서 교회는 세상을 위한 존재여야 하며, 공교회성 관점에서 교회는 이웃 교회를 위한 교회여야 한다.

이웃 교회를 위하는 교회가 모든 교회의 존재 양식이 돼야 한다. 이런 교회는 자신만을 가장 온전한 교회라고 생각하지 않고, 이웃 교회와의 관계에서 자신을 파악한다. 자신이 머무르는 장소, 곧 지역성이라는 한계 가운데 신적 소명을 발견한다. 교회가 자리한 지역의 영혼을 보호하는 교회로 하나님이 부르셨다고 겸손하게 인정한다. 이런 교회는 이웃 교회 역시 그 지역에서 맡겨진 영혼을 돌보도록 하나님이 부르셨다고 인정한다. 따라서 이웃 교회의 영역을 침범해 무한확장을 꾀하지 않으며 이웃 교회의 신자들을 탐내지도 않는다. 오늘날 횡행하는 지성전 개척이나 메가처치의 브랜드화, 멀티사이트 처치, 처치 헌팅, 적대적 교회 합병, 교회 매매 등은 이런 부르심에 분명 역행하는 행위이다.

지역교회는 어떤 이유에서든 이웃 교회를 경제적으로나 정치적으로, 또는 신학적으로나 정신적으로 지배하려 해서는 안 된다. 모든 지역교회는 동등해야 한다. 상호 원조나 협력을 빌미로 이웃 교회를 지배하고 복속하려 해서도 안 된다. 다만 모든 교회가 서로 복종할 수 있을 뿐이다. 더불어 이웃 교회를 위하는 교회는 자신의 설교, 프로그램, 설비가 이웃 교회보다 우월하다고 간주하거나 선전하지 않는다. 자기 교회의 독특성만큼 이웃 교회의 독특성도 인정하며, 서로의 독특성이 만나 어우러지는 다양성에 감사한다. 이런 교회는 자신을 기준으로 이웃 교회를 심판하지 않는다. 예수 그리스도에 대한 핵심 진리만을 무한히 강조하는 한편, 다른 모든 교회의 신학적 전통을 존중하며 인정한다.[156] 교단적 특성이나 신학적 전통은 감사 제목이지 심판 기준이 아니다.[157]

삼위 하나님은 각각 독립적이고 자율적이지만, 스스로를 개방해 관계 속에 거하시며, 스스로의 자유로 다른 위격에게 자발적으로 복종하신다. 자발적으로 자신을 내어드리고, 다른 위격을 자신 안에 받아들임으로써 페리코레시스적 연합을 도모한다. 같은 방식으로 이웃 교회를 위하는 교회는 자신을 폐쇄적 완결체로 간주하지 않는다. 폐쇄성은 세속적 개인주의의 중요 전제이다. 교회는 원자적 독립체가 아니라 관계 속의 교회이기에 필연적으로 개방성을 요청받는다. 즉 모든 지역교회는 이웃 교회를 향해 마주서며, 이웃 교회를 향해 스스로를 개방한다. 모든 교회는 이웃 교회를 향해 자신을 내어주고, 자신 안에 이웃 교회를 받아들임으로써 상호 연합을 도모해야 한다. 이를 볼프는 "교회들 사이의 관계에서 전일성(공교회성-저자 주)의 최소한의 조건은 결국 다른 모든 교회에 대해서 각각의 교회가 가지는 개방성이다"라고 설명한다.[158]

지역교회 간의 연합은 큰 그림을 맞추어가는 퍼즐조각 맞추기와 같다. 바울은 지역교회들이 연합해 커다란 한 성전을 이루어가는 모습을 이렇게 묘사한다. "그의 안에서 건물마다 서로 연결하여 주 안에서 성전이 되어가고 너희도 성령 안에서 하나님이 거하실 처소가 되기 위하여 예수 안에서 함께 지어져가느니라"(엡 2:21-22). 이 책에서 공교회라고 부르는 것을 바울은 성전이요 하나님이 거하실 처소라고 부른다. 개교회들은 서로 상합하여 하나님이 거하실 하나의 성전을 이루어야 한다. 지역교회라는 작은 퍼즐조각이 맞추어져 종국에는 하나의 큰 그림이 완성될 것인데, 이때 완성된 하나의 큰 교회가 그리스도의 공교회이다.

그렇다고 해서 지역교회를 하나의 보편교회에 예속된 부품으로 보아서는 안 된다. 지역교회는 단순한 조각이나 부품이 아니라 이미 충분히 교회이며, 나아가 그 자신이 공교회이다. 그렇지만 오직 자신만을 공교회라고 보아서는 안 된다. 예를 들어, 누군가 내 손을 잡을 때 "그가 나를 잡았다"고 말할 수 있다. 그때 손은 나의 일부이면서 나 자신이기도 하다. 하지만 손이 이 말을 곡해해 자신만이 '나의 전체'라고 주장한다면 그것은 틀린 말이다. 마찬가지로 지역교회는 이미 충분히 하나의 교회이며, 그 또한 전체 그리스도의 몸이라고 말할 수 있다. 하지만 지역교회가 스스로를 그리스도의 몸 전체라고 주장해서는 안 된다. 지역교회가 먼저 존재하며 지역교회가 공교회이지만, 이 말이 지역교회가 원자적 개체로 존재할 수 있으며, 특정 지역교회만이 전체 교회를 대표한다는 말은 아니다. 우리 교회가 공교회인 만큼 이웃 교회도 공교회이기 때문이다. 엄밀하게 말해서 지역교회는 "예수 그리스도의 하나 밖에 없는 거룩하며 사도적인 우주적 교회의 한 부분"이다.[159]

그래서 모든 지역교회는 다른 모든 이웃 교회가 그리스도의 공교회임을 인정하고 그들과 연합하고 연대할 의무가 있음을 기억해야 한다. 이때 개교회 간의 연합과 연대는 부분과 부분 사이의 친밀한 협력 관계에 머물지 않는다. 특정 지역의 교회 연합으로 멈추어서는 안 되며, 같은 교단에 속한 교회들의 협력이나, 목회 철학을 공유하는 교회들 간의 교류로 만족해서도 안 된다. 모든 개교회의 상호 연합은 하나의 전체 교회, 곧 공교회를 이루는 데까지 나아가야 한다. 공교회는 단순히 개교회의 모둠이 아니라, 하나의 교회이다.

침례교나 아나뱁티스트 교회 같은 회중교회 전통은 공교회 개념이 다소 희박하다. 이런 점에서 침례교 신학자 데일 무디Dale Moody가 "그리스도의 몸"으로서의 공교회를 강조한 것은 큰 의미가 있다.[160] 이때의 공교회는 단수의 교회이다. 에베소에 여러 가정 모임이 있었지만 신약성서는 에베소에 있는 교회들이라고 복수로 표현하지 않고 단수인 에베소교회라고 쓴다.[161] 이미 이때부터 공교회적 전망이 서서히 드러나고 있다는 증거이다.

공교회적 전망은 그리스도의 몸이라는 유비에서도 확인할 수 있다. 개교회는 이미 그 자체로 그리스도의 몸이며, 충분한 하나의 교회이다.

하지만 모든 개교회가 결합해 그리스도의 한 몸을 이룬다. 개교회는 지체로서 그 몸에 결합한다. 개교회가 그리스도의 몸으로 결합한다는 뜻은 공교회성에 대한 새로운 의미를 밝혀준다. 공교회성이란 지체로 결합한 개교회들이 머리인 그리스도의 통치에 일사불란하게 복종한다는 뜻이다. 따라서 개교회별로 기획하고 자신들만의 계획을 세우는 것은 옳지 않다. 앞서 지적한 대로 개교회의 자율성은 그리스도께만 복종하는 자유이지 제멋대로 행사하는 자유가 아니기 때문이다. 모든 교회는 오직 머리이신 그리스도의 뜻에 복종함으로써 한 몸에 결합되며, 전체 그리스도의 몸을 위해 봉사한다. 그런 목적에서만 개교회는 독립성과 자율성을 갖는다. 이는 개교회가 그리스도께만 복종하기 때문에 다른 교회나 단체, 세상 권세에는 복종할 필요가 없기 때문이다.[162] 만일 개교회가 다른 교회나 단체의 지배에서 자유로운데, 그리스도의 지배조차 거부한다면 그것은 개교회 이기주의이다. 이 때문에 개교회주의와 개교회 중심주의를 구별할 필요가 있다. 개교회의 자율성은 자기 교회의 유지와 확장을 위해서가 아니라 그리스도의 뜻에 복종하기 위해 사용돼야 한다.

그렇다면 모든 개교회가 복종해야 하는 하나의 그리스도의 뜻은 존재하는가? 나는 그렇다고 믿는다. 모든 교회에 하달되는 그리스도의 명령은 그리스도의 재성육화re-incarnation라고 표현할 수 있다. 그리스도의 재성육화란 1세기에 성육신했던 그리스도처럼 교회가 행동하고 말함으로써 그리스도가 다시 성육신하신 것처럼 존재하는 것이다. 이 재성육화가 바로 예수 그리스도가 모든 교회에 하달하는 어명御命이다. 그리스도의 재성육화라는 어명을 모든 개교회가 받들어 수행할 때, 지상에 흩어져 있는 모든 교회는 한 인격처럼 말하고 행동하게 될 것이다. 그리고 이때 드러난 하나의 인격은 그리스도의 인격일 것이다. 모든 개교회가 하나로 나타내는 그리스도의 인격이 바로 그리스도의 공교회이다.

그래서 교회는 공동체로 존재하는 그리스도이다.[163] 따라서 교회는 마치 그리스도가 다시 성육신해서 지상에 온 것처럼Christ like 말하고 행동해야 한다. 그리스도가 지금 이 땅에 오신다면 하실 법한 방식으로 교회는 하나님나라 복음을 증언하고 사역해야 한다. 교회는 예수가 그랬듯이 마땅히 병든 자를 고치고, 가난한 자들에게 복음을 전하며, 죄인들의 친구가 되어야 한다. 이런 재성육화의 부르심을 다른 말로 하면 봉사, 곧 디아코니아*diakonia*로의 부르심이다.[164] 때문에 공교회는 봉사하는 교회로 나타난다.

공교회적 실천

공교회성의 회복은 어떻게 가능할까? 무엇보다 오직 믿음으로 가능하다. 공교회성을 회복하는 방안은 가톨릭교회로 귀순하는 것도 아니고, 가톨릭교회를 능가하는 거대 조직을 만드는 것도 아니다. 개교회의 성장을 강제로 억제하거나 메가처치를 강제로 분할하는 것도 바람직한 대안이 아니다. 본회퍼가 말한 대로 신약성서는 교회 일치를 위해 하나의 신학, 하나의 예배, 하나의 견해, 하나의 생활방식을 가지라고 말하지 않고 대신에 "몸도 하나요, 성령도 하나요, 주도 하나요, 믿음도 하나요, 세례(침례)도 하나요, 하나님과 아버지는 한 분이시다"(엡 4:4)라고 말한다.[165] 즉 조직이라는 제도적 일치보다 더 중요한 것은 한 믿음을 가지는 것이다. 모든 교회가 공교회성에 대한 신앙을 공유할 때 비로소 공교회성을 회복할 것이다. 따라서 공교회성 회복은 무엇보다 우선 영spirit의 일치를 통해 이루어진다.

믿음을 대안으로 주장하는 것이 지나치게 추상적이고 비실제적이라는 비판이 있을 수 있다. 옳다! 확실히 비실제적이다. 하지만 히브리서 기자의 말대로 "믿음은 바라는 것들의 실상이요, 보이지 않는 것들의 증거"(히 11:1)이다. 믿음의 비실제성 때문에 의심하는 자에게 필요한 것은 예수 그리스도의 약속이다. "할 수 있거든이 무슨 말이냐. 믿는 자에게는 능히 하지 못할 일이 없느니라"(막 9:23). 비실제적일지라도 교회가 믿어야 할 영적 현실을 믿고 순종하는 것보다 나은 대안이 어디에 있겠는가? 비록 눈에 보이는 지상 교회가 찢기고 분열해 있지만 그럼에도 그 모든 교회는 하나이며, 그리스도의 한 몸이라는 성서 계시를 믿는 것이 공교회성 회복을 위한 최우선 방안이다.

교회는 공교회성을 믿어야 한다. 그리고 이 믿음은 순종을 요구한다. 교회는 자신 안에 존재하는 인간적 분리와 분열, 나눔, 장벽 등을 정직하게 직면하고 이를 복음의 능력으로 무너뜨리는 일에 심혈을 기울여야 한다. 교회는 세대의 장벽을 넘어 온 세대가 하나 되도록, 계층의 벽을 넘어 중산층 교회가 되지 않도록, 진보나 보수라는 이념의 장벽 안에 갇히지 않도록, 지역감정의 장벽을 넘어서도록, 장애나 비장애, 정규직과 비정규직, 그 밖의 어떠한 장벽이라도 교회를 제한하는 일이 없도록 노력해야 한다.

더 나아가 공교회적 교회는 이웃 교회와 마주보면서 스스로를 개방하고, 자기 교회와 이웃 교회가 그리스도의 공교회에 속한다는 신앙을 공유하기 위해 힘써야 한다. 이런 노력에는 실제적 실천이 포함돼야 한다. 헨리 블로셔Henri Blocher는 이렇게 말했다. "(교회의) 비가시적 연합은 가시적 방법으로 표현되어야만 한다. … 영적 연합을 부르짖을 때 우리는 너무도 쉽게 자기만족에 빠지지 않았던가."[166] 실제적 실천에 대한 강박이 지나치면 강제적 수단을 동원하려는 유혹에 노출될 수도 있지만, 믿음은 실제적 순종으로 나타날 때 진실성이 보장되는 것 또한 사실이다.

그리스도의 몸에 속한 지체로서 지역교회는 이웃 교회들과 결합하기를 주저해서는 안 된다. 여기서 결합이란 교회 합병이 아니라 연대와 협력을 말한다. 이런 결합은 영적 일치를 넘어 실천 가능한 실제적 협력을 포함해야 한다.[167] 지역교회는 주보나 교회의 신앙 고백문이나, 교육 프로그램 등에 이웃 교회와 연대한다는 교회의 정체성을 명시할 필요가 있다. 여기에는 이웃 교회와 성장 경쟁을 벌이지 않는다거나 이웃 교회 성도를 전도하지 않겠다는 결단도 포함되면 좋다. 만일 그런 시도를 하는 교회나 목회자, 신도가 있다면 교회는 이를 그리스도의 몸을 찢는 행위로 엄히 책망해야 한다.

이웃 교회와 협력하고 연대하는 방식은 다양하다. 신천지 같은 이단에 힘을 모아 공동 대처하는 것도 한 예이다. 세월호 사건처럼 큰 재난을 당한 이웃을 돌보거나 어려움을 겪는 교회를 돕기 위해 협력하고 연대하는 것도 필요하다.

지역교회 간의 협력과 연대는 교통과 통신 기술이 원시적이었던 1세기 교회 때 도리어 더욱 활발하게 이루어졌다. 초대교회는 온 세계에 퍼져 있는 모든 교회와 소통하고 연대했다. 바울의 목회서신도 여러 교회에 띄운 편지였다. 바울에게 소아시아 교회나 예루살렘 교회, 유럽 교회는 남의 교회가 아니고 모두 하나인 그리스도의 교회였다. 그들 사이에는 물리적 장벽이 있을 뿐 영적으로는 완전히 하나였다. 그래서 바울이 온 교회에 편지를 써서 그리스도의 뜻에 복종하도록 권면할 수 있었다. 그 서신이 회람 서신이었다는 사실도 중요하다. 골로새교회에 보낸 편지는 라오디게아교회를 비롯해 주변 소아시아 지역 교회들에게 회람할 목적으로 기록되었다. 이처럼 바울의 가르침은 지역교회의 벽을 넘어 읽히고 영향력을 발휘했다.

1세기 교회에는 바울뿐만 아니라 많은 순회 설교자가 여러 교회를 다니며 권면하고 가르쳤다. 바울은 골로새교회에 마가를 영접하라고 부탁했는데, 이는 교회들이 순회 설교자나 선교사들을 한 형제와 자매로 여기고 환대한 모습을 보여준다. 또한 바울서신의 말미에 여러 신자들의 실명을 거론하며 서로 안부를 교환하는 모습은 세계 교회가 실질적으로 결합돼 있었음을 보여준다.

고대 교회의 공교회적 실천에서 특히 예루살렘 교회가 환란을 당했을 때 유럽 교회가 범교회적으로 연합해 구호한 일은 매우 중요하다. 바울은 유럽의 여러 교회를 다니며 모금한 연보를 곤경에 처한 예루살렘 교회에 전해주었다. 이때 유럽 교회는 "힘에 지나도록 자원하여"(고후 8:3) 헌금했으며, 모금 액수도 거액이었다(고후 8:20). 1세기 교회는 이처럼 실질적 방식으로 상호부조를 실천하며 공교회를 이루었다. 흥미롭게도 바울은 이 헌금이 한 번에 그치지 않고 반복되는 것이 마땅하다고 말한다. 그래서 다른 교회가 비슷한 환란을 당할 때도 범교회적인 나눔이 이루어져야 한다고 말한다(고후 8:13-14).

신약성서에 나타난 공교회적 실천은 지금도 적용하고 응용할 수 있는 것들이다. 한국 교회의 여러 문제에 공동으로 대처하는 기구를 만들거나, 공동 연구 과제를 수행하거나, 공동 선언문을 작성하는 것도 한 방법이다. 교회가 자신의 정체성을 지역 단위로 인식하는 것도 또 다른 대안이다. 앞서 말한 대로 고린도교회, 에베소교회, 갈라디아교회 등은 광대한 지역의 여러 작은 모임을 포괄해 부른 지역교회 명칭으로, 단수로 표현된 사실에 주목해야 한다. 오늘날 한국의 개신교회들은 교단을 불문하고 '한국 교회'라는 단수로 불리는 데 익숙하다. 이는 공교회성 이미지를 부여하는 데 유익하다. 이 명칭을 좀 더 작은 단위에도 적용해볼 수 있다. 내가 섬기는 열음터교회는 대전 유성구에 있는데, 다음과 같이 사중으로 규정할 수 있다. 열음터교회는 그리스도의 공교회이며 한국 교회이며 대전 교회이며 유성 교회이다. 지역 단위로 자기를 규정하고, 지역 명칭을 교회 정관, 언약문, 주보, 기도문 등에 넣을 수 있다. 또한 이웃 교회도 같은 방식으로 부른다면 공교회적 신앙을 개념화하는 데 유용할 것이다. 물론 이상의 공교회적 실천은 개교회의 독립과 자유를 해치지 않으면서도 개교회 간에 실제로 연합하고 협력하는 방식으로 이루어져야 한다.[168]

공교회성의 실천은 모든 교회가 그리스도의 통치를 받아야 한다는 성서 원리에 순종함으로 이루어져야 한다. 앞서 언급한 대로 교회에 하달되는 그리스도의 명령은 '재성육화'이다. 모든 교회가 재성육화 명령을 실제적으로 실천할 때, 그리스도라는 집단 인격이 공동으로 드러날 수 있다. 참된 공교회적 실천은 온 교회가 한 인격을 드러내는 것이다. 이를 위해 교회는 세 가지 '재Re' 원리를 실천해야 한다.

첫째, 교회는 그리스도가 계셨던 곳으로 '재위치re-location'해야 한다. 그리스도는 환자와 가난한 자, 죄인과 깨어진 사람들과 함께 지내셨다.[169] 오늘날 교회는 목 좋은 곳에 있어야 한다고 주장하고, 신도시와 부촌에 터를 잡으려 애쓴다. 그것은 주님의 방식이 아니다. 교회는 마땅히 자신이 있어야 할 곳, 가난하고 억눌린 자들 곁으로 재위치해야 한다. 지역교회의 의미를 새롭게 깨닫고 적용하는 이런 재위치 작업에는 과도한 교회 밀집, 지성전 체제 등에 대한 반성까지 포함된다.

두 번째는 '재화해re-conciliation'이다. 재화해라는 표현이 어색하니 그냥 화해라고 하는 편이 나을 듯도 싶다. 재성육화를 실천하는 교회는 화해 사역을 이중으로 실천해야 하는데, 복음으로 하나님과 죄인의 화해를 중재하는 한편, 다양한 인간 장벽을 무너뜨리는 화해 사역도 감당해야 한다.[170] 하지만 오늘날 교회는 이웃 교회와의 분열과 갈등을 무릅쓰고라도 교회를 성장시키는 것이 자신의 사역이라고 생각한다.

그러나 그리스도가 이 땅에 와서 한 일은 원수 관계를 화해시키는 것이었다. 그리스도는 십자가에서 원수 관계인 죄인과 하나님을 화해시켰으며, 십자가로 유대인과 이방인 사이의 담도 무너뜨리셨다. 남자와 여자, 가난한 자와 부자, 종과 주인의 관계를 화해시키셨다. 교회는 이런 화해 사역을 따라야 한다. 교회는 이념 대립을 중재하고 전쟁을 막고 각종 갈등과 분쟁을 종식하고 장벽을 무너뜨리는 사역을 감당해야 한다.[171] 교회 내의 갈등과 분쟁은 물론, 교회 간의 전쟁을 중재하고 화해시켜야 한다. 예수님이 전한 복음은 용서와 화해의 복음이기에 화해 사역이 곧 복음 전파이다.

세 번째는 '재분배re-distribution'이다. 재분배란 잘못 분배된 자원을 다시 분배한다는 뜻이다. 오늘날 교회는 지상의 모든 신자를 자기 교회로 끌어모으려고 엄청난 부채를 떠안으면서까지 집짓기에 몰두하고 있다. 생명 없는 시멘트와 벽돌과 유리에 돈을 쏟아붓는다. 현대 교회의 막대한 부채는 재분배 사명을 망각한 교회의 실태이다. 오늘날 교회는 은행권이나 건설사에 잘못 분배되고 있는 자원을 바로잡아야 할 의무가 있다. 교회는 가난한 자들의 필요를 채우기 위해 자신의 자원을 재분배해야 한다는 사실을 뼈저리게 깨달아야 한다. 교회 안팎의 가난한 자들과 가난한 교회들을 위해 자신의 소유를 나누어야 한다. 예를 들어, 교회는 재분배를 위해 일자리를 창출하는 방식으로 가난한 자들의 경제적 필요를 채울 수 있다.[172]

그리스도는 병든 자들을 고치고, 광야에 모인 배고픈 이들을 두 번이나 먹였으며, 제자들에게 직접 먹을 것을 주라고 했고, 마지막에는 자신의 살과 피를 모두에게 나눠줬다. 그분을 따르는 인류 최초의 교회에서도 재분배가 이루어졌다. "믿는 사람은 모두 함께 지내며, 모든 것을 공동으로 소유하였다. 그들은 재산과 소유물을 팔아서, 모든 사람에게 필요한 대로 나누어주었다"(행 2:44-45, 새번역). 이처럼 현대 교회도 자신의 자원을 필요한 이에게 나누어주는 재분배 사역을 감당해야 한다.

교회가 이런 실천을 할 때에야 비로소 그리스도의 집단 인격이 드러난다. 이는 교회가 '타자를 위한 존재'로 선다는 것이다. 모든 교회가 세상과 이웃 교회를 위해 말하고 행동함으로 그리스도의 인격이 드러날 때, 교회의 공교회성은 우뚝 솟아날 것이다. 재성육화는 분명 새로운 교회의 방향성을 제시한다. 메가처치 현상은 이에 반하는 강력한 방향성이다. 이 잘못된 방향성을 역전시킬 수 있는, 교회가 추구해야 할 올바른 방향성은 그리스도의 인격을 공동으로 지향하고 모방하는 것이다.

BEYOND MEGACHURCH

8부

공동체성의 회복

메 가 처 치 를 넘 어 서

볼프는 현대 교회가 '과잉-개인주의turbo-individualism'에 사로잡혀 있다고 했다.[1] 이러한 개인주의는 교회상과 관련하여 이중적으로 나타났는데 하나는 공교회성의 약화요, 다른 하나는 공동체성의 약화다. 나는 이러한 교회론적 개인주의가 메가처치 현상의 배후에서 작동하고 있는 신학적 원리라고 본다. 메가처치 현상을 치유하려면 이 문제를 다루어야 하는데, 본 장에서는 교회의 공동체성 약화에 대해서 살펴볼 차례이다. 메가처치 현상을 치유하기 위해서는 약화된 공동체성을 재강조해야 한다. 그러나 권위주의적 공동체나 이기적인 가족주의로의 퇴행이 그 대안이 되어서는 안 될 것이다. 이 역시도 '하나'와 '다수'의 균형을 통해서 이루어져야 한다. 삼위일체적 교회론은 하나와 다수 간의 균형을 유지하면서 공동체성을 확보하는 길을 알려줄 것이다.

1
'다수'의 공동체

메가처치 현상의 배후에는 다수를 강조하는 교회론이 자리하고 있지만 이러한 교회론적 개인주의는 의외로 그 뿌리가 깊다. 메가처치 현상을 치유하려면 교회론적 개인주의를 그 뿌리에서부터 고찰할 필요가 있다. 여기서는 교회론적 개인주의의 근원이라고 할 수 있는 개신교 신학을 추적하고, 개인주의라는 관점으로 현재의 교회 현실을 분석해보려 한다.

개신교 칭의론과 교회론적 개인주의

교회론적 개인주의에 물든 교회는 교회를 개별 신자들의 집합으로 본다. 교회론적 개인주의를 치유하려면 교회가 과연 개별 신자들의 집합인가, 아니면 그 이상인가 하는 문제를 살펴봐야 하지만, 그것이 그리 간단하지는 않다. 왜냐하면 교회를 신자들의 집합으로 보는 것은 오랜 개신교 신학 전통과 연결되어 있기 때문이다. 루터는 교회를 '신도의 회집'

으로 보았으며,[2] 아우구스부르크 신앙고백Augusburger Konfession에서도 "복음을 순수하게 가르치며 성례전을 올바르게 집행하는 성도의 회중이 교회"라고 정의하고 있다.[3] 이러한 개신교 교회론에서는 교회가 개별 신자들의 집합 그 이상의 존재라는 암시를 찾아보기 어렵다. 이러한 이유로 전통적인 개신교 교회론이 다수로 확산하는 개인주의적 교회론을 적절하게 제어하지 못했다.

개인주의의 첫 번째 전제는 인간은 원자적으로 고립된 개인으로 존재한다는 것이다. 그런데 루터의 칭의론은 바로 이러한 개인주의의 전제를 비판적으로 제어하지 못하고, 도리어 수용하는 것처럼 보인다. 그의 칭의론은 신자는 하나님 앞에서 절대적인 단독자로 존재하는 것을 가정하기 때문이다. 루터의 칭의론이 그의 탑실 체험에 기초하고 있음은 잘 알려진 사실이다. 그리고 지난 500년 가까운 개신교 구원론은 이러한 루터의 탑실 체험에 대한 일종의 각주라고 할 수 있다.[4] 이 체험의 본질은 결국 하나님 앞에 홀로 선 개인의 내면에서 이루어진 종교 체험이라는 데 있다. 즉 루터에게 신앙은 홀로 존재하는 개인의 영혼 안에서 일어나는 작용이다.

루터의 믿음관이 가지는 개인주의적 특성을 살펴보기 위해서 가톨릭 교회의 믿음관과 비교해보자. 통념과 달리 가톨릭교회도 믿음을 강조한다. 따라서 가톨릭 신학 체계 내에서 믿음으로 의롭게 된다는 이신칭의의 원리를 굳이 거부할 필요는 없다. 하지만 문제는 그 믿음이 '누구의' 믿음이냐 하는 것이다. 개신교 신자들은 주저 없이 신자 개인의 믿음이라고 답할 테지만 가톨릭 신자들은 교회의 믿음이라고 답할 것이다. 가톨릭교회의 가르침에 따르면 믿음은 본성상 교회 공동체의 것이지 개인의 것이 아니다. 개인은 교회의 믿음에 참여함으로써 믿는 자가 된다. 그래서 라칭거는 믿음을 "신앙 공동체의 이미 존재하는 결정에 참여하게 되는 것"이라고 했다.[5] 루터는 이러한 가톨릭교회의 믿음관을 거부하며 신자 개인의 자발적인 믿음관을 주장했다. 이처럼 루터를 필두로 개신교회는 믿음을 개인의 것으로 간주하는 반면에 가톨릭교회는 믿음을 교회의 것으로 간주한다. 믿음관에서도 '하나'와 '다수' 간의 변증법적 대립을 볼 수 있다. 개신교회는 신앙의 다수성을, 가톨릭교회는 신앙의 통일성을 강조하고 있기 때문이다.

만일 믿음을 개인의 것으로 간주하면 어떤 일이 생기는가? 믿음을 가진 자, 곧 신자는 단독자 혹은 개별자로 존재한다는 결론에 이른다. 이러한 교회 전통은 "…전체 신자들 속에서도 그리스도의 매개되지 않는 직접적 현존을 이야기한다."[6] 곧 신자는 하나님과 일대일 관계를 맺는다. 그리고 이것은 곧바로 개인은 사회에 앞선다는 개인주의적 전제와 유사한 전제에 이르게 만든다. 개인주의에서는 사회가 구성되기 이전의 자연 상태를 가정하고, 인간은 사회를 이루기 전에 개인으로서 먼저 존재한다고 가정한다. 이와 비슷하게 믿는 자가 개별자요 단독자로 존재한다고 할 경우, 신자는 교회보다 앞선다는 결론에 이른다. 아우구스티누스가 하나님 앞에서 자신을 성찰할 때, 마르틴 루터가 탑의 체험을 할 때, 그들은 모두 세상 밖으로 나온 개인individu-hors-du monde 상태였으며, 동시에 교회 밖으로 나온 개인 상태이기도 했다. 논리적 순서상 신앙은 교회에 속하기 전에 개인이 먼저 가지게 된다. 즉 먼저 믿어서 칭의를 받은 후에, 나중에 교회에 속하게 되는 것이다. 특히 침례교회나 아나뱁티스트 교회의 신자의 침례believer's baptism 전통은 이러한 문제를 더욱 증폭하는 경향이 있다. 전통적으로 침례교회는 침례를 받기 전에 이미 개인적으로 중생 체험을 했는지 여부를 확증할 것을 요구한다.[7] 그래서 중생 체험의 진정성을 확인받은 이후에 교회에 들어올 수 있다. 그런데 이러한 관점에 따르면, 신자는 교회에 들어오기 전에 이미 믿었고, 그래서 이미 구원받은 존재라야 한다. 이는 신자가 교회보다 앞선다는 개인주의적 전제를 함축하고 있는 것처럼 보인다.

이러한 개신교회의 믿음관은 교회와 대립함으로써 교회론과 강력한 긴장 상태를 유지하는 것처럼 보인다. 개신교회의 역사를 보면, 참 신앙이라는 견지에서 교회를 비판해온 예가 많다. 당장 종교개혁 사건 자체가 참된 신앙의 관점으로 제도 교회를 비판한 사건이라고 말할 수 있을 것이다. 루터의 《교회의 바벨론 감금》은 참 신앙에 기초해서 기존의 가톨릭교회를 비판한 대표적인 예이다.[8] 물론 교회에 대한 이러한 비판적 관점이 종교개혁과 함께 교회 개혁의 긍정적인 추진력이 된 것도 사실이다. 하지만 동시에 그러한 교회 비판이 교회를 개혁하는 수준을 넘어서 교회를 부정하는 방향으로 나아갔던 것도 사실이다.

가장 대표적인 예가 경건주의이다. 경건주의자들은 참 신앙의 견지에서 기성 교회를 비판하는 종교개혁적 전통을 더욱 발전시켰다. 경건주의에는 크게 두 부류가 있는데, 필립 야콥 슈페너Phillip Jacob Spener와 같은 교회적 경건주의자들은 기성 교회를 비판하기는 했으나 교회를 부정하려 하지는 않았다.[9] 하지만 고트프리드 아놀드Gottfried Arnold 같은 급진적이고 탈脫교회적 경건주의자들은 아예 제도 교회를 전면 부정하고 교회에서 떨어져 나가려고 했다. 이들은 참 신앙이라는 관점에서 기성 교회는 음녀 바벨론이나 다름없다고 보았다.[10] 그는 《불편부당한 교회와 이단의 역사》에서 교회 역사를 서술하면서 교회의 제도, 법, 교의, 신조 등을 철저하게 배제하고 "참된 교회를 만드는 것은 제도나 신조가 아니라, 고난 속에서 십자가의 비밀을 경험한 거듭난 사람들", 곧 개인들이라고 천명했다.[11] 그는 이렇게 기성 교회를 부정하는 대신 신자 개인의 삶과 순수한 신앙을 그 자리에 대체했다. 교회 역사에서 진정으로 중요한 것은 제도 교회의 역사가 아니라 신자 개개인의 영혼과 신앙적 경건함이라는 것이다.

개인 신앙을 과도하게 강조하는 이러한 흐름은 20세기 신학자 하르낙의 하나님나라 사상에서도 발견된다. 그의 사상은 내면적이고 개인주의적이라는 특징으로 유명한데, 《기독교의 본질》에서 그는 다음과 같이 쓰고 있다.

> 하나님나라는 한 사람 한 사람에게 다가옴으로써, 그들의 영혼 속에 내주함으로써, 그리고 그 영혼이 그것을 붙듦으로써 다가온다. 하나님나라가 하나님의 통치인Gottesherrschaft 것은 분명하지만 그러나 그것은 개개인의 마음속에 있는 거룩하신 하나님의 통치이며, 그것은 능력의 하나님 자신인 것이다.[12]

하지만 개인 신앙에 대한 극단적 강조는 결국 교회를 부정하기에 이르고 만다. 그도 그럴 것이 개인이 이미 충분히 구원을 얻을 만한 신앙을 가질 수 있다면 굳이 문제 많은 교회가 왜 필요하겠는가? 이러한 흐름 중 한 계보가 무교회주의 전통이라고 할 수 있다.[13]

이처럼 역사에서 개신교회와 가톨릭교회의 충돌이 신앙과 교회의 충돌로 비화되곤 했다. 그러나 이러한 충돌은 잘못된 것이다. 이와 관련해서 한스 큉이 역사에서 개신교회는 "신앙의 절대화"라는 오류를 저질렀고, 가톨릭교회는 "교회의 절대화"라는 오류를 저질렀다고 지적한 것을 기억할 필요가 있다.[14] 신앙과 교회는 적대 관계가 아니다. 이 둘은 신약성서의 가르침을 따라 마땅히 조화를 이루어야 한다. 이 점에서 볼프의 지적은 타당하다. 즉 인간은 "그 자신 속에서부터" 믿는 것이 아니라, "그들 자신으로서" 믿는다.[15] 이 말은 믿음의 기원을 전적으로 개인에게서 찾으려고 해서는 안 되지만, 동시에 믿음은 개인이 고백해야 하는 것일 수밖에 없다는 뜻일 것이다.[16]

개신교 칭의론이 개인의 신앙을 과도하게 강조할 때 개인주의적 전제를 수용할 수 있는 길을 터주고, 이것이 교회론과 긴장을 이룰 수 있다는 사실로부터 두 번째 교회론적 문제가 대두한다. 만일 개인이 교회 밖에서 단독자로 믿음을 가져서 칭의를 받고 구원을 받은 뒤에 교회에 들어온다면 교회는 원자적 개인들의 집합이라고 말할 수 있지 않겠는가? 이에 대해서는 이미 앞에서 몇 차례 언급한 바 있는데, 교회가 개별적으로 신앙이 있는 개인들의 집합 혹은 영혼들의 집합이라고 할 경우,[17] 교회론적 개인주의를 치료할 수 있는 길은 요원해진다.

교회를 개인들의 집합으로 보는 관점은 교회가 갖는, 그리고 반드시 가져야 하는 독특한 사회학적 특성을 간과하게 만든다. 교회는 하나님나라를 미리 맛보게 할 수 있는 사회학적 독특성이 있어야 한다. 하지만 교회를 개별 영혼들의 모임으로 볼 경우 기껏해야 교회의 사회학적 독특성은 개별 신자들이 모여서 생긴 우연적인 집합성collectivity일 뿐이다. 이럴 경우, 교회의 본질은 교회라는 사회 혹은 공동체에서는 찾아볼 수 없고 개별 신자들의 영혼 안에, 곧 그들의 신앙 안에 있을 뿐이다. 교회가 올바르게 복음을 설교하고 적절한 방식으로 성례전을 시행하기만 한다면, 교회에 얼마나 많은 신자가 모이는지는 중요하지 않다. 교회의 사회학적 특성이 모임 규모에 따라 어떠한 식으로 변화되든 그것은 교회의 본질과는 무관한 문제가 될 것이다.

하지만 이러한 개인주의적 신앙관은 교회가 종말론적 새 창조요, 하나님나라의 선취라는 성서의 가르침을 제대로 반영하기 어렵다. 성서는 하나님나라, 곧 천국은 그리스도의 재림 이후에 완성되지만 지금 여기 here and now 교회 안에서 미리 맛볼 수 있어야 한다고 가르친다. 그러나 개인주의적 신앙관에 따르면, 하나님나라는 순전히 개인의 내면에 존재하는 신앙 가운데서만 임한다. 내면에 존재하는 하나님나라이기에 교회 안에서 목격하고 체험할 수는 없다. 그렇게 개인의 마음속에 감추어진 하나님나라라면 어떻게 하나님나라를 보고자 하는 불신자에게 "와 보라"고 초청할 수 있겠는가? 게르하르트 로핑크는 이와 관련하여 교회론적 개인주의를 신랄하게 꼬집었다.

> 그러니 산상설교의 '더 옳음'이란 고작 개인 각자의 곧은 마음씨일 뿐이요, 교회란 결국 온 세상 모든 선의의 인간들의 '형제관계'일 따름이다. 좀 더 정확히 말하자면, 여기서 교회란 기쁜 소식 … 에 대한 믿음을 통하여 개인으로서 기왕에 속량되어 있는 그런 수많은 사람들의 형제적 결합이다. 하르낙이 교회는 거듭 새삼 사회적으로 파악될 수 있는 관계로 구체화되어야 한다는 의미에서 가시적임을 아무리 잘 알고 있다 해도 결국 그에게 교회란 어디까지나 하나의 영적 공동체요, "마음들의 결사societas in cordibus"

이며, 당시의 구체적 교회 가운데 어느 하나와도 동일시될 수 없는 것이다.[18]

이러한 개인주의적 신앙관과 칭의론은 교회론의 문제를 제기하는데, 이는 최근 두드러진 "가나안 신자"[19] 현상과도 무관하지 않다. 이들은 교회의 부도덕성과 부패에 염증을 느끼고 교회 출석을 포기했다. 특히 이들은 모든 교회가 성장 각축을 벌이고 있는 메가처치 현상에 큰 불만을 품고 있다고 알려져 있다. 교회에 대한 염증과 비판 의식으로 교회를 떠난 낙담자들이지만 그들은 여전히 스스로를 기독교 신자라고 생각하고 있다. 이들의 존재는 다음과 같은 교회론적 질문을 제기하게 한다. 교회 밖 신자는 가능한가? 물론 가나안 신자를 '교회 밖 신자'라고 규정할 수 있는지는 또 다른 신학 문제를 제기한다.[20]

하지만 후자는 제쳐두고 일단 "교회 밖 신자가 가능한가?" 하는 문제로만 한정할 경우, 개인이 단독자로 신앙을 가지고 칭의를 받고 이미 구원을 얻었다면, 교회에 출석하지 않았다고 해서 그의 신앙과 구원을 무효화할 수 있을까? 개인주의적 칭의론의 전제에 따르면, 믿음과 칭의와 구원은 원칙적으로 교회 밖에서 일어난다. 때문에 이러한 개인주의적 칭의론은 교회 밖 신자를 부정할 길이 없다. 결국 이러한 칭의론은 교회 없는 신자가 가능하다는 결론에 도달하여, 종국에는 교회를 부정하는 데까지 나아간다.

월마트 처치

다수로 확산되는 교회론이 만들어낸 교회 모습이 바로 월마트 처치 Walmart church이다. 개인들의 집합이라는 개신교 교회관은 근대사회의 세속화 과정에서 새로운 교회적 현실을 맞이하게 되었다. 종교개혁가들과 함께 신앙과 양심의 자유를 위해 투쟁해온 많은 투사들의 공헌으로 점차 종교의 자유가 확대되었다. 종교의 자유는 곧 종교 선택의 자유를 의미했다. 처음에는 다양한 교파를 선택할 수 있게 되었고, 종국에는 무종교를 포함한 다양한 종교까지 선택할 수 있게 되었다.

이러한 자유와 선택의 확대는 종교의 사사화를 촉진했다. 선택이란 결국 순수하게 개인의 행위인 바, 종교 문제는 개인의 프라이버시 영역에 속하기 때문이다. 다양한 종교와 교파 중에 하나를 선택할 수 있는 상황에서 그러한 선택은 전적으로 개인의 사적 영역, 곧 프라이버시 영역에 속하게 된 것이다. 앞에서 지적한 대로 프라이버시란 "공공의 간섭을 전혀 받지 않고 생각하고 행동하는 개인 고유의 생활 영역"으로서 법으로 보장받는 신성불가침의 장소이다.[21] 프라이버시 영역 안에서 이루어진 종교, 교파, 개별 교회의 선택은 개인의 절대적 선택 주권으로 결정되며 어느 누구도 간섭하거나 침해할 수 없다. 과거에 교회는 개인의 양심을 지배하고 개인의 영원한 운명을 결정했으나 이제 거꾸로 교회가 개인의 선택을 받아야 하는 처지가 되었다.

분명 이러한 자유의 확대는 인류 역사의 큰 공헌이다. 그러나 이러한 축복이 도리어 끔찍한 교회론적 재앙을 만들어내고 말았는데, 다름 아닌 시장상황의 출현 때문이다. 이와 관련해서 피터 버거는 종교개혁 이후 세속화 과정에서 인간에게 증대된 자유가 종교, 교회, 교파에 대한 선택의 가능성을 열어주었으며, 이로 인해 "전에는 숙명적이던 것이 선택의 문제"가 되었다고 말했다.[22] 그리고 이러한 선택 가능성 때문에 시장상황이 출현했다고 주장했다.[23] 이와 비슷하게, 페르디난드 퇴니스는 과거에는 자연적 의지Wessenwille가 인간관계를 결정하고 사회를 구성하는 원리였으나, 현대로 오면서 선택적 의지Kürwille가 그 역할을 대체했다고 말한다. 그러면서 그는 선택적 의지의 영역에 들어오는 모든 것은 상품화된다고 했다.[24] 신앙과 양심의 자유의 확대는 종교개혁이 인류 사회에 끼친 위대한 공헌이라고 할 수 있는데, 이제는 그 자유가 부메랑이 되어 교회를 시장상황과 상품화 과정에 빠뜨리고 있다.

선택적 의지가 상품화를 초래하는 이유는 간단하다. 선택 가능성을 앞에 둔 주체는 자연스럽게 자신에게 최대 이익이 되는 것을 합리적으로 선택하는 주체로 변모한다. 최대 이익을 추구하는 선택적 주체는 욕망의 주체로 변하고, 그러한 선택 주체에게 최대 이익이 될 만한 대상은 자연스럽게 상품이 된다. 선택 가능성은 신자를 최대 이익을 추구하는 욕망의 주체로 만들고, 선택 대상은 상품화되고, 교회는 시장상황에 놓인다. 이러한 일련의 과정은 교회가 개인을 욕망의 주체로 간주하는 근대 자유주의-개인주의의 전제를 벌써 수용하게 되었음을 의미한다.

18세기 이후 미국 교회사에 나타난 이러한 시장화 과정을 잠깐 살펴보자. 스타크와 핑크는 미국의 250년 간의 교회 및 교파의 역사를 종교 시장의 형성과 발전의 역사라고 규정한다. 미국의 종교의 자유 정책은 불가불 상호 경쟁하는 교파들의 난립을 초래했고, 미국 신자들은 선택 가능한 수많은 교파 중에서 원하는 교파나 교회를 자유롭게 선택할 수 있게 되었다. 이러한 선택 가능성 가운데서 자연스럽게 교회와 신자의 관계는 일종의 시장 관계를 형성하게 되었다는 것이 그들이 주장하는 내용 요지이다.[25]

교파주의하에서 미국인들은 상품과 비용이라는 관점에서 마음에 드는 교파를 선택할 수 있었다. 그래서 신자는 자신이 교회와 교파에 희생을 지불하면서 교회나 교파로부터 받을 수 있는 보상을 저울질하게 된다. 이때 신자가 교회로부터 제공받을 수 있는 보상 중 하나가 초월적 가치이다. 현세를 살아가는 신자들에게 내세를 소망할 수 있게 만드는 교회 활동이 바로 신자들이 찾는 보상이다. 이를 위해서 교회는 일반 사회와는 구별된 거룩한 면모를 반드시 유지하고 있어야 한다. 또한 자연스럽게, 교회 질서에는 비용과 보상의 수요-공급 곡선이 그려진다. 너무 적은 비용을 요구하는 교회나 교파는 성장하지 못하는데, 너무 싼 상품이 팔리지 않는 것과 같은 이치이다. 반대로 교회가 너무 세속적이어서 초월적 가치를 충분히 제공해주지 못할 경우, 신자는 자신이 너무 많은 비용을 지불한다고 판단하여 그 교회나 교파를 선택하지 않는다.[26]

교파주의하에서 형성된 이러한 시장질서는 탈교파주의 상황에서는 더욱 극단적으로 발전한다. 신자는 더 이상 교파를 고려하지 않는다. 이제 선택의 폭은 모든 개교회의 수만큼 넓어졌고, 개인의 선택으로 교회를 결성되는 일이 자연스러워졌다. 이는 쾌락을 추구하는 개인들이 필요에 따라 국가를 결성한다는 고대 개인주의의 전제 및 사유재산권을 누리기 위해서 국가를 결성하게 된다는 로크의 개인주의를 연상케 한다.[27] 이러한 개인주의를 수용한 교회는 개신자들이 자신의 종교적 필요를 채우려고 선택하여 결성하는 임의적 사회일 뿐이다. 개인주의 전제하에서 이러한 사회의 존재 목적은 개인의 필요를 채우는 데 도움을 주기 위해서이다. 만일 사회가 그 필요를 채우지 못한다면 그런 사회는 존재할 필요가 없다.

이렇게 결성된 교회는 자연스럽게 개신자의 선택 주권에 굴복하게 된다. 교회는 소비자가 원하는 모든 형태의 종교 서비스와 상품을 진열대에 올려놓고 신자들이 교회 출석과 헌금 등을 지불하고 구매해줄 것을 기대한다. 개신자는 교회 출석이나 헌금 같은 지불 비용과 교회에서 얻을 수 있는 종교 상품을 저울질한다. 소비자들이 찾는 종교 서비스에는 초월적 가치, 내세 천국행을 보장하는 구원의 확신, 현세의 번영에 대한 약속, 신령한 은사 체험, 신체적·심리적 치유, 무료 법률 상담, 무료 건강 검진, 연예인을 동원한 문화 사업, 입시 및 취업 상담, 잠재적 배우자를 만날 수 있는 인력 풀, 좋은 아버지와 어머니가 되는 법, 선교를 빙자한 저렴한 해외여행 기획 등 점차 다양해지고 있다.

하지만 이러한 상품 중에서 아직까지 최고의 상품으로 꼽히는 것은 목사의 인격과 감동적인 설교이다.[28] 많은 신자들이 훌륭한 목사의 도덕성과 영감 넘치는 설교로 건강하게(?) 성장한 교회를 찾고자 애를 쓴다. 하지만 메가처치 현상에서는 목사의 인격과 설교도 소비 대상이 될 수 있다는 사실을 간파하는 이들은 많지 않다. 소위 건강한 메가처치로 몰리는 신자 중 다수는 천박하거나 혐오스럽지 않은 설교, 고상한 교회 분위기, 교회와 목사의 유명세, 존경할 만한 담임목사의 인격 등을 소비하는 것만으로 훌륭한 신앙생활을 해나가고 있다고 착각한다. 따라서 비교적 훌륭한 인격의 목사가 훌륭한 설교를 선포하는 건강한(?) 메가처치도 소비자들로 북적이는 현상을 피할 수 없다.

이러한 자유의 확대와 그것이 가져온 시장질서, 상품화의 범람으로 인해 메가처치 현상은 가능할 수 있었다. 로버트 슐러 목사는 이러한 교회 상황을 일말의 부끄러움도 없이 사업business이라고 부른다. 그는 교회는 판매자이고 신자는 소비자라고 거리낌 없이 말한다. 교회는 대형 할인마트처럼 방대한 상품들을 진열해놓고 소비자에게 자유로운 선택의 기회를 제공해야 한다고 조언한다.[29] 이제 교회는 월마트 같은 대형 할인매장으로 변하고 있으며, 소비자들이 카트를 끌고 즐비하게 진열된 목회 상품들 사이를 다니며 자유롭게 소비하는 풍경을 볼 수 있게 되었다.

시장상황에서 교회와 신자가 맺는 관계는 시장 관계가 되고 만다. 교회 내의 신자는 자유로운 계약자들의 임의적 집합이 된다. 마치 우연히 월마트에 몰려든 소비 군중일 뿐이다. 따라서 신자는 다른 신자와의 관계에 대해서는 자유하다. 각자 자신의 이익을 위해서 잠시 교회와 거래 중일 뿐이기에 신자와 신자의 관계는 원칙적으로 불필요하며 비규정적이다. 교회 내에서 신자들은 대등한 계약 주체로서 서로 무관계적이다. 다수의 신자가 중소형 교회보다 메가처치를 선호하는 이유 중 하나도 구속하는 관계에서 벗어나 임시적이고 잠정적인 관계의 자유를 누리기 위해서이다. 가벼운 마음으로 다니다가 언제라도 맘 편히 떠날 수 있는 철새의 자유를 포기하고 싶지 않은 것이다. 그래서 현대의 다수 개신교 신자는 최소한의 신의성실 의무로만 교회와 관계를 맺는 계약 관계를 선호한다.

교회와 신자의 임시 계약 관계를 잘 보여주는 증거가 '수평이동' 현상이다. 오늘날 메가처치 신자의 70% 가량은 수평이동 신자다. 수평이동은 그냥 이루어지지 않는다. 신자들은 마음에 맞는 교회를 찾기 위해서

SNS를 통해 정보를 수집하고, 현장을 방문하고, 설교를 청취하고, 소문을 수집하는 등 온갖 다양한 노력을 기울인다. 이러한 노력의 동기는 교회를 선택할 때 가장 합리적인 선택을 하기 위해서이다. 이것은 백화점에서 가장 합리적 상품을 선택하려는 소비자의 행태와 본질상 동일하다. 바로 이러한 선택 의지에 노출된 교회 활동은 필연적으로 상품화되며, 이러한 상품의 판매와 소비를 통한 관계는 불가불 계약 관계가 될 수밖에 없다.

수평이동은 이미 하나의 교회적 질서로 자리 잡았다. 수평이동 신자를 받지 않기로 결의하는 교회도 더러 있기는 하지만, 교회가 처해 있는 시장상황을 근본적으로 바꾸지 않는 한 애처로운 미봉책일 수밖에 없다. 절대 다수 교회는 교회와 신자의 거래 관계를 거부하기보다는 도리어 교회 성장의 기회로 적극 활용하고 있다.

이익사회

월마트 처치는 신자들을 이기적 존재가 되도록 부추긴다. 월마트 처치 내에서 개인은 욕망의 주체로 존재하며, 교회와 신자는 비용과 보상을 교환하는 거래 관계로 결합하기 때문이다. 이러한 상황에서 교회는 필연적으로 이익사회가 된다. 페르디난드 퇴니스가 말한 이익사회는, 한마디로 개인들이 상호 계약으로 관계를 맺음으로써 형성된 사회를 말한다.[30]

그의 통찰에 의하면, 역사는 게마인샤프트Gemeinshaft 곧 공동사회에서

게젤샤프트Gesellschaft 곧 이익사회로 서서히 이행하는 중이다. 그가 공동사회와 이익사회를 구분하는 근거는 사회를 구성하는 인간 의지의 성격이다. 그는 인간 의지를 둘로 구분하는데 하나는 자연적인 의지 혹은 본질적인 의지이고, 다른 하나는 인위적이고 선택적인 의지이다. 본질 의지는 비의도적이기 때문에 비선택적이다. 이러한 의지로 구성되는 대표적인 사회는 가족이다. 반대로 선택 의지는 의도적이며, 합리적 선택이 개입된다. 이러한 의지로 구성된 대표적인 사회는 시장이다. 사회의 구성 과정을 보면, 본질 의지로 형성된 공동사회는 역사적으로 형성되며, 여기에 인간이 개입할 여지는 상대적으로 적다. 반면에 선택 의지에 의해 형성된 이익사회는 비역사적이며, 인간이 모여 인위적으로 만든 사회이다.[31]

그렇다면 교회는 어떤 사회인가? 퇴니스의 이론에 따르면, 모든 단체는 공동사회의 측면과 이익사회의 측면이 공존하는데, 역사적 전통으로서의 종교는 공동사회의 측면이 강하고, 교리나 신조에 대한 합리적 선택이라는 측면에서의 종교는 이익사회의 측면이 강하다.[32] 문제는 현대사회에서 신자들의 선택 의지가 극단적으로 확대되었다는 사실이다. 선택 의지의 범람으로 교회는 시장 원리의 지배하에 놓이게 되었고, 이것이 교회를 이익사회로 만드는 주범이다. 이로 인해 교회 내 신자 간의 운명적이고 필연적인 관계가 와해되고 뿔뿔이 흩어진 개인들이 서로의 이해관계에 기초해서 교회로 모여들게 된다. 그리하여 현대 교회는 공동사회로서의 측면은 점차 실종되고 이익사회로서의 측면만 과도하게 증폭되고 있으며, 종국에는 자신의 이익을 극대화하려는 이기적 개인들의 집합소가 되어버렸다는 것이 나의 우려이다.

이익사회로서 교회는 이익을 추구하는 개인들로 충만하며, 그러한 교회 자체도 이익을 추구하는 집단이 되어가고 있다. 신자들은 좀 더 쾌적한 환경, 감동스런 설교, 은혜로운 찬양, 다양한 목회 프로그램 등을 찾아 교회를 배회한다. 이에 맞춰 교회는 좀 더 많은 신자들을 끌어 모아 교회를 성장시키려는 욕망으로 신자들을 위한 다양한 상품을 개발한다. 이익 추구 집단에 이익을 추구하는 개인이 우글거린다.

이러한 이익사회는 현대 사회에 적응한 교회일까? 아니면 본질이 왜곡된 교회일까? 본회퍼는 이 문제에 대해서 분명히 선언했다. "교회는 타자를 위해 현존할 때 교회가 된다."[33] 그렇지 않다면 교회가 아닐 것이다. 같은 방식으로 우리는 이렇게 말할 수 있다. "그리스도인은 타자를 위해 현존할 때 그리스도인이 된다. 그렇지 않다면 그는 그리스도인이 아니다." 이익을 추구하는 개인으로 충만한 이익 추구 집단인 교회는 본질을 상실한 신자와 본질이 왜곡된 교회의 불온한 동거이다.

2
'하나'의 공동체

교회론적 개인주의가 '다수'를 강조하는 교회론이라면 그에 대한 대안은 '하나'를 강조해야 할 것이다. '하나'를 강조하는 방향으로 교회론을 구성할 때 어떤 대안이 가능할 것인가? 여기서는 그 대안을 살펴보고, 과연 그것이 적절한 대안이 될 수 있는지 평가해보려 한다.

제도적 교회론

제도적 교회론은 교회가 흩어지기 쉬운 신자들의 어설픈 모임이 아니라 신자들을 구속할 수 있는 튼튼한 존재론적 기초를 제공해주는 것처럼 보인다. 그래서 이러한 제도적 교회론은 교회를 원자적 개인의 집합으로 보는 교회론적 개인주의에 대한 대안처럼 보인다. 그러나 종교개혁의 위대한 교회론적 선언은 "교회는 사람"이라는 것이다. 교회는 제도가 아니기에 이러한 교회론은 대안이 될 수 없다.

문제는, 이러한 제도적 교회론이 가톨릭교회나 고교회주의자들만의 것이 아니라는 사실을 기억해야 한다. 개신교회에서도 얼마든지 이와 유사한 방식의 교회론을 통해 대안을 모색하려 할 수 있다. 그 한 가지 예가 이그나티우스의 공식을 주교가 아니라 목사에게 적용하는 것이다. 이그나티우스는 주교가 존재할 때 교회가 나타난다고 했는데, 이를 개신교회에 적용하여 목사가 존재할 때 교회가 나타난다고 하는 것이다.

실제로 많은 개신교 신자들은 아직 회중이 나타나기 전이라도 안수받은 목사가 있으면 교회가 이미 그곳에 존재한다고 생각하는 습관이 있다. 특히 이제 막 교회를 개척하는 목회자들의 경우, 자신이 안수 받은 목회자라는 근거로 자신이 존재하는 곳을 교회로 선포한다. 반대로, 안수 받은 목회자가 없는 일반 신자들의 회중은 이단이나 수상한 교회로 의심을 받아 교회로 인정받기 어려운 실정이다. 이러한 현실은 교회의 존재론적 기초가 목사의 안수례라도 되는 양 생각하는 제도적 교회론의 잔재이다.

교회를 제도로 보는 가톨릭 교회론의 또 다른 잔재는 교회를 건물로 보는 것이다. 가톨릭 교회론에서 성당은 제도로서의 교회를 표상하는 중요한 성례전적 매개물이었다. 그래서 교회 건물을 '거룩한 집'이라는 뜻의 '성당聖堂'으로 부른다. 그런데 이러한 관점이 개신교 전통에도 남아 있어서 혹자는 교회 건물을 가시적 교회로 보기도 한다. 또 많은 교회와 신자 대중이 교회를 '성전聖殿'으로 부르기도 한다. 교회 건물이 교회인 양 믿어버리는 것이다. 회중만으로는 교회가 되기에 부족하며, 건물로 독립적으로 존재하는 교회로 회중이 나아간다고 믿는다. 이러한 교회론을 이그나티우스의 어법으로 표현하면, "교회 건물이 있는 곳에 교회가 있다"라고 할 수 있을 것이다. 한 장소에 우뚝 서 있는 교회당은 마치 교회의 가시적 현현이라도 되는 양 간주된다. 그러나 다시 한 번 강조하지만, 교회는 건물이 아니라 사람이다.

또한 하워드 스나이더가 정확하게 지적한 대로 "현대의 기술 혁명은 기술가에 의한 정치와 함께 제도로서의 교회라는 개념을 재강조하려는 경향"을 조장하고 있다.[34] 최근에 메가처치에서 종종 발견할 수 있는 방식을 예로 들 수도 있을 것이다. 메가처치는 대개 본당에 교인을 다 수용할 수 없기 때문에 건물로서의 교회라는 전통적 교회상을 유지하기 어렵다. 그래서 어떤 메가처치는 교회 건물을 대신할 만한 것들, 예를 들면 기업이미지통합전략(Coorporative Identity Program, CIP)에 기초해서 자기 교회의 상징과 이미지를 만들어 신자에게 소속감을 불어넣어주려고 노력하기도 한다. 여기에는 목사와 교회 이름의 조합으로 브랜드 마케팅을 시도하는 예도 포함할 수 있을 것이다. 혹은 방대한 신자들을 수많은 소그룹에 참여시키고 체계적인 시스템을 가동해서 신자들을 통합하고자 시도하기도 한다. 이처럼 전체 신자에게 소속감과 통일된 교회 정체성을 심어주기 위해서 고안된 다양한 심리학적·기술적 방법론도 제도적 교회론의 변종이라고 할 수 있다.

전통적으로 한국의 개신교회는 명시적으로나 암시적으로 제도적 교회론을 상당히 수용해왔다. 이 점은 특별히 한국 교회 신자들의 교회 조직에 대한 높은 충성도를 통해서도 짐작할 수 있다. 각 종교의 종교의례 참여율을 살펴보면, 1997년의 경우, 불교는 1.2%이고, 가톨릭이 60.4%인 데 비해 개신교인의 경우 71.5%에 달한다.[35] 또한 반드시 종교의례에 참석하는 것으로 종교성이 표현되는 것은 아니라고 생각하는 이들의 비율도 불교는 75.4%, 천주교는 65.4%이지만, 개신교는 36.4%밖에 되지 않는다.[36] 즉 불교 신자에 비해 개신교 신자들은 반드시 종교 의례에 참석해야 올바른 신앙을 가질 수 있다고 생각한다는 뜻이다. 개신교인의 종교 조직에 대한 높은 충성도는 가정이나 일터보다는 굳이 교회 건물을 찾아서 예배하고 기도해야 직성이 풀리는 습관과도 연관이 있다. 이것은 교회를 외적으로 독립된 건물이나 제도, 조직으로 보는 관점이 반영된 것이라고 볼 수 있다.

학자들은 이것을 초기 한국 교회의 선교정책이 영향을 미친 결과로 보기도 한다. 특히 네비우스의 선교정책은 자급자치 교회를 조직하는 것을 중요한 목표로 설정했는데, 이 때문에 초기 한국 교회의 선교정책은 가급적 교회 지향적이 되었다는 것이다. 이런 성향은 일제 치하를 거치면서 강화되었는데, 초기 한국 교회의 대對사회적 관심은 일제의 강압 통치로 사그라진 반면에 비정치적 종교행위로서 교회 중심적이고 교회 지향적인 신앙은 더욱 고무되었다. 개신교회의 교회 지향적 신앙은 보편교회에 대한 관심보다는 개교회, 특히 건물로 표상되는, 자기가 속한 교회에 대한 강한 충성과 헌신으로 나타났다.[37] 그래서 자신이 출석하는 교회를 섬기고, 교회당을 쓸고 닦는 것을 하나님을 섬기는 신앙과 사실상 동일시했던 것이다.

이처럼 전통적인 한국의 개신교회는 가톨릭교회와는 약간 다른 방식으로, 자신이 출석하는 교회 조직과 건물에 충성하면서 제도적 교회론을 은연중에 수용해왔다. 이러한 방식의 교회론을 소小가톨릭주의라고 할 수 있을 것이다. 이러한 전략은 모두 개별 신자들을 포괄하는 하나의 독립적 기관으로 교회를 가정하고 형상화하려는 시도이다. 이러한 시도가 교회를 개인들의 집합 이상의 것으로 만들어줄 수는 있겠지만, 교회가 사람이라는 교회론적 공리로 거부해야 마땅하다. 이러한 식의 제도적 교회론은 교회론적 개인주의에 대한 적절한 대안이 될 수 없다.

권위주의적 공동체

개인주의적 교회론의 대안 중 하나로 종종 강력한 카리스마적 지도자가 인도하는 공동체가 강구되고 있다. 특히 트뢸치가 섹트sect 유형이라고 부를 만한 곳에서는 개별 신자들을 통합하는 강력한 공동체성이 유지되기도 한다. 대규모라고 이러한 공동체가 불가능하지는 않겠으나 아무래도 소규모가 유리하다. 권위주의적 소규모 공동체에서는 신자 관계도 놀라울 정도로 친밀하다. 친밀한 소규모 공동체는 공동체성을 확보하기 용이하므로, 이러한 소규모 공동체가 교회론적 개인주의의 대안으로 부상하기도 한다. 메가처치 현상에 염증을 느낀 일부 신자들이 공동체성을 미끼로 유혹하는 이단에 빠지게 되는 것도 이 때문일 것이다.

하지만 이러한 식의 친밀한 소규모 공동체는 또 다른 방식으로 공동체성을 왜곡할 수 있는 위험이 있다. 친밀감과 헌신을 명목으로 신자 개인을 구속하고 속박할 뿐만 아니라 특정 개인의 권위 아래 종속하기 때문이다. 도스토옙스키의 《카라마조프가의 형제들》에서 대심문관이 그리스도께 제시한 세 가지 힘은 기적과 신비와 권위였다.[38] 권위는 대중 흥행을 이끄는 요소가 있다. 대중은 자신을 압도하는 거대하고 강력한 카리스마 앞에서 위협감과 동시에 신비감과 매력을 느낀다. 그래서 그러한 카리스마에 더욱 가까이 다가가고자 스스로를 내어던진다. 이렇게 개별 신자들이 목사의 카리스마적 권위 아래 굴복함으로써 교회의 통합은 쉽게 이루어질 수 있다. 이러한 권위는 때로는 목사 같은 특정 개인이 아닌 공동체의 전통이라는 형태를 띠기도 한다. 특별히 목적 지향적 파라처치에서는 극단적인 방식의 교리 해석, 숭고한 대의명분, 불문의 전통 등으로 그러한 권위를 구성하기도 한다.

로널드 엔로스Ronald Enroth는 이러한 작은 규모의 친밀한 공동체에서 벌어지는 통제와 지배의 다양한 사례를 제시한다. 그가 제시하는 사례들에 나오는 공동체는 대체로 제자도를 강조하고, 윤리적 삶을 강조하며, 뜨거운 열정을 소유하고, 외부 세계와는 구별되어 보이는, 소규모의 친밀한 공동체인 경우가 많다. 이러한 공동체는 매우 매력적으로 보이는데, 특히 역기능 가정이나 깨진 가정에서 자란 이들, 위기를 겪고 있는 이들, 가난하고 열악한 삶을 사는 이들은 권위주의적 공동체에서 자신의 자아를 발견하고 삶의 의미를 찾을 수 있다고 믿는 경향이 있다.[39]

이들 공동체 중 어떤 경우는 신입 회원들에게 엄청난 사랑과 관심과 애정을 쏟아부어주기도 한다. 가히 "사랑의 폭탄love bomb"이라고 할 만한 수준이다. 공동체 구성원들이 이런 사랑을 표현하기도 하지만, 보통은 목자 역할을 감당하는 지도자가 양들에게 사랑을 퍼붓는다. 가정에서 사랑을 받고 자라지 못한 사람에게 이러한 사랑 폭탄은 엄청난 행복감과 친밀감을 줄 수 있다. 또한 그러한 공동체들은 명료한 가르침과 엄격한 훈련, 구체적인 삶의 지침 등을 제시함으로써 무의미한 삶을 살던 이들에게 활력을 제공한다. 그래서 전체주의적 권위는 개인에게 삶의 방향성과 의미, 가치를 부여한다. 그래서 신자들은 무가치해 보이던 자신이 그 공동체 가운데서 중요한 존재로 기능할 수 있다는 사실을 발견하고 살아 있다는 느낌을 받기도 한다.

목양 이론이나 제자도를 내세운 공동체들은 놀라운 단합과 친밀한 관계를 과시하며 나름의 독특한 삶의 방식을 통해서 자기도취에 빠지곤 하지만, 권위주의적 공동체에서 이러한 목양 행위는 통제와 지배를 위한 도구로 전락하기 일쑤이다.[40] 이들 공동체는 자주 신자 개인의 자유를 제어함으로써 공동체의 건강을 망가뜨린다. 보통 그러한 공동체는 가족과의 유대를 단절하고, 탈퇴의 자유를 제한하는 경우가 많다. 또한 개인적 판단과 분별, 사고 능력을 억압하고, 믿음이나 행동에서 개인의 차이를 무시하며, 자유로운 신학적 사고나 열린 토론을 억압하는 분위기가 강하고, 모든 종류의 질문을 자유롭게 제기하기 어려운 분위기를 만드는 경향이 있다.[41]

전통적인 한국 교회에서도 이러한 권위주의적 공동체의 모습이 적지 않게 나타난다. 일찍부터 한국 교회는 성직자의 권위를 평신도보다 우위에 둠으로써 성직자에게 성례전적 권위를 부여해왔다. 대다수 한국 교회 목사들은 이러한 식으로 제도가 부여하는 성직자 중심주의를 통해 교회를 장악해왔다. 때로는 비범한 능력과 인격적 권위를 지닌 목회자들이 그런 카리스마적 리더십으로 교회를 통합하기도 했다. 특히 2세대 강북형 메가처치 목사들의 경우 그러한 인격적 권위를 교회 성장에 활용하기도 했다.[42] 하지만 이러한 권위주의적 공동체는 대안이 될 수 없다.

메가처치 현상이 휘몰아치는 현실에서 종종 메가처치에 염증을 느낀 신자들이 중소형 교회를 출석했다가 이러한 권위주의적 공동체를 만나는 경우가 적지 않다. 중소형 교회는 메가처치에 비해 상대적으로 더 친밀하고 따뜻한 분위기를 유지할 수 있다. 하지만 중소형 교회의 목회자는 어쩌다 찾아온 신자를 놓칠까봐 전전긍긍하며 방문자를 교회에 정착시키기 위해서 다양한 방식으로 속박할 때가 있다. 그럴 때 방문자는 개인의 자유를 속박당하고, 과도하게 교회 활동에 동원되고, 물질적 헌신을 강요받기도 한다. 때로는 은사나 초자연적인 현상을 통해 신자들이 교회를 떠나지 못하게 하고 교회와 목회자에게 헌신하도록 강요하기도 한다. 심한 경우에는, 교회를 떠나려는 성도에게 무차별적 인신공격을 하는 경우도 있다.

아무리 생존을 위한 자구책이라 하더라도 교회가 이러한 권위주의적 공동체를 표방하는 것은 올바른 대안이 아니다. 본회퍼는 신앙인의 영적 사귐과 자연인의 육적 사귐을 구분하는데, 영적 사귐은 한마디로 이렇게 규정한다. "예수 그리스도를 사이에 두고서만 사람은 서로 형제가 될 수 있습니다."[43] 예수 그리스도라는 매개 없이 직접 형제와 자매에게 다가가서 관계를 맺으려 할 때는 자칫 형제자매를 자신의 욕망 아래 굴복시키려는 유혹에 넘어갈 수 있다. 이러한 육적 사귐은 에로스의 충동이 지배하는 사귐이요, 즐거움을 좇는 뒤범벅된 욕망이며, 특별한 능력과 경험과 암시적인 마술적 기질을 갖춘 인간이 지배하는 사귐이며, 서로서로 남을 자기에게 매며, 자기의 힘과 세력권을 이룩하려 하며, 심리적인 기술과 방법으로 형제자매를 통치하는 사귐이다.[44] 이러한 권위주의적 공동체가 신자들을 통합하는 방식은 개별 신자들을 특정 개인이나 단체의 권위에 복속시켜서 권위자의 확대된 인격으로 만드는 것이다. 이는 결코 올바른 공동체라고 할 수 없다.

결국 참된 공동체성은 역설적으로 모든 신자가 가장 자유로운 선택을 할 수 있을 때 가능하다. 자유가 없는 공동체성은 폭력적 지배와 통제에 불과하다. 한 개인이 온전하게 독립적이고도 자유로운 그 자신으로 존재할 때, 본회퍼의 말대로 개별 신자가 "홀로 있는 날"을 가질 수 있을 때 비로소 신도의 공동체는 가능하다.[45] 기독교 공동체는 홀로 설 수 있는 자유로운 개인이 자의로 헌신하기로 결단할 때 비로소 가능하다. 하여 몰트만의 말대로 공동체는 "자유한 자들의 친교"이다.[46]

가족주의적 교회상

교회론적 개인주의에 대한 대안으로 또 하나 짚어볼 것은 전통적인 가족주의적 교회상이다. 한국 교회의 경우, 오랫동안 교회를 공동체로 보는 비교적 긍정적인 전통을 잘 유지해왔다. 지금은 많이 잊혀서 희미한 향수로 남아 있지만 과거 한국의 시골 교회는 마을에서 아낙들의 빨래터나 주민들의 마을 회관과 같은 성격을 지니는 경우가 많았다. 그러한 교회는 일종의 확대 가족의 성격을 띠고 있었다. 신자들은 상부상조하는 전통적인 마을 공동체의 행습을 교회를 통해 이어 내려왔다. 이러한 가족주의 교회상의 복원이 메가처치 현상에 대한 대안이 될 수 있지 않을까?

어떤 면에서는 가족주의적 교회관이 메가처치 현상을 제어하는 한 가지 대안이 될 수 있을 것이라고 본다. 할 수만 있다면 이러한 교회관을 유지하고 회복하는 것이 유익할 것이다. 그러나 이러한 가족주의적 교회관도 메가처치 현상의 배후에서 작동하고 있는 교회론적 개인주의에 대한 근본 대안이라고 보기는 어렵다. 전통적으로 이러한 가족주의적 교회관은 아이러니하게도 한국 교회의 개교회 중심주의를 부추기는 역할을 해왔기 때문이다. 사실 한국 교회의 개교회 중심주의는 다소 복잡한 양상을 띤다. 가족주의적 교회관은 지역교회 내 신자들의 관계에 대해서는 개인주의를 수용하지 않았지만 다른 교회와의 관계에서는 개인주의적 관점을 개발해왔다. 즉 교회 안에서는 개인주의를 몰아냈으나 교회 밖에서는 개인주의가 휘몰아쳤다.

그렇게 해서 가족주의적 교회관은 왜곡된 방식으로 기능하며 개교회 중심주의를 부추기는 역할을 했다. 가족주의적 교회관이 한국인 특유의 '우리주의we-ness'와 결합하여 집단 이기주의적 특성을 띨 때가 많았다. 한국인의 우리주의는 본능적으로 인간관계를 '우리'와 '남'으로 구분하게 만든다. 울타리를 뜻하는 우리는 따뜻한 가족적 우애로 충만한 관계를 유지하지만 우리 밖에 있는 남에 대해서는 가차 없이 차갑고 무자비하다. 이러한 우리주의로 인해 전통적인 한국의 개교회는 확대가족의 성격을 갖지만, 이웃 교회에 대해서는 우리랑 별 상관없는 남의 교회이며, 서로 간섭하거나 간섭받을 필요가 없는 타자요, 나아가 서로 경쟁하는 맞수라는 인식을 가지게 되었던 것이다. 그래서 자기 교회에는 과도하게 충성하지만 이웃 교회는 타자화하고 적대시했다.[47]

이러한 가족주의적 교회관이 한국 교회로 하여금 공교회적 전망을 바라보지 못하도록 막았다. 이웃 교회도 우리 교회와 함께 공교회에 결합된 지체 교회라는 의식을 가지지 못하도록 방해한 것이다. 따라서 가족주의적 교회관이 공동체성을 부분적으로 회복할 수 있을지는 모르나 공교회성을 도리어 훼손할 수 있기에 교회론적 개인주의를 치유할 수 있는 근본 대안이 되지는 못한다. 그나마 1970년대 이후 교회 선택의 폭과 자유가 극단적으로 늘어나면서 이러한 가족주의적 교회관의 대안적 가치도 이제는 기대하기 어려운 형편이다.

3
공동체적 교회론

교회론적 개인주의의 극복 방안은 '하나'와 '다수'의 균형을 유지하는 교회론을 구성하는 것이다. 이는 지역교회들 사이의 관계에서는 공교회성을 회복하는 교회론이요, 지역교회 내 신자 관계에서는 공동체성을 회복하는 교회론이라고 할 수 있다. 지역교회 내 신자 관계에서 하나와 다수의 균형을 유지한다는 것은 개인의 자유를 존중하면서 동시에 교회의 공동체성을 잃지 않는 방향을 붙들어야 한다는 말이다.

1997년 데이튼 대학교University of Dayton에서 온건한 침례교 신학자와 역사학자들이 발표한 문서, "침례교도의 정체성 다시 그려보기Re-envisioning Baptist Identity: A Manifesto for Baptist Communities in North America"는 이러한 방향의 대안적 교회론을 구성하는 데 중요한 지침을 제공해준다. 이 문서는 자유교회와 회중주의의 전통을 고수하면서도 계몽주의 시대의 자유주의-개인주의의 정신을 무분별하게 수용한 것에 대한 반성을 드러내고 있다.[48] 이 문서를 작성한 북미 침례교 신학자와 역사가들은 침례교회의 자유교회 전통이 부분적으로 그리스도 안의 자유라는 하나님의 고귀한 선물을 그릇되게 해석하고, 잘못 적용한 예가 있었다고 시인한다. 그렇게 자유를 오용한 결과, 한편으로는 권위주의를, 다른 한편으로는 개인주의를 택하는 실수를 저질렀다고 말하면서, 이제 제3의 길을 모색할 필요가 있다고 제안했다.

그 제3의 길이란, 개인 신앙의 자유를 약화하지 않으면서 교회의 공동체성도 간과하지 않는 길이라고 할 수 있다. 즉 개인적 신앙의 자유를 공동체성이라는 맥락에서 조화시키는 길이다. 앞의 문서 작성자들은 다음 다섯 가지 명제로 그러한 제3의 길을 모색했다.

1. 우리는 다른 이들을 신실하고 공동체적인 성서 읽기의 자유로 초대한다.
2. 우리는 다른 이들을 신실하고 공동체적인 제자도의 자유로 초대한다.
3. 우리는 다른 이들을 신실하고 공동체적인 신자의 교회를 구현하는 자유로 초대한다.
4. 우리는 다른 이들을 신실하고 공동체적인 주님의 기념 예식을 제정하는 자유로 초대한다.
5. 우리는 다른 이들을 신실하고 공동체적인 증언을 할 자유로 초대한다.[49]

이 선언에서 주목할 만한 점은 전통적 침례교회의 자유사상을 공동체적 맥락에서 재해석하려고 노력한 부분이다. 그래서 다섯 가지 선언은 모두 자유로 초대하는 것으로 끝나지만 그 자유는 모두 "신실하고 공동체적인" 자유로 규정되고 있다. 이는 자유가 고립적 개인주의나 방종적 이기주의로 전락하지 않도록 공동체적 맥락에서 개인의 자유를 유지하려는 시도이다.

이러한 방식은 '하나'와 '다수' 사이에서 균형을 잡으려고 노력하는 사회적, 혹은 관계적 삼위일체론의 구성 방식과 비슷하다. 이러한 방식으로 삼위일체론적 교회론을 구성할 때 비로소 대안적 교회론을 구성할 수 있으며, 메가처치 현상의 배후에 작동하는 교회론적 개인주의를 치료할 수 있는 올바른 길을 찾을 수 있을 것이다.

개인의 자유에 대한 존중

사회적 삼위일체론이 삼위로부터 일체로 나아가는 방향을 취한다는 사실을 다시 한 번 기억할 필요가 있다. 삼위는 개별적이며 자유롭게 존재한다. 마찬가지로 신자 개인의 인격도 어떤 하나의 권위적인 실체 속으로 해소되거나 녹아들 수 없다.[50] 신자 개인은 독립적이며 자유롭게 존재한다. 가톨릭 신학자 라칭거는 교인들이 자신의 것으로 쥐고 있는 모든 것을 포기할 때 비로소 통일성으로 합류할 수 있다고 말하지만[51] 그러한 자아의 죽음은 상호적이어야지 주교의 권위 아래 개별 인격의 붕괴를 초래해서는 안 된다. 따라서 자아의 포기를 이야기하기에 앞서 교회 구성원의 독립과 자유는 충분히 강조해야 한다. 즉 개인과 그의 자유에 대한 존중이 앞서야 한다.

오늘날 메가처치 현상을 가능케 한 교회론적 개인주의는 선택의 자유의 폭이 확대되면서 증폭되었다고 앞서 언급한 바 있다. 이러한 선택 가능성 때문에 신자는 합리적 선택을 통한 욕구 충족이 가능해졌으며, 시장상황은 신자를 소비자로 만들어버렸다. 오늘날 개신자가 누리는 선택의 주권은 절대적이다. 하지만 교회론적 개인주의를 제어하려면 이러한 선택의 자유는 반드시 제한해야 한다. 그러나 개인의 선택의 자유를 강제로 제한해서는 안 된다. 수평이동을 금지하는 법안을 제정할 수도 없으며, 한다고 해도 효과도 없을 것이다. 교회 활동이나 소그룹 활동에 대한 신자의 참여를 의무화할 수도 없다. 이러한 권위주의적 해법은 불가능한 대안이며, 자유의 훼손이라는 점에서 성서적이지도 않다. 자유의 제한은 외부의 강제에 의해서가 아니라 신자 스스로 자발적으로, 또한 성서 계시에 대한 신앙과 순종의 일환으로 이루어져야 한다. 이를 위해서 목회자나 신학자가 해야 할 일은 신자 개인의 자유의 의미를 새롭게 밝혀주는 것이다. 오늘날 신자 개인의 자유를 단순히 교회나 목회 프로그램의 선택의 자유로 간주하는 경향이 있는데, 이것은 근대 개인주의의 전제를 무분별하게 받아들인 결과이다. 신자 개인에게 주어진 자유는 단순한 선택의 자유 이상이다.

신앙의 자유

개인의 자유에 대한 존중은 먼저 자유교회의 위대한 전통인 신앙의 자유에 대한 강조라는 측면에서 재해석되어야 한다. 일부 자유교회의 전통은 근대 자유주의-개인주의의 정신에 물들어 교회의 공교회성이나 공동체성을 충분히 강조하는 데 실패한 측면이 있다. 하지만 자유교회의 위대한 전통은 평가절하할 수 없다. 특히 신앙의 자발성에 대한 확고한 신념이 그러하다. 권위에 의한 강요나 폭력에 의한 굴복은 참된 신앙고백을 담보할 수 없다.

누차 지적하는 바이지만 가톨릭교회는 신앙의 자발성을 억압하는 방향으로 움직이는데, 이는 교회의 통일을 이루기 위해서이다. 이를 위해서 가톨릭교회는 개인의 신앙이 아니라 "공동-신앙co-faith"을 주장한다. 개인은 개인으로서 신앙을 고백하지 않고 교회로부터 신앙을 일방적으로 수여받고 공동의 신앙에 참여한다.[52] 그러나 이러한 해법은 교회의 일치를 위해 신앙의 개인적·자발적 원리를 훼손하는 해법이며, 결국 권위주의적 일방주의를 낳는다. 즉 신앙은 위로부터 아래로 수여되고, 그 결과 필연적으로 위계질서가 형성된다.

하지만 신앙의 내용이 비록 공통적인 사도들의 증언이라 할지라도 개인적으로 그 신앙을 고백하고 자발적으로 결단해야 한다. 자유교회의 전통이 한결같이 유아세례를 반대하는 이유도 여기에 있다. 각 개인이 자유의사로 신앙을 고백하고 결단하지 않는 한, 그 신앙이 참되다고 판단할 근거가 없다. 신앙은 반드시 복음을 이해할 수 있는 방식으로 듣고, 그것을 충분히 이해한 뒤, 자발적 의사로 선택하는 요소가 포함되어야 한다. 여기에는 어떠한 방식의 강요나 강제도 개입해서는 안 된다. 이 때문에 16세기 아나뱁티스트들은 터키인의 이교 신앙조차 인정했던 것이다. 더불어 불신자의 무신앙도 존중받아야 한다. 이는 신앙이 무신앙과 불신앙의 자유 가운데서 결단으로 이루어질 때 비로소 진실하게 드러나기 때문이다.

신앙이 개인적이고 자발적이어야 한다는 뜻은 형식적이거나 위선적이어서는 안 되며 진실해야 한다는 뜻이다. 유아세례는 신앙의 진실성을 위태롭게 하기 때문에 문제가 될 수 있다. 물론 개인 신앙의 진실성은 늘 의심스러울 수밖에 없다. 하나님만이 우리 영혼의 상태를 아시기 때문이다. 그럼에도 교회는 신자의 신앙이 최대한, 가급적 진실해야 한다고 강조해야 한다. 이를 위해서 반드시 개인의 자발적 의지로 진실하게 신앙을 고백해야 하며, 스스로나 공동체가 그 고백을 늘 점검해주어야 한다.

이것은 교회가 명목상의 신자와 고백적 신자를 구분해야 한다는 뜻이기도 하다. 교회는 참 신앙을 고백하는 자들, 즉 고백적이고 언약적 신자들의 모임이라야 하며, 고백이 없거나 위선적인 고백을 하는 명목상 신자와는 분명한 구분을 두어야 한다. 오늘날 상당수의 메가처치는 고백 없는 신자를 무분별하게 받아들이는 경향이 있다. 그러나 이는 신앙의 자유가 아니라, 도리어 신앙의 자유를 위태롭게 한다. 자유는 신자로 하여금 자발적 결단으로 진실한 신앙을 고백할 수 있게 하는 조건이지, 고백을 하지 않아도 된다는 뜻은 아니기 때문이다. 따라서 개인적 신앙의 자유에 대한 존중이라는 차원에서 명목상의 신자와 고백적 신자를 구분해야 한다.

명목상의 신자와 고백적 신자를 구분하는 공동체는 언약 공동체가 된다. 고백적 신자가 모이는 공동체는 신자들의 고백으로 규정되기 때문이다. 신자들의 고백은 신앙 고백이며, 그리스도를 따르겠다는 약속이다. 개신자에게 주어지는 자유는 이 언약에 참여하겠다고 자발적으로 고백할 수 있는 자유이지, 언약에 참여하지 않아도 되는 자유가 아니다.

관계 속의 자유

둘째, 개인의 자유에 대한 존중은 관계적인 맥락에서 재해석해야 한다. 이 점에서 본회퍼의 관계적 교회론은 중요한 함의를 갖는다. 본회퍼에게 최초의 인간은 원자적 개인이 아니라 관계적 인격으로 존재했다. 관계적 인격은 독립과 자유를 보장받았다. 그래서 최초의 인간 아담과 하와 사이에는 지배나 복종이 없었다. 두 사람은 모두 동등하게 독립적이고 자유했다. 교회 내 신자들의 관계도 이와 같다. 예수님은 제자 공동체에 대해서 “너희는 다 형제”(마 23:8)라고 하셨다. 모든 신자는 형제와 자매의 대등한 관계가 되어야 한다. 지배와 복종은 허락되지 않는다. 지배가 존재하지 않는다는 점에서 개별 신자는 자율적이다.

초대교회는 지배 없는 사회를 만들기 위해 힘썼는데, 그 대표적인 예가 바울이다. 바울의 생애와 사역을 통틀어 보건대 그가 사도의 권위를 내세워 교회나 신자 위에 군림하려 한 모습을 전혀 찾아볼 수 없다. 그는 문제 많은 고린도 교회에도 “매” 대신 “사랑과 온유의 마음”으로 나아갔으며(고전 4:21), 데살로니가교회는 어머니의 심정으로 대했다(살전 2:7). 탈주한 종 오네시모를 주인인 빌레몬에게 돌려보내면서 그를 형제로 대해 달라고 부탁할 때에도 명령보다는 “사랑으로 간구”했다(몬 1:9).[53] 그는 매사에 명령하기보다는 논리로 설득하려고 애썼다. 또한 함께 사역하는 이들을 자신이 휘하에 부리는 수족으로 여기지 않고 “동역자sunergov"”라고 부르며 존중했다.

하지만 이러한 신자의 동등성과 자율성이 개인주의를 의미하지는 않는다. 개인은 원자적 개인이 아니라 관계 속에 존재하기 때문이다. 개인의 자유는 자기 고유의 권리가 아니라 타자의 선물이다. 형제가 나에게 자유를 선물하고 나도 형제에게 자유를 선물한다.[54] 자유를 선물한다는 것은 지배하지 않고 존중하며, 그의 경계를 침범하지 않고 물러난다는 뜻이다. 이렇게 물러나서 자아의 욕망이 좌절되더라도 신자는 서로 자유를 선물한다. 개인은 관계적이고 공동체적이며 집합적 인격으로 존재한다.

서로 양보하고 서로 자유를 선물하기 때문에 교회 내 신자들은 자유하다. 자유는 개신자 고유의 권한도 아니며 절대 주권도 아니다. 자유는 자신을 위해서 쓰는 것이 아니라 형제자매에게 선물한다는 점에서, 관계 속에 존재한다. '나'는 무한한 가치가 있는 '너'를 사랑하기로 자유롭게 결단한다. '너'도 '나'를 사랑하기로 자유롭게 선택한다. 자유로 사랑하고, 자유로 관계 맺는다. 이처럼 자유는 관계 속으로의 자유이지 관계로부터의 자유가 아니다.

상호 복종을 위한 자유

셋째로, 신자의 자유는 상호 복종을 위해 사용해야 한다. 현대 교회의 신자들은 수평이동을 위한 교회 선택이나 욕구 충족용 목회 프로그램 소비를 위해 자유를 사용한다. 메가처치 현상 가운데서 신자의 자유가 선택의 자유로 협소하게 이해되고 있다. 교회도 이러한 자유를 비판하고 교정하기보다 도리어 신자의 소비 주권에 아부하고 아첨하는 방향을 택하고 있다. 하지만 이러한 자유의 오용은 신자를 무한정한 욕망의 주체로 만들어서, 신자는 자신만을 위한 이기적 존재가 되고 만다. 하지만 자신을 위해서 존재하는 신자는 더 이상 신자가 아니다. 신자의 존재양식은 그리스도를 닮아 '타인을 위한' 존재 양식이 되어야 하기 때문이다. 이처럼 선택과 소비를 위한 자유의 사용은 신자의 정체성을 위태롭게 한다.

그렇지만 이러한 자유의 사용을 강제적으로 억압할 수 없다. 강제적이고 권위주의적인 방식으로 교정하려 한다면 자유는 훼손되고, 신앙의 기초마저 흔들리고 말 것이다. 자유 없이 진실한 신앙은 불가능하기 때문이다. 요약하면 오늘날 신자에게 주어진 교회 선택 및 목회 프로그램 소비의 절대 주권은 제어하고 교정해야 하지만, 강제적인 방식으로는 이루어질 수 없다.

신자의 자유를 제어할 수 있는 유일한 수단은 신자 자신의 자유이다. 곧 자발적으로 자신의 자유를 제어하는 것이 가장 건강한 해법이다. 성서의 표현을 빌리자면 "피차 복종"하기 위해 자유를 사용해야 한다고 말할 수 있을 것이다.

교회는 다른 누군가의 강요나 권위적 지배에 의해서 결집하고 운영되는 조직이 아니다. 그렇다고 욕망의 주체들이 아무렇게나 만났다가 헤어지는 월마트 같은 시장도 아니다. 교회는 관계적 인격들이 그리스도를 매개로 만나서 형제와 자매의 관계를 맺는 가족 공동체이다. 이때 관계적 인격들은 독립적이고 자유롭지만, 자신의 자유를 자신을 위해 쓰지 않고 타인을 위해 쓴다. 더불어 자신의 자유로 서로 복종한다. 그래서 교회는 서로 섬기고 서로 복종하는 곳이다. 자유로운 개인들이 자유로운 순종으로 세우는 공동체이다. 이것은 인간 본성에 거슬리는 공동체이기에 인간의 지혜나 능력으로는 세울 수 없다. 오직 성령께서 임하시면 세울 수 있는 기적의 공동체이다.[55]

공동체성의 재발견

종교개혁가들은 교회가 사람이고 하나님의 백성이라는 사실을 분명히 강조했다. 하지만 교회가 하나님의 백성을 넘어 공동체여야 한다는 점은 충분한 강조가 이루어지지 않았기에, 로잔 언약Lausanne Covenant에서 교회를 "하나님의 백성 공동체"로 규정한 것은 매우 환영할 만한 입장이라고 할 수 있다. 교회는 하나님의 백성인 동시에 공동체이다. 다시 말해서 교회는 모든 시대와 모든 장소에 존재하는 하나님의 백성으로서 오직 하나의 공교회이지만, 동시에 특정한 시간과 공간상에서 이루어지는 하나님 백성들의 구체적인 만남과 사귐이다.[56] 따라서 교회에는 만남과 사귐이 있어야 한다. 교회는 '나'와 '너'가 만나 '우리'가 되는 인격적 관계 맺음이기 때문에 이미 시작된 하나님나라라고 할 수 있다.[57] 교회는 서로 얼굴과 얼굴을 마주 바라보고 그리스도께서 보여주신 사랑을 서로 나누는 '우리'이며 '공동체'이다.[58] 이러한 사귐을 '코이노니아'라고 하고, 이러한 코이노니아는 교회의 본질에 속한다.

코이노니아와 페리코레시스, 곧 삼위 하나님의 사귐은 유비 관계에 있다. 페리코레시스 개념의 근거 본문이라고 할 수 있는 요한복음 17장 21절은 이렇게 기록되어 있다. "아버지여, 아버지께서 내 안에, 내가 아버지 안에 있는 것같이 그들도 다 하나가 되어 우리 안에 있게 하사." 여기 나오는 '같이'라는 말은 동일성보다는 유사성으로 봐야 한다.[59] 교회 구성원의 코이노니아는 결코 삼위의 페리코레시스적 상호침투와 상호내주, 상호관통의 경지에 이르지 못한다. 그럼에도 교회의 코이노니아는 삼위일체의 페리코레시스적 일치를 모방할 수 있으며, 또 그렇게 해야 한다. 교회 내의 인격들은 삼위의 존재론적 일치를 최대한 가까이 모방함으로써 교회의 일치를 이루도록 부름 받았다. 따라서 교회 내의 인격들은 결코 고립된 개인으로 남아 있을 수 없다. 현대 개신교회의 교회론은 바로 이러한 코이노니아와 공동체성을 재발견해야 한다.

칭의의 재발견

교회의 코이노니아와 공동체성을 재발견하려면 무엇보다도 먼저, 개신교 칭의론을 개인주의적으로 이해하지 않도록 재해석해야 한다. 앞에서 본 대로 개인주의적 교회론의 뿌리는 개신교 칭의론과 맞닿아 있다. 개신교 칭의론은 개인주의적으로 이해할 가능성이 크며, 그럴 경우 칭의론은 교회론과 대립하게 된다. 그러나 이는 올바른 관점이 아니다. 따라서 칭의론의 개인주의적 측면과 함께 관계론적 측면도 강조하지 않으면 안 된다. 여기서 앞에서 언급했던 볼프의 믿음 공식을 상기할 필요가 있다. 인간은 "그들 자신으로서", 곧 자발적인 개인으로서 믿지만 그 믿음의 기원이 "그 자신 속에서부터" 말미암지는 않는다.[60] 이것은 믿음이 관계라는 맥락에 위치해 있음을 함축한다.

사실 이 문제는 구원론과 교회론의 연관성에 대한 물음이기도 하다. 구원은 교회 안에만 있는가, 교회 밖에서도 구원은 있는가? 믿음의 개인적 · 자율적 차원을 강조하다 보면 교회 밖에도 구원이 있는 것처럼 간주할 수 있다. 하지만 이 문제에 대한 오랜 공식은 "교회 밖에는 구원은 없다extra ecclesiam nulla salus"는 키프리아누스Cyprianus의 공식이다.[61] 교회 밖에는 구원이 없으며, 오직 교회 안에서만 구원이 있다는 말은 무슨 뜻인가? 교회가 구원을 준다는 뜻인가? 종교개혁가들의 주장을 따라서 교회가 구원을 준다는 이해는 거부해야 할 것이다.

이와 관련해서 본회퍼는 "교회는 개인의 구원에 필수적이라고 주장할 수 없다"[62]고 했지만, 동시에 "그리스도인이 모임에 오지 않는다는 것은 생각할 수 없는 일이다"라고 말하기도 했다.[63] 본회퍼의 입장을 요약하면, 교회가 구원을 주지는 않지만 구원받은 자는 교회에 속한다고 할 수 있을 것이다. 구원받은 자가 반드시 교회에 속해야 한다는 것은 그가 교회를 공동체로 존재하는 그리스도라고 본 사실에서도 확인할 수 있다. 바울 신학에서 교회는 그리스도의 몸과 동일시된다. 교회는 공동체로as community 존재하는 그리스도요, 그리스도의 '집단 인격'이며 '현존 양식'이다. 따라서 교회 안에 있다는 말은 곧 그리스도 안에 있다는 말과 다르지 않다.[64] 교회에 속하지 않는 신자란 그리스도의 몸에서 떨어져 나간 신자라는 말과도 같다. 이런 신자는 불가능하다.

이 문제와 관련해서 본회퍼가 구원을 관계의 복원이라는 관점으로 보았다는 사실도 주목해야 한다. 통속적 칭의론은 그리스도를 믿는 개인의 믿음으로 그의 개인적인 죄가 용서받고, 그 개인이 천국에 들어갈 수 있는 자격, 곧 의를 개인적으로 획득한다고 가르친다. 이러한 구원론은 매우 개인주의적이다. 그러나 본회퍼는 구원을 관계론적으로 본다. 그는 죄의 결과, 곧 타락을 관계의 파괴로 본다. 하나님, 타인, 자연과의 관계가 파괴된 것이 타락이다. 따라서 구속은 관계의 회복이 될 수밖에 없다. 구원 사건의 요체는 화해 사건이다. 구원은 하나님과의 화해요, 타인 및 자연과의 화해이다. 구원이 화해 사건이기 때문에 개인주의적 구원은 불가능하다. 개인이 구원으로 부름을 받으나 그의 구원은 총체적인 화해 사건이며, 관계의 회복이다. 따라서 구원은 필연적으로 사귐을 창조한다. 바로 이 때문에 교회는 구원 사건에서 중요한 위치를 차지할 수 있다. 우리가 믿어야 할 복된 소식은 "하나님이 교회인 우리를 자신과 화해케 했다는 사실"이다.[65] 따라서 구원론과 교회론은 분리되지 않는다.

최근에, 기독교 구원을 관계의 회복이나 화해라는 방식으로 이해하려는 시도가 상당한 조명을 받고 있다. 이러한 관점은 이미 19세기 때부터 성서학자들을 중심으로 조심스럽게 나온 것인데, 특별히 칼 바르트라는 걸출한 신학자가 심도 있게 탐구했다.[66] 화해론적 구원론은 이후 기독교 구원을 이해하는 중요한 패러다임으로 자리를 잡아가고 있다.

비슷한 맥락에서 김세윤은 칭의론을 관계적 맥락에서도 살펴봐야 한다고 주장했다. 전통적으로 개신교회의 칭의론을 법정적 차원에서만 이해한 경향이 있다. 법정적 차원의 칭의란 그리스도의 대속적 죽으심으로 인간의 죄가 용서되었음을 강조한 전통적인 개신교회의 칭의론을 말한다.[67] 이를 법정적이라고 하는 이유는 마치 판사가 피고에게 '무죄'를 선고하듯, 하나님이 예수 그리스도의 속죄의 공로에 기초해서 죄인에게 무죄를 선포함으로써 죄인이 의롭게 되었다고 보기 때문이다. 이러한 칭의론은 다분히 개인주의적이다.

하지만 신약성서가 가르치는 칭의는 그 이상이다. 집을 나간 둘째 아들이 집으로 돌아올 때 그를 반갑게 맞는 늙은 아버지의 환대에도 칭의가 있다. 아들은 자신을 종으로 삼아달라고 하지만 아버지는 그를 아들로 다시 인정(곧 칭의)한다. 아버지의 이 용서 가운데 칭의가 존재한다. 마찬가지로 하나님은 그분을 떠났다가 다시 돌아온 인간을 용서하고 맞아주시며 양자 삼아주셔서 우리는 의롭다 인정(칭의)을 받는다. 예수 그리스도의 주선으로 하나님과 죄인 사이의 오랜 앙숙 관계가 청산되고 다시금 부자父子의 연을 맺게 되는데, 이러한 관계 회복, 곧 화해 사건이 관계적 차원의 칭의라고 할 수 있을 것이다.[68]

김세윤은 칭의의 두 차원, 곧 법정적 차원과 관계적 차원의 통합이 중요하다고 주장한다. 법정적 차원과 함께 관계적 차원에서 칭의를 바라볼 때 많은 유익이 있다. 먼저, 김세윤이 밝혔듯이 루터 이래 전통적 개신교 칭의론은 칭의와 성화의 연결고리를 찾기가 쉽지 않은 측면이 있는데, 관계적 칭의론은 이 문제에 상당한 도움을 줄 수 있다.[69] 관계적 칭의는 의롭다고 인정을 받은 신자에게 하나님과 바른 관계를 유지하라고 촉구하기에 용이하다. 즉 관계적 칭의는 "올바르게 서 있음"이라는 하나님과의 언약적 관계를 신실하게 유지해나가야 한다고 강조함으로써 칭의와 성화가 유기적으로 연결될 수 있다.[70]

더불어 새 관점 학파의 주장대로 화해론적 칭의론은 교회론의 문제에도 새로운 시각을 제시할 수 있다.[71] 관계적 차원의 칭의는 하나님과 인간의 수직적 화해뿐만 아니라 인간과 인간의 수평적 화해를 수반한다. 이런 점에서 칭의론이 교회론과의 유기적 연관성을 찾을 수 있는 길이 열린다. 결국 칭의란 하나님과의 관계 회복을 통해서 하나님의 자녀가 되는 사건이며, 나아가 하나님의 신실한 언약 백성, 곧 교회가 되는 사건이다.[72] 이처럼 믿음이란 단순히 개인이 자기 영혼에서 홀로 소유하는 것이 아니라 관계 속에서 비로소 완성된다는 사실을 새롭게 발견할 때 전통적 칭의론이 교회론적 개인주의를 조장한다는 비난을 피할 수 있을 것이다.

서로, 함께

삼위는 동등하며 비위계적이며 서로에 대해서 자유로우시다. 삼위가 일체가 되기 위해서 삼위 중 어느 한 위격의 주도나 일방적인 기획을 상정할 수 없다. 삼위는 서로 그리고 함께 하나를 이루신다. 마찬가지로 교회도 특정 개인의 주도로 한 공동체를 이루지 않는다. 공동체는 조직이나 직임으로 만들어질 수 없고, 오직 성도의 교제, 곧 코이노니아로만 가능하다. 서로 함께 얼굴을 마주하는 관계를 통해서 인격적 일치를 이루고, 그것이 공동체를 건설한다.

따라서 교회를 이루는 가장 기본 요소는 바로 '나와 너'의 관계이다. 이때의 '너'는 구체적인 너이지 추상적이거나 관념적인 '타자'가 아니다. 나와 함께하는 구체적인 이름을 가진 인격들, 곧 평자, 관수, 종금이, 현욱이, 진환이, 수영이, 만명이, 지현이, 주한이, 남이, 재영이, 정임이, 큰 현우, 작은 현우, 원이, 소은이, 조은이라는 이름을 가진 구체적인 인격들이 서로 나아가 관계를 맺는다. 이때 이들이 서로를 인식하는 방식은 '나와 그것'이 아니라 '나와 너'이다.[73] 여기서 '너'는 온 우주에 하나뿐인 대체 불가능한 '너', '나'의 의지 속에 용해하거나 소화해버릴 수 없는 존귀한 '너', 예수 그리스도가 매개하고 성령이 이끄시는 '너', 저울에 달아볼 수 없는 무한한 중량감을 갖는 '너'이다. 그러한 '나'와 '너'가 그리스도를 매개로 마주하며 관계를 맺는 코이노니아를 통해 공동체가 세워진다.[74]

그리스도를 매개로 하는 '나와 너'의 사귐이 참된 성도의 사귐이기에 교회는 그 무엇보다도 지역교회에서 발견할 수 있다. 지역교회야 말로 구체적인 '너'와 만날 수 있는 장소이며, 관념적이거나 추상적이지 않은 실제적인 사귐과 교제를 실천할 수 있는 환경이기 때문이다. 하나님은 온 땅의 모든 족속을 당신의 자녀로 불러 모으시지만, 성도의 구체적이고 진실된 사귐인 교회는 구체적 인격들이 모이는 지역교회에서 나타난다. 그리스도인은 전 세계 그리스도인과 형제자매라고 말할 수 있지만,

그 선언은 지역교회에서 만나는 형제자매를 향할 때에야 비로소 진실해진다. 성육신의 원리를 따라 지역교회는 인간의 한계 가운데서 그리스도께서 이끄시는 선물로 형제와 자매를, 나에게 다가오는 구체적인 '너'를 만날 수 있는 구체적인 시공간이다. 따라서 지역교회의 모든 신자는 다른 모든 신자와의 관계에서 '나와 너'의 관계를 맺어야 한다.

지역교회의 모든 활동은 본질적으로 '나와 너'가 '서로-함께' 이루는 것이어야 한다. 여기에는 어떠한 추상성이나 일방향성도 존재하지 않는다. 하나님의 부르심이 강압이나 강요로 이루어지지 않듯이 교회 안에서 이루어지는 관계와 활동도 모두 자발적이고 상호적이다. 이것은 신약성서가 지속적으로 강조하는 바이다. 교회는 "서로 존경"하고, "서로 합심"하고, "서로 받아들이"고, "서로 권면"하고, "서로 인사"하고, "서로 기다리"고, "서로 걱정"하고, "서로 섬기"고, "서로 남의 짐을 져주"고 "서로가-함께" 실천하여 건설하는 곳이다.[75] 데살로니가전서 5장에서 볼 수 있듯이 교회는 "서로 건설"해야 한다.[76] "그러므로 피차 권면하고 서로ajllhvlou" 덕을 세우기를oijkodomei'te 너희가 하는 것같이 하라"(살전 5:11).

이러한 '서로-함께' 원리는 모든 교회 활동에 적용해야 할 텐데, 우선 성서 해석에 한번 적용해보자. 가톨릭교회는 개인에게서 성서를 해석하는 권리를 박탈하고 교회의 해석에 기초한 교회의 신앙을 일방적으로 신자들에게 제시하는 경향이 있다. 이러한 일방성은 심지어 교회의 권위가 성서의 권위보다 높다는 주장에서도 잘 드러난다.[77] 개신교회도 사정은 비슷하다. 성서 해석의 최고 권위는 담임목사에게 있어서, 평신도들에게 성서 해석을 허용하기는 하나 목사의 해석에 비하면 열등하다. 목사만 오를 수 있는 강단의 권위를 신성화하고, 그곳에서 선포하는 설교는 신적 음성의 권위가 있다. 반면, 평신도의 말씀 나눔은 사견私見으로 치부한다.

이것은 '서로-함께' 성서를 해석하는 방식이 아니다. 이런 해석 방법은 교회를 권위주의에 빠뜨리고, 개인이 성서 앞에 서서 성서의 가르침을 따르려는 자발성을 해칠 위험이 있다. 또한 모든 성도 가운데 역동적으로 역사하는 성령의 활동을 제약한다. 교회가 성령이 자유롭게 역사하는 성령의 공동체라면, 개인의 성서 해석을 제약해서는 안 될 것이다.

그렇다고 무책임하게 개별 신자들에게 성서 해석을 위임해버리자는 말은 아니다. 홀로 서 있는 영혼이 성서를 매개로 각자 하나님과 직접 만날 수 있다는 식의 개인주의적 성서독법은 개인을 위험한 길로 이끌 수 있으며, 심한 경우에는 교회를 부정하는 결과를 낳는다. 물론 개인은 얼마든지 성서를 읽고 해석할 수 있다. 모든 신자는 성서 앞에 서야 한다. 성서로부터 성령께서 들려주시는 하나님의 말씀에 귀를 기울이고 그 말씀대로 준행해야 한다. 그러나 이것은 '다수'만 강조하고 성서 해석의 통일성을 강조하지 않는 치우친 편견이다. 모든 신자는 서로-함께 성서를 해석해고, 공동체의 해석 아래 자신의 해석을 낮추어야 한다.

모든 신자가 성서 앞에 서야 한다는 의미는 다른 신자도 성서 앞에 서야 한다는 의미이며, 나아가 모든 신자는 다른 신자와 '함께' 성서 앞으로 나와야 한다는 뜻이기도 하다. 이런 점에서 개인적 성서 읽기와 해석은 공동체적 읽기와 해석과 병행해야 한다. 공동체가 함께 성서를 읽거나 해석할 때 개인은 자신의 해석 권위를 일방적으로 주장할 수 없다. 함께 성서를 읽는다는 것은 자신의 해석의 자유와 함께 형제자매의 해석의 자유도 존중한다는 뜻이다. 공동체적 성서 읽기와 해석에서 개인의 해석의 자유는 유보된다. 이 점에서 "침례교도의 정체성 다시 그려보기"는 성서 해석에서 자유에 대한 중요한 원리를 제시한다. "그러한 (성서 해석의) 자유는 성서 읽기의 조건이 아니라 결과이다."[78]

이 점에서 아나뱁티스트 전통이 강조해온 "해석학적 공동체hermeneutic community"라는 개념은 중요하다. 아나뱁티스트는 성서 해석에서 공동체의 권위가 개인의 권위보다 높다고 본다. 교회 내 각 신자는 개별적으로 자신의 해석을 제시할 수 있으나 어느 누구도 자신의 해석에 최종 권위가 있다고 주장할 수 없다. 해석의 최종 권위는 오직 성령께만 있다. 누구도 성령이 될 수 없으므로 모든 신자는 겸손히 성령의 음성을 듣기 위해 노력해야 한다. 하지만 성령의 음성을 직접 들을 수는 없기에 교회는 성령의 음성에 가장 가까운 성서 해석을 채택해야 하는데, 그것이 바로 공동체 전체가 참여하는 공동체적 성서 해석이다.

하지만 이러한 공동체적 해석이 어떻게 가능한가? 지역교회 모든 신자는 열린 마음과 자유로운 토론을 통해서 공동체의 해석을 간추릴 수 있다. 모두가 참여하여 하나로 정리한 해석이 바로 공동체적 해석이다. 모든 신자는, 심지어 목사라도 이 공동체적 해석의 권위보다 자신의 해석의 권위를 높일 수 없다. 그렇다고 공동체의 해석이 성령의 음성과 동일한 것은 아니다. 공동체적 해석도 최종적이고 완전한 해석은 아니며, 그것조차 하나의 해석이라고 믿는다. 그렇기 때문에 공동체적 해석도 지속적으로 수정 가능한 해석이다. 다만 여럿 중에서 하나를 택해야 할 경우, 공동체의 해석이 개인의 해석보다 성령의 음성에 더 가깝다고 서로 함께 인정하는 것이다. 따라서 공동체적 성서 읽기와 해석은 서로 함께

성령의 음성을 듣기 위해 길을 떠난 여정에 비유할 수 있다.[79]

그렇다면 설교자의 역할은 무엇인가? 서로 함께 성서를 해석하는 과정에서 말씀 봉사자의 임무는 축소될 수 없다. 그는 요긴한 몸의 지체로서 말씀을 풀어 가르쳐 자신의 뜻이 아니라 몸의 머리인 그리스도의 뜻을 전하는 임무를 성실하게 이행해야 한다. 공동체 구성원도 말씀 봉사자의 지체 됨, 곧 그의 전문성과 권위를 폄하해서는 안 된다. 말씀 봉사자는 공동체가 성서를 읽고 해석할 때에도 중요한 지침과 정보를 제공하며, 공동체의 성서 읽기와 해석에 결정적 역할을 할 수 있으며, 또한 해야 한다. 그럼에도 변할 수 없는 진실은 말씀 봉사자는 성령이 아니라는 사실이다. 해석학적 공동체가 바로 그러한 사실을 상기해준다.

따라서 공동체가 함께 성서를 읽고 해석할 때 말씀 봉사자도 동참해야 한다. 설교자를 포함해서 모든 신자의 성서 해석을 함께 청취하고 그 가운데 들리는 성령의 세미한 음성에 귀를 기울여야 한다. 한 지체의 해석보다는 두 사람의 해석이 낫고, 그중에 말씀 봉사자의 견해가 포함된 해석이 더 나으며, 또 전체 공동체의 일치된 해석이 가장 낫다고 믿는 것이다.

그리스도의 몸

이러한 공동체성의 원리를 따라 지역교회를 세워야 한다. 만일 교회가 이러한 공동체성을 신실하게 따르고자 한다면, 무엇보다 먼저 종교개혁의 위대한 발견인 전신자 제사장의 원리가 지역교회 내에 구체화될 수 있을 것이다. 교회는 직분을 가진 사람들의 위계 조직이 아니라, 독립적이고 자유하며 동등한 형제자매들의 공동체이다. 교회는 아비와 선생, 랍비, 대인大人, 주권자가 없는 사회이다. 모두가 다 형제요 자매로서 하나님만이 유일한 아버지이고, 그리스도만이 유일한 주이자 스승이시다. 모두는 동등하게 왕 같은 제사장이다.

기독교 역사에서 전신자 제사장의 원리만큼 오랫동안 은폐되고 왜곡된 성서 원리도 많지 않다. 특히 가톨릭교회의 성직자 중심주의하에서 전신자 제사장 원리는 철저하게 감추어져 있었다. 신약 교회는 오랫동안 유지했던 구약 시대의 제사 제도와 제사장 제도를 철폐했다. 그리하여 초대교회는 여타 종교 집단과는 다르게, 심지어 그들의 조상이라고 할 수 있는 유대교와도 다르게 직업적 종교 전문가를 거부했다. 이 때문에 초대교회 신자들은 어떨 때는 모든 신자가 제사장이라고 했다가, 또 어떤 때는 제사장직이 아예 폐지되었다고 말하곤 했다.[80]

하지만 전신자 제사장의 원리는 매우 빠른 속도로 잊히기 시작했다. 1세기의 기록이라고 할 수 있는 《클레멘스 1서*Letter to the Corinthians*》에서 이미 제사장priest과 평신도layman의 구분이 처음 나타나기 시작했다.[81] 1세기 말부터 성찬 예식을 희생제사로 간주하고,[82] 2-3세기가 지나면서 교회 지도자를 구약의 제사장과 유비적으로 비교하기 시작한다.[83] 곧이어 제사장, 곧 사제와 평신도의 이층 계급 구도가 명료화되고, 기독교 예배는 성찬 위주의 미사mass로 변형되고, 미사는 희생제사와 동일시되었다. 교회 지도자는 희생제사를 집례하는 제사장으로, 평신도는 수동적으로 제사 의식에 참석하는 군중으로 변했다. 이러한 일련의 직무론이 확고하게 정식화된 때는 12-13세기의 제3차, 4차 라테란 공의회Concilium

Lateranum III, IV를 통해서이다.[84] 이러한 일련의 정식화 과정은 교황의 수위권을 기초로 하는 거대한 가톨릭 교권 체제의 완성과 걸음을 같이했다고 볼 수 있다.

그러나 16세기 종교개혁자 마르틴 루터는 이를 정면으로 반박하며 이렇게 말했다. "로마교도들은 퍽 교묘하게 자기들 주위에 세 가지 담을 쌓아놓고 그 뒤에서 이제까지 자신들을 방어해왔다. 그리하여 아무도 그들을 개혁할 수 없었다."[85] 그는 가톨릭교회가 오랫동안 세 가지 장벽을 쌓아 교회를 기만해왔다고 비판했다. 그 세 가지 장벽이란 사실상 한 가지인데 교황의 부당한 수위권, 곧 지배권을 정당화해온 것이다. 가톨릭교회는 교황이 첫째로 정치적 권위에서, 둘째로 성서 해석의 권위에서, 셋째로 공의회의 수장권에서 다른 그리스도인들보다 우월한 권위를 가지고 있다고 주장해왔다. 루터는 이러한 가톨릭교회의 기만에 대항해서 전신자 제사장의 원리를 주장했다. 그는 베드로전서 2장 9절과 요한계시록 5장 10절을 근거로, "우리는 다 세례/침례를 통하여 사제로서 성별을 받는다"라고 선언했다.[86] 루터의 주장은 대단히 파격적이어서 가톨릭 교권 체계를 뿌리에서부터 뒤흔들 만한 충격파를 만들어냈다.

이후 루터의 전신자 제사장 원리는 광범위한 종교적 · 세속적 파급력을 만들어냈으며, 그것이 근대 자유민주주의의 성립에도 기여한 것은 주지의 사실이다. 특히 전신자 제사장의 원리는 자유교회의 교회론에 큰 영향을 미쳤는데, 이 원리를 받아들인 자유교회는 "하나님께 직접 나아가는 것이 이제 모든 사람들에게 가능하게 되었다"고 주장했다.[87] 하나님께 직접 나아갈 수 있는 고로 모든 신자는 제사장이다. 또한 "모든 사람들이 자신을 위해 성경을 해석할 수 있는 능력이 있"다고 주장할 수

있었다.[88]

루터가 초대교회의 선신자 제사장의 성서적 원리를 재발견하기는 했으나 그 역시 이 원리를 교회에 충분히 적용하지는 못했다. 요더John H. Yoder에 따르면, 21세기 현대교회에 이르기까지 아직 전신자 제사장 원리를 온전하게 구현한 종교개혁은 한 번도 없었다.[89] 이는 전신자 제사장 원리를 현실 교회에서 왜곡 없이 구현하기가 그만큼 어렵다는 반증일 것이다.

그렇다면 왜 전신자 제사장 원리는 그토록 실현하기 어려운 것인가? 전신자 제사장 원리는 자칫하면 소가톨릭주의적 권위주의 체계로 흡수되어 흔적도 없이 사라지거나, 무정부적 개인주의의 먹잇감이 될 수 있기 때문이다. 실제로 종교개혁자들은 공통적으로 전신자 제사장 원리를 붙들었으나 여전히 성직자와 평신도의 이층 구도를 철폐하지 못했다. 그래서 오늘날까지도 가톨릭적인 교회 직무의 이중 계층 구조가 타파되지 않고 있는 것이다. 반면에 전신자 제사장 원리를 강조하고, 모든 신자가 직접 하나님과의 만남이 가능하며, 모든 신자의 동등한 성서 해석의 권위를 강조하다 보면 어느 순간 교회 직무는 무시되고, 교회는 신자 개인들의 집합으로 전락하게 된다.

아직도 이루어지지 않은 종교개혁, 그리하여 시급하게 이루어야 할 교회 개혁은 먼저 전신자 제사장 원리에 따른 평등 공동체를 구현하는 것이다. 더하여 모든 신자가 평등하지만 은사에 따라 모든 신자에게 직분이 주어진다는 은사 공동체의 원리를 재발견하는 것이다. 이를 위해서 교회의 직무와 직분에 대한 신학적 이해가 절실하게 필요하다. 권위주의적 직무신학도 피하고, 직무 자체를 거부하는 무정부적 직무신학도 피하면서, 둘 사이에서 균형을 잡는 직무신학이 필요하다. 그리고 이것은 은사 공동체를 세울 수 있는 직무신학이라야 한다.

이러한 조화가 가능한 직무론은 다음 세 가지 원리를 충족해야 한다. 첫째, 직무는 철저하게 교회적이라야 한다. 초대교회에서 직무는 언제나 지역교회 공동체를 세우기 위한 것이었다. 모든 직무는 전체 회중의 권위를 넘지 못하며, 모든 직무는 다만 지역교회를 섬기기 위한 것이었다.

둘째, 성서적 직무론은 은사 공동체를 세운다. 은사 공동체는 전체 신자가 한 사람도 빠짐없이 은사를 가지고 있으며, 모든 신자는 자신의 은사를 따라 직무를 갖고, 모든 직무는 동등함을 믿는다. 전체 신자는 빠짐없이 교회를 세우기 위해서 봉사한다. 따라서 지역교회에서 직무 없는 신자나 섬기지 않는 신자는 있을 수 없다. 메가처치는 은사 없는 신자나 직무 없는 신자가 있을 수 있다고 간주하지만 이는 비성서적 관점이다.

셋째, 성서적 직무론은 성령론적이라야 한다. 직무가 개인의 자질과 능력, 특질과 무관하다고 할 수 없다. 하지만 직무가 은사를 따른다는 뜻은 인간적 능력을 넘어 성령의 선물로 받아 직무를 감당할 수 있다는 뜻이다. 성령이 각 사람에게 풍성하게 부어주시는 은사로 채움을 입어 교회를 섬기는 직무를 감당할 수 있다.

이러한 직무론은 고린도전서 12장에 나오는 바울의 몸의 유비와 조화를 이룬다. 이 비유에서 몸은 지역교회, 지체는 신자 개인, 각 지체의 역할은 은사 및 직무에 해당한다. 바울은 몸의 유비를 통해서 앞서 언급한 교회 직무론의 세 가지 중요한 원리를 재확인해준다. 첫째로 직무란 기능이다. 직무는 계급 구조가 아니라 전체 유기체의 원활한 활동을 도모하기 위한 기능이고 역할이다. 둘째로, 모든 직무는 평등하다. 직무가 평등하다는 말은 모든 직무가 동일하다는 말이 아니다. 직무는 다양하며 좀 더 요긴한 직무와 덜 요긴한 직무가 있을 수 있다. 하지만 모든 지체는 머리이신 그리스도의 지배를 받을 뿐 결국 전체 몸의 안녕과 복지를 도모하는 역할을 한다는 점에서 모든 직무는 동등하다. 셋째로, 은사 없는 지체가 없고, 직무 없는 지체가 없다. 신자는 몸의 지체와 같은데, 몸의 지체 중에 쓸모없는 지체가 없듯 직무 없는 신자는 있을 수 없다. 모든 지체는 성령에게서 받은 은사를 따라 자신의 직무에 참여할 수 있으며, 참여해야 한다.

이러한 직무론은 결국 몸으로서의 지역교회를 이루는 원리이다. 이러한 직무론의 원리에 따라 지체들이 결합해 몸을 이루는데, 이 몸, 곧 집단 인격이 그리스도이다. 교회는 그리스도의 몸이기 때문에 교회는 필연적으로 머리이신 그리스도의 지배하에 있다. 머리이신 그리스도의 지역교회를 향한 뜻은 분명하다. 지역교회는 그리스도의 인격을 재성육화re-incarnation해야 한다. 교회 내 모든 지체는 자신의 직무를 다른 형제들의 직무와 유기적으로 협력하고 조화해서 한 인격처럼, 마치 예수 그리스도가 이 땅에 살아 계시면 행동하셨을 법한 방식으로 하나의 인격적 활동을 이루어야 한다. 이를 통해 교회는 재성육화를 실현해야 하는 사명을 지녔다.[90] 이런 점에서 1995년에 채택된 메노나이트 신앙고백 중 교회에 대한 고백은 중요한 의미를 지닌다.

> 우리는 교회가 그리스도의 몸으로서 예수 그리스도의 보이는 현시인 것을 믿는다. 그리스도께서 이 땅에서 섬김의 삶을 사신 것처럼 교회도 그분과 같은 삶을 살기 위해 부름을 받았다.[91]

교회는 그리스도의 몸이다. 지역교회를 세우는 것은 그리스도의 몸을 이룬다는 말이다. 몸을 이루는 이유는 활동하기 위해서인데, 이 활동은 머리의 지시를 따른다. 교회의 머리는 몸을 이룬 지역교회에게 그리스도의 재성육화를 명하신다. 교회에서 교인을 붙잡아두기 위해서나, 헌신을 유도하기 위한 방편으로, 계급 구도를 완성하기 위해서나, 기존에 해온 교회 잡무들을 맡기기 위해서 직무를 수여하는 경우가 있다. 하지만 이는 직무의 근본정신을 훼손하는 생각이다.

직무는 지역교회가 그리스도의 재성육화라는 자신의 존재 목적을 완수하기 위해서 전체 공동체가 유기적으로 역할을 담당하는 것이다. 즉 지역교회는 재성육화를 위해서 그리스도가 찾아가셨던 가난한 자들이 머무는 곳에 자신을 재위치re-location시켜야 한다. 지역교회는 다툼과 분열이 있는 곳에서 평화의 도구로 쓰이며, 분열을 치유하고 재화해re-conciliation하게 만드는 사역을 감당해야 한다. 또한 교회 안팎에 있는 궁핍한 자들의 필요를 돌아보고 교회의 자원과 자산을 풀어 재분배re-distribution하는 사역을 감당해야 한다. 교회는 이러한 재성육화라는 자신의 존재 목적을 수행하기 위해서 모든 지체의 은사를 발굴하고, 직무를 수여해야 한다.

규모에 대한 제한

이러한 교회론적 고찰로부터 개교회의 규모에 대한 제한을 이끌어낼 수 있을 것인가? 먼저 분명히 해야 할 것은, 신약성서 자체는 교회 크기를 비롯해서 교회 조직에 대한 어떠한 규범적 가르침도 제시하지 않는다는 것이다.[92] 크기나 그 밖의 다른 어떠한 교회의 조직 특성이든 그것은 기본적으로 기능이지 교회의 본질은 될 수 없다. 이러한 이유로 성서 본문에서 교회 크기에 대한 규범적 제한을 직접 이끌어내는 것은 무리가 따른다.

그럼에도 교회가 단순히 고립된 개인들의 집합이 아니라 인격의 사귐이 이루어지는 공동체라는 사실은 교회 규모에 대한 중대한 함의를 포함한다고 말할 수 있다. 교회의 사회학적 특성을 단순하게 신자들의 집합성으로 본다면 그러한 교회성은 교회 규모에 아무런 기준도 제시할 수 없을 것이다. 그러나 만일 교회가 공동체이며, 다른 사회와는 완전히 구별되는 사회학적 독특성을 갖는다면, 그리고 그 독특성이 하나님나라의 맛보기라는 특성이라면, 이러한 교회에 대한 규정은 교회 규모에 비판적 준거를 제공할 수 있다. 교회가 무한정 확장되면 교회성은 상실될 것이기 때문이다.

교회 규모와 관련해서 교회적 특성을 논할 때, 교회가 하나의 유기체요 생명체라는 사실에서부터 출발해야 한다. 만일 교회가 기계라면 무한정 확장되어도 큰 문제가 없겠지만 유기체라면 개체의 무한 확장은 불가능할 것이다. 지상의 모든 유기체는 생명을 영위하기에 적합한 크기를 갖는다. 개체에 따라 적합한 크기는 다르겠으나 쥐는 쥐로서, 코끼리는 코끼리로서 적합한 크기를 갖는다.[93] 만일 생명체가 자기 개체의 적합한 크기를 넘어서 과도히 커져버린다면, 그래서 코끼리만한 쥐가 생긴다면 그 생명체는 질병에 걸렸거나 돌연변이라고 밖에 볼 수 없을 것이다. 이처럼 생명체나 유기체의 경우, 개체의 크기는 개체의 건강과 긴밀한 관계가 있다. 교회가 하나의 유기체이고 생명체라면, 교회도 적합한 크기를 갖는다고 말할 수 있을 것이다. 즉 교회의 무한정한 확대는 교회의 생명이나 본질과 무관하다고 말할 수 없다.[94]

교회는 하나의 그리스도의 공교회이다. 또한 교회는 특정 시간과 특정 공간에 만나는 사람들의 모임과 인격들의 사귐 가운데 나타난다. 달리 말해서 교회는 보편적 하나님의 백성이면서 동시에 지역적 공동체이다. 공동체로서 교회는 얼굴과 얼굴을 마주보는 인격적 사귐이 본질이다. 교회의 인격적 사귐은 '나와 너'가 나누는 구체적인 사귐이다.[95] 이러한 교회적 특성은 교회가 성장하면서 포기할 수도 있는 부차적인 성질의 것이 아니다.

이러한 인격적 사귐은 공동체 내 구성원의 부분과 부분 사이에서만이 아니라 부분과 전체 사이에서도 나타나야 한다. 마치 삼위 하나님이 부분적인 사귐뿐 아니라 전체와의 사귐으로 나아가 일체를 이루시듯, 신자는 몇몇 신자들과 부분적으로만 사귈 뿐 아니라 전체와의 사귐으로 한 공동체를 이루어야 한다. 코이노니아, 곧 '나와 너'의 사귐은 일부 신자 사이에서만이 아니라 개체와 전체 신자들 간의 관계에도 일관되게 구현되어야 한다. 이것은 교회 안에 '소외'라는 현상이 존재해서는 안 된다는 말이기도 하다. 신자들이 부분과 부분 사이에서만 사귄다고 한다면 그 틈 사이로 소외 현상은 사라지지 않을 것이다. 하지만 신자들의 사귐이 개체와 전체 사이에서도 이루어진다면 소외는 발붙일 곳이 없어질 것이다. 지역교회의 코이노니아는 소외를 철저하게 추방하는 수준으로 이루어져야 할 것이다.

이러한 부분과 전체에 관한 가르침은 바울이 교회를 '그리스도의 몸'

에 비유한 것에서 찾을 수 있다. 그가 몸의 유비로 교회를 설명한 본문을 살펴보자.

> 몸은 한 지체뿐 아니요, 여럿이니 만일 발이 이르되, 나는 손이 아니니 몸에 붙지 아니하였다 할지라도 이로 인하여 몸에 붙지 아니한 것이 아니요, 또 귀가 이르되, 나는 눈이 아니니 몸에 붙지 아니하였다 할지라도 이로 인하여 몸에 붙지 아니한 것이 아니니, 만일 온 몸이 눈이면 듣는 곳은 어디며 온 몸이 듣는 곳이면 냄새 맡는 곳은 어디뇨. 그러나 이제 하나님이 그 원하시는 대로 지체를 각각 몸에 두셨으니, 만일 다 한 지체뿐이면 몸은 어디뇨. 이제 지체는 많으나 몸은 하나라. 눈이 손더러 내가 너를 쓸데없다 하거나 또한 머리가 발더러 내가 너를 쓸데없다 하거나 하지 못하리라. 이뿐 아니라 몸의 더 약하게 보이는 지체가 도리어 요긴하고 우리가 몸의 덜 귀히 여기는 그것들을 더욱 귀한 것들로 입혀 주며, 우리의 아름답지 못한 지체는 더욱 아름다운 것을 얻고 우리의 아름다운 지체는 요구할 것이 없으니, 오직 하나님이 몸을 고르게 하여 부족한 지체에게 존귀를 더하사 몸 가운데서 분쟁이 없고, 오직 여러 지체가 서로 같이하여 돌아보게 하셨으니, 만일 한 지체가 고통을 받으면 모든 지체도 함께 고통을 받고, 한 지체가 영광을 얻으면 모든 지체도 함께 즐거워하나니 너희는 그리스도의 몸이요 지체의 각 부분이라(고전 12:14-27).

이 비유에서 핵심은 교회가 한 몸이라는 사실, 곧 교회의 유기체성이라고 할 수 있다. 여기서는 교회를 다양한 지체가 한 몸을 이루는 유기체로 묘사한다. 물론 이때 지체는 개별 신자를 의미하고, 몸은 지역교회를 의미한다. 지체라는 표현은 기계와 유기체의 가장 중요한 차이점을 보여준다. 신자들은 부품이 아니라 지체로 존재한다. 부품과 지체의 차이는 해체와 대체가 불가능하다는 점이다. 기계 부품은 해체했다가 조립할 수 있고, 한 부품을 다른 부품으로 대체할 수도 있다. 하지만 지체는 해체할 수도, 대체할 수도 없다. 유기체는 처음부터 한 생명체로 탄생한다. 몸은 지체들의 합이 아니다. 몸에 여러 지체가 있는 것처럼 보이지만 사실은 한 생명체이다.

이처럼 교회도 개인들의 합이 아니다. 따라서 개별 신자나 몇몇 부서로 해체할 수 없고, 개별 신자를 다른 신자로 교체하거나 대체할 수 없다. 각 신자는 교회 내에서 무한한 가치와 중요성을 가진다. 신자가 개별적으로, 독특하게 존재하지만 신자는 본래 한 몸에 결합된 지체이다. 지체들이 모여서 한 몸을 이루듯 개별 신자들은 서로 연합할 뿐 아니라 전체로서 하나의 집단 인격을 이룬다. 이러한 교회적 현실이 한 떡과 한 잔에 참여하는 성찬으로 가시화된다. 지역교회는 한 떡을 나누어 먹고 한 잔을 나누어 마시는 공동체이다. 한 분 그리스도의 살과 피를 함께 먹는 공동체이다.

개별 신자가 전체로서 몸과 관련을 맺는다는 것은 유기체의 중요한 특성을 보여준다. 현대 생물학의 발전은 이러한 사실에 대해서 많은 정보를 제공해준다. 체세포 복제 기술은 몸에 있는 수많은 세포가 단순히 세포 하나에 불과하지 않고, 각 세포 속에 몸 전체의 정보를 가지고 있다는 사실을 보여준다. 전체 안에 부분이 들어 있을 뿐만 아니라 부분 속에 전체가 들어 있다. 이것은 공교회성과 공동체성을 이해하는 데 중요한 빛을 비추어준다. 지역교회는 공교회의 일원이지만 또한 지역교회 안에 공교회가 존재한다. 또 지역교회 안에 개별 신자가 존재하는 것 같지만 개별 신자는 또한 전체의 운명을 결정한다.

바울은 이러한 생물학적 진실을 매우 실제적이고 구체적인 경험으로 진술한다. 그는 몸의 유비의 절정부에서 한 지체가 고통을 받으면 온 몸이 고통을 받으며, 한 지체가 영광을 받으면 온 몸이 함께 영광을 받는다는 사실을 상기해준다(고전 12:26). 한 지체는 전체 공동체의 운명과 연관되기에 교회 내에서 소외해도 되거나 무시해도 되는 지체는 없다. 도리어 몸의 안녕을 위해서는 가장 약하고 가장 아픈 손가락에 더 많은 관심과 애정을 기울이게 된다. 바울은 이렇게 하는 것이 교회라고 말한다.

하지만 메가처치는 이러한 유기체의 원리를 알지 못한다. 메가처치에서 개인의 가치는 그저 숫자 '1'을 뜻할 뿐 다른 의미가 없다. 특별한 영향력이 없는 신자 개인은 소위 '머릿수'로만 측정되고, 이 개인은 1만 명이니 10만 명이니 하는 숫자 속으로 형체도 없이 소멸된다. 메가처치는 무수히 많은 1로 해체될 수 있고, 그 1은 다른 1로 대체될 수도 있다. 대개, 개별 신자의 집안 사정은 차치하고 교회 출석 여부조차 확인되지 않으며, 교회에서도 이를 개의치 않는다. 목회자나 교회가 악해서가 아니라 너무나 신자가 많아서 어쩔 수 없이 벌어지는 현상이다.

메가처치에서는 한 개인의 기쁨이나 슬픔을 전체 신자와 공유하기 힘들다. 예를 들어 생일 맞은 사람을 축하하려고 해도 매주 수십, 수백, 수천 명을 축하해야 한다. 또한 그만큼 많은 생명이 새로 태어나고, 그만큼 많은 사람이 죽어간다. 사정이 이러할진대 교회가 개별 신자의 운명과 함께하기란 사실상 불가능하다. 따라서 메가처치에서 신자들은 불가불 부분과 부분의 관계를 맺을 수밖에 없다. 메가처치에서는 부분과 전체가 관계를 맺을 수 없고, 따라서 전체로서 하나의 공동체를 구현할 수 없다.

결국 한 개인이 전체 교회와 관련을 맺고, 개별 신자의 운명이 교회 전체의 운명과 불가불 연결되려면 크기에 제한이 있을 수밖에 없다. 하지만 그 크기를 어느 정도로 정할 수 있을지는 좀 더 세밀한 논의가 필요할 것이다. 사실 어느 누가 획일적으로 특정 숫자를 교회 크기의 상한선으로 제시할 수 있겠는가? 그렇게 하다 보면 불가불 율법주의의 덫에 빠져들고 말 것이다. 그래서 크기의 상한선을 정하는 문제는 각 공동체의 결정에 맡겨둘 수밖에 없다. 예컨대, 후터라이트나 아미쉬는 약 150-200명 선에서 한 지역교회의 크기를 제한하고 있으며, 하워드 스나이더는 100-200명 선의 규모를 제한하기도 했다.[96]

크기의 상한선에 대해서는 최외곽 경계를 정하지 말아야 하겠으나 교회가 한 몸이 되어야 하며, 그리스도의 집단 인격이 되어야 한다는 복음의 요구는 무한히 강조해야 할 것이다. 어느 교회도 이러한 복음의 원칙을 거부할 수 있는 자유가 없기 때문이다. 만일 교회가 공동체성의 유지라는 복음의 원칙을 지키며, 그리스도의 몸 됨이라는 교회의 본질을 지키기 위해서 노력한다면 어느 정도 선에서 교회 크기가 제한될 수밖에 없을 것이다.

교회가 지향해야 할 새로운 방향

이 책에서 나는 메가처치 현상은 20세기 중반에 전 지구적인 범위로, 주로 개신교 진영에서 갑작스럽게 출현한 현상이며, 극소수 메가처치들만이 아니라 비메가처치, 심지어 세속 영역에까지 영향을 미치는 광범위한 종교사회적 역동 현상이라고 주장했다.

메가처치 현상은 교회 규모에 높은 가치를 부여함으로써 생겨났다. 그래서 메가처치 현상에 포섭된 교회는 대부분 '좀 더 큰' 교회를 끊임없이 추구하는 경향이 있다. 이렇게 교회 성장과 팽창을 추구하는 와중에 교회 질서는 무정부적 경쟁 질서로 퇴락하게 된다. 이러한 무정부적 경쟁 질서를 한마디로 요약하면 "모든 교회에 대한 모든 교회의 전쟁" 상태라고 할 수 있다. 이러한 전쟁 상태에서 교회 생태계는 파괴되고, 교회와 신학의 다양성은 훼손되고, 성장 지향적 동질성이 전체 교회 속에 독버섯처럼 자라 교회들을 부패시킨다.

이러한 메가처치 현상이 발생하게 된 주요 원인 중 하나는 교회가 신학적으로 교회론적 개인주의라고 할 수 있는 전제들을 수용하게 된 점을 꼽을 수 있다. 교회론적 개인주의는 세속적인 개인주의 사조와 기독교 내부의 개인주의 정신 등이 결합되어 만들어졌다고 할 수 있다. 이러한 교회론적 개인주의로 말미암아 교회와 교회의 관계는 공교회성이 약화되는 방식으로 변형되어 개교회 중심주의가 득세하고, 지역교회 내의 신자 관계는 마치 쇼핑몰에서 우연히 마주친 고객들처럼 원자적 개인들의 집합으로 퇴락하게 된다. 이러한 교회론적 개인주의가 메가처치 현상이 가능해진 신학적 토양을 제공했다는 것이 나의 생각이다.

그렇다면 대안은 무엇인가? 우선 메가처치 현상에 대한 대안을 내놓는 일이 여간 어렵지 않다는 사실을 인정해야 할 것이다. 메가처치 현상에 휩쓸린 한국 교회는 그동안 정신없이 메가처치화를 추구했다. 교회는 메가처치를 지향하는 것이 지상명령을 성취하고, 세계를 복음화하고, 그리스도의 재림을 앞당기고, 하나님나라를 실현할 수 있는 일인 양 생각하며 열심히 앞만 보고 달려왔다. 그런데 여기저기서 부작용이 나타나고 있다. 메가처치와 메가처치 목사의 문제들이 여기저기서 터져 나왔다. 교회의 과열된 성장 경쟁, 교회 세습, 무리한 건축, 교회 매매 등으로 교회는 세상 사람들의 조롱거리가 되어버렸다. 자괴감을 못 이긴 신자들의 교회 이탈이 가속화되고 있으나 교회는 이에 대한 근본 대안을 내놓지 못하고 있다. 이러한 일련의 부작용들은 더 이상 메가처치를 본받아야 할 모범적 교회로 간주하기 어렵게 만들었다. 하지만 메가처치화를 지향하지 않는다면 교회는 어디를 향해야 한단 말인가? 새로운 방향이 눈에 들어오지 않는다. 이것이 한국 교회의 목표위기를 초래하고 있다.[1]

메가처치가 문제라는 의식이 점증하면서 일부 신자들은 비메가처치로 발길을 돌렸다. 메가처치 현상으로 교회가 양극화되었으니 신자는 메가처치와 비메가처치 중 하나를 선택할 수밖에 없다. 메가처치를 피해서 비메가처치에 나간 신자들은 그 교회들도 메가처치와 다를 바 없이 성장주의에 감염되어 있다는 사실을 목격하고 당황한다. 함량 미달 목회자, 역겨운 설교, 강요된 헌신, 과도한 자유 침해, 거북스러운 분위기 등으로 비메가처치에 적응하지 못하고 다시 메가처치로 돌아가 익명의 신자로 숨어버리는 신자들이 적지 않다. 메가처치로 되돌아가지 못한 신자들은 교회를 전전하는 철새로 남거나 아예 교회를 떠나 1인 교회를 개척하는 가나안 신자가 된다. 메가처치 현상에서 신학교는 교회를 성장시키는 기술학교 내지는 직업학교로 전락했고, 목회자의 최고 역량은 신자 동원 능력인 양 간주되었다. 이는 한국 교회 목회자의 전반적인 질적 하락을 불러왔다. 이런 암울한 상황에서 누가 손쉬운 대안을 운운할 수 있겠는가?

지금 한국 교회의 문제는 어느 한 곳을 고친다고 해결될 수 있는 것이 아니다. 총체적 난국이다. 한국 교회는 방향성을 잃고, 자부심과 자신감도 잃었다. 이대로 가면 홉스가 예언한 대로 공멸할 수 있다. 이러한 상황 인식 때문에 나는 메가처치를 분할하자거나, 성장 억제 마지노선을 만들자거나, 재정 및 행정을 개혁하자거나, 세습 방지 법안을 내자거나 하는 대안에는 깊이 공감하기 어렵다. 또한 메가처치가 문제이니 작은 교회가 대안이라는 주장에도 회의적이다. 그런 대안을 모색하는 것도 꼭 필요하다. 하지만 총체적 위기 상황에 비하면 지나치게 단편적이고 순진한 대안일 뿐이다.

결국 근본 대안은 메가처치화를 추구하는 거대한 교회적 방향성을 탄핵하고, 새로운 방향성을 제시하는 것이어야 한다고 믿는다. 메가처치화의 방향성이 어째서 잘못되었는지를 철저하게 인식시켜주는 것이 중요하다. 인식이 대안적 가치를 낳는다. 그런 다음에는, 메가처치라는 교회상을 대체할 만한 새로운 교회상을 뚜렷하게 그려주어야 한다. 목표위기를 겪고 있는 한국 교회에 새로운 방향성을 제시하는 것이 절실하다.

교회가 추구해야 할 새로운 방향성은 무엇인가? 교회가 그리스도의 몸이라는 단순한 성서의 가르침을 재발견하는 작업을 통해서 가능할 것이다. 이를 위해서 교회는 그리스도의 몸으로서 이 땅에 그리스도의 인격을 재성육화하는 사명으로 부름 받았음을 깨달아야 한다. 다시 말하지만, 교회가 자신의 본질을 숙고하여 새로운 방향성을 발견하고, 그러한 방향으로 교회를 새롭게 세워나가는 것만이 메가처치 현상에 대한 참된 대안이 될 수 있을 것이다.

새로운 교회상은 현재 교회가 받아들이고 있는 교회론적 개인주의를 비판적으로 반성하고, 교회들 간의 질서와 교회 내 신자들 간의 관계를 새롭게 재설정하는 일이 요구된다. 더불어 그동안 개교회와 개신자가 누려온 꿀맛 같은 자유를 제어하는 길을 찾아야 한다. 하지만 이러한 작업이 자칫 정반대 극단의 전체주의나 권위주의로 반동하는 일이 되어서는 안 된다. 전체 곧 '하나'에 대한 강조와 개인 곧 '다수'에 대한 강조는 변증법적으로 균형을 이루어야 한다.

삼위일체론에서 하나와 다수의 변증법적 균형에 대한 모범을 찾을 수 있다. 삼위일체론은 삼위 하나님이 온전히 세 분으로 존재하면서 동시에 한 분이라는 주장이다. 이러한 삼위일체론의 방식을 따라서 먼저 개교회의 독립성과 자율성을 충분히 강조해야 한다. 하지만 동시에 전 세계 모든 교회는 하나의 그리스도의 공교회라는 사실도 강조해야 한다. 마찬가지 방식으로 교회 내 신자 개인의 자유는 어떠한 권위로도 억압해서는 안 된다. 그러나 동시에 신자는 그리스도로 말미암아 다른 신자와 사랑으로 연합하여 하나의 공동체를 이루어야 한다.

이러한 교회론적 설명은 그리스도의 몸의 유비로도 설명할 수 있다. 지체는 고유성과 개성을 지닌다. 하지만 다른 지체와 분리되어 독립적으로 존재할 수 없다. 지체는 다른 지체와 결합되어 전체로서 한 몸을 이룬다. 마찬가지로 개교회는 자율적이고 독립적으로 존재하지만 이웃 교회와 연합하여 전체로서 공교회의 일원으로 존재한다. 더불어 신자 개인도 개성과 독특성을 지닌 자유로운 인격으로 존재하지만 다른 신자와 연합하여 한 몸 공동체를 이룬다. 만일 교회가 이러한 단순하고 명백한 신약성서의 가르침을 온전히 따른다면 현대 교회를 점령한 교회론적 개인주의를 억제하고, 더불어서 메가처치 현상도 치유할 수 있을 것이다.

이 책에서 많은 지면을 할애하여 공교회성과 공동체성을 회복하는 교회상을 신학적으로 제시한 것은 메가처치 현상에 함몰된 한국 교회가 메가처치를 대체할 만한 새로운 교회상을 그려보고, 새로운 방향성을 발견하도록 돕기 위해서이다. 하지만 과연 이러한 신학적 고찰이 메가처치 현상에 대한 충분한 대안이 될 수 있는가? 신학을 바꾼다고 과연 메가처치 현상을 치유할 수 있을 것인가? 이에 대해서는 '오직 믿음'만으로 가능하고 답할 수 있을 것이다. 만일 이 책에서 제시한 신학적 고찰이 성서 계시를 조금이라도 드러냈다면, 교회와 신자는 이에 믿음과 순종으로 반응해야 할 것이다. 그러한 믿음과 순종은 현실을 개혁할 수 있는 참된 밑거름이 될 수 있을 것이다.

하지만 독자 여러분이 이런 빤한(?) 답변에 만족하지 못하고 좀 더 실제적인 답변을 내놓으라고 한다면, 그래서 정말로 신학이 현실을 바꿀 수 있느냐고 재차 물어온다면, 과거 역사는 부정적인 답변을 내놓았다고 솔직하게 답해야 할 것 같다. 역사에서는 신학이 현실을 바꾼 경우보다 현실이 신학을 바꾼 경우가 더 많았기 때문이다. 자크 엘륄이 잘 지적했듯이, 교회는 군주정 시대에는 군주정을, 공화정 시대에는 공화정을, 자본주의 시대에는 자본주의 질서를, 사회주의 체제에서는 사회주의 이념을 성서적 체제라고 믿고 그것을 신학화했다. 이처럼 오랫동안 기독교 신학은 이미 일어난 정치적·경제적·사회적 현실을 뒤쫓아 그것을 긍정하고 선전하는 이데올로기적 역할을 수행해왔다. 그런데 이러한 신학이 어떻게 현실을 고칠 수 있겠는가 말이다.[2]

하지만 역사는 그 반대의 답변도 가능함을 보여준다. 드문 경우이긴 하지만 기독교 신앙과 기독교 신학이 정치적 · 경제적 · 사회적 현실에 맞서 거대한 충격파를 만들어내기도 했다. 예수 그리스도의 성육신 사건이 그러하고,[3] 초대교회의 황제 숭배 거부와 여러 형태의 사회적 거부가 그러했다.[4] 청교도 신학이 자본주의의 출현을 가능케 했다는 베버의 테제에서도 신학이 현실에 영향을 줄 수 있는 가능성을 보게 된다.

좀 더 최근의 예를 들자면, 히틀러와 나치당이 권력 장악을 가속화하던 때 그를 추종하던 어용 기독교 단체에 맞서 독일 고백교회가 발표한 〈바르멘 신학 선언〉도 있다. 바르멘 신학 선언이 히틀러 정권을 무력화하지도, 제2차 세계대전이나 아우슈비츠를 막지도 못했지만 그럼에도 그 선언이 당시의 교회적·정치적 현실에 던진 충격파와 세계 교회에 미친 영향력은 무시할 수 없는 수준이었다. 바르멘 선언은 다수의 타락한 교회 가운데서도 여전히 성서 진리를 고수하며 스스로를 개혁하려는 교회가 있다는 사실을 천명했으며, 듣든지 아니 듣든지 진리를 선포했던 구약 예언자들의 전통을 계승했다. 제2차 세계대전 직후 독일 개신교회가 공적으로 회개할 수 있었던 것도 바르멘 선언의 기초가 있었기 때문일 것이다. 이처럼 바르멘 선언은 오늘날에도 여전히 신학이 정치적 · 사회적 · 교회적 현실에 강력한 충격파를 만들어낼 수 있음을 보여주는 한 예이다.

나는 이와 유사한 방식으로 메가처치 현상에 대해서도 이를 비판하고 규탄하는 신학 선언이 가능하리라 믿는다. 바르멘 선언과 유사한 방식으로 오늘날 메가처치 현상에 휩쓸리고 있는 다수의 교회들을 향해서 그것이 성서의 진리에서 벗어난 오류임을 천명하며, 회개하고 오류에서 벗어나도록 촉구하는 신학적 양심선언이 가능하다는 말이다. 굳이 이름을 붙인다면 '반메가처치 신학 선언'이라고 할 수 있을 것이다. 만일 다수의 신학자와 목회자, 평신도, 교회의 합의를 거쳐 이러한 신학 선언을 공포한다면, 모든 문제를 일시에 해결하지는 못하더라도 지금 한국 교회의 메가처치화를 향한 몰입의 첨예한 예봉은 어느 정도 꺾을 수 있으리라고 생각한다. 또한 이 선언이 모멘텀으로 작용해서 교회들을 새로운 방향으로 나아갈 수 있도록 동력을 제공할 수 있으리라는 기대도 해본다.

메가처치 현상이 신학적 현상이며, 특별히 교회론적 현상이기 때문에 이를 치유하기 위해서는 신학 선언이 필요하다는 것이 나의 판단이다. 이러한 교회적 흐름은 결코 성서적 교회를 이룰 수 있는 길도 아니며, 신학적으로 건강한 교회를 만들 수 있는 길도 아니라는 사실을 공개적으로 천명하는 일이 무엇보다 중요한 일이다. 이것은 바르멘 신학 선언이 당시 독일교회에서 했던 것과 비슷한 방식이다. 바르멘 선언 제1항은 요한복음 14장 6절을 인용한 뒤 다음과 같이 선언하고 있다.

> 성서가 우리에게 증언해주는 예수 그리스도는 우리가 들어야 하고 사나 죽으나 신뢰하고 복종해야 할 하나님의 유일한 말씀이다. 우리는 교회가 이 하나님의 유일한 말씀 외에 또 그것과 나란히 또 다른 사건들과 권세들, 인물들과 진리들을 하나님의 계시로 인정해서 선포의 자료로 삼을 수 있고 삼아야 한다는 잘못된 가르침을 배격한다.[5]

바르멘 선언의 핵심 원리를 담고 있는 이 1항은 자연신학의 문제이다. 다시 말해, 하나님의 신성을 자연물을 매개로 계시할 수 있느냐의 문제이다. 1933년 수상으로 당선된 히틀러는 무한한 권력 확장을 기도한다. 그는 이를 위해서 설교와 교회 활동을 국가사회주의에 맞추라고 독일 교회에 요구했다.[6] 이러한 요구에 굴복한 독일 교회는 "독일 그리스도인 연맹"을 결성하여 "독일 그리스도인들의 과제는 독일이고 그 능력은 그리스도이다"라고 당당히 고백했다. 그들은 히틀러 운동이라는 자연물을 매개로 하나님나라의 정신을 발견할 수 있으리라고 믿었다.[7] 칼 바르트는 이러한 상황을 기독교와 민족성을 하이픈hyphen, 즉 '-'로 연결해야만 하는 개신교회의 곤경이라고 예리하게 꿰뚫어보았다.[8] 바르트는 그러한 무차별적인 하이픈을 가톨릭 신학의 존재 유비anologis entis에서 발견하고 이를 결연히 거부했다.[9]

나는 메가처치 현상도 이와 유사하게 자연물과 계시를 혼동하는 현상이라고 본다. 바르트 시절의 독일이 민족성과 하나님의 계시를 하이픈으로 연결했듯이 오늘날 메가처치 현상에서 교회의 거대함과 하나님의 광대하심이 하이픈으로 연결되어 있다.[10] '좀 더 큰' 교회를 이루려는 일관된 지향성은 결국 교회들이 교회 크기에서 하나님의 권능과 성령의 역사를 맛보고, 하나님을 기쁘시게 하려고 노력하기 때문에 생겨난 것이다. 결국 메가처치 현상은 단순히 교회가 커진 것이 문제가 아니라 하나님의 광대하심과 교회의 거대함을 혼동하는 문제인 것이다.[11] 그러나 이처럼 교회의 규모와 하나님의 영광을 혼동하는 것은 세상 권세와 하나님의 권세를 혼동하는 것이며, 나아가 바르트 시대의 독일 교회처럼 자연과 계시를 혼동하는 것과 다르지 않다. 이 때문에 마르바 던이 이러한 현대 교회를 가리켜 타락한 권세가 된 교회라고 질타했던 사실을 상기할 필요가 있다.[12]

메가처치 현상에 대항하는 신학 선언은 무엇보다 먼저 바로 이러한 하이픈을 절단하는 내용을 포함해야 한다. 그래서 반反메가처치 신학 선언은 다음과 같은 선언으로 시작해야 할 것이다.

> 성서가 증언하는 예수 그리스도는 하나의 하나님의 말씀이다. 우리는 그 말씀을 살든지 죽든지 신뢰하고 순종해야 한다. 우리는 교회가 말씀 선포의 원천을 이 하나님의 말씀 이 외에 다른 사건들, 세력들, 형태들과 진리들, 그리고 교회 크기와 같은 피조물적 특성을 하나님의 계시로 받아들일 수 있으며 받아들여야만 한다는 이론을 잘못된 것으로 비판한다.

제2항에는 교회가 예수 그리스도의 몸이라는 바울의 교회론적 진술을 포함하면 좋을 것이다. 교회가 예수 그리스도의 몸이기 때문에 당연히 교회는 예수 그리스도를 추종하는 방식으로 자신의 존재 양식을 규

정해야 하며, 그것은 재성육화라는 방식으로 나타나야 한다는 사실을 지적하는 것이 좋을 것이다. 따라서 진정한 하나님의 능력은 교회의 크기나 영광이 아니라 예수 그리스도의 성육신과 십자가의 죽음을 통해 드러났음을 천명해야 할 것이다. 하나님의 본체이시나 그분과 동등됨을 취할 것으로 여기지 않으시고 자신을 지극히 낮추시어 종의 몸으로 오신 그리스도의 길이 메가처치화의 조류를 대체하는 교회적 지향성이 되어야 한다는 사실도 천명해야 할 것이다.

제3항에는 개교회 중심주의를 배격하는 내용을 넣으면 좋겠다. 개교회 중심주의는 개교회가 다른 교회들로부터 독립하여 순전히 개별적으로 존재하며, 개교회의 유지와 확장을 각 교회의 지상 과제로 삼는 태도를 말한다. 반메가처치 신학 선언에는 이러한 개교회 중심주의가 그리스도의 몸이라는 신약성서의 교회론적 원칙과 분명하게 배치된다는 사실을 천명하고, 장소와 시간을 초월하여 모든 교회는 하나의 공교회라는 사실을 천명해야 할 것이다.

또한 여기에는 교회란 역사의 끝에 만물을 그리스도 안에서 통일시키고 화해시키려는 하나님의 종말론적 새 창조의 선취라는 사실도 포함해야 할 것이다. 모든 지역교회는 이러한 종말론적 새 창조 질서를 담지함으로써 공교회에 참여한다는 것과 따라서 교회는 지상에 존재하는 어떠한 정사나 권세가 인위적으로 만들어놓은 장벽에도 제한되지 않으며 오직 하나의 그리스도의 보편교회를 이룬다는 사실을 선언해야 할 것이다. 3항의 말미에는 교회를 지배 체제로 간주하는 교권주의와 함께 지역교회들이 스스로 자기 충족적이며 자기 확장적이라고 간주하는 개교회 중심주의, "모든 교회에 대한 모든 교회의 투쟁"을 당연하게 간주하는 교회론을 정죄하는 배격문이 추가되어야 할 것이다. 또한 개교회는 이웃 교회와 경쟁하기보다는 스스로를 개방하여 이웃 교회와 연합하고 협력하도록 촉구하는 내용도 포함해야 할 것이다.

제4항에는 교회가 하나님과의 원수 관계가 청산되고 용서와 화해라는 구원을 경험하는 구원 공동체임을 선언해야 할 것이다. 그래서 교회는 이미 구원을 얻은 개인들이 모인 집합에 불과하지 않고 하나님과의 관계 회복과 함께 형제자매와의 관계가 회복됨으로써 온전한 구원을 경험하고 유지하는 공동체임을 선언해야 할 것이다. 이 선언의 말미에는 교회를 여하한 이유에서든 특정한 권위로 신자 개인들을 복속시키고자 하는 권위주의와 교회를 개인들의 집합으로만 간주하는 교회론적 개인주의를 정죄하는 배격문이 포함되어야 할 것이다. 특히 교회 생활을 필요와 욕구를 충족하는 종교 콘텐츠 소비 생활로 간주하는 소비주의도 배격해야 할 것이다.

만일 이 선언문에 맺음말이 있다면 거기에는 교회가 삼위일체 하나님을 반영하는 신적 기관이라는 사실을 재확인하는 내용이 들어가야 할 것이다. 더불어 삼위 하나님의 페리코레시스적 연합은 소외와 분리, 경쟁, 지배, 폭력으로 점철된 세상 질서에 대한 하나님의 구원의 요체요, 종말론적 새 창조 질서의 핵심 원리인데 바로 교회가 그러한 종말론적 새 창조 질서의 선취라는 사실을 확인해야 할 것이다.

여러 신학자와 목회자들의 동의를 얻어 이러한 반메가처치 신학 선언을 공포한다면 메가처치화라는 거대한 흐름이 상당히 완화되리라고 믿는다. 내가 이렇게 낙관하는 이유는 이미 메가처치 현상의 폐해로 한국교회가 목표위기를 경험하고 있다는 판단 때문이다. 최근 연달아 등장하는 메가처치와 메가처치 목사들의 실패는 역할모델로서의 지위를 의심받게 하고 있으며 메가처치화를 지향하고 있는 방향성에도 의문을 제기하도록 만들고 있다. 즉 현재 이미 상당수의 목회자와 신자들은 메가처치화의 방향성에 의문을 제기하고 있는 상황이기 때문에, 새로운 방향성을 제안하는 일은 충분히 가능하리라고 전망하는 것이다.

메가처치 현상이 하나의 방향성이라면 그에 대한 대안은 대안적 방향성을 제시하는 것이 되어야 할 것이다. 반메가처치 신학선언을 통해서 메가처치 현상의 방향성이 비성서적이라는 사실을 드러내고, 성서적 방향성은 어떤 곳을 향해야 하는지를 보여줌으로써 교회가 지향해야 할 새로운 방향성을 만들어내자는 것이다. 이 책이 이렇게 교회의 방향을 재설정하는 데 조금이나마 공헌할 수 있기를 바란다.

프롤로그

1 이것은 메가처치 현상 연구의 권위자 스콧 튜마의 정의를 따른 것이다. 이에 대해서는 다음을 보라. Scott Thumma, "Exploring the Megachurch Phenomena: Their Characteristics and Cultural Context," http://hirr.hartsem.edu/bookshelf/thumma_article2.html. 하지만 이러한 정의에 만족하지 못하고 나름의 정의를 제시하는 이들도 있다.

2 교회성장연구소,《한국 교회 경쟁력 보고서》(교회성장연구소, 2006), 37.

3 이에 대해서는《메가처치 논박》(정연, 2009)에서 자세히 다루었다. 206-212.

4 Scott Thumma and Dave Travis, *Beyond Megachurch Myth* (San Francisco: Jossey-Bass, 2007), 182-183.

5 《메가처치 논박》에서 메가처치 현상의 병리적 현상을 비판한 바 있다.

6 현재 메가처치 현상에 대한 학문 연구를 주도하고 있는 곳은 미국의 하트포드연구소이다. 이곳에서 특히 스콧 튜마와 워렌 버드 등과 같은 종교사회학자들이 매년 미국의 메가처치 현상에 대한 보고서를 제출하고 있다. Scott Thumma, "Megachurch Research," http://hirr.hartsem.edu/megachurch/megachurches_research.html.

7 신광은, "메가처치 현상, 어떻게 치유할 것인가?",《한국 교회, 개혁의 길을 묻다》(새물결플러스, 2013), 227-247.

8 신광은, "대형교회 집중화 현상의 문제점과 원인," 〈개혁신앙〉, 창간호(2013 봄),

66-74.

9 특히 필자가 〈뉴스앤조이〉에 기고한 칼럼, "신광은의 메가처치를 넘어서"를 참고하라. http://www.newsnjoy.or.kr/news/articleList.html?sc_serial_code=SRN75& view_type=sm.

10 이 프로젝트는 켄터키대학 지리학과 교수 스탠리 브런 박사가 주도하고, 수십여 명의 종교학자와 사회학자 및 신학자 등이 참여하여 21세기 세계 종교 지형을 지리학적으로 도상화하는 것을 목표로 진행한 프로젝트이다.

11 Caleb Kwang-Eun Shin and Michael Begin, "Sacred Ambitions, Global Dreams," *The Changing World Religion Map: Sacred Places, Identities, Practices and Politics*, ed. Stan D. Brunn(출간 예정).

1부 메가처치와 메가처치 현상

1 Scott Thumma and Dave Travis, *Beyond Megachurch Myth*, xviii.

2 같은 책, xix.

3 Scott Thumma and Elizabeth J. Leppman, "Creating a New Heaven and a New Earth: Megachurches and the Reengineering of America's Spiritual Soil," *Engineering Earth: The Impact of Megaengineering Projects*, ed. Stanley D. Brunn (Lexington: Springer, 2011), 903-931.

4 Peter Lampe, *Die stadtrömischen Christen in den ersten beiden Jahrhunderten: Untersuchung zur Sozialgeschichte, Wissenschaftliche Untersuchungen zum Neuen testament*, 2. Reiche, 18 (J.c.B. Mohr, Tübingen, 1987), 161, Alan Kreider, 《초대교회의 예배와 전도》, 허현 역 (KAP, 2004), 13에서 재인용.

5 볼프강 짐존, 《가정교회》, 황진기 역 (국제제자 훈련원, 2004), 17-20.

6 하워드 스나이더, 《교회 DNA》, 최형근 역 (IVP, 2006), 54.

7 볼프강 짐존, 《가정교회》, 62.

8 칼 조지, 《교회성장의 한계 이렇게 돌파하라》, 최예자 역 (프리셉트, 1996)을 참고하라.

9 빌 설리번, 《출석교인 200명 돌파를 위한 작은 교회성장 전략》, 이현훈 역 (나사렛, 1994).

10 명성훈, 《장년출석 300명 돌파의 원리와 전략: 이론편》 (국민일보, 1998); 명성훈, 《장년출석 300명 돌파의 원리와 전략: 실제편》 (국민일보, 1998)을 참조하라.

11 Scott Thumma, "Exploring the Megachurch Phenomena: Their Characteristics and Cultural Context," http://hirr.hartsem.edu/bookshelf/thumma_article2.html.

12 메가처치 옹호론 중 하나가 교회의 크기를 가치중립적 문제로 보는 관점이다. 이에 대한 반론은 《메가처치 논박》, 83-141을 보라.

13 신광은, "대형교회 집중화 현상의 문제점과 원인," 66-74.

14 양질전환의 법칙이란 지속적인 양적 변화가 어느 순간 임계점을 지나면 질적 변화를 일으키게 된다는 법칙이다. 이는 헤겔의 《논리학》에서 소개된 개념을 마르크스가 《자본론》에서 차용하여 쓴 개념이다. 久留間鮫進, 《마르크스 경제학 연구지침》, 김한민 역 (솔밭, 1988), 164-168. 더불어 《메가처치 논박》 6장을 참고하라.

15 Scott Thumma and Dave Travis, *Beyond Megachurch Myths*, xxi.

16 Scott Thumma, "Exploring the Megachurch Phenomena: Their Characteristics and Cultural Context," http://hirr.hartsem.edu/bookshelf/thumma_article2.html.

17 로버트 웨버, 《젊은 복음주의자를 말하다》, 이윤복 역 (죠이선교회, 2010), 54-71.

18 레이시 워너는 메가처치를 교회적 복음전도ecclesial evangelism라고 부르기도 한다. Laceye Warner, "Mega-Churches: A New Ecclesiology or An Ecclesial Evangelism?", Review and Expositor, vol. 107 (Winter 2010): 21-31.

19 Scott Thumma, "Exploring the Megachurch Phenomena: Their Characteristics and Cultural Context," http://hirr.hartsem.edu/bookshelf/thumma_article2.html.

20 같은 글.

21 이 부분은 〈뉴스앤조이〉에 기고한 "메가처치를 넘어서"를 참고하라. http://www.newsnjoy.or.kr/news/articleList.html?sc_serial_code=SRN75&view_type=sm.

22 지재일, "릭 워렌, '메가처치와 멀티 사이트 처치는 성경적,'" http://www.christiantoday.co.kr/view.htm?id=206712.

23 존 번, 《세계의 20대 교회들》, 정명섭 역 (요단, 1985), 34.

24 1900년대 초 미국에는 약 10개의 메가처치가 있었던 것이 1970년대가 되면 50개 정도로 증가한다. 70년 동안 5배 증가한 것이다. 그러던 것이 2005년에는 1,210개로, 20배 이상 늘어난 수치이다. 즉 메가처치의 수는 1970년대를 지나면서 급격하게 증가했다. Scott Thumma and Dave Travis, *Beyond Megachurch Myths*, 7.

25 같은 책.

26 존 번, 《세계의 20대 교회들》, 36-37.

27 Warren Birds, "World's First Megachurch," http://leadnet.org/worlds_first_megachurch/.

28 한국기독교역사연구소, 《한국 기독교의 역사》 1권 (기독교문사, 1998), 270.

29 Scott Thumma and Dave Travis, *Beyond Megachurch Myths*. 7.

30 존 번, 《세계의 20대 교회들》, 33.

31 이는 하트포드 연구소에서 최근 업데이트한 자료에서 확인할 수 있다. "1666 Churches fit this category," http://hirr.hartsem.edu/cgi-bin/mega/db.pl?db= default&uid=default&view_records=1&ID=*&sb=3&so=descend.

32 Scott Thumma and Dave Travis, *Beyond Megachurch Myths*. 9-27.

33 이에 대해서는 워렌 버드가 작성하고 있는 전 세계 메가처치 목록을 참고하라. Warren Bird, "Global Megachurch Template," http://leadnet.org/page/world?/world.

34 Scott Thumma and Elizabeth J. Leppman, "Creating a New Heaven and a New Earth: Megachurches and the Reengineering of America's Spiritual Soil," 903-931.

35 〈조선일보〉, 1993년 2월 8일, 23면.

36 이진구, "Korean Protestant Church and the Growthism Ideology," http://www.newsnjoy.or.kr/news/articleView.html?idxno=925.

37 교회성장연구소에 따르면 한국에서 메가처치가 전체 교회에서 차지하는 비율은 약 1.7% 정도이다. 교회성장연구소, 《한국 교회 경쟁력 보고서》, 37. 한국의 개신교회가 5-6만 개 정도 있다고 가정했을 때 약 850-1,020여 개의 메가처치가 있다고 추산할 수 있다. 미국의 비율은 이보자 조금 낮은 편이다. 튜마와 트래비스는 미국 개신교회의 숫자를 대략 32만 개로 보고 있다. Scott Thumma and Dave Travis, *Beyond Megachurch Myths*, 5. 한편, 가장 최근에 하트포드연구소에 업데이트된 메가처치의 숫자는 1,666개이다. "1666 Churches fit this category," http://hirr.hartsem.edu/cgi-bin/mega/db.pl?db=default&uid=default&view_records=1&ID=*&sb=3&so=descend. 그렇다면 비율상으로 미국의 메가처치는 전체 교회의 0.5% 정도 된다고 추정

할 수 있다.

38 김순형, "조엘 오스틴의 레이크우드교회, 7년째 미 최대교회," 〈크리스천투데이〉, http://www.christiantoday.co.kr/view.htm?id=267099.

39 네트워크상에서는 적합성이 강한 노드들이 링크를 독식하여 네트워크 허브로 발전하게 된다. A. L. 바라바시, 《링크: 21세기를 지배하는 네트워크 과학》, 강병남, 김기훈 역 (동아시아, 2012), 156-176.

40 Scott Thumma and Elizabeth J. Leppman, "Creating a New Heaven and a New Earth: Megachurches and the Reengineering of America's Spiritual Soil," 904-905.

41 Scott Thumma and Dave Travis, *Beyond Megachurch Myths*, xviii.

42 "2010 U.S. Religiona Census: Summary Findings," http://www.rcms2010.org/press_release/ACP%2020120501.pdf.

43 "Megachurch Definition," http://hartfordinstitute.org/megachurch/definition.html, 2014년 3월 31일 접속.

44 개교회의 자치권을 강조하는 회중주의 교회론의 개교회 자치주의, 혹은 개교회주의와 개교회만을 중심으로 사고하고 활동하는 이기적인 개교회 중심주의를 구분하여 지칭하였다. 둘에 대한 논의는 차후에 상술할 것이다.

45 마크 놀, 《미국, 캐나다 기독교 역사》, 최재건 역 (기독교문서선교회, 2005), 4장, 7장; 로저 핑크, 로드니 스타크 공저, 《미국 종교 시장에서의 승자와 패자》, 김태식 역 (서로사랑, 2009), 3-5장.

46 존 번은 《세계의 20대 교회들》에서 세계 최대 교회들의 성장 사례를 개교회별로 제시하였다. 《세계의 20대 교회들》을 보라.

47 Scott Thumma and Elizabeth J. Leppman, "Creating a New Heaven and a New Earth: Megachurches and the Reengineering of America's Spiritual Soil," 921.

48 Scott Thumma and Dave Travis, *Beyond Megachurch Myths*, 5-6.

49 미국의 경우 출석교인의 절반이 상위 10%의 메가처치에 출석하고 있다는 통계가 있다. 김영빈, "미국교회 출석교인 절반, 상위 10% 메가처치에 집중," 〈크리스천투데이〉, http://www.christiantoday.co.kr/view.htm?id=155219.

50 Scott Thumma and Warren Bird, "Not Who You Think They Are," http://hirr.hartsem.edu/megachurch/megachurch_attender_report.htm.

51 교회성장연구소, 《교회선택의 조건: 한국 교회 교인 수평이동에 대한 연구》(교회성장연구소, 2004), 41-42.

52 일찍이 존 번이 쓴 《세계의 20대 교회들》은 아시아, 아프리카, 남미와 북미 등지에서 가장 큰 세계 20대 교회들이 세워진 경위와 목회자의 리더십, 성장의 비결 등을 간략하게 수록하고 있는데, 추천사를 쓴 피터 와그너는 이들 메가처치가 하나의 모범이라고 주장하고 있다. 이러한 주장은 소수의 메가처치가 갖는 상징적 영향력이 얼마나 큰지를 잘 보여주고 있다. 존 번, 《세계의 20대 교회들》, 15-16.

53 신광은, 《메가처치 논박》, 1장을 보라.

54 지속적 성장 압박에 시달리는 현대교회의 딜레마는 로버트 슐러 목사의 고백에서도 확인할 수 있다. 그는 말하기를, "교회가 성장을 멈출 때 그것은 죽기 시작할 것입니다"라고 했다. 로버트 슐러, 《성공적인 교회성장》, 권명달 역 (보이스사, 1988), 201-202.

55 이종격투기는 본래 유도, 태권도, 쿵푸, 복싱 등 서로 다른 격투기끼리 경합해서 최고의 격투기를 가리기 위해 만들어졌다. 그러나 서로 다른 격투기 선수들이 한 링에 올라서 경기를 치르려면 최대한 공정한 단일한 게임 규칙이 필요했다. 이를 위해서 체급, 시간제한, 점수제 등을 도입했다. 그렇게 해서 한 링에 격투기 선수들이 올라서 경기를 벌인 결과 엉뚱한 결과가 발생하게 된다. 주어진 규칙에 가장 적합한 새로운 격투기가 탄생한 것이다. 그래서 가라데 선수가 레슬링 기술을 활용하지 않으면 안 되고, 킥복싱을 수련한 선수는 목 조르기로

시합을 역전하기도 한다. 이처럼 주어진 규칙에 최적의 격투 기술이 생겨나면서 이것은 다른 어떠한 격투기도 아닌 신종 격투기, 곧 종합격투기가 만들어지게 되었다. 이동기, 《종합격투기》(랜덤하우스코리아, 2006), 148-152.

56 홍현욱, "UFC(종합격투기)와 메가처치," 〈뉴스앤조이〉, http://www.newsnjoy.or.kr/news/articleView.html?idxno=194525.

57 한국 교회의 신학은 일찍부터 크게 보수 성향과 진보 성향으로 나누어 발전했다. 언더우드Horace G. Underwood 선교사가 설립한 장로교는 비교적 보수주의적 입장을 견지해왔고, 아펜젤러Henry G. Appenzeller 선교사가 설립한 감리교는 비교적 자유주의적 입장을 견지하며 발전하게 된다. 정정일, 《신학과 교회성장》(생명의양식, 2007), 67.

58 신광은, 《천하무적 아르뱅주의》(포이에마, 2014), 265-293.

59 정정일, 《신학과 교회성장》, 182.

60 같은 책, 194-196.

61 이에 대해서는 《천하무적 아르뱅주의》를 참고하라.

62 정병선, "교회 생태계 괴멸, 무엇이 문제인가?", 〈뉴스앤조이〉, http://www.newsnjoy.or.kr/news/articleView.html?idxno=36275.

63 양희송, 《다시 프로테스탄트》(복있는사람, 2012), 129.

64 강인철, "수렴 혹은 헤게모니?: 1990년대 이후 개신교지형의 변화," 《경제와 사회》, 62호 (2004년 여름): 18-54.

65 김진호, 《시민 K, 교회를 나가다》(현암사, 2012), 233-277.

66 같은 책, 237-240.

67 이 사건의 배후에는 다양하고 복잡한 배경이 존재하며, 여기에는 복잡한 종교다원주의와 자유주의 신학 논쟁도 중요한 자리를 차지한다. 하지만 본 연구의 맥락에서 중요한 것은 일개 지역교회 목사가 많은 사유와 토론이 필요한 신학

논쟁에 끼어들어 정치권력과 대중 동원을 수단으로 하여 심판자 노릇을 했으며, 이후로 감리교 신학대학의 학풍에 중대한 영향을 발휘했다는 사실이다. 이에 대해서는 김주덕, "한국 교회 분쟁의 요인 분석: 1992년 감리교회의 '종교재판'을 중심으로,"《한국기독교와 역사》, 28권 (2007): 225-247.

68 강인철, "수렴 혹은 헤게모니: 1990년대 이후 개신교 지형의 변화," 29-30.

69 같은 책, 30-33.

70 같은 책, 36-46.

71 한기총이 소수의 메가처치에 장악되어 있는 증거는 한기총의 재정 구조에서 드러난다. 스스로 69개 교단 19개 단체로 구성된 한국 교회의 대표 단체라고 주장하지만 한기총의 재정은 절대적으로 극소수의 메가처치들에 의존하고 있다. 2009년도 한기총 결산에 따르면 별도 항목을 제외하고 가입 교단 및 단체 회비는 전체 예산의 28.5%에 불과하다. 나머지 재정은 대부분 여의도순복음교회, 신일교회, 사랑의교회, 할렐루야교회, 수원중앙침례교회 등의 지원으로 충당된다. 이 때문에 남오성은 "많아야 수십 개의 대형교회 목사들이 모여 한국 교회의 대표성을 주장하는 곳이 바로 한기총이다"라고 했다. 남오성, "밖에서 본 한기총, 안에서 본 한기총," 2011년 3월 28일, 제3세대 그리스도교 연구소 제140장 월례포럼.

72 김진호,《시민 K, 교회를 나가다》, 240-241.

73 강인철, "수렴 혹은 헤게모니: 1990년대 이후 개신교 지형의 변화," 43-46.

74 김진호,《시민 K, 교회를 나가다》, 233-277.

2부 메가처치 현상의 구조 분석

1 기독교 현실주의christian realism는 자크 엘륄의 중요한 학문 방법론이다. 그는 현실을 있는 그대로 바라보려고 노력했으며, 이러한 태도를 가리켜 '현실주의realism'라고 불렀다. 하지만 그가 말하는 현실주의는 객관적 실재가 존

재하며, 그러한 실재를 인식할 수 있다는 식의 인식론적 순진한 실재론naive realism과는 구분된다. 엘륄이 말하는 현실주의는 경험적 차원에 대한 것으로 경험 세계에 대한 정확한 인식과 묘사를 말한다. 그는 그리스도인이야 말로 참된 현실주의자가 될 수 있다고 말했는데 그리스도인이 취하는 현실주의적 태도를 '기독교 현실주의'라고 말한다. 현실을 정확히 파악하기 위해서 그는 뉴스나 시사, 통계자료 등을 의존하지 않는다. 그러한 것들은 현실의 피상적인 측면만을 보여주기 때문이다. 사실들의 파편으로는 현실을 파악할 수 없다. 현실은 그러한 파편적 사실 배후에 존재한다. 그렇다고 현실의 저 깊은 구조를 파악하기 위한 과도하게 추상적이고 이론적인 과학이나 철학을 신뢰하지도 않는다. 신광은, 《자크 엘륄 입문》, 42-50. 그가 생각할 때의 현실이란 눈에 보이는 현실의 이면에 존재하는 어떤 것, 곧 "일시적인 구조와 운동의 규칙성" 속에 존재하는 것이다. 자크 엘륄, 《잊혀진 소망》, 이상민 역 (대장간, 2009), 384.

2 케네스 라투렛은 2천 년 기독교회의 역사를 기독교 팽창의 역사라고 규정하였다. Kenneth Scott Latourette, *A History of The Expansion of Christianity*, vol 1, The First Five Centuries (Grand Rapids: Zondervan, 1971), ix-xxiv.

3 게오르그 피체돔, 《하나님의 선교》, 박근원 역 (대한기독교출판사, 1988), 15.

4 신광은, 《메가처치 논박》, 51-64.

5 데이비드 보쉬, 《변화하고 있는 선교》, 김병길, 장훈태 역 (기독교문서선교회, 2009), 101-140.

6 크리스텐덤은 번역하기 쉬운 용어가 아니다. 크리스텐덤은 그리스도Christ와 왕국Kingdom의 합성어로서 대략 6세기 이후 유럽에 출현한 기독교 세계 전체를 지칭하는 말이다. 이 주제에 오랫동안 천착했던 앨런 크라이더는 크리스텐덤을 "인간 경험의 모든 영역을 그리스도의 주재권 아래 굴복시키기 원하는 문화"라고 정의한다. 앨런 크라이더, 《회심의 변질》, 박삼종 외 3인 역 (대장간, 2012), 176.

7 대릴 구더, 《교회의 선교적 사명에 대한 신선한 통찰: 교회의 계속적인 회심》, 조범연 역 (미션툴, 2005), 38.

8 데이비드 보쉬, 《변화하고 있는 선교》, 420.

9 예컨대, 조지 휫필드는 자신의 집회에 모이는 사람들의 숫자를 강조하다 못해 의도적으로 과장하기도 했으며, 찰스 피니는 부흥을 구도자석에 사람을 많이 채우는 기술로 이해하기도 했다. 신광은, 《메가처치 논박》, 51-64.

10 같은 책, 66-70.

11 데이비드 보쉬, 《변화하고 있는 선교》, 510.

12 같은 책, 474-479.

13 신광은, 《메가처치 논박》, 66-68.

14 도널드 맥가브란, 《교회성장 이해》, 전재옥 외 2인 역 (한국장로교출판사, 1987), 56-81.

15 "Megachurches Today Survey 2005," Downsview, Hartford: Hartford Institute for Religion Research, 2005, PDF, http://hirr.hartsem.edu/megachurch /research.html.

16 교회성장연구소, 《교회선택의 조건》, 66.

17 성공적인 메가처치 목사들은 자신의 교회 교인들에게 선명한 비전과 목표를 제시해줌으로써 모든 교인이 중요한 가치를 공유하게 하고, 자신들의 교회는 다른 교회와 구별되는 독특한 정체성을 갖는다고 느끼게 만들어주며, 뚜렷한 목적의식을 함양하는 데 성공한 사람들이다. 그들은 교인들에게 강력한 방향성을 갖도록 하는데, 그 방향성의 최종 목적지는 교회 성장이다. 이를 위해서 오늘날 개신교회의 많은 목사는 자신의 비전을 포스터, 이미지, 상징 같은 것들로 구체적이고 실제적인 것으로 느낄 수 있도록 표현하기 위해서 많은 노력을 기울인다. Scott Thumma and Dave Travis, *Beyond Megachurch Myths*, 62-64.

18 예를 들어, 하용조는 교회를 개척할 때 또 하나의 교회가 아닌 '바로 그 교회'를 세우기 원한다고 공공연하게 선포했다. 그런데 그가 생각하는 '바로 그 교

회'란 복음전도와 세계선교에 헌신하는 교회였다. 온누리교회, 《Talk & Talk 온누리교회 25년》(온누리교회, 2000), 22-28.

19 Scott Thumma and Dave Travis, *Beyond Megachurch Myths*, 64.

20 설교가 훌륭하다는 말은 단순히 설교학적으로 탁월하다는 의미가 아니다. 교인들에게 감동을 주고 강력한 동기화를 제공한다는 점에서 효과적이라는 뜻이다. 한국 메가처치의 경우, 목사들은 한 주간 살면서 지친 교인들의 마음과 영혼을 치유하는 메시지를 자주 한다. 그런가 하면 실제 생활에서 적용할 수 있는 쉽고, 실제적이고, 도전적인 메시지도 메가처치 목사들이 자주 하는 설교 주제들이다. 같은 책, 64.

21 같은 책, 66-67.

22 개교회 중심주의하에서 현대 개신교 목사들은 교회와 교인들에 대한 막대한 영향력을 소유하고 있는데, 교회가 성장할수록 목사는 좀 더 많은 사람들에게 영향을 미칠 수 있는 리더십이 절실해진다. 교회가 성장하면 목사는 수많은 교인과 직접 대면 접촉을 할 수 없기 때문에 점차 부목사나 전문 간사, 자원봉사자, 평신도 사역자와 직분자들을 만나서 팀을 이루고 조율하고 의사를 결정하는 능력이 필요하게 된다. 같은 책.

23 이 단락은 〈뉴스앤조이〉에 기고한 글을 토대로 고쳐 썼음을 밝힌다. 신광은, "멈출 수 없는 자전거, 메가처치." 〈뉴스앤조이〉, http://www.newsnjoy.or.kr/news/articleView.html?idxno=192103.

24 예를 들어, 어느 공간에 천 명이 모이면 그때 발산되는 심리적 특질은 천 명이 가지는 심리의 합보다 더 많은 뭔가를 가지게 된다는 것이다. 군중은 그곳에 모인 개인들의 총합 그 이상의 존재이다. 이때 플러스알파(+α)가 바로 군중심리라고 할 수 있다. 르봉은 이와 관련해서 다음과 같이 말했다. "군중을 형성하는 개인이 누구이건 이들의 생활양식, 직업, 성격, 교양이 비슷하건 비슷하지 않건, 그들이 군중으로 화化했다는 사실 자체가 그들로 하여금 일종의 집단 심리를 갖게 하며 여기에서 사람들은 평상시의 개인이었을 때와는 전혀 다르게 느끼고 생각하며 행동하게 된다." 구스타프 르봉, 《군중심리》, 전남석역 (동국,

1990), 28.

25 "대형교회 예배는 마치 마약처럼 기분 'UP'", 〈크리스천투데이〉. http://christiantoday.us/sub_read.html?uid=20442§ion=section4§ion2.

26 같은 글.

27 구스타프 르봉, 《군중심리》, 32.

28 엘리아스 카네티, 《군중과 권력》, 강두식, 박병덕 역 (바다출판사, 2010), 25.

29 "대형교회 예배는 마치 마약처럼 기분 'UP'", 〈크리스천투데이〉, http://christiantoday.us/sub_read.html?uid=20442§ion=section4§ion2.

30 로버트 슐러, 《성공적인 교회성장》, 201-202.

31 엘리아스 카네티, 《군중과 권력》, 19.

32 같은 책.

33 같은 책, 30.

34 신광은, 《메가처치 논박》, 28-31.

35 마시모 리비 바치, 《세계 인구의 역사》, 송병건, 허은경 역 (해남, 2009), 41.

36 Scott Thumma, "Exploring the Megachurch Phenomena: Their Characteristics and Cultural Context," http://hirr.hartsem.edu/bookshelf/thumma_article2.html.

37 "국제 통계, 도시화율," http://kosis.kr/statisticsList/statistics List_03List.jsp?vwcd=MT_RTITLE&parmTabId=M_03_01#SubCont.

38 임용환, "주민 참여 넘어 주민 주도형 '커뮤니티 뉴딜' 추진," 〈한겨레〉, http://www.hani.co.kr/arti/economy/heri_review/629763.html.

39 "국제 통계, 주요도시 인구," http://kosis.kr/statisticsList/statisticsList_03List.jsp?vwcd=MT_RTITLE&parmTabId=M_03_01#SubCont.

40 오르테가 이 가세트, 《대중의 반역》, 사회사상연구회 역 (한마음사, 1987), 4.

41 이향순, 이광순, "도시구조의 변동과 대형교회의 성장," 《선교와 신학》, 10권 (2002): 41-72.

42 John N. Vaughan, *The Large Church* (Grand Rapids: Baker Book House, 1985), 16.

43 신광은, 《메가처치 논박》, 32-33.

44 마샬 맥루한, 꽹땡 피오르 공저, 《미디어는 맛사지다》, 김진홍 역 (열화당, 1988), 26.

45 같은 책, 29-41.

46 로저 핑크, 로드니 스타크 공저, 《미국 종교 시장에서의 승자와 패자》, 90.

47 김준형, "조엘 오스틴의 레이크우드교회, 7년째 미 최대교회," 〈크리스천투데이〉, http://www.christiantoday.co.kr/view.htm?id=267099.

48 Scott Thumma, "Exploring the Megachurch Phenomena: Their Characteristics and Cultural Context," http://hirr.hartsem.edu/bookshelf/thumma_article2.htm.

49 자크 엘륄에 따르면 기술이란 "인간 활동의 모든 영역에서in every field of human field 합리적으로 고안되며, 절대적 효율성을 갖는 방법들의 총체the totality of methods rationally arrived at and having absolute efficiency" 이다. 자크 엘륄, 《기술의 역사》, 박광덕 역 (한울아카데미, 1997), 14.

50 릭 워렌, 《새들백교회 이야기: 목적이 이끌어가는 교회》, 김현회, 박경범 역 (디모데, 1996), 177-209.

51 1990년도 한국 가톨릭교회의 본당 평균 신도 수는 3,217명이다. 노치준, 《한

국의 교회조직》(민영사, 1990), 72.

52 교파교회denominational church란 통상 국가교회state church와는 다르게 국가의 지원도 받지 않고, 간섭도 받지 않는 교회를 말한다. 교파교회는 국가의 재정 지원이 없기 때문에 교회의 필요를 자체적으로 충당해야 한다. 또한 국가의 제재나 간섭 없이 자유롭게 선교하여 자신의 세력을 확대할 수 있으며, 독자적 교리와 정치체제를 유지하며 자치한다. 이진구, "한국 근대종교의 탄생: 한국 개신교 지형의 형성과 교파 정체성: 장로교, 감리교, 성결교를 중심으로," 〈종교문화비평〉, vol. 22. (2012), 54.

53 예컨대, 초기에 정착한 청교도들은 주로 뉴잉글랜드 지역을 중심으로 독점적 선교지를 개척했고, 성공회는 버지니아, 캐롤라이나, 조지아, 메릴랜드, 뉴욕시의 일부 등을 영국식으로 국교회 지역으로 만들었으며, 펜실베이니아 지역은 퀘이커들이, 여타 교파가 이들 지역 인근이나 다른 지역에 자신들의 본거지를 개척했다. 마크 놀, 《미국, 캐나다 기독교 역사》, 57-104.

54 후스토 곤잘레스, 《현대교회사》, 서영일 역 (은성, 1987), 45-46.

55 에릭 제이, 《교회론의 역사》, 주재용 역 (대한기독교출판사, 1986), 302-301.

56 앞서 언급한 찰스 시므온은 말년에 자신이 교구제를 파괴한 행동에 대해서, "오, 용서해주세요. 용서해주세요. 그 당시 나는 청년이었으니까요"라고 회개했다. 같은 책, 303.

57 "Cambridge Platform," III. 4, 에릭 제이, 《교회론의 역사》, 250에서 재인용.

58 김중기 외 2인, 《한국 교회성장과 신앙양태에 관한 조사연구》(현대사회연구소, 1982), 87.

59 영락교회, 《영락교회 50년사》(서울영락교회, 1998), 520.

60 〈경향신문〉, 1976년 11월 18일, 5면.

61 자본주의는 삶의 모든 국면을 화폐화한다. 화폐의 무한 증식을 삶의 최고 목적으로 규정하고, 자신의 모든 삶을 합리화하게 하는 체제이다. 그러나 비유

럽 세계에서는 그러한 합리화의 정신에 친숙하지 못했고, 합리성의 정신에 친숙한 유럽 세계에서조차 자본주의라는 체제는 생겨나기 쉬운 체제가 아니었다고 한다. 중세 유럽인들은 굳이 무한정한 화폐 증식을 추구할 필요를 느끼지 못했기 때문이다. 그들은 적은 수입에 만족하고 잘 먹기보다는 차라리 편히 자는 편을 택했다. 막스 베버, 《프로테스탄티즘의 윤리와 자본주의 정신》, 박성수 역 (문예, 2000), 5-27.

62 청교도 신학, 특히 칼뱅주의의 예정론 때문에 생겨난 우주적 영혼의 불안이 그러한 추진력을 만들어냈다는 것이 베버의 주장이다. "나는 선택되었는가? 선택되었다면 나는 그 선택을 어떻게 확신할 수 있는가?"라는 질문 앞에서 청교도들은 감당하기 어려운 영혼의 불안을 경험했다. 청교도들은 자신이 택자임을 확신할 필요가 있었는데 이를 위해 우선은 하나님의 선하심을 신뢰하고, 두 번째는 금욕과 노동이라는 삶의 열매로 자신이 택자임을 입증하려 했다. 그 삶의 열매는 성실한 노동과 그 결과로 생겨난 화폐의 증식이었다. 같은 책, 85.

63 같은 책, 23.

64 피터 버거, 《이단의 시대》, 서광선 역 (문학과지성사, 1981), 22.

65 피터 버거에 따르면, "미국 사회에서 '프로테스탄트화'와 세속화가 다원주의로 연결되는 현상이 생겼는데 이것은 '교파주의'라고 하는 유달리 미국적인 현상으로 발전"하게 되었다. 같은 책, 66.

66 Peter Berger, *The Sacred Canopy: Elements of A Sociological Theory of Religion*, 127-153.

67 로저 핑크, 로드니 스타크 공저, 《미국 종교 시장에서의 승자와 패자》, 30-35.

68 이것은 정확히 막스 베버가 자본주의를 삶의 모든 국면에 대한 합리화 정신의 총체적 지배 체제라고 했던 말과 상통한다. 막스 베버, 《프로테스탄티즘의 윤리와 자본주의 정신》, 5-20.

69 피터 드러커, 《비영리단체의 경영》, 현영아 역 (한국경제신문사, 1995), 16.

70 조지 바나, 《마케팅이 뛰어난 교회가 성장한다》, 김광점 역 (베다니, 1996), 15.

71 리처드 라이징, 《교회 마케팅 101》, 오수현 역 (올리브북스, 2007), 23.

72 옥성호, 《마케팅에 물든 부족한 기독교》 (부흥과 개혁사, 2007), 216-327.

73 James Petras & Henry Veltmeyer, *Globalization Unmasked: Imperialism in the 21th Century* (London: Zed Books, 2001), 26, 장윤재, "경제 세계화와 하이에크의 신자유주의에 대한 신학적 비판," 《시대와 민중신학》, 8권. (2004): 235-236에서 재인용.

74 브레튼 우즈 체제는 고정환율제를 기본으로 하여 자본의 자유로운 이동을 제약하고 있던 장벽이었다. 이 장벽이 철폐되면서 자본의 자유로운 이동이 가능해졌고, 이를 통해 금융 자본주의의 출현이 가능해졌다.

75 1990년대 이후 한국 교회가 신자주주의의 영향을 받아 일어난 변동에 대해서는 이은영, "신자유주의와 1990년대 이후 한국 대형교회의 변화" (석사학위논문, 연세대학교 대학원, 2007), 16-76를 참고하라.

76 장윤재, "경제 세계화와 하이에크의 신자유주의에 대한 신학적 비판," 239-242.

3부 한국 교회와 메가처치 현상

1 Caleb Kwang-Eun Shin and Michael Begin, "Sacred Ambitions, Global Dreams"의 내용을 토대로 쓰였음을 밝힌다.

2 Scott Thumma and Elizabeth J. Leppman, "Creating a New Heaven and a New Earth: Megachurches and the Reengineering of America's Spiritual Soil," 903-931.

3 한국기독교역사학회, 《한국 기독교의 역사》 1권, 1-2장.

4 같은 책, 177-182.

5 같은 책, 134-135.

6 같은 책, 167.

7 이만열, 《한국 기독교회 100년사》(성경읽기사, 1985), 46-47.

8 이만열, 《한말 기독교와 민족운동》(평민사, 1980), 109.

9 같은 책, 4-5장을 보라.

10 한국기독교역사학회, 《한국 기독교의 역사》 1권, 143.

11 같은 책. 142-169.

12 한경철, 《한국 교회 성장 어디까지 왔나》(삼영서관, 1984), 32.

13 정정일, 《신학과 교회성장》, 206.

14 예컨대, 중국을 통한 한국 선교에 결정적인 역할을 했던 알렉산더 윌리엄슨, 로버트 토머스 등은 '런던선교협회LMS: London Missionary Society'를 통해서, 최초의 한국 선교사들인 헨리 아펜젤러, 호레이스 언더우드 등은 '학생자원운동SVM: Student Volunteer Movement'을 통해 조선에 들어왔다. 한국기독교역사학회, 《한국 기독교의 역사》 1권, 4장.

15 같은 책, 209.

16 한국 부흥 운동의 역사는 이만신, 《교회성장과 부흥회》(한국기독교출판사, 1984), 3장을 보라.

17 1895년을 기준으로 감리교 신도가 410명, 장로교 신도가 180명이었지만, 1906년에 이르면 감리교 신도가 15,125명, 장로교 신도가 56,943명으로 교세가 역전된다. 정정일, 《신학과 교회성장》, 64.

18 정정일, 《신학과 교회성장》, 203-208.

19 같은 책, 181-184.

20 한국기독교역사학회, 《한국 기독교의 역사》 3권, 127-128.

21 한국기독교역사학회,《한국 기독교의 역사》1권, 208-213.

22 조창연,《개신교 목회자들의 의식과 교회의 세속화 적용》(한국학술정보, 2008), 85-102.

23 같은 책, 134-139.

24 "子曰 身體髮膚 受之父母 不敢毁傷 孝之始也 立身行道 揚名於後世 以顯父母 孝之終也" 공자,《효경》, 開宗明義 章第 1.

25 1866년 병인양요 때 프랑스 해군 소위 후보생으로 강화도를 공격했던 앙리 쥐베르는《조선 원정기》라는 책에서 약 150년 전 조선을 이렇게 묘사했다. "조선인의 행동거지는 품위나 세련된 예의와 거리가 멀다. 조심성이 없고 아주 불결하다. 집들은 상상을 초월할 정도로 더럽다. 하지만 경탄하지 않을 수 없고 동시에 우리의 자존심을 상하게 하는 한 가지 사실을 발견할 수 있는데, 그것은 바로 아무리 가난한 집이라도 집 안에 책이 있다는 사실이다." 이상권, "학구열,"〈경남신문〉, http://www.knnews.co.kr/news/articleView.php?idxno=.

26 남한 인구를 기준으로 1925년부터 1955년까지 매 10년 동안 약 200-300만 명씩 인구가 증가했다. 하지만 1955년부터 1966년까지는 거의 1천만 명의 인구가 늘어난다. 1966년 이후부터 조정기에 들어가서 매 10년 동안 약 5백만 명씩 증가하다가 2005년부터는 서서히 정체기에 접어들고 있다. http://kosis.kr/abroad/abroad_01List.jsp.

27 19세기 말까지 한국의 도시화 비율은 약 12% 정도였다. 개항과 일본제국의 병참 기지를 위한 목적의 도시 개발로 1945년의 도시화 비율은 약 25%에 달한다. 해방 이후 해외 한국인 디아스포라의 귀국과 북한을 탈출한 월남민의 러쉬로 1955년에는 31%의 도시화가 이루어진다. "한국의 도시,"〈한국 브리태니커〉, http://preview.britannica.co.kr/bol/to pic.asp?article_id=b05d0491b014.

28 http://www.city.go.kr/jsp/cmsView/board.

jsp?menuCode=102410081000.

29 http://kosis.kr/abroad/abroad_01List.jsp.

30 남한 면적은 약 99,000제곱킬로미터이지만 산과 임야 등 사람이 살 수 없는 지역을 제외하면 1983년 기준으로 제곱킬로미터당 1,130명이 살고 있다. 이를 기준으로 하면 한국의 인구밀도는 단연 세계 1위이다. 김병서, 《한국 사회와 개신교》 (한울, 1995), 136.

31 김진호, 《시민 K, 교회를 나가다》, 74-77.

32 이향순, 이광순, "도시구조의 변동과 대형교회의 성장, 41-71.

33 한국기독교역사학회, 《한국 기독교의 역사》 3권, 124.

34 전택부, 《한국 교회 발전사》 (대한기독교출판사, 1987), 17-19.

35 이만열, 《한말 기독교와 민족운동》, 11-25.

36 윤영훈, "복음은 미디어를 타고," 《변화하는 한국 교회와 복음주의 운동》 (두란노 아카데미, 2011), 203-228.

37 한국기독교역사학회, 《한국 기독교의 역사》 3권, 127-131.

38 초지역교회는 필자의 신조어로 다수의 교회가 동일한 대도시 단위의 광범위한 지역 사람들을 잠재적 신자로 간주하고 접근함으로써 전통적 의미의 지역성에 기초한 지역교회를 찾아볼 수 없게 되었다는 의미로 사용하는 용어이다.

39 "대우의 창립자 김우중은 자기 학대와 같은 가혹한 노동윤리로 잘 알려져 있었다. 가끔 쉬는 날을 제외하고는 연중무휴로 하루 18시간씩 수 년을 일해왔다는 것이다." 브루스 커밍스, 《브루스 커밍스의 한국 현대사》, 김동노 외 3인 역 (창비, 2001), 475.

40 한국 교회의 친정부적 밀월 관계에 대해서는 김지방, 《정치교회》 (교양인, 2007)를 보라.

41 김병서, 《한국 사회와 개신교》, 22.

42 같은 책, 22-23.

43 통계에 의하면, 1971-1980년 한국의 경제성장률은 9.05%였다. 1970년 한국 교회 신자는 2,197,336명이던 것이 1980년에는 7,180,627명에 이르러 성장률은 326%에 달한다. 배덕만, "한국 교회의 고도성장," 김흥수 외 14인, 《한국 기독교사 탐구》(대한기독교서회, 2011), 216-241.

44 김진호, 《시민 K, 교회를 나가다》, 71.

45 새문안교회는 1887년 선교사 언더우드와 로스가 설립한 교회이며, 정동제일감리교회는 1885년 선교사 아펜젤러가 세운 한국 최초의 개신교회이다. 영동장로교회는 1894년에 선교사 그레이엄 리에 의해 세워졌다. 반면에 영락장로교회는 1945년 한경직이 월남자들을 모아 세운 교회이다.

46 영락교회, 《영락교회 50년사》, 520-521.

47 새문안교회 역사편찬위원회, 《새문안교회 100년사》(새문안교회 역사편찬위원회, 1995), 부록, 17.

48 이향순, 이광순, "도시구조의 변동과 대형교회의 성장," 41-72.

49 영락교회, 《영락교회 50년사》, 21.

50 같은 책, 3장.

51 초기 영락교회 신자들은 대부분 서북 지역 출신이었는데, 이들은 19세기 말에 중국을 통해서 최초로 개신교 복음을 받아들였던 이들의 후손이기도 하다. 남북이 분단되기 전까지만 해도 이 지역, 특히 '한국의 예루살렘'이라 불리던 평양은 한국 개신교회의 중심지였다. 같은 책, 2장.

52 같은 책, 187.

53 오성현, "현대 한국 교회 복음주의와 윤리운동," 《변화하는 한국 교회와 복음주의 운동》, 69-97.

54 구민정, "강남형 대형교회 여신도들의 신앙양태에 대한 신학윤리적 성찰," 2008년 4월 26일, 한국여성철학회, 89-94.

55 같은 책.

56 국제신학연구소, 《여의도순복음교회의 신앙과 신학》 2권 (서울서적, 1993), 3장.

57 여의도순복음교회, 《여의도순복음교회 50년사》 (여의도순복음교회, 2008), 부록.

58 M. 엘리아데, 《성과 속》, 이동하 역 (학민사, 1997), 14-18. 이에 대해서는 뒤에 좀 더 자세히 상술하겠다.

59 김진호, 《시민 K, 교회를 나가다》, 80-81.

60 여의도순복음교회, 《여의도순복음교회 50년사》, 부록.

61 같은 책.

62 김중기 외 2인, 《한국 교회성장과 신앙양태에 관한 조사연구》, 87.

63 이향순, 이광순, "도시구조의 변동과 대형교회의 성장," 41-72.

64 정정훈, "교회와 세상, 그 코드적 동일성에 관한 묵상," 2007년 9월 26일, 교회의 날 발제, 4-6.

65 김진호, 《시민 K, 교회를 나가다》, 86-90.

66 뒤에서 살펴보겠지만 교회성장학자 도널드 맥가브란은 인종이나 계층의 동질성이 선교의 중요한 접촉점이 된다고 말했다. 도널드 맥가브란, 《교회성장이해》, 전재옥 외 2인 역 (한국장로교출판사, 1987), 346.

67 서우석, "중산층 대형교회에 관한 사회학적 연구," 《한국사회학》, 28집 (1994 여름): 151-174.

68 온누리교회, 《Talk & Talk 온누리교회 25년》 (온누리교회, 2010), 1장.

69 같은 책, 서론.

70 같은 책, 25장.

71 이용두, 〈한국 초대형교회 성장요인 분석과 목회적용: 여의도, 사랑의, 온누리 교회를 중심으로〉, (박사학위논문, 백석대학교 기독교전문대학원, 2007), 198.

72 온누리교회, 《Talk & Talk 온누리교회 25년》, 5장.

73 사도행전Acts은 누가가 기록한 것으로 알려져 있다. 사도행전에서 누가는 사도들의 선교 행적acts을 기록하여 보여주는데, 이 책은 마치 29장 이하의 내용이 잘려나간 것처럼 28장에서 갑작스럽게 끝난다. 따라서 'ACTS 29' 비전은 온누리교회가 29장 이하의 내용을 채워가겠다는 의미를 담고 있다.

74 온누리교회, 《Talk & Talk 온누리교회 25년》, 40-41장.

75 "파라처치 조직은 기독교 신앙에 기반을 둔 조직으로서 교단 밖에서, 그리고 교단을 초월하여 사회사업이나 복음전도 사역에 참여하는 단체를 말한다." http://en.wikipedia.org/wiki/Parachurch_organization.

76 문성모, 《하용조 목사 이야기》 (두란노서원, 2010), 101-114.

77 온누리교회, 《Talk & Talk 온누리교회 25년》, 5장.

78 같은 책, 25장.

79 포드주의Fordism는 소품종 대량생산이 특징이고, 포스트포드주의post-Fordism는 다품종 소량생산이 특징이라고 할 수 있다. 강남형 메가처치는 다양한 신자층에 맞도록 다양한 목회 프로그램을 만들어낸다는 점에서 포스트포드주의를 모방하는 교회라고 할 수 있다. 이와 관련해서 다음을 참고하라. 정정훈, "교회와 세상, 그 코드적 동일성에 관한 묵상," 4-6.

80 온누리교회, 《Talk & Talk 온누리교회 25년》, 24장.

81 이상수, 《건강한 교회성장, 이제는 시스템이다》 (말씀삶, 2005), 서론.

82 이에 대해서는 강인철, "수렴 혹은 헤게모니?: 1990년대 이후 개신교지형의 변화"와 김진호, 《시민 K, 교회를 나가다》, 231-242를 보라.

83 국민일보 탐사기획팀, "5만 교회 현주소 GIS 분석: 한국 교회 8년간 22% 늘었다," 〈국민일보〉, http://www.kukinews.com/mission/article/view.asp?page=1&gCode=all&arcid=0921123251&cp=nv.

84 박용규, 《한국 교회를 깨우다》 (생명의말씀사, 1998), 48.

85 같은 책, 191.

86 같은 책, 2장.

87 이용두, "한국 초대형교회 성장요인 분석과 목회적용: 여의도, 사랑의, 온누리 교회를 중심으로," 183.

88 박용규, 《한국 교회를 깨우다》, 57.

89 김은실, "사랑의교회 건축 특혜 논란, 법정으로 가나?" 〈뉴스앤조이〉, http://www.newsnjoy.or.kr/news/articleView.html?idxno=35103.

90 황영익 목사는 사랑의교회 신축은 서초3동, 방배동, 반포동, 반포4동 등 주변의 많은 지역교회들에게 영향을 미치게 될 것이라고 예견했다. 황영익, "사랑의교회 건축과 지역교회," 2009년 12월 22일, "사랑의교회 건축 어떻게 볼 것인가?" 오픈포럼 발제.

4부 메가처치 현상의 신학적 원인을 찾아서

1 칼뱅은 이러한 성서주의를 "하나님께서는 오직 성경에서만 자신에 관한 것을 실제적으로 알리신다"는 말로 표현했다. 장 칼뱅, 《기독교 강요》 I권, 고영민 역 (기독교문사, 2008), 166. 이러한 확고한 성서주의는 저항과 개혁의 원동력이 되곤 하였는데, 특히 히틀러와 나치당의 준동에 맞서 독일 고백교회가 바르멘 선언을 천명했을 때에도 이를 확인할 수 있다. 정미현, "바르멘 선언 제1항과의 관련성에서 본 자연신학의 문제," 《조직신학논총》, 1권 (1995): 86-94.

2 "아니오"는 자연신학의 가능성을 다소나마 인정하고자 하는 에밀 브루너의 주

장에 대한 칼 바르트의 응답으로 그가 제시한 답변이었다. 그는 여하한 형태의 자연신학도, 예수 그리스도와 성서 이외의 그 어떠한 진리의 원천에 대해서도 단호하게 거부했다. 칼 바르트, "아니오!", 《자연신학》, 김동건 역 (한국장로교출판사, 1997), 75-141.

3 바르멘 선언 제1항은 이렇게 시작한다. "성서가 우리에게 증언해주는 예수 그리스도는 우리가 들어야 하고 사나 죽으나 신뢰하고 복종해야 할 하나님의 유일한 말씀이다." Barmer Theologische Erklärung, I, 손규태, "바르멘 선언의 현대적 의의," 《기독교사상》, 1989년 6월, 36에서 재인용.

4 2005년 인구센서스 조사 결과 개신교회 인구는 10년 동안 다소 감소하고, 불교 인구는 30만 명 정도 늘었으나 신자 점유율은 약간 감소한 것으로 나타났다. 반면에 가톨릭교회는 10년 동안 74.4%나 성장했다. 이미영, "천주교 신자수가 부쩍 늘었다는데…," 《가톨릭 뉴스 지금 여기》, http://www.catholicnews.co.kr/news/articleView.html?idxno=1733.
그리하여 일각에서는 2015년에 가톨릭 신자 수가 개신교 신자 수를 추월할 수 있을 것이라는 예측을 내놓기도 한다. 조현, "2015년엔 가톨릭 인구, 개신교 넘을 수도," 〈한겨레〉, http://www.hani.co.kr/arti/society/religious/561715.html.

5 박동호, "200주년 사목의안--교회의 대형화." 《가톨릭뉴스 지금 여기》, http://www.catholicnews.co.kr/news/articleView.html?idxno=6392.

6 박동호, "교회의 사회참여에 대한 성찰," 2011년 12월 9일, 2011년 〈사회교리 주간 토론회〉.

7 이에 대해서는 여러 명의 학자도 동의하는 바이다. "Megachurch Definition," http://hartfordinstitute.org/megachurch/definition.html.

8 J. L. 아크릴, 《철학자 아리스토텔레스》, 한석환 역 (서광사, 1992), 224.

9 아리스토텔레스에게 사물의 본질이란 즉자적으로 그것이라고 일컬어지는 바의 무엇인 것이다. 같은 책, 235.

10 김기대는 개신교 목사들이 성장을 추구하는 이유를 폭로하며 비판했다. 김기대, "그들이 성공에 집착하는 이유는 매우 단순하다. … 좋은 차에, 좋은 집에, 좋은 음식에, 비싼 양복에, 선교지 방문을 빙자한 빈번한 외국 여행에 그들의 욕망이 적나라하게 드러난다." 김기대, "권력과 자기 욕망의 화신, 대형교회 목사들," 〈뉴스앤조이〉, http://www.newsnjoy.or.kr/news/articleView.html?idxno=196887.

11 Scott Thumma and Dave Travis, *Beyond Megachurch Myths*, 66-67.

12 "Megachurch Definition," http://hartfordinstitute.org/megachurch / definition.html.

13 "교구," 《한국가톨릭대사전》, 2006년 판, 568-570.

14 로버트 뱅크스, 《바울의 공동체 사상》, 장동수 역 (IVP, 2007), 69-74.

15 "교구," 《한국가톨릭대사전》, 2006년 판, 568-570.

16 3개 관구는 서울, 대구, 광주이고, 서울 관구 예하에는 서울대교구 외, 춘천, 대전, 인천, 수원, 원주, 의정부 교구 등이 있고, 대구 관구 예하에는 대구대교구, 부산, 청주, 마산, 안동 교구 등이 있으며, 광주 관구 예하에는 광주 대교구, 전주, 제주 교구 등이 있다. 그 외 군종 교구가 따로 있다. 《한국 천주교회 통계》 (한국천주교중앙협의회, 2014), 6.

17 Jeseph Ratzinger, *Church, Ecumenism, and Politics: New Essays in Ecclesiology* (New York: Crossroad, 1988), 79. 미로슬라브 볼프, 《삼위일체와 교회》, 황은영 역 (새물결플러스, 2012), 115에서 재인용.

18 사실 이것은 신약성서가 말하는 지역교회의 개념에도 부합한다. 신약성서에서 '예루살렘 교회'(행 11:22), '안디옥 교회'(행 13:1), '갈라디아 교회'(행 16:1) 등으로 부를 때나 요한계시록 2장과 3장에서 나오는 소아시아 일곱 교회 등 지역단위로 일컫는 교회 명칭은 모두 도시 단위 가정교회들의 연합을 지칭한다. 허호익, 《신앙, 성서, 교회를 위한 기독교 신학》 (동연, 2009), 274-276.

19 미로슬라브 볼프,《삼위일체와 교회》, 107-109.

20 손병호,《교회정치학 원론》(양서각, 1984), 212.

21 김승진,《근원적 종교개혁》(침례신학대학교출판부, 2011), 31-34.

22 같은 책, 34-38.

23 윌리엄 에스텝,《재침례교도의 역사》, 정수영 역 (요단, 1985), 41-42.

24 김승진,《근원적 종교개혁》, 159-160.

25 도널드 크레이빌 외 2인,《아미시 그레이스》, 김재열 역 (뉴스앤조이, 2009), 259-260.

26 후터라이트는 사유재산을 인정하는 것은 복음적 삶에 합당치 않다고 생각한다. 이러한 이유로 오래전부터 후터라이트와 다른 아나뱁티스트 교회들 간에 논쟁이 있었다. 윌리엄 에스텝,《재침례교도의 역사》, 287-288.

27 존 호스테들러,《후터라이트 사람들, 그 삶의 이야기》, 김복기 역 (KAP, 2007), 39.

28 존 호퍼,《후터라이트 공동체의 역사》, 김복기 역 (KAP, 2008), 196-200.

29 물론 이러한 평균 숫자만으로는 메가처치 현상이 있는지 없는지 확정하기 어렵다. 더구나 메노나이트 교회의 경우 대부분 재적신자나 출석신자가 아니라 언약에 헌신한 정회원만을 교인으로 계산하는 경향이 있다. 이 때문에 통상 출석신자의 수는 발표된 정회원 신자의 수보다 많다. 왜냐하면 출석신자에는 아직 언약에 헌신하지 않은 준회원 신자도 포함되어 있기 때문이다. 이러한 두 가지 이유 때문에 M. C. USA가 발표한 통계만으로 메노나이트 교회의 정확한 출석인원을 산정하기는 어렵고 메노나이트 교회 내에 메가처치 현상이 어느 정도로 강력하게 나타나고 있는지도 판정하기는 쉽지 않다. 하지만 컨퍼런스의 범위가 큰 미국의 1-3개 주라는 광범위한 지역을 단위로 구획되어 있으며 각 컨퍼런스 교회의 평균 숫자는 평균 45개이고, 각 컨퍼런스의 멤버십 신자 수는 평균 4,701명이라는 점을 고려해봤을 때 미국 메노나이트 교회는 밀

집도가 현저하게 희박하다는 사실을 추론할 수 있다. 즉 M. C. USA에 속한 메노나이트 교회의 경우 대체로 중소형 단위 교회들이 넓은 지역에 산재해 있다고 추정할 수 있다. 내가 방문한 북미 메노나이트 교회들의 풍경도 이러한 추정대로 대체로 100명이 넘지 않는 작은 시골 교회 풍경이었다. 이것은 메가처치 현상과는 다소 거리가 멀다고 추론할 수 있다. "Area Conference," http://www.mennoniteusa.org/about/structure/ area-conferences/.

30 해럴드 벤더, 《재세례신앙의 비전》, 김복기 역 (KAP, 2008), 90.

31 아놀드 스나이더, 《재세례신앙의 씨앗으로부터》, 김복기 역 (KAP, 2007), 67.

32 아나뱁티스트들은 선교를 참 진리의 승리로 보았으며, 그 진리는 반드시 가시적인 삶으로 드러나야 한다고 보았다. Franlkin H. Littell, "The Anabaptist Theology of Mission," Anabaptism and Mission (Scottdale: Herald Press, 1984), 13-23; Jesé Gallardo, "Ethics and Mission," *Anabaptism and Mission*, 137-157.

33 베리 칼렌은 이 시대에 진정으로 필요한 교회의 회복은 참 신앙을 고백하는 신자들로 구성된 중생한 신자들의 교회의 회복이라고 역설하고, 그런 신자들의 교회의 모범을 아나뱁티스트에게서 찾고 있다. 베리 칼렌, 《급진적 기독교》, 배덕만 역 (대장간, 2010), 29-52.

34 아놀드 스나이더, 《재세례신앙의 씨앗으로부터》, 67-68.

35 윌리엄 에스텝, 《재침례교도의 역사》, 273-274.

36 존 호스테들러, 《후터라이트 사람들, 그 삶의 이야기》, 20, 54-55, 78-79.

37 아놀드 스나이더, 《재세례신앙의 씨앗으로부터》, 78-80.

38 아미쉬의 경우 교회 신자가 너무 많아지면 가정에서 모이기 어려워지기 때문에 이를 경계한다. 후터라이트의 경우 인구과밀과 함께 비참여적이고 소외되는 사람들이 생기게 될 것을 경계한다. 존 호퍼, 《후터라이트 공동체의 역사》, 196-200.

39 시카고의 한 메노나이트 공동체를 목격한 한 사람은 다음과 같이 증언한다. "하지만 메노파 공동체는 달라요. 여기 시카고에서는 개인과 개인으로 관계를 맺고 있지만 메노파 공동체의 경우에는 서로를 친 형제자매로 생각합니다. 그들은 서로에게 책임을 다하며 가치관과 행위가 일치하는 삶을 지향하죠." 데이비드 옥스버거, 《외길영성》, 조계광 역 (생명의말씀사, 2007), 77.

40 토머스 홉스, 《리바이어던》, 1권, 진석용 역 (나남, 2008), 171.

41 같은 책.

42 나종석, "홉스의 정치철학과 고전적인 정치철학의 붕괴," 《사회와 철학》, 6집 (2003): 265.

43 토머스 홉스, 《리바이어던》, 1권, 172.

44 같은 책, 176-193.

45 같은 책, 227-234.

46 장하나, "예배 참석하면 5천원? … 과잉전도 논란," 〈연합신문〉, http://media.daum.net/society/newsview?newsid=20121129141413967.

47 손성환, "우리 교회서 전단지 뿌리지마 … 교회로 끌고 가 폭행," 〈오마이뉴스〉, http://www.ohmynews.com/NWS_Web/View/at_pg.aspx?CNTN_CD=A0001632745&PAGE_CD=N0000&BLCK_CD=N0000&CMPT_CD=M0011.

48 황영익, "사랑의교회 건축과 지역교회," 2009년 12월 22일, "사랑의교회 건축, 어떻게 볼 것인가?" 오픈포럼.

49 윌리엄 채드윅, 《양 도둑질》, 전의우 역 (규장, 2002)을 보라.

50 토머스 홉스, 《리바이어던》, 1권, 227-234.

51 리처드 니버, 《교회 분열의 사회적 배경》, 노치준 역 (종로서적, 1983), 3-24.

52 같은 책, 3.

53 같은 책, 20.

54 같은 책, 20.

55 노치준은 본 연구에서 개별교회 중심주의church individualism라고 명명한 것을 단순히 '개교회주의'라는 용어로 지칭했다. 하지만 침례교회와 같은 교단에서는 개교회주의라는 용어를 개별교회의 자율성을 강조하는 긍정적 의미로도 사용하고 있기 때문에 본 연구에서는 개교회주의와 개별교회 중심주의라는 용어를 구분했으며, 노치준이 말하는 부정적 의미의 개교회주의를 본서의 맥락에 맞게 개별교회 중심주의로 고쳐 썼음을 밝힌다.

56 노치준, 《한국의 교회조직》, 32.

57 로저 핑크, 로드니 스타크 공저, 《미국 종교 시장에서의 승자와 패자》, 337-343.

58 김문수, 〈한국장로교회의 분열이 교회성장에 미친 영향에 관한 연구〉 (석사학위 논문, 칼빈신학교 신학대학원, 2007), 44-71.

59 노치준, 《한국의 교회조직》, 55.

60 통계조사에 따르면 2000년에 43,443개였던 개신교회 숫자가 2007년이 되면 52,905개로 21.78%나 증가한다. 이도경, "[5만 교회 현주소 GIS 분석] 한국 교회 8년간 22% 늘었다," 〈국민일보〉, http://www.kukinews.com/mission/article/view.asp?page=1&gCode=all&arcid=0921123251&cp=nv.

61 경기도에만 12,527개 교회가 있으며, 수도권에 전체 교회의 46.6%가 밀집해 있다. 같은 책.

62 하비 콕스, 《세속도시: 현대 문명의 세속화에 대한 신학적 전망》, 이상률 역 (문예, 2010), 87.

63 같은 책, 88.

64 마을 신학을 가지고 있는 고리타분한 목사들이 익명성에 안주하는 현대인을 "사회 병리"나 "고슴도치 심리"라는 이름으로 정죄하지만 이는 자신들의 신학이 오래된 마을 신학에 불과하다는 사실을 알지 못하는 것이라는 것이 하비 콕스의 비판이다. 하비 콕스, 《세속도시》, 93-95.

65 같은 책, 87-101.

66 하나님은 모세에게 "나는 이름으로도 너를 알고 너도 내 앞에 은총을 입었다"(출 33:12), "너는 내 목전에 은총을 입었고 내가 이름으로도 너를 앎이니라"(출 33:17)라고 말씀하시는데, 이름을 기억한다는 말과 하나님의 특별한 은총을 입었다는 말은 동의어이다.

67 시 69:28; 빌 4:3; 계 3:5, 13:8, 17:8, 20:12, 15, 21:27 등과 비교하라.

68 Jacques Ellul, *The Presence of the Kingdom*, tr. Daniel B. Clendenin (Colorado Springs: Helmers&Howard, 1989), 78.

69 마르틴 부버, 《나와 너》, 표재명 역 (문예, 1977), 24.

70 Jacques Ellul, *The Presence of the Kingdom*, 94-100.

71 안톤 지더벨트, 《추상적 사회》, 윤원일 역 (종로서적, 1983), 58-66.

72 신광은, 《메가처치 논박》, 317-321.

73 릭 워렌, 《새들백교회 이야기: 목적이 이끌어가는 교회》, 177-209.

74 신광은, 《메가처치 논박》, 293-296.

75 같은 책, 277-292.

76 아돌프 폰 하르낙, 《기독교의 본질》, 오흥명 역 (한들, 2007), 71-77.

77 마르틴 부버, 《나와 너》, 97-158.

78 Scott Thumma and Dave Travis, *Beyond Megachurch Myths*, 46-50.

79 같은 책, 46-50. 메가처치는 모든 교인으로 하여금 최소한 세 종류의 소그룹에

참여하도록 권면한다. 하나는 소그룹 성경공부 모임이고, 또 하나는 또래 모임과 같은 친교모임이고, 마지막으로는 사역팀이다. 즉 메가처치는 모든 신자가 가급적 교육과 친교, 사역이라는 소그룹에 삼중으로 참여하기를 권한다.

80 하비 콕스, 《세속도시》, 94-96.

81 디트리히 본회퍼, 《신도의 공동생활》, 문익환 역 (대한기독교서회, 1990), 22-30.

82 데이비드 옥스버거, 《외길영성》, 84.

83 아브라함 매슬로우에 따르면 인간에게는 최소한 다섯 가지 중요한 욕구가 존재한다. 이들 욕구는 가장 기본적인 욕구인 생리적 욕구로부터 최상층에 자리 잡은 자아실현의 욕구까지 피라미드 형태로 위계화될 수 있다. 그중 중간인 세 번째 위치에 자리 잡고 있는 것이 소속과 친밀감의 욕구이다. 아브라함 매슬로우, 《존재의 심리학》, 이혜성 역 (이화여자대학교출판부, 1982), 53-84.

84 아브라함 매슬로우는 사랑을 B타입과 D타입으로 구분하고, B타입의 사랑은 타인에 대한 사랑, 욕구화되지 않는 사랑, 비이기적인 사랑이라고 설명했으며, D타입의 사랑은 결핍된 사랑, 사랑 욕구, 이기적인 사랑이라고 설명한 바 있다. 같은 책, 83.

85 디트리히 본회퍼, 《신도의 공동생활》, 22-30.

86 데이비드 옥스버거, 《외길영성》, 84.

5부 메가처치 현상과 교회론적 개인주의

1 신조영, "미국적 가치관 비판: 개인주의와 물질주의를 중심으로," 《미국사 연구》, 13권 (2001): 195.

2 노명식은 개인주의가 자유주의의 철학적 기초라고 보았다. 노명식, 《자유주의의 역사》 (책과함께, 2011), 37-64.

3 임희완, "西洋의 individualism," 《현대이념연구》, 5권 (1987): 17.

4 플라톤이나 아리스토텔레스 같은 위대한 철학자들은 개체적 인간보다는 보편적 인간을 더 강조했다. 보편보다는 개체에 더 많은 관심을 두었던 아리스토텔레스조차 보편적 인류를 개인보다 앞세웠다. 그가 인간을 "사회적 동물"로 파악한 것은 인간을 개인으로서가 아니라 유적類的 존재로서 먼저 파악하고자 했음을 보여준다. 그리하여 본회퍼가 지적한 대로 아리스토텔레스에게 있어서 "인간은 오직 유적 이성Gattungsvemunft에 참여하는 한에서만 인간이 된다." 디트리히 본회퍼, 《성도의 교제: 교회사회학에 대한 교의학적 연구》, 유석성, 이신건 역 (대한기독교서회, 2010), 48.

5 이길용, "유럽의 개인주의 전통과 역사적 고찰," 《동국사학》, 31권 (1997): 276.

6 프리도 릭켄, 《고대 그리스 철학》, 326-327.

7 이길용, "유럽의 개인주의 전통과 역사적 고찰," 273-326.

8 디트리히 본회퍼, 《성도의 교제》, 50.

9 프리도 릭켄, 《고대 그리스 철학》, 김성진 역 (서광사, 2000), 324-325.

10 디트리히 본회퍼, 《성도의 교제》, 50.

11 임희완, "西洋의 individualism," 18-20.

12 르네 데카르트, 《방법서설》, 최명관 역 (서광사, 1983), 17.

13 같은 책, 16.

14 아예 작심하고 모든 지식을 체계적으로 부정하는 그의 철학적 방식을 데카르트는 '방법적 회의'라고 했다. 르네 데카르트, 《성찰》, 최명관 역 (서광사, 1983), 77-82.

15 르네 데카르트, 《방법서설》, 30.

16 르네 데카르트, 《성찰》, 86.

17 "내 세 번째 격률은 언제나 운명보다 나를 이기며, 세계의 질서보다는 오히려

내 욕망을 바꾸려고 노력하는 것이다. 또 일반으로 우리가 완전히 지배할 수 있는 것이라고는 우리의 생각밖에 없으며, 따라서 우리의 외부에 있는 모든 것들에 관해서 우리가 우리의 최선을 다한 후에도 성공을 기두지 못한 모든 일은 우리에게 있어 절대로 불가능하다고 믿는 습관을 붙이는 것이었다." 르네 데카르트, 《방법서설》, 25.

18 토머스 홉스, 《리바이어던》, 1권, 172.

19 나종석, "홉스의 정치철학과 고전적인 정치철학의 붕괴," 《사회와 철학》, 6호 (2003): 255.

20 노명식, 《자유주의의 역사》, 58.

21 토머스 홉스, 《리바이어던》, 1권, 176-193.

22 나종석, "홉스의 정치철학과 고전적인 정치철학의 붕괴," 255-259.

23 로크는 자연 상태의 인간의 자유에 대해서 다음과 같이 묘사한다. "원래 인간이 이 세상에 태어나면서 갖게 되는 자연적인 자유란, 이 땅 위의 어떠한 우월한 권력의 속박도 받지 않는, 그리고 다른 인간의 의지나 다른 인간이 가지는 입법권에 종속되는 일이 없이 오직 자연법만을 자기를 지배하는 생의 법칙으로 삼고 있는 것을 말하는 것이다." 존 로크, 《통치론》, 이극찬 역 (삼성, 1989), 46.

24 같은 책, 31.

25 같은 책, 49-50.

26 같은 책, 50-51.

27 같은 책, 101.

28 장 자크 루소, 《에밀》, 정병희 역 (동서, 2007), 13.

29 루소에 의하면 사회계약이 추구하는 사회적 형태는 다음과 같은 것이 되어야 한다. "공동의 전체 힘으로부터 개인의 신체를 그리고 구성원 각자의 재산을

방어하고 보호해주는 연합 형태, 그리고 이에 의해 각 개인은 전체와 결합되어 있으나 자기 자신에게만 복종하는, 그래서 종전과 마찬가지로 자유롭게 남아 있을 수 있는 그러한 연합 형태를 발견할 것." 장 자크 루소, 《사회계약론》, 이환 역 (삼성, 1989), 300-302.

30 이에 대해서 고봉진의 연구를 참고하라. 고봉진, "사회계약론의 역사적 의의-홉스, 로크, 루소의 사회계약론 비교," 《법과 정책》, 20권 (2014).

31 토머스 홉스, 《리바이어던》, 1권, 171.

32 존 로크, 《통치론》, 31.

33 고봉진, "사회계약론의 역사적 의의-홉스, 로크, 루소의 사회계약론 비교," 63-65.

34 송규범, "존 로크의 자연법 사상," 《서원대학 논문집》, 25권 (1990): 242.

35 노명식, 《자유주의의 역사》, 58.

36 프리드리히 헤겔의 역사철학을 추종하는 프란시스 후쿠야마는 역사가 늘 자유를 극대화하는 쪽으로 움직여왔다고 주장했으며, 그러한 견지에서 보자면 20세기 후반은 더 이상 확대할 자유의 영역이 없어졌다는 의미에서 역사가 종말에 이르렀다고 주장했다. 프란시스 후쿠야마, 《역사의 종말》, 이상훈 역 (한마음, 1992)을 참고하라.

37 존 스튜어트 밀, 《자유론》, 이극찬 역 (삼성, 1989), 251.

38 노명식, 《자유주의의 역사》, 59.

39 같은 책, 60.

40 애덤 스미스, 《국부론》, 1권, 최호진, 정해동 역 (범우사, 1992), 31-32.

41 같은 책, 553.

42 같은 책, 41.

43 같은 책, 12.

44 그는 수평파의 중요한 주장인 "모든 사람은 곧 자기 자신에 한에서 자기 자신에 대해서 소유권을 가진다. 그렇지 않다면 그는 자기 자신일 수가 없다"를 적극 수용하여 소유적 개인주의를 발전시킨다. Overton, *An Arrow Against All Tyrants*, 3-4. C. B. 맥퍼슨, 《소유적 개인주의의 정치이론》, 이유동 역 (인간사랑, 1991), 195에서 재인용.

45 "명제 1. 한 사람이 인간답게 되는 것은 다른 사람의 의지에 대한 종속으로부터 자유 때문이다. 명제 2. 다른 사람에 대한 종속으로부터의 자유란 자기 자신의 이익을 위해 자발적으로 개입하는 관계 외에 다른 사람과의 어떤 관계로부터도 자유롭다는 것을 의미한다. 명제 3. 개인은 본질적으로 그 자신의 신체와 재능에 대한 소유자며 이에 대해서는 어떤 사회적 부채도 지지 않는다. 명제 4. 개인은 그 자신의 신체에 대한 소유권 전체를 양도할 수는 없지만 그 자신의 노동력을 양도할 수 있다. 명제 5. 인간 사회는 일련의 시장 관계로 구성된다. 명제 6. 다른 사람의 의지로부터의 자유란, 그것으로 인해 한 사람이 인간적으로 되는 그러한 것이기 때문에, 각 개인의 자유는 다른 사람의 동일한 자유를 보장하는 데 필요한 의무와 규칙에 의해서만 정당하게 제한될 수 있다. 명제 7. 정치사회는 신체와 재화에 대한 개인의 소유권의 보호를 위한, (따라서) 그들 자신에 대한 소유자로 간주되는 개인들 간의 질서 있는 교환관계의 유지를 위한 인간의 고안물이다." C. B. 맥퍼슨, 《소유적 개인주의의 정치이론》, 353-355.

46 미국이 세계에서 가장 발달된 개인주의 국가라고 하는 것은 계량 조사를 통해서도 확인할 수 있는 사실이다. 헤르트 홉스테드는 전 세계 50여 개 국가들의 개인주의 지수치individualism index, IDV를 측정한 결과 미국이 91점으로 세계 1위의 개인주의 국가라고 발표한 적이 있다. 헤르트 홉스테드, 《세계의 문화와 조직》, 차재호, 나은영 역 (학지사, 1995), 87.

47 장정애, "미국의 앵글로-개신교 문화에 나타난 저항적 프로테스탄티즘: 노동윤리와 개인주의를 중심으로," 736-747.

48 신조영, "미국적 가치관 비판: 개인주의와 물질주의를 중심으로," 200.

49 이길용, "유럽의 개인주의 전통과 역사적 고찰," 282-288. 폴 리쾨르는 《악의 상징》에서 창세기의 '타락신화'가 인간의 도덕적 선택에 높은 가치를 부여한 사실은 다른 신화들과 비교했을 때 인간에 대한 높은 가치의 부여라고 평가한 바 있다. 폴 리쾨르, 《악의 상징》, 양명수 역 (문학과지성사, 1994), 221.

50 아우구스티누스, 《고백록》, 김광채 역 (CLC, 2004), 205-236.

51 심민화, "서구 근대적 자아를 찾아서: 아우구스티누스의 고백," 《프랑스고전문학연구》, 13권 (2010): 16-17.

52 "기억의 힘은 크도소이다. … 바로 이러한 것이 영혼이오니, 곧 나 자신이니이다." 아우구스티누스, 《고백록》, 297.

53 같은 책, 307.

54 Philip Cary, *Augustine's Invention of the Inner Self: The Legacy of a Christian Platonist* (Oxford: Oxford University Press, 2000), 3-6.

55 루터 신학의 역설적 특성은 리처드 니버가 그를 역설적이라는 범주로 설명하려고 한 사실에서도 확인할 수 있다. 리처드 니버, 《그리스도와 문화》, 김재준 역 (대한기독교서회, 1995), 170-179.

56 존 B. 베리, 《사상의 자유의 역사》, 박홍규 역 (바오, 2005), 94.

57 펠리칸Jeroslav Pelikan은 루터가 가톨릭적이면서도 프로테스탄트적이었다고 말한다. 그리고 시대에 따라서 그는 루터가 정통주의적 · 경건주의적 · 합리주의적 · 자유주의적 · 신앙고백적 · 바르티안적 · 나치즘적 루터의 얼굴로 역사 속에서 해석되었다고 말한다. 자로슬라브 펠리칸, "종교개혁의 역설," 《루터연구》, 10권 (1967): 39.

58 칭의는 루터 신학의 중심이었다. 박일영, "루터의 칭의의 정의와 중심성," 《루터 연구》, 17권 (2003): 113-121.

59 Martin Luther, *Luther's Works*, vol. 34, Preface to the Complete Edition of Luther's Latin Writings, ed. Lewis W. Spitz, H. T. Lehmann (Philadelphia:

Fortress Press, 1988), 337, 박일영, "루터의 칭의의 정의와 중심성," 115에서 재인용.

60 제임스 키텔슨, 《개혁자 말틴 루터》, 김승철 역 (컨콜디아사, 1995), 191.

61 같은 책, 191.

62 막스 베버, 《프로테스탄티즘의 윤리와 자본주의 정신》, 79-88.

63 이러한 구원 간증에 대한 강조는 미국식 청교도주의와 회중주의의 특징이라고 할 수 있다. 장정애, "미국의 앵글로-개신교 문화에 나타난 저항적 프로테스탄티즘: 노동윤리와 개인주의를 중심으로," 736-747.

64 D. V. N. Bagchi, "Sic Et Non: Luther and Scholasticism," Carl R. Trueman and R. Scott Clark ed. *Protestant Scholasticism: Essays in Reassessment* (Cumbria: Paternoster Press, 1999), 3-15.

65 14세기 익명의 경건주의자에 의해 집필된 한 소책자를 루터가 발견하고 크게 기뻐하며 《독일신학》이라는 이름으로 출판했는데, 이 책은 루터의 신비주의적이고 주관주의적 신학의 특성을 잘 보여준다. 더불어 루터의 계승자들이라 할 수 있는 경건주의와의 연관성도 잘 보여준다. 마르틴 루터, 《마틴 루터의 독일신학》, 노진준 역 (은성, 1988)을 참고하라.

66 정통주의자들은 구원이란 신자의 주관 밖에서, 즉 그리스도의 구속의 사역과 성서를 통해 계시된 하나님의 말씀을 통해서 이루어지는 객관적 차원의 사건이라고 믿었다. 반면에 경건주의자들은 구원이 신자의 내적인 영혼 속에서 일어나는 신앙을 통해 이루어진다고 본 것이다. 박종소, "아놀트의 탈교회적 경건주의와 그의 시 〈바벨 조가〉," 《독일어문학》, vol. 6. (2012), 175-199 중 179-185. 정통주의와 경건주의를 루터의 후예로 보고 이들에 대해서 심도 깊은 논의를 전개시킨 신학자는 폴 틸리히이다. 자세한 내용은 그의 다음 책을 보라. 폴 틸리히, 《19-20세기 프로테스탄트사상사》, 송기득 역 (한국신학연구소출판부, 1992).

67 여기서도 객관성과 주관성은 충돌한다. 그가 영혼의 자유의 근거를 하나님의

말씀에 둠으로써 신자 외적인 객관적 차원을 강조한다. 하지만 결국 그 말씀이 신자 개인의 영혼에 작용한다는 점, 그리고 그것을 개인이 믿음으로 수용해야 한다는 점에 대해서는 주관적 차원을 강조하였던 것이다. 마르틴 루터, 《크리스챤의 자유》, 지원용 역 (컨콜디아, 1965), 19-21.

68 퀘이커주의는 모든 신자들이 하나님을 직접 체험할 수 있으며, 내면의 영성을 중시하는 신비주의의 계보 상에 자리하고 있다. 퀘이커주의는 개인적 영성뿐만 아니라 평화운동과 같은 사회적 실천을 강조하지만 교회론적으로는 다분히 개인주의적이다. 이것은 퀘이커 교도들이 각 신자 내면에 하나님을 체험하는 내재적인 영적 자원이 있다고 믿기 때문이다. 정지석, "퀘이커 영성 연구," 《신학연구》, 62권 (2013): 102-114.

69 슐라이어마허의 신학적 출발점은 자아이다. 신조나 교의, 성서가 아닌 인간의 종교적인 경험, 그것도 직관과 감정이 종교의 근원이며, 신학의 출발점이다. 목창균, 《슐라이에르마허의 신학사상》 (한국신학연구소, 1991), 11-35.

70 아돌프 폰 하르낙, 《기독교의 본질》, 65.

71 존 B. 베리, 《사상의 자유의 역사》, 95.

72 이와 같은 사실은 루터의 《크리스챤의 자유》에서 엿볼 수 있다. 그는 자유에 대한 다음 두 가지 명제를 제시한다. "크리스챤은 더할 수 없이 자유로운 만물의 주主이며 아무에게도 예속하지 않는다. 크리스천은 더할 수 없이 충의로운 만물의 종이며 모든 사람에게 예속한다." 그런데 이 두 명제는 모두 하나의 원리로부터 추론된 것이다. 그것은 바로 그리스도인의 자유는 하나님의 말씀으로부터 말미암는다는 것이다. 마르틴 루터, 《크리스천의 자유》, 18-26.

73 임희완, "西洋의 Individualism," 26-27.

74 같은 책, 22-23.

75 존 B. 베리, 《사상의 자유의 역사》, 97-99.

76 같은 책, 113-116.

77 아나뱁티스트들은 교리적으로 다른 이들을 칼로 양심과 신앙을 고치고 복종시키기 보다는 파문을 통해서 그들을 교회로부터 평화롭게 분리시켰다. 윌리엄 에스텝, 《재침례교도의 역사》, 281-286.

78 마크 놀, 《미국, 캐나다 기독교 역사》, 85-94, 187-198.

6부 대안적 교회론의 모색

1 물론 옥한흠이 목회 도중 여러 차례 교회 규모와 관련해서 번민한 것은 사실이다. 그래서 어떤 경우에는 교회 규모 자체가 초래하는 불가피한 문제들을 지적하기도 했다. 그럼에도 불구하고 그는 교회 성장을 그 자체로 비판하지는 못했다. 옥한흠, 《목사가 목사에게》(은보, 2013), 43-46, 110-114, 166-168, 272-279.

2 옥한흠, 《평신도를 깨운다》(두란노, 1998), 179-181.

3 허호익, "한국 교회의 교회론," 한국조직신학회 편, 《교회론》(대한기독교서회, 2007), 508-509.

4 정재원, "교계 패러다임 넘어 기독 사회 생태계로," 〈뉴스앤조이〉, http://www.newsnjoy.or.kr/news/articleView.html?idxno=192674.

5 이명구, "이찬수 목사의 대형교회 해체 선언" 〈뉴스앤조이〉, http://www.newsnjoy.or.kr/news/articleView.html?idxno=192881.

6 데이브 브라우닝, 《작은 교회가 아름답다》, 구미정 역 (옥당, 2010), 17-45.

7 김진호, "교회의 공공성 회복의 길, 작은 교회론," 〈뉴스앤조이〉, http://www.newsnjoy.or.kr/news/articleView.html?idxno=196383.

8 2011년 6월에 창립된 '교회 2.0 목회자 운동'의 창립선언문 1조는 다음과 같이 밝히고 있다. "1. 우리는 세속적 가치를 지향하는 목회를 거부하고, 비움과 나눔, 낮아짐과 작음의 성경적 신앙의 회복을 위한 목회를 하겠습니다." "교회

2.0 목회자 운동 창립선언문," http://cafe.naver.com/withpluscom/428.

9 이보관, "작은 교회 운동 전국연합 인사말," http://www.scmnu.org/ index.html?ClassID=Document&SectionID=1&LinkID=1.

10 정재원, "교계 패러다임 넘어 기독 사회 생태계로," 〈뉴스앤조이〉, http://www.newsnjoy.or.kr/news/articleView.html?idxno=192674.

11 '가나안 성도'란 믿기는 믿되 교회에 '안 나가'(거꾸로 읽으면 가나안이 된다)는 신자를 일컫는 말이다. 다른 말로 구원의 확신을 가지고 있으면서 교회출석을 하지 않는 신자이다. 최근 한국 교회에는 하나의 현상이라고 할 수 있을 정도로 가나안 성도들이 폭증하고 있는 추세이다. 안태훈, "익명의 그리스도인?" 〈뉴스앤조이〉, http://www.newsnjoy. or.kr/news/articleView.html?idxno=196707.

12 오규훈, 《153 교회》(포이에마, 2013)을 참고하라.

13 김영선은 《관계신학》에서 현대의 관계 신학에 대한 포괄적인 연구들을 정리해서 보여주고 있다. 김영선, 《관계 신학》(대한기독교서회, 2012), 46.

14 Stanley J. Grenz, *Rediscovering the Triune God: The Trinity in Contemporary Theology* (Minneapolis: Fortress Press, 2004), 117-118.

15 은준관, 《신학적 교회론》(한들, 2006), 222-229.

16 에릭 제이, 《교회론의 역사》, 119-138.

17 교황권에 맞서서 에큐메니컬 공의회의 권위를 더욱 높이고자 했던 공의회주의자들 혹은 화해주의자들의 경우 '신자의 회집'의 입장에 가깝다고 할 수 있다. 은준관, 《신학적 교회론》, 164-165.

18 루터가 교회를 '신도의 교제communio sanctorum'로 본 것에 비해 칼뱅은 교회를 '택자의 무리coetus electroum'라고 보았다. 같은 책, 230-234.

19 같은 책, 223.

20 하워드 스나이더, 《그리스도의 공동체》, 김영국 역 (생명의말씀사, 1987), 39-42.

21 은준관, 《신학적 교회론》, 229.

22 이신건, 《칼 바르트의 교회론》 (한들, 2000), 44-46.

23 미로슬라브 볼프, 《삼위일체와 교회》, 290.

24 전철, "디트리히 본회퍼의 관계적 교회론 연구: 현대사회 안에서의 본회퍼 교회론의 의미," 350-352.

25 디트리히 본회퍼, 《성도의 교제》, 50.

26 같은 책, 140.

27 같은 책, 60.

28 이를 정리하면 "… 개개인은 근본적으로 고정된 대상이며, 개개인의 사회적 '소질들'이 다른 개인들과의 관계를 가능하게 하고 형성하게 한다는 것이다." 같은 책, 262.

29 같은 책, 60.

30 전철, "디트리히 본회퍼의 관계적 교회론 연구," 354.

31 이찬석, "Christ as Community: The Collective Perspective in Bonhoeffer's Christology," 《한국기독교신학논총》, 84권 (2012): 326.

32 디트리히 본회퍼, 《창조와 타락: 창세기 1-3장에 대한 신학적 해석》, 강성영 역 (대한기독교서회, 2010), 126.

33 같은 책, 80-90.

34 같은 책, 112.

35 이찬석, "Christ as Community," 329.

36 디트리히 본회퍼, 《창조와 타락》, 146-154.

37 같은 책, 146.

38 같은 책, 123.

39 같은 책, 128-129.

40 디트리히 본회퍼, 《그리스도론》, 유석성 역 (대한기독교서회, 2010), 32.

41 같은 책.

42 같은 책, 33-34.

43 디트리히 본회퍼, 《성도의 교제》, 178.

44 디트리히 본회퍼, 《그리스도론》, 45.

45 같은 책.

46 같은 책, 47-48.

47 디트리히 본회퍼, 《신도의 공동생활》, 28.

48 디트리히 본회퍼, 《성도의 교제》, 128-139.

49 본회퍼의 신학에서 '대리Stellvertretung'의 개념은 중요한 위치를 차지한다. 이에 대해서 김성호는 다음과 같이 말한다. "《성도의 교제》에서는 그리스도인으로서의 '새로운 삶의 준칙neues lebensprinzip'을 예수 그리스도를 통해 하나님과의 공동체를 이룸을 통해서 설립된다는 의미에서는 윤리적 의미는 아니었다. 이후 '대리' 사상은 본회퍼의 《나를 따르라》와 《윤리학》에서는 예수의 삶을 인간이 이 땅 위에서 대신 실현시킨다는 의미에서 윤리적 의미가 부가되고, 인간론적인 측면에서 많이 다루어진다." 김성호, "디트리히 본회퍼의 교회론적 윤리," 《신학과 선교》, 43권 (2013): 347.

50 디트리히 본회퍼, 《성도의 교제》, 173.

51 같은 책.

52 같은 책, 173-174.

53 같은 책, 174.

54 이찬석, "Christ as Community," 336.

56 같은 책, 78.

57 스탠리 그렌츠, 《조직신학》, 신옥수 역 (크리스찬다이제스트, 2003), 670.

58 디트리히 본회퍼, 《성도의 교제》, 200.

59 같은 책.

60 디트리히 본회퍼, 《저항과 복종: 옥중서간》, 손규태, 정지련 역 (대한기독교서회, 2010), 713-4.

61 노치준, 《한국의 교회조직》, 31.

62 같은 책, 227-234.

63 구약성서와 신약성서에 나타난 '거룩한 전쟁'에 관한 짧지만 의미 있는 주장 중 하나는 로이스 바렛Lois Barrett의 《하나님의 전쟁》이 있다. 이 책은 제국주의적 지배욕으로 가득 찬 전사의 이미지와 성서의 하나님이 얼마나 다른지를 잘 보여주고 있다. 로이스 바렛, 《하나님의 전쟁》, 전남식 역 (대장간, 2012).

64 필립 샤프에 의하면 교회는 지금까지 약 100여 개에 가까운 신앙고백서를 작성하여 발표했는데, 삼위일체 신앙은 일관되게 유지되어온 정통 신앙고백이다. 이종성, 《조직신학 대계》, 6권, 《삼위일체론》 (대한기독교출판사, 1991), 41.

65 크리스티네 쉬르마허, 《이슬람과 기독교 교의》, 김대옥, 전병희 역 (바울, 2010), 180-188.

66 자크 엘륄, 《이슬람과 기독교》, 이상민 역 (대장간, 2009), 92-101.

67 같은 책, 100-101.

68 같은 책, 96-97.

69 Jonathan Edwards, "Miscellany" 332, Works, vol 13. (n.p: n.p, n.d), 410,

William M. Schweitzer, *God is a Communicative Being* (London: T&T Clark, 2012), 11에서 재인용.

70 위르겐 몰트만, 《삼위일체와 하나님의 나라》, 김균진 역 (대한기독교출판사, 1982), 29.

71 John. N. D. Kelly, 《고대 기독교 교리사》, 김광식 역 (맥밀란, 1985), 103-110.

72 같은 책, 104.

73 일부 음모론자들은 교회가 325년에 열린 니케아 공의회에서 니케아 신조를 작성하기 이전까지 예수 그리스도는 평범한 인간이었다고 주장한다. 그런데 다양한 목적으로 교회는 그 공의회에서 예수를 신의 지위로 승격시키기로 결정했다는 것이다. 가장 잘 알려진 음모론은 비록 소설이기는 하지만 커다란 대중적 영향력을 미쳤던 《다빈치 코드》이다. 댄 브라운, 《다빈치 코드》 1권, 양선아 역 (베텔스만, 2004), 352-362. 그보다 진지하지만 유대인 출신의 리처드 루벤슈타인도 3세기 말부터 4세기 로마제국의 역사를 탐구하면서 인간이던 예수가 신이 되는 과정을 다소 비신학적 관점으로 묘사하고 있다. 리처드 루벤슈타인, 《예수는 어떻게 하나님이 되셨는가》, 한인철 역 (한국기독교연구서, 2005), 281-307.

74 래리 허타도는 대단히 이른 시기부터 예수를 경배하는 기독교 전통이 있었으며, 예수를 경배하는 기독교 전통은 선례를 찾아보기 어려울 정도로 열렬하게 인간인 예수를 예배했고, 흥미롭게도 그들은 자신들의 예수 경배가 유일신 신앙의 틀 안에서 지속 가능하다고 여겼다는 것이다. 래리 허타도, 《주 예수 그리스도》, 박규태 역 (새물결플러스, 2010), 39-42. 김선정도 같은 맥락에서 요한 공동체의 황제 숭배에 대한 거부는 그들이 일찍부터 예수를 왕이면서 신으로 섬겼기 때문이라고 말했다. 예수의 신성을 긍정하고 예수를 경배하는 초대교회의 실천은 일찍부터 존재했는데 2세기가 지나면 '신앙의 규칙the rule of faith'이라는 어느 정도 고정적인 고백문으로 만들어지게 된다. 이러한 '신앙의 규칙'은 보통 하나님과 예수 그리스도를 동등한 권위로 높여 고백하거나 아니면 아버지와 아들, 성령, 세 인격을 동등한 권위로 높이는 신앙고백을 담고 있다.

J. N. D. 켈리, 《고대 기독교 교리사》, 104. 여러 신앙 규칙 중에서도 리옹의 이레니우스의 신앙 규칙은 특히 유명한데 이에 대해서는 다음을 참고하라. John N. D. Kelly, *Early Christian Creeds* (London: Longman Group Limited, 1979), 76-82.

75 J. N. D. 켈리, 《고대 기독교 교리사》, 162-163.

76 2세기의 피혁상인 데오도토스도 예수는 평범한 사람이었으며 침례의 순간 특별한 은총을 입어 기적을 행하는 사람이 되었다고 주장했으며, 은행가인 또 다른 데오도토스는 침례 시 예수께 멜기세덱의 영이 강림했다고 주장했다. 같은 책, 136-137.

77 사모사타의 바울은 인간 예수와 그에게 임한 신적인 말씀을 구분했다. 말씀은 신적인 것이며 본래 인간 예수의 것이 아니었다. 그런데 말씀이 인간 예수에게 내재, 참여하거나 혹은 은혜로 덧입혀져서 인간 예수와 결합하게 되었다는 것이다. 같은 책, 163.

78 노비티아누스, XXX, 같은 책, 137에서 재인용.

79 같은 책, 139-140.

80 그는 삼위일체를 태양 유비로 설명했다. 태양이라는 하나의 실체가 열과 빛을 발산하듯이 성부라는 하나의 실체로부터 성자와 성령이 발산되어 나온다는 것이다. 같은 책, 141-142.

81 위르겐 몰트만, 《삼위일체와 하나님의 나라》, 177.

82 J. N. D. 켈리, 《고대 기독교 교리사》, 104.

83 같은 책, 104-105.

84 로고스 기독론이 생겨나게 된 경위는 다음과 같다. 만일 예수 그리스도가 경배 받으시기에 합당한 하나님이라면 그는 기원이 없어야 한다. 기원이 없다는 뜻은 인간 예수로 성육신하기 전에도 선재先在해 계셔야 할 뿐만 아니라 하나님의 창조 시에도 그 곁에 계셔야 한다. 그렇다면 선재하시는 그리스도는 어떤

모습으로 존재하셨던 것일까? 이러한 사유가 찾아낸 것이 바로 '말씀,' 즉 로고스다. 같은 책, 110-116.

85 이은혜, "1장 2-3세기 삼위일체 교리," 역사신학연구회, 《삼위일체론의 역사》(대한기독교서회, 2008), 48-49.

86 삼위일체론에 접근하는 방식은 크게 두 가지가 있는데 하나는 대자적 방식이고, 다른 하나는 대타적 방식이다. 대자적 방식은 하나님 자신의 관계에 관한 삼위일체론인데 이를 내재적 삼위일체론Immanent Trinity이라고 하고, 대타적 방식은 하나님과 세계와의 관련성 속에서 살피는 삼위일체론을 말하는데, 이를 경륜적 삼위일체론Economic Trinity이라고 한다. 경세 혹은 경륜okonomia이란 구원의 섭리를 뜻한다. 그래서 경륜적 삼위일체론은 하나님의 구원 경륜이라는 관점으로 삼위일체론을 서술하는 것이라고 할 수도 있다.

87 이종성, 《삼위일체론》, 256.

88 그리스어로 신학을 했던 동방 교부들은 실체를 '우시아'로, 위격을 '휘포스타시스'로 썼다. 한편 라틴어로 신학을 했던 서방의 교부들은 실체를 '수브스탄시아substantia'로 위격을 '페르소나persona'로 표시했다. 이러한 용어는 오랫동안 많은 논쟁을 불러일으키는 원인이 되었다.

89 김석환, 《교부들의 삼위일체론》(기독교문서선교회, 2001), 133.

90 그는 이렇게 말했다. "한 시대는 아담으로 시작되어 그리스도에 이르는 시기로서 육체를 따라 살던 사람들의 시간 토막이다. 두 번째 시대는 예언자 엘리사 혹은 유다 왕인 요시아로 시작되어 현재에 이르는 시기로서 이 시기에는 사람들은 두 막대기 곧 육체와 영 사이에 살았었다. 세 번째 시대는 성 베네딕트St. Benedict에서 시작되어 세상 끝까지 이르는 시기로써 이 시기의 사람들은 영적인 삶을 영위할 것이다." Joachim of Fiore, *The Book of Concordance*, vol 2, part 1. II-XII, 이형기, "요아킴의 신학에 있어서 삼위일체론과 종말론," 역사신학연구회, 《삼위일체론의 역사》, 304에서 재인용.

91 이은혜, "1장 2-3세기 삼위일체 교리," 38-47.

92 Leonardo Boff, *Trinity and Society*, tr. Paul Burns (Maryknoll: Orbis Books, 1988), 52-3.

93 프락세아스는 경세적 삼위일체론을 다신론이라고 몰아붙였던 장본인이다. 테르툴리아누스는 그를 향해 "경세론에 깜짝 놀라서 군주론으로 도피했다"고 힐난했다. 이은혜, "1장 2-3세기 삼위일체 교리," 51.

94 '페르소나'는 연극에서 쓰는 가면이라는 뜻인 '프로소폰prosopon'과 관련이 깊은 단어이기 때문에 사벨리우스의 양태mode와 비슷한 어감을 풍긴다. 그래서 그리스 교부들은 '휘포스타시스'를 더 선호하였다. Leonardo Boff, *Trinity and Society*, 60-64. 또한 테르툴리아누스가 삼위의 구별을 강조하자 곧바로 그를 삼신론이라고 공격하는 무리가 출현했다. 테르툴리아누스는 자신이 삼신론자가 아니라는 사실을 논증하기 위해서 태양 유비를 끌어 쓴다. 그는 성부를 태양에, 성자를 태양의 빛에 비유했는데 그의 유비는 양태론자인 사벨리우스의 태양 유비를 연상시킨다. Leonardo Boff, *Trinity and Society*, 57.

95 같은 책, 53-54.

96 가이사랴의 대 바실리우스, 나지안주스의 그레고리우스, 닛사의 그레고리우스 이상 3명이다.

97 김석환, 《교부들의 삼위일체론》, 134-135. 이러한 관계적 삼위일체론은 나지안주스의 그레고리우스에 의해서 한층 더욱 발전하게 되는데 그는 성부를 "기원이 없으심"으로, 성자를 "낳은바 되심"으로, 그리고 성령을 "발출되심"으로 설명했다. 다시 이는 비출생, 출생generation, 발출procession로 바꿔 부를 수 있다. 그의 탁월성은 성자의 출생과 성령의 발출을 구분한 것이다. 김석환, 《교부들의 삼위일체론》, 186. 그리고 닛사의 그레고리우스는 이를 더욱 발전시켜 출생은 "직접적인 것"으로, 발출은 "매개적인 것"으로 설명했다. 또 그는 성자는 아버지로부터 직접 출생하셨으나 성령은 아버지로부터, 그리고 "아들로 말미암아per Filium" 발출되셨다고 말한다. 그런데 이 표현은 나중에 "그리고 아들로부터"(필리오케) 논쟁의 발단이 된다. 김석환, 《교부들의 삼위일체론》, 234-240.

98 같은 책, 251.

99 아우구스티누스, 《삼위일체론》, 김종흡 역 (크리스챤다이제스트, 1997), 200-201.

100 같은 책, 178-186.

101 같은 책, 173-174.

102 같은 책, 183-190.

103 같은 책, 182-184.

104 위르겐 몰트만, 《삼위일체와 하나님의 나라》, 22-29.

105 같은 책, 16-18.

106 같은 책, 37.

107 위르겐 몰트만, 《십자가에 달리신 하나님》, 김균진 역 (한국신학연구소, 2011)을 참고하라.

108 위르겐 몰트만, 《삼위일체와 하나님의 나라》, 98.

109 같은 책, 108.

110 같은 책, 114.

111 같은 책, 121.

112 같은 책, 210-224.

113 Leonardo Boff, *Trinity and Society*, 123.

114 같은 책, 128.

115 같은 책, 119.

116 같은 책, 20.

117 같은 책, 127-128.

118 같은 책, 120-122.

119 같은 책, 151.

120 같은 책, 151-154.

121 Niegel G. Wright, *Free Church, Free State: The Positive Baptist Vision* (Eugene: Wipf & Stock, 2011), 4-5.

7부 공교회성 회복

1 손규태는 회복 가능한 위기를 조정위기라고 말하고 소생 불가능한 위기를 목표위기라고 말한다. 손규태, "목표위기를 행하고 있는 한국 교회," 〈기독교사상〉, 2000년 7월, 242-247.

2 미로슬라브 볼프, 《삼위일체와 교회》, 황은영 역 (새물결플러스, 2012), 37-38.

3 공교회는 라틴어로 '*Catholic*'이다. 가톨릭은 이 땅에 존재하는 모든 교회가 지역, 국경, 민족, 인종, 계급, 계층을 뛰어넘어 모두 하나의 그리스도의 교회에 속한다는 사실을 가리키는 말이다. 이에 대해서는 뒤에 자세히 다룰 것이다.

4 김용국, "침례교 기원에 관한 역사적, 신학적 이해," 《복음과 실천》, 제36집 (2005년 가을): 93.

5 이런 점에서 빌헬름 니젤이 침례교회에 대해서 했던 말은 정확한 지적이다. "만일 우리가 침례교에 정통한 사람에게 침례교에 있어서 강하게 두드러진 특성이 무엇이냐고 묻는다면, 그는 그것이 신앙과 직제 문제에 있어서 침례교회가 가지는 자유라고 대답할 것이다." 빌헬름 니젤, 《비교교회론》, 김항안, 이종성 역 (대한기독교출판사, 1988), 393.

6 박영철, "한국 침례교의 교회론," 침례교신학연구소 편, 《한국 침례교의 신학적 특성》 (침례신학대학교, 2003), 120-131.

7 W. T. Whitley, eds., *The Works of John Smyth*, vol. 1. (Arkansas: The Baptist

Standard Bearer, 2009), 267.

8 대표적인 특수 침례교회의 신앙고백이라고 할 수 있는 "제2차 런던 신앙고백서"도 다음과 같이 말한다. "이처럼 그의 말씀에 선포되었고 그리스도의 정신에 따라 모인 교회들에게, 그리스도는 모든 능력과 권위를 주셨는데, 그것들은 교회가 예배와 훈련에서 질서를 세우는 데 매우 필요한 것이다." "The Assembly of Second Lond Confession," XXVI, 7/15, Willian L. Lumpkin, 《침례교 신앙고백서》, 335에서 재인용.

9 "최근 50년간 자유교회들은 과잉개인주의로 묘사될 법한 방향으로 지속적으로 움직였다. (그리고 이는 그리 놀랍지 않게 일종의 권위주의와 결합되곤 한다.) 그리고 더욱 해악을 끼치는 지점은, 오늘날의 개인주의가 광폭하게 지배적인 소비주의, 행위지향적 율법주의, 적대적인 민족주의 등에 의해서 악화되고 있다는 점이다." 미로슬라브 볼프, 《삼위일체와 교회》, 16.

10 교회가 자본에 종속되고 맘몬의 노예로 전락한 상황에 대해서는 박득훈, 《돈에서 해방된 교회》 (포이에마, 2014), 73-175.

11 노치준, 《한국의 교회조직》, 32.

12 애덤 스미스, 《국부론》 1권, 31-32.

13 같은 책, 41.

14 C. B. 맥퍼슨, 《소유적 개인주의의 정치이론》, 354.

15 페르디난드 퇴니스는 사회가 공동사회에서 이익사회화되어 가는 과정에서 상인화된 만인이 전 국토를 시장화한다고 지적한 바 있다. 페르디난드 퇴니스, 《공동사회와 이익사회》, 황성모 역 (삼성, 1982), 81.

16 이충신, "'신도 ○○명, 권리금 ○천만 원' 교인들도 놀라는 교회매매," 〈한겨레〉, http://hani.co.kr/arti/society/society_general/473835.html.

17 페르디난드 퇴니스, 《공동사회와 이익사회》, 95.

18 G. Greshake, Einige Uberlegungen zu den Ursachen des mangelnden Pristernachwuches: Pristerliche Existenz Heute-Sorge um geistliche Berufe (Wien: Handreichungen zur Pastoral, 1980), 1-19의 8-9, 게르하르트 로핑크,《예수는 어떤 공동체를 원했나?》, 정한교 역 (분도, 1985), 15-16에서 재인용.

19 신조영, "미국적 가치관 비판: 개인주의와 물질주의를 중심으로," 200.

20 나이젤 라이트도 오늘날 교회의 분열상에 대해서 교회 일치에 대해서 상대적으로 관심이 적었던 침례교회의 책임 있는 답변이 요구된다고 옳게 시인했다. Nigel G. Wright, *Free Church, Free State: The Positive Baptist Vision*, 184.

21 조창연,《개신교 목회자들의 의식과 교회의 세속화 적용》, 134.

22 같은 책.

23 곽안련,《한국 교회와 네비우스 선교정책》, 박용규, 김춘섭 역 (대한기독교서회, 1994), 44-45.

24 조창연,《개신교 목회자들의 의식과 교회의 세속화 적응》, 135.

25 같은 책.

26 같은 책, 135-139.

27 노치준,《한국의 교회조직》, 50.

28 한스 큉,《가톨릭교회》, 163-174.

29 에릭 제이,《교회론의 역사》, 108-109.

30 Jaroslav Pelikan & H. T. Lehmann, *Luther's Works*, vol. 39 (St Louis: n.p., n.d), 69-70, 같은 책, 194에서 재인용.

31 장 칼뱅,《기독교 강요》IV-1권. i. 3.

32 Karl Barth, *The Doctrine of Reconciliation, Church Dogmatics*, vol. IV-1, tr. Helmut Gollwitzer (Edinburgh: T & T Calrk, 1955), 653.

33 같은 책.

34 리처드 니버, 《교회 분열의 사회적 배경》, 6.

35 같은 책, 25-101, 103-129, 131-189, 191-222, 223-248 등을 보라.

36 도널드 맥가브란, 《하나님의 선교 전략》, 19.

37 물론 맥가브란은 종말론적 화해의 질서를 부정하지는 않았다. 그는 종말론적 샬롬의 질서를 가리키는 갈라디아서 3장 28절을 여러 차례 언급하고 있다. 하지만 그것은 그리스도를 옷 입은 자들에게만 해당되는 것이라는 것이 그의 주장이다. 하지만 그러한 그의 주장은 교회 성장학에서 동질 집단의 원리만큼 충분히 강조되지 않음으로써 사실상 말뿐인 것이 되고 말았다. 도널드 맥가브란, 《교회성장이해》, 346.

38 미로슬라브 볼프, 《삼위일체와 교회》, 48.

39 같은 책, 489.

40 28장으로 끝나는 사도행전을 계속 써내려간다는 의미의 ACTS29 비전을 선포하고 2010년까지 국내 8개, 전 세계 25개 지교회를 세웠다. 이들 교회는 9개 인공위성으로 송출되는 CGNTV 방송 시스템과 인터넷 통신 활용, ACTS 29 비전 빌리지 운영 등을 통해서 완벽하게 연결되어 있어서 사실상 하나의 교회라고 할 수 있다. 이러한 방대한 온누리교회 네트워크는 담임목사라는 새로운 교황을 중심으로 하나의 작은 가톨릭교회를 건설한 것과 다름없다. 온누리교회, 《Talk & Talk 온누리교회 25주년 역사》, 38-41.

41 미로슬라브 볼프, 《삼위일체와 교회》, 459-460.

42 에큐메니컬은 가톨릭의 좁은 의미이다. 가톨릭이 공간적 · 시간적 · 문화적 · 인종적 보편성을 의미한다면, 에큐메니컬은 그중에서 공간적 보편성에 한정된 의미이다. 그러나 가톨릭이라는 수식어가 로마교회를 지칭하고 있는 관계로 부득이 '교회 일치적'이라는 말을 담기 위해서 에큐메니컬이라는 말로 쓰게 된 것이다. 한스 큉, 《교회》, 정지련 역 (한들, 2007), 436-440.

43 허호익, "한국 교회의 교회론," 《교회론》, 489-509.

44 한스 큉, 《교회》, 441.

45 미로슬라브 볼프, 《삼위일체와 교회》, 432.

46 Ratzinger, *The Ratzinger Report: An Exclusive Interview on the State of the Church*, Joseph Cardinal Ratzinger with Vittorio Messori (San Franciso: Ignatius, 1985), 45f., 미로슬라브 볼프, 《삼위일체와 교회》, 38에서 재인용.

47 게르하르트 로핑크, 《예수는 어떤 공동체를 원했나?》, 15.

48 미로슬라브 볼프, 《삼위일체와 교회》, 337-338.

49 키프리아누스, 《가톨릭교회 일치》, 이형우 역 (분도, 1987), 69.

50 같은 책.

51 라칭거는 이러한 주교제에 대해서 이렇게 말한다. "한 지역에 있는 한 명의 주교는 모든 이를 위해서 하나가 되는 교회를 상징한다. 왜냐하면 신은 모든 것을 위해 하나이기 때문이다." Jeseph Ratzinger, *Zur Gemeinschaft gerufen: Kirche heute verstehen* (Freiburg: Herder, 1991), 73, 미로슬라브 볼프, 《삼위일체와 교회》, 108에서 재인용.

52 에드워드 슬레히벡스, 《교회직무론》, 정한교 역 (분도, 1985), 153.

53 게르하르트 로핑크, 《예수는 어떤 공동체를 원했나?》, 190-200.

54 C. S. 루이스, 《스크루테이프의 편지》, 김선형 역 (홍성사, 2008), 189-202.

55 미로슬라브 볼프, 《배제와 포용》, 박세혁 역 (IVP, 2012), 101.

56 월터 브루그만, 《예언자적 상상력》, 김기철 역 (복있는사람, 2009), 75-97.

57 교회는 381년 콘스탄티노플 공의회에서 선포되고, 에베소 공의회와 칼케돈 공의회에서 추인된 신조인 "하나의 거룩하고 보편적이고 사도적인 교회*Et unam, sanctam, catholicam et apostolicam Ecclesiam*"에 대한 신앙을 고

백해왔다. 한스 큉, 《교회》, 375.

58 같은 책, 375-376.

59 15세기 라구사의 요한은 후스의 교회론을 반박하면서 이 네 가지 표지를 제시했으며, 이후 종교개혁에 대항하는 도구로 사용되기도 했다. 한스 큉, 《교회》, 380.

60 교회의 네 가지 표지에 관한 개신교회의 입장에 대해서 개혁주의 신학자 G. C. 베르카우어는 다음과 같이 말했다. "이와 연관해서 (교회의 속성을 말하는) 네 단어 자체는 결코 논박되어 본 일이 없음은 놀라운 일이다. 개혁자들은 다른 속성들을 애호하지 않았다. 어디서든지 니케아 신조에 나오는 교회에 대한 묘사에 대해 공통적인 집착이 있었다. 그것은 유일하고, 거룩하고, 보편적이고, 사도적이라는 말이다. 종교 개혁 이후에도 이 네 가지 말에 대해 나타난 여러 다른 해석들에도 불구하고 이 용례는 그대로 잔존하였다. … 여기서 놀라운 것은 교회는 참으로 하나이며, 보편적이고, 사도적이고, 거룩한 지가 물어지지 않고, 표지들-즉, 복음의 순수한 선포와 성례의 순수한 수행, 그리고 교회 치리의 실시가 언급되어 있다는 것이다." G. C. 베르카우어, 《개혁주의 교회론》, 나용화, 이승구 역 (기독교문서선교회, 2006), 20. 이것은 가톨릭교회에 대해서 상당히 적대적이었던 칼 바르트는 교회의 네 가지 표어에 대해서, "그리스도의 몸의 개념은 필연적으로 공동체의 존재의 인식이 신앙 안에서 가시적인 것으로 이해하게 만든다. 이제 우리의 과제는 니케아-콘스탄티노플 신조에서 에클레시아에 주어진 네 가지 술어, 곧 "하나의, 거룩하고, 가톨릭적이고, 사도적인"에 대한 분석의 형태로 이러한 개념을 해설하는 것이 될 것이다"고 말했다. Karl Barth, *The Doctrine of Reconciliation*, 668.

61 한스 큉, 《교회》, 383-384.

62 교회의 통일에 대해 말하는 고전적인 신약성서 본문으로는 고린도전서 1장 10-30절(교회 내 분쟁에 대한 경고와 하나의 토대가 되시는 그리스도 안에서 하나라는 권면), 고린도전서 12장(은사의 다양성에도 불구하고 영의 통일을 강조하고, 지체의 다양성에도 불구하고 몸의 하나 됨을 강조함), 갈라디아서 3장 27절 이하(모든 사람은 인종과 사회적 위

치, 성의 차별 없이 그리스도 안에서 하나이다), 로마서 12장 3-8절(여러 지체가 그리스도 안에서 한 몸을 이룬다), 사도행전 2장 42절(사도의 교리와 공동체, 성만찬과 기도 안에 거하라), 4장 32절(믿는 자들은 한 마음과 한 영혼을 가진다), 요한복음 10장 16절(한 목자와 한 양떼), 17장 20-26절(아버지와 아들이 하나인 것처럼 모든 자 또한 하나가 되어야 한다) 등을 들 수 있다. 같은 책, 389.

63 이에 관해 제2차 바티칸 공의회가 발표한 교령은 이렇게 말한다. "하느님의 이 하나이고 유일한 교회에서는 처음부터 이미 분열이 생겨났으며, 사도는 이 분열을 단죄하여야 한다고 엄중히 책망하였다." "일치운동에 관한 교령: 일치의 재건," 《제2차 바티칸 공의회 문헌》, 김남수 역 (한국천주교중앙협의회, 2007), 366.

64 이그나티우스, 《일곱 편지》, 박미경 역 (분도, 2000), 25-27.

65 에릭 제이, 《교회론의 역사》, 101.

66 키프리아누스, 《가톨릭교회 일치》, III.

67 Augustinus, *Sermones ad populum*, 268. 2, 에릭 제이, 《교회론의 역사》, 105-106에서 재인용.

68 분파주의 운동을 단순하게 평가할 수는 없다. 리처드 니버는 주류 교회로부터 거리를 둔 분파적 교회들의 공헌을 긍정적으로 평가하고 있으며, 하워드 스나이더도 몬타니즘과 같은 흐름을 교회 개혁을 위한 최초의 카리스마 운동으로 보고 있다. 하워드 스나이더, 《교회사에 나타난 성령의 역사》, 명성훈 역 (정연, 2010), 15-29. 그럼에도 불구하고 그러한 운동이 교회의 통일성을 위협한 측면을 부정하기는 어렵다.

69 예컨대, 거짓 교리를 가르치는 교회에 속하는 것보다 차라리 진리를 가르치는 교회에 속하는 것이 더 낫다거나, 혹은 교회 분리가 교회 확장에 유익하다는 등의 변명이 대표적이다.

70 "만일 어떤 사람이 분열을 묵인할 수 있다면, 만일 그가 그 분열을 도리어 기뻐한다면, 만일 그가 다른 이들의 명백한 실수와 오류로 인해서 만족해하며 그들에게 책임을 지울 수 있는 자신의 권리로 득의양양해 있다면, 그는 특정 교

파 내에서 훌륭한 고백자가 될 수 있을지 몰라도, 혹은 훌륭한 가톨릭 신자, 혹은 개혁교회 신자, 혹은 정교회 신자, 혹은 침례교 신자가 될 수는 있을지 몰라도, 그는 결코 자신이 훌륭한 그리스도인이 될 수 있을 것이라고 상상해서는 안 된다." Karl Barth, *The Doctrine of Reconciliation*, 676.

71 리처드 니버, 《교회 분열의 사회적 배경》, 3.

72 "서로 잘못된 신앙과 잘못된 예배, 잘못된 질서를 비판하는 크고 작은 교회들이 병존하는 것을 하나의 하나님의 에클레시아로 볼 수 있을까? 하나의 위대한 하나님의 백성이-전에는 피 흘리는 전쟁을 치렀지만 지금은 냉전 속에 있고, 전에는 공공연히 경쟁의 싸움을 벌였지만 지금은 경쟁을 은폐시키는 가운데 스스로 신뢰성을 실추시킨-크고 작은 백성들로 분열될 수 있을까? 하나의 그리스도의 몸이-오직 전체 속에서만 의미를 가짐에도 불구하고-분리되어 있는 지체들로 나뉠 수 있을까? 한 성령의 성전이 여럿의 성전들과 예배당으로 분열되어 서로 피해를 입히고 믿는 자들을 동요시키며 아버지 하나님의 신용을 실추시킬 수 있을까?" 한스 큉, 《교회》, 387.

73 가령 종교개혁과 함께 발생한 교회 대분열은 누구의 책임인가? 가톨릭교회 진영에서는 그것을 개신교도들에게 책임을 돌리고, 개신교회는 타락한 중세 가톨릭교회에게 그 책임을 넘긴다. 누구의 책임이 더 큰 것일까? 가톨릭 신학자 한스 큉은 이 문제에 상당히 객관적인 자세를 보여주고 있는데, 그는 마르틴 루터의 과격성과 레오 X의 완고함과 무지 모두를 탓하면서도 가톨릭교회의 책임을 더욱 부각시킨다. 한스 큉, 《가톨릭교회》, 배국원 역 (을유, 2003), 163-174.

74 위르겐 몰트만, 《성령의 능력 안에 있는 교회》, 박봉랑 역 (한국신학연구소, 1988), 364-370.

75 교회라는 그리스어 '에클레시아'란 '부름 받은 자들'이라는 뜻이다. 사실 에클레시아라는 말은 본래 세속적이고 정치적인 용법의 단어였다. 그런데 교회는 굳이 이 단어를 자신을 표현하기 위해서 썼는데, 이는 그들 스스로를 세상에서 불러냄을 받은 자들, 곧 제2의 출애굽을 통해서 세상으로부터 분리되어 나온

자들이라는 의미로 쓰고자 했음을 알 수 있다.

76 게르하르트 로핑크, 《산상설교는 누구에게?》, 정한교 역 (분도, 1990), 184-200.

77 로핑크는 교회를 세상과 구별된 대조사회로 보는 것은 산상설교뿐만 아니라 신약성서에 일관되게 흐르는 가르침이었다고 말한다. 에베소서 5장 8절에서 바울은 "너희가 전에는 어둠이더니 이제는 주 안에서 빛이라. 빛의 자녀들처럼 행하라"라고 말한다. 여기서 주목할 부분은 '전에는-이제는'의 구도다. 침례 이전 상태와 이후 상태의 현저한 대비는 세상과 교회의 현저한 구별을 전제로 한다는 것이다. 게르하르트 로핑크, 《예수는 어떤 공동체를 원했나?》, 201-217.

78 바울은 갈라디아서 2장 20절에서 이러한 도식을 훌륭하게 묘사하고 있다. "내가 그리스도와 함께 십자가에 못 박혔나니 그런즉 이제는 내가 사는 것이 아니요 오직 내 안에 그리스도께서 사시는 것이라…." 그리고 골로새서에서는 이러한 원리가 기독교 윤리의 기초 원리로 활용된다. "너희가 세례로 그리스도와 함께 장사한 바 되고 또 죽은 자들 가운데서 그를 일으키신 하나님의 역사를 믿음으로 말미암아 그 안에서 함께 일으키심을 받았느니라. … 그러므로 너희가 그리스도와 함께 다시 살리심을 받았으면 위엣 것을 찾으라…"(골 2:12, 3:1). 골로새서 2장 11-12절에 나오는 '장사되고', '다시 살리심'을 받는 것에 대한 바울의 사상에 대해서는 N. T. 라이트, 《골로새서, 빌레몬서》, 이승호 역 (CLC, 2014), 158-164를 참고하라.

79 저자는 여러 차례 기독교 공동체는 사는 장소나 옷이나 음식이나 언어와 같은 외적 표지로 세상과 구별되는 것이 아니라 거룩한 삶을 통해서 구별된다고 선언한다. 마치 영혼이 몸속에 있으나 몸과 구별되듯이 기독교 공동체도 세상 속에 있으나 세상에 속하지 않는 거룩한 공동체라는 것이 그가 말하는 교회이다. Mathetes, *The Epistle to Diognetus*, V-VI, http://www.newadvent.org/fathers/0101.htm.

80 예비 신자는 최장 3년에 달하는 긴 입교의 과정을 요구하고 있다. 히폴리투스, 《사도전승》, 이형우 역 (분도, 1992), 119. 입문 교육 과정에서 중요하게 다루

어진 것은 삶의 방식의 변화였다. 흥미로운 것은 입문 교육 기간 모든 예비 신자가 반복적으로 축사를 받았다는 사실인데 이는 아직 침례를 받기 전인 예비 신자는 마귀의 통치를 받고 있는 자로 간주하고, 교회는 이질적인 영을 버린 자들만이 들어올 수 있다는 신념을 반영한 것이다. 침례자 후보 명단에 이름이 올라간 모든 예비자들은 매일 구마식을 받아야 했다. 침례 받기 전 고난 주간에는 구마의식이 더욱 빈번하게 행해졌는데, 침례 받기 전날인 토요일은 철야를 하며 축사를 했다. 히폴리투스, 《사도전승》, 123-125. 축사는 침례 의식 중에도 시행되었는데, 집례자는 수침자를 붙잡고 "사탄아, 나는 너와 너에 대한 모든 예배와 모든 미신적인 행위들을 끊어버린다"라고 선포하면 수침자는 그리하겠다고 답한다. 그 후 집례자는 "모든 사악한 영이 당신에게서 떠나갈지어다"라고 선포하고 구마의 기름을 발라주었다. 히폴리투스, 《사도전승》, 127-141.

81 앨런 크라이더는 초대교회가 축사를 했을 때, 그것은 사회적 영역에서 나타나는 여러 가지 성적 유희에 대한 탐닉, 습관적인 주술, 부를 증식하는 기쁨, 자유분방한 연회, 호화스러운 잔치, 비싼 옷, 부하들에게 예우를 받는 즐거움 등의 습관, 중독, 속박, 강박증 등을 마귀의 눌림으로 보았던 것이라고 본다. 침례는 이러한 중독과 속박으로부터 실제적인 의미에서의 해방을 의미하는 것이었다. 앨런 크라이더, 《초대교회의 예배와 전도》, 27-30.

82 2세기 교회는 살인, 간음, 우상숭배, 이상 세 가지 중죄를 요한일서에 나오는 사망에 이르는 죄라고 믿어서 두 번 다시 참회할 수 없기에 반드시 출교해야 한다고 믿었다. 테르툴리아누스, 히폴리투스 등은 이러한 엄격주의를 대체로 고수했다. 비슷한 시기의 헤르마스가 이러한 참회 규칙의 엄격성을 완화하기 위해서 타협안을 내놓았으나 그는 침례 받은 뒤 오직 1회에 한해서 참회의 기회를 더 줄 수 있다고 했을 뿐이다. 헤르마스, 《목자》, 하성수 역 (칠곡, 2002), 173-181.

83 J. N. D. 켈리, 《고대 기독교 교리사》, 243-246.

84 비록 이단자이기는 하지만 펠라기우스가 교회의 타락을 목도하고 교회의 거룩성을 회복해야 한다고 주장했던 것은 잘 알려진 사실이다. 권진호, 《성 어거

스틴의 은총론 연구》(기독교문서선교회, 2011), 183.

85 이것은 노타누스주의자들을 논박하면서 오프타누스가 논증했던 것인데, 후에 아우구스티누스가 받아들였다. 에릭 제이,《교회론의 역사》, 101-102.

86 같은 책, 108-109. 이러한 식의 구분은 동방 교부들인 알렉산드리아의 클레멘트와 오리게네스에 의해서 제시되었던 것을 아우구스티누스가 받아들여 발전시킨 교회론이다.

87 이것은 트뢸치가 말한 내용의 핵심인데, 종파는 비타협적인 고로 교회를 소집단에 국한하려 한다면, 교회는 보편성을 지향한다는 것이다. 윤철호, "기독교와 문화의 관계에 대한 유형론적 고찰,"《장신논단》, 23권 (2005): 137-138.

88 큉의 말에 따르면 직설법으로부터 명령법이 나온다. 한스 큉,《교회》, 469.

89 예를 들어, 2차 대전 이후 독일 개신교회가 자신의 죄를 공적으로 고백했을 때 교회는 스스로를 거룩케 하는 일을 했던 것이다. 위르겐 몰트만,《성령의 능력 안에 있는 교회》, 375-380.

90 이런 점에서 아나뱁티스트들과 영국 분리주의자들, 침례교회 전통이 교회의 거룩성을 추구한 노력을 평가절하해서는 안 된다. 특히 아나뱁티스트 헌장이라고도 할 정도로 광범위한 인정을 받은 "슐라이타임 신앙고백서"의 제4조는 다음과 같이 선언하고 있다. "네 번째, 우리는 분리에 관하여 다음과 같이 동의합니다. 단순히 [사악한 자들]과 교제하지 않고 그들의 숱한 혐오스러운 일들을 함께 하지 않음으로써 우리는 악으로부터, 그리고 마귀가 도입한 악의로부터 분리되어야 합니다." Michael Sattler, *Schleitheim Confession of Faith*, IV, Willian L. Lumpkin,《침례교 신앙고백서》, 김용복, 김용국, 남병두 역 (침례교신학연구소, 2008), 33에서 재인용.

91 핸드리쿠스 벌코프는 이렇게 말했다: "교회가 세상 속에 있으면서도 동시에 세상과 다른 존재가 될 때에만 교회는 선교적이 될 수 있다." Hendrikus Berkhof, Christian Faith (Grand Rapids: Eerdmans, 1979), 415, 데이비드 보쉬,《변화하고 있는 선교》, 572에서 재인용.

92 Scott Thumma and Dave Travis, *Beyond Megachurch Myths*, 182-183.

93 이러한 맥락에서 하워드 스나이더는 메가처치가 과도하게 문화적으로 제한된 교회라고 비판한다. 하워드 스나이더, 《교회 DNA》, 89-91. 오스 기니스도 교회가 현대주의와 뒤엉켜 있다고 비판한다. Os Guiness, *Dining with the Devil*, 25-30. 같은 맥락에서 자크 엘륄은 현대교회가 교회를 세상처럼 만들기에 분주하고 있다고 비판한다. Jacques Ellul, *False Presence of the Kingdom*, tr. Edward Hopkin (New York: The Seavury Press, 1972), 44-71.

94 신광은, 《메가처치 논박》, 84-86.

95 오토에 따르면 종교 체험의 본질 속에는 합리성을 초월하는 비합리적 요소가 존재하는데 그는 그것을 '누멘적인 것'이라고 불렀다. 그는 그 누멘적인 것에 대해서 분석해나가는데, 누멘적인 것의 요소로는 초월자 앞에서 인간 스스로가 느끼는 함몰감, 왜소감, 무화감 같은 피조물적 감정이 있을 수 있으며, 두려운 신비mysterium tremendum와 같은 말로 표현할 수 있는 감정이 있을 수 있다. 이러한 감정들을 통해서 직접적으로 드러나지 않는 누멘적 대상을 간접적으로 가늠할 수 있게 해준다. 이것이 그가 성스러움을 종교현상학의 대상으로 삼고 논구할 수 있는 이유이다. 그런데 흥미로운 것은 오토가 묘사하는 누멘적 감정이 어떤 거대하고 웅장한 크기를 상정하고 있음을 주목할 수 있다. 예컨대, 누멘적인 것의 요소 중에 압도적이거나 위압적인 것, 어마어마한 것, 장엄한 것 등은 특별히 크기나 양과 관련이 있다. 물론 오토는 그 크기가 물리적 크기라고 한정할 때, 누멘적인 것이 순식간에 합리적 도식으로 갇히게 되리라고 말하지만 그럼에도 불구하고 크기적 측면은 누멘적 감정을 구성하는 중요한 차원임을 부정하지 않는다. 루돌프 오토, 《성스러움의 의미》, 길희성 역 (분도, 1987), 47-112.

96 게라르두스 반 델 레에우, 《종교현상학 입문》, 손봉호, 길희성 역 (분도, 1995), 36-37.

97 미르치아 엘리아데는 신성함은 반드시 피조물의 매개를 통해서 드러난다고 했고, 그것을 그는 성현hierophany이라고 불렀다. 모든 피조물은 신성함의

매개가 될 수 있는 잠재적 가능성을 가지고 있는데 그것이 실제로 성현의 매개가 되는 것은 일상적인 것, 혹은 평범한 것과 비교해봤을 때 비범하고, 탁월한 것으로 판명될 때 성현의 매개가 된다고 했다. 미르치아 엘리아데, 《성과 속》, 이동하 역 (학민사, 1997), 14-18.

98 Jacques Ellul, *The Subversion of Christianity*, tr. Geoffrey W. Bromiley (Grand Rapids: William B. Eerdmans Publishing Company, 1986), 165-167.

99 마르바 던, 《세상 권세와 하나님의 교회》, 노종문 역 (복있는사람, 2008), 103-170.

100 2007년 윌로크릭 교회는 창립 32주년을 맞이하여 교인들의 영적 성숙에 대한 보고서를 작성했다. 그 보고서에 따르면 윌로크릭 교회는 숫자는 성장했으나 교인들의 영적 성숙은 그에 뒤따르지 못했다. 그렉 호킨스, 켈리 파킨슨, 에릭 안슨, 《발견: 당신은 지금 어디에 있는가?》, 감창동 역 (국제제자 훈련원, 2008), 18-62. 이와 관련된 기사는 다음을 참고하라. 김종희, "빌 하이벨스 목사, '우리가 잘못했다'", 〈뉴스앤조이〉, http://www.newsnjoy.or.kr/news/articleView.html?idxno=23406.

101 스탠리 그렌츠, 《조직신학》, 672.

102 한스 큉, 《교회》, 493.

103 최근 피터 와그너를 비롯한 몇몇 개신교 지도자들이 카리스마적 리더십을 가진 개인에게 신사도라는 칭호를 부여하는 신사도 운동은 본 연구에서 다루고자 하는 교회의 사도성과는 거리가 먼 운동으로 본 연구에서는 따로 언급하지 않았다.

104 위르겐 몰트만, 《성령의 능력 안에 있는 교회》, 380-381.

105 G. C. 베르카우어, 《개혁주의 교회론》, 256.

106 클레멘트는 교회의 직분은 겸손하고, 평화롭고, 사심이 없는 영으로 양들을 흠없이 섬기는 자라고 규정한다. 또한 이러한 직분은 어떠한 이유에서든 함부로 흔들거나, 취소하거나 할 수 없는 직분으로서 사도들로부터 이어져 내려온 고

귀한 직무라고 가르쳤다. Clement, *Letter to the Corinthians*, XLIV, http://www.newadvent.org/fathers/ 1010.htm.

107 J. N. D. 켈리, 《고대 기독교 교리사》, 46-53.

108 같은 책, 222.

109 이러한 사도적 계승에 대한 교리는 피렌체 공의회, 1448-1445의 다음과 같은 선언문을 통해서 알 수 있다. "로마 교황 자신은 '사도들의 우두머리'인 베드로의 후계자이며 '그리스도의 진정한 대리자'이고 교회 전체의 지도자이며, 모든 기독교인들의 아버지이자 선생이다. 그리고 베드로 안에서 교황에게, 세계 교회를 다스리고 양육하며 통치할 수 있는 완전한 권한이 우리 주 예수 그리스도에 의하여 주어졌다." Sess. 4, ch 3, 빌헬름 니젤, 《비교교회론》, 김항안, 이종성 역 (대한기독교출판사, 1988), 66-67에서 재인용.

110 한스 큉, 《가톨릭교회》, 49.

111 최주훈, "마틴 루터의 교회론," 한국조직신학회 편, 《교회론》 (대한기독교서회, 2007), 110과 장 칼뱅, 《기독교 강요》, IV-1권, 47을 보라.

112 G. C. 베르카우어, 《개혁주의 교회론》, 285.

113 한스 큉, 《교회》, 510.

114 같은 책, 507-510.

115 이러한 한스 큉의 사도적 교회에 대한 관점은 옥한흠으로 하여금 전 신자를 사역자로 가르치고 훈련하는 평신도 제자 훈련의 신학적 기초가 된다. 옥한흠, 《평신도를 깨운다》, 87-103.

116 이런 점에서 아나뱁티스트 신학자 프랭클린 리텔이 사도적인 패턴을 따라 모이고 훈련받은 사람들을 성서적인 참 교회라고 보았던 것은 올바른 통찰이다. Franklin H. Littel, *The Anabaptist of the Church* (Boston: Starr King Press, 1958), xvii, 47. 김승진, 《근원적 종교개혁》, 339에서 재인용. 더불어 침례교인들이 줄곧 신약적 그리스도인이고자 했던 것도 사도적인 패턴의 교회를 세우려는 열

망의 표현이다. 로버트 베이커, 《침례교 발전사》, 허긴 역 (침례회출판사, 1968), 13-14.

117 김승진, 《근원적 종교개혁》, 344.

118 일부 메가처치가 전 신자 제자 훈련을 강조함으로써 온 교회가 사도의 후계자라는 신앙을 표현하기 위해서 애를 쓰고 있다. 옥한흠, 《평신도를 깨운다》, 87-103. 하지만 결국 이러한 평신도 운동은 전도와 양육의 일꾼을 동원하기 위한 동원 전략이 되고 만다.

119 주교를 통해 사도성이 계승된다는 가톨릭교회의 교리는 개신교회의 교회론에서는 존재하지 않는다. 하지만 사랑의교회가 대형화되면서 의사결정 구조가 과도하게 옥한흠에게 집중되었으며 이것이 그가 독단적으로 후임자를 결정하게 되는 중요한 원인이 되었다는 점을 고려해봤을 때 가톨릭교회만의 문제는 아닐 것이다. 옥성호, 《왜WHY?》 (은보, 2014), 64.

120 한스 큉, 《교회》, 424.

121 이그나티우스, 《일곱 편지》, 123.

122 한스 큉, 《교회》, 425.

123 같은 책.

124 Wolfgang Beinert, *Um das dritte Kirchenattribut: Die Katholizitat der Kirche im Verständnis der evangelisch-lutherischen und r?misch-katholischen Theologie der Gegenwart*. Koinonia 5. (Essen: Ludgerus, 1964), 64, 미로슬라브 볼프, 《삼위일체와 교회》, 440에서 재인용.

125 장 칼뱅도 이와 비슷한 맥락에서 가톨릭교회는 지상의 가시적 교회뿐만 아니라 죽은 신자들이 이루는 비가시적 교회까지 포함시킨다. 장 칼뱅, 《기독교 강요》 IV-1권, 33. 하지만 스탠리 그렌츠는 이러한 가톨릭교회 개념을 좀 더 세분화할 것을 제안한다. 모든 세대의 모든 신자로 구성된 '신비적 교회'와 특정 시대에 지상의 모든 신자들로 구성된 '보편교회'로 구분해야 한다는 것이다.

스탠리 그렌츠, 《조직신학》, 670-671.

126 Karl Barth, *The Doctrine of Reconciliation*, 702.

127 한스 큉, 《교회》, 431.

128 같은 책, 439-446.

129 미로슬라브 볼프, 《삼위일체와 교회》, 442.

130 오래된 통치 원리는 "나누어라, 그리고 통치하라*Divide est impera*"이다. 위르겐 몰트만, 《삼위일체와 하나님의 나라》, 257.

131 위르겐 몰트만, 《성령의 능력 안에 있는 교회》, 372-373.

132 바울은 에베소서에서 그리스도의 화해의 사역을 "그는 우리의 화평이신지라. 둘로 하나를 만드사 원수 된 것 곧 중간에 막힌 담을 자기 육체로 허시고…"(엡 2:14)라고 묘사하고 있다.

133 위르겐 몰트만, 《성령의 능력 안에 있는 교회》, 370-375.

134 이 외에도 이와 관련된 여러 성경 구절이 있으니 "그러므로 이제부터 너희가 외인도 아니요 손도 아니요 오직 성도들과 동일한 시민이요 하나님의 권속이라"(엡 2:19), "거기는 헬라인과 유대인이나 할례당과 무할례당이나 야인이나 스구디아인이나 종이나 자유인이 분별이 있을 수 없나니 오직 그리스도는 만유시요 만유 안에 계시니라"(골 3:11) 등이 있다.

135 제5차 '신앙과 직제' 세계대회의 토의문서, "신앙과 생활과 증거에서 코이노니아를 지향하여Toward Koinoia in Faith, Life and Witness," C-18-1-1, "코이노니아와 교회 일치 운동," 《기독교 사상》, 1993년 8월, 89.

136 같은 책.

137 미로슬라브 볼프, 《삼위일체와 교회》, 434-446.

138 디트리히 본회퍼, 《신도의 공동생활》, 45.

139 이것은 고린도교회에서 실제로 일어났던 일이다. 바울은 이에 대해서 다음과 같이 말했다. "그런즉 너희가 함께 모여서 주의 만찬을 먹을 수 없으니 이는 먹을 때에 각각 자기의 만찬을 먼저 갖다 먹으므로 어떤 사람은 시장하고 어떤 사람은 취함이라. 너희가 먹고 마실 집이 없느냐. 너희가 하나님의 교회를 업신여기고 빈궁한 자들을 부끄럽게 하느냐. 내가 너희에게 무슨 말을 하랴. 너희를 칭찬하랴. 이것으로 칭찬하지 않노라"(고전 11:20-22). 바울은 그러한 분열이 "그러므로 누구든지 주의 떡이나 잔을 합당하지 않게 먹고 마시는 자는 주의 몸과 피에 대하여 죄를 짓는 것이니라"(고전 11:27)라고 했다. 야고보도 비슷한 맥락에서 만일 신자가 화려한 복장을 한 교인은 존대하되, 누추한 복장을 한 교인을 괄시하면 이는 차별이며 범죄라고 선언한다. "만일 너희가 사람을 차별하여 대하면 죄를 짓는 것이니 율법이 너희를 범법자로 정죄하리라"(약 2:9).

140 미로슬라브 볼프, 《삼위일체와 교회》, 337.

141 칼 바르트, 《복음주의 신학입문》, 이형기 역 (크리스찬다이제스트, 1987), 55.

142 같은 책, 56.

143 로버트 뱅크스, 《바울의 공동체 사상》, 66-69.

144 미로슬라브 볼프, 《삼위일체와 교회》, 88.

145 같은 책, 190.

146 김용복, "Dale Moody의 교회관에 나타난 보편성과 특수성 문제," 《복음과 실천》, 제 49집 (2012년 봄호): 79-81.

147 이그나티누스는 주교가 있는 곳에 교회가 있다고 주장했으나 볼프가 옳게 지적했듯이 직임은 교회의 존재esse에 속하는 것이 아니라 교회의 안녕bene esse에 속한다. 미로슬라브 볼프, 《삼위일체와 교회》, 257.

148 마르틴 루터, WA 6,297, 37-40, 최주훈, "마틴 루터의 교회론," 104에서 재인용.

149 N. T. 라이트, 《마침내 드러난 하나님나라》, 양혜원 역 (IVP, 2009), 235-59.

150 N. T. 라이트, 《악의 문제와 하나님의 정의》, 노종문 역 (IVP, 2008), 118.

151 미로슬라브 볼프, 《삼위일체와 교회》, 441-446.

152 이형기, 《에큐메니칼 운동사: 세계교회협의회가 창립될 때까지》 (대한기독교서회, 1994), 103.

153 김준수, "교회연합을 위한 성경적 화해 사역 연구," 《성경과 신학》, 57권 (2011): 105-133.

154 디트리히 본회퍼, 《창조와 타락: 창세기 1-3장에 대한 신학적 해석》, 강성영 역 (대한기독교서회, 2010), 126.

155 디트리히 본회퍼, 《저항과 복종: 옥중서간》, 713-714.

156 고대 교회에도 현대 교회만큼 수많은 신학적 논쟁이 존재했다. 피터 버거가 근대를 가리켜 이단의 시대라고 하지만 정작 이단의 시대는 고대 교회였다. 모든 이단은 그 시대에 만들어졌다고 해도 과언이 아니다. 하지만 고대 교회는 예수 그리스도에 대한 핵심 진리를 무한히 강조할 뿐 그 밖의 모든 신학과 견해를 배척하지 않았다. 유일한 하나의 신조로 지상의 모든 교회를 통일하려 한 시도는 중세 가톨릭교회 때 비로소 이루어졌다. 알리스터 맥그라스, 《그들은 어떻게 이단이 되었는가》, 홍병룡 역 (포이에마, 2011), 142.

157 메가처치 현상이 역설적으로 교단 장벽을 무너뜨리는 데 기여한 것은 반가운 일이다. 하지만 교단의 장벽이 약화된 이상으로 개교회의 장벽이 강화된 것은 슬픈 일이다.

158 미로슬라브 볼프, 《삼위일체와 교회》, 455.

159 하워드 스나이더, 《그리스도의 공동체》, 226.

160 김용복, "Dale Moody의 교회관에 나타난 보편성과 특수성 문제," 83-86.

161 무디는 이러한 교회 구조를 '대도시형metropolitan' 구조라고 규정한다. Dale Moody, *The Word of Truth: Summary of Christian Doctrine Based on*

Biblical Revelation (Grand Rapids: Eerdmans, 1981), 434-446.

162 Barmer Theologische Erklärung, I, 손규태, "바르멘 선언의 현대적 의의," 36에서 재인용.

163 디트리히 본회퍼,《성도의 교제》, 178.

164 위르겐 몰트만,《성령의 능력 안에 있는 교회》, 323-337.

165 디트리히 본회퍼,《성도의 교제》, 173-174.

166 Henri Blocher, "The Nature of Biblical Unity," 382-383, 하워드 스나이더,《그리스도의 공동체》, 231에서 재인용.

167 이런 점에서 교회의 일치를 영의 일치와 믿음의 일치의 수준을 넘어 유기체적 일치의 수준까지 전망했던 무디의 에큐메니컬한 신학은 참고가 될 만하다. 무디는 교회 일치가 단순한 영의 일치를 넘어서 유기체적 일치로 나아가야 한다고 보았다. 그러나 그것이 기관의 일치를 의미하는 것은 아니라고 했다. 하지만 그 구체적인 형태가 무엇이어야 하는지에 대해서는 충분히 해명하지 않았다. 김용복, "Dale Moody의 교회관에 나타난 보편성과 특수성 문제," 97-99.

168 볼프는 이와 관련해서 이렇게 말한 바 있다. "이것이 바로, 심지어 회중교회주의자들이 '그리스도 안에서 지역교회가 가지는 자기 완결성'뿐 아니라 지역교회가 '필연적으로 서로의 자매 교회에게 그 정서와 활동 속에서 가지는 의무'를 매우 정당하게도 주장했음을 설명해주는 지점이다." 미로슬라브 볼프,《삼위일체와 교회》, 265-266. 개교회주의를 유지하면서도 개교회들 간의 협력을 이루어내는 관계는 종종 조직 형태를 띨 수도 있다. 하지만 그러한 교회 간의 협력 조직은 가톨릭교회의 교황제와 같은 형태가 될 수 없다. 그래서 침례교회는 감독교회 체제는 거부하되 협회association, 조합union, 대회convention, 컨퍼런스conference 등을 선호했다. 그래서 그들은 심지어 침례교회Baptist Church라는 말도 쓰기를 꺼려했다. 침례교 개교회주의가 자칫 과도한 개인주의화로 경도될 것을 우려하여 남침례교회는 협회 체제Society System를 탈피하여 보다 구속력 있는 총회 체제Convention System 형태로 남침례교 총회

Southern Baptist Convention: SBC를 결정한다. 하지만 남침례교회는 이러한 체제가 자칫 개교회의 독립성과 자치성을 침해하지 못하도록 다양한 장치를 마련한다. 총회에 일정한 헌금을 드린 개인과 선교 단체 파송자들을 포함하는 협회 체제 방식을 일부 수용한 것이나, 전국 총회의 권력 집중을 막기 위한 주총회State Convention의 역할을 강화한 것이나, 총회의 민주적 성격을 강화한 것 등이 그 예이다. 김승진,《침례교회와 역사》(침례신학대학교 출판부, 2009), 335-337. 침례교회는 개교회의 자율성과 동시에 개교회들 간의 연합과 협력을 이룰 수 있는 길을 찾기 위해서 남침례교 총회SBC와 남침례교의 협력프로그램Cooperative Program 등을 개발했다. 여기서 협동프로그램의 정식 명칭은 "남침례교인들의 협동 프로그램The Cooperative Program of Southern Baptists"인데, 이것은 1925년 남침례교 멤피스 총회에서 출범하였다. 이 프로그램은 교단 내 여러 기관이나 단체가 개별적으로, 그리하여 경쟁적으로 모금하던 기존의 관습에서 벗어나 교단 내 모든 개교회들이 자발적으로 지정 혹은 비지정 헌금을 한 것을 총회에서 각 기관에 자금을 배분하는 방식으로 바꾼 것을 말한다. 이러한 프로그램은 개교회주의를 유지하면서도 실질적이면서도 강력한 형태의 개교회 간의 연합과 협력을 가능케 해준다. 김승진,《침례교회와 역사》, 472-483.

169 John M. Perkins ed., *Restoring At-risk Communities: Doing It Together & Doing It Right* (Grand Rapids: Baker Book, 1995), 75-105.

170 같은 책, 107-137.

171 교회 사역이 화해라는 것은 아나뱁티스트 교회가 중요하게 여기는 가치이다. 앨런 크라이더, 에렐노르 크라이더,《평화교회는 가능한가?》, 고영목, 김경중 역 (KAP), 17-44.

172 John M. Perkins ed., *Restoring At-risk Communities: Doing It Together & Doing It Right*, 139-159.

1 미로슬라브 볼프, 《삼위일체와 교회》, 16.

2 은준관, 《신학적 교회론》, 223.

3 "아우구스부르그 신앙고백서", http://www.gamly.net/methodist/1530.html.

4 신광은, 《천하무적 아르뱅주의》, 382.

5 Joseph Ratzinger, *Thoelogische Prinzipienlehre: Bausteine zur Fundamentaltheologie* (Munich: Erich Wevel, 1982), 38, 미로슬라브 볼프, 《삼위일체와 교회》, 73에서 재인용.

6 미로슬라브 볼프, 《삼위일체와 교회》, 203.

7 최봉기 편, 《침례교회》 (침례신학대학교 출판부, 1997), 237-249.

8 마르틴 루터, 《교회의 바벨론 감금》, 지원용 역 (컨콜디아사, 1985) 참고. 하지만 루터가 다른 어떤 종교개혁가들보다도 친가톨릭적 신학자였다는 사실을 간과해서는 안 될 것이다.

9 슈페너는 '경건한 모임collegiua pietatis'을 제안함으로써 교회 안의 교회 ecclesia in ecclesia를 세우고자 했다. 형식적이고 타락한 기성 교회 안에 참 신앙을 가진 소수의 참 교회를 통해서 기성 교회를 개혁하고자 했던 것이다. 그는 교회를 부정하기보다는 제도 교회 내에서의 개혁운동을 이끌고자 했다. 하지만 그 역시 기성 교회에 대한 비판적 관점을 유지하기는 마찬가지였다. 채이석, "필립 야콥 슈페너의 'Collegium Pietatis'에 대한 교회사적 의미 고찰," 《개혁논총》, 26권 (2013): 333-369.

10 박종소, "아놀트의 탈교회적 경건주의와 그의 시 《바벨 조가》," 《독일어문학》, 6권 (2012): 177.

11 이성덕, "고트프리드 아놀드의 참된 교회의 이상과 교회사 비판," 《한국기독교

신학논총》, 70권 (2010): 110.

12 아돌프 폰 하르낙, 《기독교의 본질》, 65.

13 무교회주의의 핵심 주장은 교회를 없애고 주일 예배 모임을 폐지하자는 것이 아니라 "교회라고 하는 제도에 얽매여서 예수 그리스도의 자유의 복음의 빛을 조금이라도 가리우는 일이 있어서는 안 되겠다는 주장이다." 高橋三郎, 《무교회정신의 탐구》, 김유곤 역 (설우사, 1981), 3. 우찌무라 간조內村鑑三으로부터 시작된 일본의 무교회주의는 결국 교회가 제도가 아니라 사람이라는 사실과 더불어 "최종적으로 문제가 되고 있는 것은 복음 신앙의 진리 그 자체"라는 관점을 극단적으로 밀어 붙인 것이라고 할 수 있다. 高橋三郎, 《무교회정신의 탐구》, 159.

14 한스 큉, 《교회》, 44.

15 같은 책, 288.

16 이와 관련해서 앨런 크라이더가 초대교회의 회심이 믿음belief, 소속belonging, 행동behavior이라는 세 차원의 변화를 동시에 고려했다는 주장은 귀 기울일 만하다. 앨런 크라이더, 《회심의 변질》, 22.

17 "아우구스부르크 신앙고백" 제7조 "교회에 관하여Von der Kieche"는 교회를 복음을 순수하게 가르치며 성례전을 올바르게 집행하는 성도의 회중이라고 정의한다. 이러한 관점을 따를 경우, 교회는 "본질적으로 의롭게 하는 믿음을 가진 사람들의 모임congregatio fidelium"이 될 것이다. 에릭 제이, 《교회론의 역사》, 192. 이러한 교회론은 루터의 교회 정의에 의해서 더욱 강화된다. 그는 교회를 "그리스도교는 하나의 믿음을 가지고 있는 영혼들의 모임이다. … 본래 실재적이며 참되고 본질적인 그리스도교는 영혼 안에 존재하는 것이지 어떤 외형적인 것들 안에서 존재하는 것이 아니다"라고 했다. Martin Luther, Luther's Works, vol. 39, Church and Ministry I, ed. Jaroslav Pelikan, H. T. Lehmann (Philadelphia: Fortress Press, 1970), 69-70. 에릭 제이, 《교회론의 역사》, 194에서 재인용.

18 게르하르트 로핑크, 《예수는 어떤 공동체를 원했나?》, 13-14.

19 안태훈, "익명의 그리스도인?" 〈뉴스앤조이〉, http://www.newsnjoy.or.kr/news/articleView.html?idxno=196707.

20 통상 가나안 신자는 교회를 떠났기 때문에 실족한 자, 구원에서 탈락한 자라고 간주되고 있다. 물론 신약성서에서 교회 밖에서 신앙이 가능할 것처럼 지지해주는 본문을 찾기란 쉽지 않다. 신약성서에서 신앙은 늘 교회 안의 신앙이다. 하지만 그렇다고 가나안 신자를 간단하게 타락 신자로 규정할 수 없다. 사실 가나안 신자의 문제는 그리 단순하지 않다. 왜냐하면 그들이 "과연 교회를 떠난 것인가?" 아니면 "교회 흉내를 내는 종교 단체를 떠난 것인가?"라고 물을 수 있기 때문이다. 만일 후자라면 "이미 교회가 아닌 곳을 떠난 것이 어째서 교회를 떠난 것인가?"라고 연이어 물을 수 있다. 따라서 가나안 신자 문제는 교회를 떠난 이들에 대한 문제가 아니라 교회 자체에 대한 문제가 된다. 본 연구에서는 성격상 이 문제에 대해서 더 깊은 논의를 진전시키지 않을 것이다. 다만 원칙적 차원에서 교회 밖의 신앙이 가능하지 않다는 신약성서의 원리를 재확인하고자 한다.

21 노명식, 《자유주의의 역사》, 59.

22 피터 버거, 《이단의 시대》, 22.

23 이에 대해서는 Peter Berger, *The Sacred Canopy: Elements of A Sociological Theory of Religion*, 127-153을 보라.

24 페르디난드 퇴니스, 《공동사회와 이익사회》, 95.

25 로드니 스타크, 로저 핑크, 《미국 종교 시장에서의 승자와 패자》, 19-35.

26 같은 책, 359-372.

27 같은 책, 101.

28 오늘날 교회 선택의 최고 조건은 담임목사의 설교와 인격이다. 교회성장연구소, 《교회선택의 조건》, 66.

29 로버트 슐러, 《성공적인 교회성장》, 299-314.

30 페르디난드 퇴니스, 《공동사회와 이익사회》, 66-67.

31 같은 책, 108-109.

32 같은 책, 244-248.

33 디트리히 본회퍼, 《저항과 복종: 옥중서간》, 713-714.

34 하워드 스나이더, 《그리스도의 공동체》, 48.

35 이원규, 《한국 교회 어디로 가고 있나》 (대한기독교서회, 2000), 97.

36 같은 책, 100.

37 노치준, 《한국의 교회조직》, 35-41.

38 도스토옙스키, 《카라마조프가의 형제들》, 상권, 이대우 역 (열린책들, 2000), 448-463.

39 Jean Vanier, *Community and Growth* (New York: Paulist Press, 1989), 4, Ronald Enroth, *Recovering from Churches that Abuse* (Grand Rapids: Zondervan Publishing House, 1994), 123에서 재인용.

40 Ronald Enroth, *Churches that Abuse* (Grand Rapids: Zondervan Publishing House, 1992), 93-103.

41 Ronald Enroth, *Recovering from Churches that Abuse*, 27-32.

42 구미정, "강남형 대형교회 여신도들의 신앙양태에 대한 신학윤리적 성찰," 2008년 4월 26일, 한국여성철학회 발제, 90.

43 디트리히 본회퍼, 《신도의 공동생활》, 28.

44 같은 책, 37-38.

45 같은 책, 99-117.

46 위르겐 몰트만, 《성령의 능력 안에 있는 교회》, 315.

47 조창연, 《개신교 목회자들의 의식과 교회의 세속화 적용》, 134.

48 문서 서두에는 다음과 같이 기록되어 있다. "그럼에도 불구하고 우리는 우리가 반대하는 자유의 개념이 18세기 중반까지 북미 침례교 전통 속에 깊숙하게 파고들었다. … 두 가지 그릇된 길이 현대 침례교회의 삶에서의 고귀한 자유를 위태롭게 했다. 하나는 하나님의 자유를 협소한 성서 해석과 강압적인 교권주의로 속박시킨 자들이 택한 길이다. 다른 하나는 그리스도의 몸의 지체됨과 공동체의 합당한 권위로부터 자유를 절단시키려 한 자들이 택한 길인데, 이들은 하나님의 선물(참 자유)을 자율성의 견해 혹은 자유주의 이론과 혼동했다." "Re-envisioning Baptist Identity: A Manifesto for Baptist Communities in North America," http://axisofaccess.blogspot.kr/2008/06/re-envisioning-bap tist-identity.html.

49 같은 책.

50 미로슬라브 볼프, 《삼위일체와 교회》, 343.

51 같은 책, 346.

52 같은 책, 69-78.

53 게르하르트 로핑크, 《예수는 어떤 공동체를 원했나?》, 194.

54 디트리히 본회퍼, 《창조와 타락: 창세기 1-3장에 대한 신학적 해석》, 80-90.

55 같은 책, 199-200.

56 하워드 스나이더, 《그리스도의 공동체》, 38.

57 이와 관련해서 엔리케 뒤셀은 "인간이 하느님의 나라에서 차지할 온갖 선익들 가운데서, 최상의 선익은 다른 인간들 앞에서 그리고 본질적으로 하느님 자신 앞에서 인격적인 관계를 맺는 일이다"라고 말했다. 엔리케 뒤셀, 《공동체 윤리》, 김수복 역 (분도, 1990), 31.

58 엔리케 뒤셀, 《공동체 윤리》, 27.

59 미로슬라브 볼프, 《삼위일체와 교회》, 354.

60 미로슬라브 볼프, 《삼위일체와 교회》, 288.

61 신광은, 《천하무적 아르뱅주의》, 462-466.

62 디트리히 본회퍼, 《성도의 교제》, 203.

63 같은 책, 202.

64 디트리히 본회퍼, 《성도의 교제》, 123.

65 같은 책, 126.

66 칼 바르트의 신학에서 화해론이 차지하는 위치는 심대하다. 그의 《교회교의학》 13권 중 5권이 화해론에 할애되고 있다. 《교회교의학》에서 화해론과 구속론을 구분하고 있는 것을 볼 때 화해론과 구원론을 동일시할 수는 없다. 하지만 그의 화해론은 기독론과 구원론을 통합하는 접점이며, 죄론과 교회론마저 포괄하는 매우 방대한 이론이라고 할 수 있다. 이정석, 《하나님의 흔드심》(새물결플러스, 2010), 149-153. 바르트에게 화해와 구원은 다른 사건이다. 하지만 둘은 동전의 양면과 같다. 화해는 2천 년 전 예수 그리스도의 십자가 사건으로 하나님과 인류가 객관적으로 화해가 된 사건을 말하며, 구원이란 그러한 객관적 화해의 사건을 인간이 자신의 믿음으로 받아들이는 것을 말한다. 이런 점에서 화해는 객관적 차원을, 구원은 주관적 차원을 강조한다. 김명용, 《칼 바르트의 신학》(이레서원, 2007), 230-236.

67 김세윤, 《칭의와 성화》(두란노, 2013), 70-71.

68 같은 책, 71-74.

69 같은 책, 17-20.

70 같은 책, 80-84.

71 같은 책, 33-35.

72 같은 책, 158-176.

73 마르틴 부버, 《나와 너》, 7-8.

74 디트리히 본회퍼, 《성도의 교제》, 62-65.

75 게르하르트 로핑크, 《예수는 어떤 공동체를 원했나?》, 164에서 길게 제시한 목록을 참고하라.

76 같은 책, 163-174.

77 미로슬라브 볼프, 《삼위일체와 교회》, 98-102.

78 "Re-envisioning Baptist Identity: A Manifesto for Baptist Communities in North America," http://axisofaccess.blogspot.kr/2008/06/re-envisioning-bap tist-identity.html.

79 Stuart Murray, *Biblical Interpretation* (Kitchener: Pandora Press, 2000), 157-185.

80 존 요더, 《교회, 그 몸의 정치》, 김복기 역 (대장간, 2011), 132.

81 Clement of Rome, *Letter to the Corinthians*, IVX. 그러나 이때 클레멘트의 구분은 결코 신분의 차이를 나타내는 것이 아니었음은 잘 알려진 사실이다. 그는 다만 교회 내 직분의 차이를 말하고자 했음이 분명하다. E. 스힐레벡스, 《교회직무론》, 148.

82 J. N. D. 켈리, 《고대 기독교 교리사》, 225.

83 Edward Schillebeeckx, 《교회직무론》, 107.

84 같은 책, 116-126.

85 마르틴 루터, 《독일 크리스찬 귀족들에게 보내는 글》, 지원용 역 (컨콜디아사, 1987), 17.

86 같은 책, 19.

87 최봉기 편, 《침례교회》, 307.

88 같은 책, 311.

89 존 요더, 《교회, 그 몸의 정치학》, 117-138.

90 프랭크 비올라, 《1세기 관계적 교회》, 박영은 역 (미션월드, 2006), 41-44.

91 이 고백은 1995년 7월 25일부터 30일에 메노나이트 총회와 메노나이트 교회의 대표회의에서 채택된 신앙고백으로, 제IX조, "예수 그리스도의 교회"의 조항 중 일부이다. 메노나이트 신앙고백 편찬위원회, 《메노나이트 신앙고백》, 김경중 역 (KAP, 2007), 73.

92 하워드 스나이더, 《그리스도의 공동체》, 193.

93 하워드 스나이더, 《교회 DNA》, 53-57.

94 신광은, 《메가처치 논박》, 97-102.

95 엔리케 뒤셀, 《공동체 윤리》, 25-28.

96 하워드 스나이더, 《교회 DNA》, 54.

에필로그

1 손규태, "목표위기를 행하고 있는 한국 교회," 242-247.

2 Jacques Ellul, *Anarchy and Christianity*, tr. Geoffrey W. Bromiley (Grand Rapids: William B. Eerdmans Publishing Company, 1991), 103-104.

3 엘륄은 하나님의 계시이신 예수 그리스도에 의해서 정치권력과 맘몬, 종교, 도덕, 문화 등이 전복되었다고 말했다. Jacques Ellul, *Subversion of Christianity*, 13-18.

4 초대교회 신자들의 여러 가지 사회적 거부를 보려면 다음을 참고하라. Carl A. Voltz,《초대교회의 신앙과 생활》, 김선희 역 (컨콜디아사, 2003), 271-333.

5 Barmer Theologische Erklärung, I, 손규태, "바르멘 선언의 현대적 의의," 36에서 재인용.

6 손규태, "바르멘 선언의 현대적 의의," 33.

7 이신건, "고백교회와 바르멘 선언,"《활천》, 428권 (1988): 68.

8 이것은 그가 1931년 1월 31일, "개신교 교회의 곤경"이라는 강연에서 했던 말이다. 에버하르트 부쉬,《칼 바르트》, 손성현 역 (복있는사람, 2014), 368-369.

9 같은 책 380-381.

10 신광은,《메가처치 논박》, 103-123.

11 물론 메가처치화의 조류 속에는 인간적인 야망과 세속적 성공주의, 맘몬주의와 같은 동기들의 발현도 포함되어 있다. 하지만 이러한 인간적이고 세속적인 동기에 메가처치 현상에 포섭된 모든 교회와 목회자들이 설득당했다고 보기는 어렵다. 또한 설령 그런 동기가 상당부분 존재하고 있다 하더라도 최소한 정당화의 논리 속에는 메가처치화의 길이 하나님을 기쁘시게 해드리는 길이라는 관념이 들어 있는 것이다.

12 마르바 던,《세상 권세와 하나님의 교회》, 3장을 보라.

BEYOND
MEGACHURCH